陕西师范大学人文社会科学高等研究院资助出版（项目编号2018GY006）

"中国文学人类学原创书系"编委会

主　编
叶舒宪

副主编
李永平

编　委
冯晓立　刘东风　徐新建
彭兆荣　程金城

陕西师范大学人文社会科学高等研究院资助出版（项目编号2018GY006）

中国文学人类学原创书系
叶舒宪　主编

文学与仪式
—— 酒神及其祭祀仪式的发生学原理

彭兆荣　著

陕西师范大学出版总社

图书代号:SK19N0772

图书在版编目(CIP)数据

文学与仪式:酒神及其祭祀仪式的发生学原理／彭兆荣著.—西安:陕西师范大学出版总社有限公司,2019.9
(中国文学人类学原创书系／叶舒宪主编)
ISBN 978-7-5695-0858-1

Ⅰ.①文… Ⅱ.①彭… Ⅲ.①文化人类学—研究 ②神—祭祀—文化研究—中国 Ⅳ.①C958②K892.29

中国版本图书馆 CIP 数据核字(2019)第 112878 号

文学与仪式——酒神及其祭祀仪式的发生学原理
WENXUE YU YISHI——JIUSHEN JI QI JISI YISHI DE FASHENGXUE YUANLI
彭兆荣　著

责任编辑	王文翠
责任校对	张旭升　王文翠
装帧设计	锦　册
出版发行	陕西师范大学出版总社
	(西安市长安南路 199 号　邮编　710062)
网　　址	http://www.snupg.com
印　　刷	西安牵井印务有限公司
开　　本	720mm×1020mm　1/16
印　　张	21.75
插　　页	2
字　　数	322 千
版　　次	2019 年 9 月第 1 版
印　　次	2019 年 9 月第 1 次印刷
书　　号	ISBN 978-7-5695-0858-1
定　　价	98.00 元

读者购书、书店添货或发现印刷装订问题,影响阅读,请与营销部联系、调换。
电话:(029)85307864　85303635　传真:(029)85303879

总 序

2018年，正值中国改革开放40周年纪念之际，陕西师范大学出版总社推出"中国文学人类学原创书系"，对改革开放的时代大潮在人文学界催生的这个新兴学科，给出一个较全面的回顾与总结，以便继往开来，积极拓展人文学科的教学与研究新局面，可谓恰逢其时。

50后这代人的青春岁月，激荡在汹涌澎湃的"文革"浪潮之中。"文革"后的改革开放，相当于天赐给这一代知识人第二次青春。1977年恢复高考，我们在1978年春天步入大学校园，那种只争朝夕、如饥似渴的求学景象，至今仍历历在目。改革开放带来"科学的春天"，也第一次带来人文科学方面的世界景观。正如改革的基本方向是向发达国家学习市场经济模式一样，人文学者们也投入全副精力，虚心学习借鉴国际上先进的理论与研究方法。"神话－原型批评"就是当时的新方法论讨论热潮中，最早进入我们视野的一个理论流派。1986年我编成译文集《神话－原型批评》时，先将长序刊发在《陕西师大学报》上，文中介绍原型理论的宗师弗莱的观点时讲道：

> 物理学和天文学形成于文艺复兴时期，化学形成于18世纪，生物学形成于19世纪，而社会科学则形成于20世纪。系统的文

学批评学只是到了今天才得以发展。……正像自然科学体系的建立有赖于把握自然界本身的规律。一部文学作品,它所体现的规律性因素不是作家个人天才创造发明的,而是在文学的历史发展中,在文化传统中所形成的,这种规律性的因素就是"原型"。……从文学史的考察中可以看到,文学作为一个有机整体,植根于原始文化,最初的文学模式必然要追溯到远古的宗教仪式、神话和民间传说中去。"这样说来,探求原型实际上就是一种文学上的人类学"。

当时无论如何也不曾想到,这样一段话,居然能够准确地预示这一批学人后来几十年学术探索的方向。"文学人类学"这个名称,也就由此在汉语学术界里发端。10年之后的1996年,在长春召开的中国比较文学学会第五届学术年会上,中国文学人类学研究会宣告成立(首任会长为萧兵先生),如今简称"文学人类学研究会"。从研究文学的神话原型,到探索华夏文明的思想、信仰和想象的原型,这一派学者如今正式提出的大小传统理论和文化文本符号编码理论,可以说早已全面超越了当年所借鉴学习的原型批评理论,走出文学本位的限制,走向融通文史哲、宗教、艺术、心理学的广阔领域。

从1986年到2018年,整整32年过去了,我们也经历了自己人生从而立到花甲的过程。如今我们要解读的是5000多年前的先于华夏文明国家的"文化文本",阐发的是河南灵宝西坡仰韶文化大墓的神话学内涵。这是当年完全没有预料到的。是问题意识,先把我们引入文化人类学的宽广领域,再度引入中国考古学的全新知识世界,这样的跨越幅度,的确是当初摸索文学人类学研究范式时所始料未及的。

从原型批评倡导的文学有机整体论,拓展到文化符号的有机整体论、史前与文明贯通的文化文本论,这就是我们努力探索近40年的基本方向。西周青铜器上出现"中国"这个词语,至今不过3000年时间。2018年2月4日,我第二次给国家图书馆"文津讲坛"开设讲座,题目是"九千年玉文化传承"。今日的学者能够在9000年延续不断的文化大背景中研究"中国"

和"中国文学",就是从先于文字的文化大传统,重新审视文字书写小传统的一套完整思路。相信这样一种前无古人的理论思路和研究范式,是学者们对西方原型批评方法的全面超越和深化,这将会引向未来的知识更新格局。

本丛书要展示这40年的探索历程,以萧兵先生为首的这一批兴趣广泛的学人是如何一路走来,并逐渐成长壮大的。本丛书将给这个新兴学科留下它及时的也最有说服力的存照。希望后来者能够继往开来,特别注重不断发展和完善中国版的文化理论和文学理论,包括作为文史研究当代新方法论的三重证据法和四重证据法。

是为丛书总序。

叶舒宪
2018年2月7日于北京太阳宫

再版序言：人生如戏，对酒当歌

《文学与仪式》即将再版。此书出版至今已去时 15 载；如果从我的博士论文的酝酿、写作算起，已过时近 20 年；而如果从我硕士论文对酒神的探讨算起，已跨越两世纪，旷时达 34 年之久。尽管如此，作为作者，著作再版，要说点什么，却让我惶恐。

何故？未知从何说起。戏，可以演，难以曰；戏如谜，可以悟，难以言；酒，可以品，难以传；酒似情，可以醉，难以醒。饮酒入戏，何以表？我虽研究酒神耗时已久，却是欲知还少。何况，我已戒酒，早已失却少年狂放的豪情。古来诗酒相伴，不离不弃；勉强作文，怅然若失。

说到酒神与戏剧，古希腊大思想家亚里士多德遗下一个著名的论断：悲剧起源于对酒神祭仪的模仿。虽然，一代一代的后来学人对此说评各表不一，但一致认为，在讨论戏剧时必须回到这一"亚氏定义"的原点。如此，言及希腊戏剧必从悲剧开始，谈到希腊悲剧须以酒神为滥觞。回首西方文学传统，史诗、悲剧必为先。

何以悲剧与酒神走到了一起？酒神狄俄尼索斯在奥林匹亚神系中为十二大神之一。他除了作为葡萄的引种者和葡萄酒酿造的"主管神"外，还隐喻了人类一种普遍的情绪和情结——醉。酒神与太阳神，反映了人类的两种基本情感：感性与理性。相比较而言，酒神所代表的感性更感人、更感动。生命中的任何恐惧、烦恼、悲伤、无助等都可以在酒中找到寄托和宣泄。然,借酒消愁,如抽刀断水——"悲"从醉中来。

醉的悲情表象是狂放、纵情,藐视常伦。酒神的代表性形象是:在盛大的酒神祭祀仪式中,狄俄尼索斯手持带有松果状的手杖,身后追随着一大群放浪形骸的信女,狂饮作乐。悲与醉,难以言状,而模仿这种悲情就演化成了悲剧。如是,个中的逻辑与反逻辑便成了"悲剧-酒神"的生命逻辑。看一看尼采的《悲剧的诞生》仿佛就有了醉而醒的感觉。不言而喻,古希腊的戏剧正宗——悲剧,反映人类普遍的、深层的心理缘动,在酒神那里找到了原型。

西方的悲剧在酒神那儿找到了契合的母题;中华文明和历史中没有这样的"悲情",因此也没有这样的"戏剧"。"戏"在中文的语义中可以有多种的解读,一种表述是人斗兽之乐(死),有些类似古代罗马斗兽场的残酷——以表演的方式表现死亡。戏,金文䖒,即𢦒(戈),加上虍(虎头,借代猛兽),加豆(鼓,打击乐器),本义为奴隶或死囚在宫中表演斗兽的残酷娱乐。《说文解字》:"戲,三军之偏也有。一曰兵也。从戈䖒声。"有的学者认为戏指在祭祀时戴面具操戈以娱神。

在我国,戏剧作为一种表演形式,完全没有西方戏剧滥觞时的那般正统,没有像悲剧那样的戏剧形貌,也没有那般乐极生悲的严肃形态。戏剧的主体停留于民间、市井,以表演的方式记忆、存续着自己的文化,成为人民自娱自乐的方式,同时也成为众多生业中最低贱、供贵族作乐的行当。历史上的那些"戏子"也成为最令人同情的低贱群体。可以为证的是,在传统的文字表述中,与"戏"所涉者,大多有"不严肃""不正经"之意,诸如戏弄、戏谑、戏耍、戏称、调戏等。这与新时代的表演艺术(家)不可同日而语。

至于戏剧的起源,在不同的文明体系、不同的文化脉络、不同的地缘群、不同的族群传统中,在各自的历史和文化表述中可能迥异。我国的地方戏何止百种。因此,我国的戏剧理论亦无公认的、权威的、类似的"亚氏定义"。不同的族群、宗族、宗教、地缘等,在戏剧的肇端方面也出现了完全不同的情形和景观,附会不同的理由,各有原始,各自表演,难以言尽。

可以断言，对于诸如此类的研究，单一学科勉为其难。于是，文学人类学成为一种契合的研究路径。文学人类学可以尽其所能将抽象的、想象的、主观的"种子"和"花粉"落地，找到具象的、现实的、客观的根据；将那些悬空的命题、理念、思辨，凭借人类学田野作业之法，尽可能地落实和落地。

为此，我专程前往希腊，寻访酒神祭仪、圆形剧场的遗址和遗迹，到酒神的"故乡"进行田野作业。在雅典的郊外，我找到了狄俄尼索斯的古代祭祀遗址；在雅典卫城，我看到了后来出土的圆形剧场遗址和散落在地上的酒具；在底尔菲，我凭吊酒神神庙；在阿卡地亚，我游历了狄俄尼索斯传说中的牧羊地；我也到过不少的博物馆，试图寻找酒神的"遗迹"；甚至到以后的岁月里，我还访问了特洛伊遗址，参观了当地的圆形剧场；访问了埃及，试图寻找酒神原型与农业，特别是葡萄种植和酿酒技术的历史交流遗迹。

对于一个来自东方的学者，从根本上说，要深刻理解和完全体认西方的文明和文化是很困难的，何况时隔数千年，纵然获得一鳞半爪，已然心满意足。所以，本书无论是探索西方文明的源头，还是尝试将文学与人类学"联袂"出演，抑或完成自己博士论文所做的努力，皆在求索范畴。

感谢学者和学生们的厚爱和宽容，在此书出版后的很短时间内，书便售罄。数年前，我率领中国人类学代表团赴台交流，在台湾清华大学，几位研究生手捧此书，让我签名，其中一位说："读了好几年此书，今天终于见到'真人'。"

本书出版的十多年里，同一研究领域又有了新的推展，特别是文学人类学研究，在我国的学术界已然蔚为大观，新生代学人在许多新的领域成绩卓然。本书的再版也是一个说明。作为一个历史时段的研究，我放弃了重修的努力，保持原貌亦不失为一种对"历史"的尊重。

是为序。

彭兆荣

2018年7月20日于昆明

目录

第一章 仪式理论的知识谱系

第一节　仪式的表述：界定与概说 …………………………………… 001

第二节　学术原点、"仪式－戏剧"的基本表述 ……………………… 012

第三节　仪式的进程：阈限与通过 …………………………………… 023

第四节　仪式的象征：功能与结构 …………………………………… 037

第二章 文学人类学的解释谱系

第一节　不设防的文学与人类学边界 ………………………………… 050

第二节　文学人类学与"神话－仪式"范式 ………………………… 060

第三节　"金枝"情结与两个F：事实/虚构 ………………………… 075

第四节　作为物质的仪式叙事 ………………………………………… 087

第三章 人文自然的历史谱系

第一节　自然的人文话语 ……………………………………………… 097

第二节　物种的人类话语 ……………………………………………… 107

第三节　中心的边缘话语 …………………………………… 126

第四章　酒神祭仪的神话谱系

第一节　概念和定义的解说 ………………………………… 160
第二节　酒神的谱系 ………………………………………… 169
第三节　戏剧的缘生形貌 …………………………………… 190

第五章　符号话语的美学谱系

第一节　酒神的美学原则 …………………………………… 206
第二节　变形原则 …………………………………………… 223
第三节　符号与隐喻 ………………………………………… 232
第四节　酒神的精神 ………………………………………… 245

第六章　文学叙事的原型谱系

第一节　文学叙事内部的"功能－结构" …………………… 260
第二节　"仪式－原型"之生死母题 ………………………… 277
第三节　性灵之间 …………………………………………… 293

参考资料 ………………………………………………………… 309

第一章 仪式理论的知识谱系

第一节 仪式的表述:界定与概说

在过去的一百多年里,人类学仪式理论(人类学宗教仪式研究)从发生到发展有一个明显的变化轨迹。早先的人类学仪式理论主要集中于神话和宗教范畴。其研究大致是沿着这样两种发展方向演变:

第一,对古典神话和仪式进行诠释。其学理依据主要来自人类学古典进化论。众所周知,人类学作为一门学科的产生与达尔文的进化论有着直接的学理逻辑和学术关联。人类学最早的学派也因此称作进化论学派。毫无疑问,文化人类学研究的"进化"取向,也像生物物种一样,首先将它放在文化的原初形态,以建立一个历时性文化时态的机制。这样,早期的仪式与神话之间的互文(context)、互疏(interpretation)、互动(interaction)关系也就自然而然地成了人类学文化分析在对象上、方法上的基础。与此同时,与这样的学术背景相互作用,19世纪中末叶到20世纪初"神话-仪式"研究出现了空前的热潮并取得了丰硕的成果。由于人类学古典进化论学派与神话研究既交叉又重叠,这样的关系直接导致了一个基本的学理性知识规范:将仪式研究视为人类学学术传统和认知系统的一个重要部分。泰勒(Tylor)、斯宾塞(Spencer)、史密斯(Smith)、弗雷泽(Frazer)、奥托(Otto)、兰(Lang)等都不乏神话仪式的重要著述,不少也都在此领域成名成家。而以神话-仪式研究为标志性成就的,闻名于世的剑桥学派(Cambridge School)被名正言顺地冠以人类学派(Anthropological School)。即使到了今天,人类学研究仍然将神话和仪式作为重要的学术范畴和知识要求。人类学历史上几个重要的流派以及它们的代表人物无不对神话仪式有过重要研究和著述。

第二,仪式的宗教渊源和社会行为。依据一般的看法,在历史发展过程中,仪式(狭义的)一直被作为宗教的一个社会实践和行为来看待。人类学学科在其肇始时期便给仪式以充分的重视。"对于仪礼的首要地位,对于仪礼在原始社会内部的作用的这种关注,在人类学和比较宗教学里是比较新鲜的东西。在此,我们有了一座桥梁,可以通向后来的宗教社会学,通向后来的社会人类学。尤其是杜尔凯姆从罗伯特森·史密斯那里得到了很多富于成果的推动力……"[①]学者们沿着这样一条路径,一方面审视神话仪式与宗教演变的历史纽带关系,另一方面探索作为宗教化的仪式在社会总体结构和社会组织中的指示和功能。它也成了人类学宗教研究一个最有特色的方面。与纯粹的宗教学研究不同,社会文化人类学的仪式研究趋向于把带有明确的宗教意义和喻指性仪式作为具体的社会行为来看待,进而考察其在整个社会结构当中的位置、作用和地位。比如,以涂尔干(Durkheim)、莫斯(Mauss)等人类学家在仪式研究和社会结构之间架起了一座桥梁。后来一些重要的人类学仪式研究也主要承袭着这一个学术传统,比如利奇(Leach)、特纳(Turner)、道格拉斯(Douglas)、格尔兹(Geertz)等。他们在以涂尔干等人为代表的法国社会学派和以马林诺夫斯基(Malinowski)为代表的英国功能学派的传统和研究方法的基础上,将仪式的社会内部研究——结构-功能的范式继续拓展、推进,使之成为当代最富有活力和建树的人类学仪式研究的代表趋向。

回眸人类学的仪式研究传统,人们会发现,它是一个从内涵到外延都不

[①] 埃里克·J.夏普:《比较宗教学史》,吕大吉、何光沪、徐大建译,上海人民出版社1988年版,第105页。

易框定的巨大的话语包容。大体上看,以神话-仪式为代表的早期人类学仪式研究基本上可以置于一种比较文化视野下的异文化研究范畴(other cultural studies)。但是,它却具有非常明确的文学化研究特色和特质,包括对传统文本的处理,神话形象化的塑造,民间口传的采收,宗教人士和旅行者们见闻的实录,文献的重新诠释,文字的训诂,历史资料的破解,"未开化野蛮人"的神话传说、巫术方技的搜集,等等。这一切构成了该学派最擅长和最有影响的部分。它对西方现代文学的影响甚至超过了人类学本身,成了作家(尤其是西方现代派作家们)一种常备的知识准备和写作追求。同时,后来的人类学仪式研究,特别是以马林诺夫斯基为代表的功能学派和以博厄斯(Boas)为代表的历史学派对人类学田野调查的强调和规范,反而骤然丧失对这样一种范式的热情,他们并不像作家和批评家那样对早期人类学仪式研究中的"文学的人类学"赞赏有加,却注重于仪式的物质化、技术化、内部化、符号化、具体化、数据化等追求指标。二者分明的差别在于:古典人类学的仪式研究更加恢宏;当代的仪式研究则非常精致。这使得人们对它的原初概念和意义的区分有了再次认识的愿望和要求。对诸如究竟要将仪式当作一种广泛的社会现象还是仅仅作为一种孤立的行为和操作性工具,仪式所包括的除了那些数据化的、工具性的、器物形态的个例以外是否还可以解读出具有广泛空间的文化诗学价值等问题都在当代学术反思的背景下获得了重新的诠释和认识。近50年来人类学的仪式研究显然出现了将其置于更广阔背景下进行重新解释的态势。此种状况直接对学术的现代反思产生着推动作用。当然,它也可以被视为当代学术反思下的一种学科检讨和实践。同时,在方法上亦开辟了新的路径。早在20世纪70年代就有学者呼吁对仪式的范式(paradigms)进行重新审视和评估。① 特别在福柯(Follcault)"知识考古"谱系式的检索和解读方法出现以后,人们已经不再满足于对仪式做单一行为、物器——包括文字的"物态"层面的实物说明,而试图对客观本体之中所潜伏着的历史叙事和意义进行重新解释。如此一来,不仅对传统的仪式研究需要进行反思和重新评价,而且原先的那些被确认为物

---

① T. S. Kuhn, *The Structure of Scientific Revolutions*, Chicago & London: University of Chicago Press, 1970.

质化、工具性的概念都不容易在一个分类范畴里面进行讨论。①

"仪式"一词作为一个分析的专门性词语出现在 19 世纪,它被确认为人类经验的一个分类范畴上的概念。所以,这个词的原初所指主要是将欧洲文化和宗教与其他的文化和宗教进行对比。许多古典的人类学家也都在这样一个大的背景下对仪式进行定义和解释。神话 - 仪式学派(Myth-Ritual School)的学者们主要集中对同一学理范围和学理逻辑进行认识和阐述。后来的社会功能主义者们则完全相反,他们不满足、也不囿于仪式的宗教理解,而是通过仪式行为和活动来分析社会以及社会现象的自然特性。更晚近的解释人类学则在仪式的符号"隐喻性叙事"中发现所谓的文化动力。总之,人类学的仪式研究自其成为一个专门的研究领域以来,就在比较文化研究(comparative cultural studies)的语境里建立了与宗教、历史等的交叉(仪式和神话的历史渊源和物质存在等方面),却又具有自己学科上的独特性质。或者说,宗教学对仪式的看法和研究总不肯脱离宗教教义的规定和假定,而人类学的仪式研究则非常自然地把它当作导入和破解社会的一种可操作、可分析、可拆解、可诠释的物质形态。从早年的史密斯到当代的格尔兹,仪式被赋予特别丰富的意义而非简单的图解概念或分析工具。它蕴含着形式上的物质性和分析方法的双重价值。马尔库斯(Marcus)认为,人类学家长期以来把仪式当成观察情绪、感情以及经验的意义灌注的适当工具。仪式具有公共性,它们常为解释仪式因由的神话所伴随,它们可以被比喻为文化创造的、民族志作者可以系统阅读的文本。② 这也使得当代人类学的仪式研究在学术意义上与文学批评有了交叉和交通的广阔腹地。

随着仪式研究越来越深入地渗透社会的各个方面和学术研究领域,从各种各样的态度、角度、眼光、方法对仪式加以训诂和解释者层出不穷,从而使仪式的意义呈现出越来越复杂的趋势。今天,倘若我们不加以基本的框限,单就仪式一词的语义就多得足以令人瞠目。其边界也很难确认:它

---

① C. Bell, *Ritual Theory, Ritual Practice*, New York & Oxford:Oxford University Press, 1992, p.14.

② 乔治·E.马尔库斯、米开尔·M.J.费彻尔:《作为文化批评的人类学:一个人文学科的实验时代》,王铭铭、蓝达居译,生活·读书·新知三联书店 1998 年版,第 92 页。

可以是一个普通的概念,一个学科领域的所指,一个涂染了艺术色彩的实践,一个特定的宗教程序,一个被规定了的意识形态,一种心理上的诉求形式,一类生活经验的记事习惯,一种具有制度性功能的行为,一种政治场域内的策谋,一个族群的族性认同,一系列节日庆典的展示,一个人生礼仪的通过程序,一个社会公共空间表演,等等。大致梳理,仪式主要有以下几个方面的指示:1.作为动物进化进程中的组成部分。2.作为限定性的、有边界范围的社会关系组合形式的结构框架。3.作为象征符号和社会价值的话语系统。4.作为表演行为和过程的活动程序。5.作为人类社会实践的经历和经验表述。概而言之,社会的"仪式化"(Ritualization)使得这种现象在社会的许多方面大量出现,分枝越加茂盛,指示越来越缜密,形成了一棵茂密的"仪式树"。①

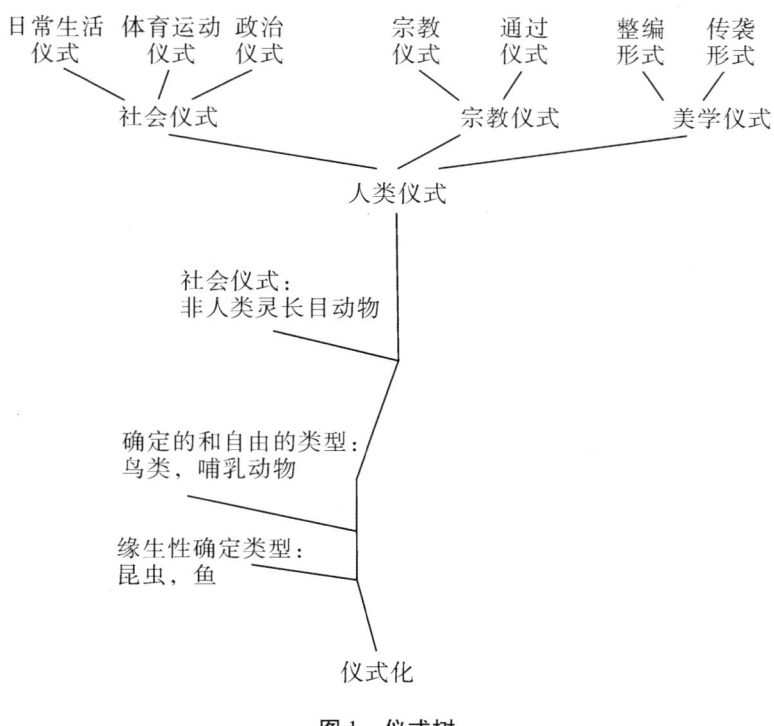

图 1　仪式树

---

① R. Schechner, *The Future of Ritual: Writings on Culture and Performance*, London & New York: Routledge, 1995, pp. 228-229.

如上所述,在人类学研究的视野范围和意义范畴内,仪式首先被限定在社会行为这一基本表述上。广义上说,仪式包括各种各样的行为,从"你好"等日常问候的礼节到天主教弥撒的隆重仪式。利奇不失为广义使用仪式的代表人物,在他那里,言语(祷词、咒语、圣歌)如同手势和使用器物一样都具有仪式的价值。特纳则相对地缩小了仪式的范围,认为仪式只属于概述类行为,专指那些随着社会变迁,具有典礼的形式并发生于确定特殊的社会分层。涂尔干则偏向于将仪式视为社会生活的实践过程,而"神圣/世俗"(the sacred and the profane)的关系和行为被看作二元对立的基本社会分类。范·根纳普(Van Gennep)的"通过仪式"(the rites of passage)被分解为分离、过渡、组合三个程序,他把仪式放置在伴随着地点、状态、社会地位之于年龄变化的过程中来看待,并着重于仪式过程不同阶段阈限(threshold)的各自品质、特征以及变化关系之上。正是由于仪式概念和性质具有非常大的伸张幅度和解释空间,因此,它给了人类学家们自主确定其边界的开放场域,即使在对它的基本定义上也是如此。事实上,许多人类学家都有过对仪式的不同论述。比如:"那些包含着世俗的行为,其目的是为了国王和部落祈福的,人们称作为仪式。"[1]"仪式整合了各种叙述和行为属性的事件。"[2]"我将仪式视为基本的社会行为。"[3]"仪式是纯净的行为,没有意义或目的。"[4]"仪式是关于重大性事务,而不是人类社会劳动的平常的形态。"[5]"仪式就像一场令人心旷神怡的游戏。"[6]"在仪

---

[1] S. H. Hook, *The Myth and Ritual Pattern of The Ancient East*, London: Oxford University Press, 1933, pp. 1-2.

[2] M. Bloch, *From Blessing to Violence: History and Ideology in the Circumcision Ritual of the Merina of Madagascar*, University of Cambridge Press, 1986, p. 181.

[3] R. A. Rappapaport, *Ecology, Meaning and Religion*: California, North Atlantic Books, 1979, p. 174.

[4] F. Staal, *The Meaninglessness of Ritual*, Humen 26, No. 1, 1975, p. 9.

[5] J. Z. Smith, "The Domestication of Sacrifice," see R. G. Hamerton-Kelly(ed.), *Violent Origins*, Stanford University Press, 1987, p. 198.

[6] C. Levi-Strauss, *The Savage Mind*, Translated by George Weidenfeld & Nicolson Ltd., University of Chicago Press, 1966, p. 30.

式里面,世界是活生生的,同时世界又是想象的;……然而,它展演的却是同一个世界。"①利奇看得很清楚:"在仪式的理解上,会出现最大程度上的差异。"②这种状况所形成的巨大反差,以及将某一款定义搬运到另一个族群仪式行为上去解释,可能会产生重大的歧义,"越是对不同的宗教进行比较,也就越是显得困惑,因为人类的经历上的差异如此的巨大"③。然而,至为重要的是:"作为文化原动力的'窗户',人们通过仪式可以认识和创造世界"④。不一而足。

不过,如果我们对人类学关于仪式方面的论述做一番大致的梳理,便能够从中发现一个很有意思的发展线索。早期的人类学家,古典主义进化论者泰勒坚信"万物有灵"(Animism),认为各种对神灵的信仰构成人类原初性、低限度的宗教。由此推衍,人类会将自己的灵魂与肉体进行交通感动,甚至可以互动于动物、植物、健康、疾病、梦幻、未来行为等事物和现象。在泰勒对仪式所进行的定义和分类里伴随着一个基本的进化论线性发展,即在万物有灵的基本表述中,野蛮人与文明人、低级的与高级的有着本质的区别。他说(我们):"首先应认识到,未开化人对动物本性的看法和文明人的看法是截然不同的。未开化民族所奉行的一套奇特的礼仪,鲜明地展现了这种区别。未开化人非常认真地对活的或死的动物谈话,其态度就像对活人或死人谈话一样,对它们十分敬重,当人们不得不去执行猎杀它们的痛苦任务时,总要寻求它们的谅解。"⑤进化论者对待所谓"野蛮人"的看法总体上说也相当笼统,他们只满足于将所有的观点搁置在进化的框架之内。为了达到这样一个可供归纳和演绎的双向论证,仪式中的许多特质因此被漠视。由于文明社会与未开化社会之间存在着剪不断的历史关联,

---

① C. Geertz, *The Interpretation of Culture*, New York: Basic Books, 1973, p. 112.
② E. R. Leach, "Ritual in the International Encyclopedia of the Social Science," Vol. 13, see D. L. Sills(ed.), New York: Macmillan, 1968, p. 526.
③ M. Douglas, *Purity and Danger*, Harmondsworth: Penguin Books, 1970, p. 28.
④ C. Bell, *Ritual Theory, Ritual Practice*, New York & Oxford: Oxford University Press, 1992, p. 3.
⑤ 史宗主编:《20世纪西方宗教人类学文选》(上卷),金泽、宋立道、徐大建等译,上海三联书店1995年版,第31页。

具有文化传承上的"遗留"(survivals)品质。对于这些遗留物的形成原因,泰勒有一个非常著名的观点,即"种族－环境－时代"说:"人类情感与观念中有一种系统;这个系统有某种总体特征,有属于同一个种族、年代或国家的人们共同拥有的理智和心灵的某些标志,这一切都是这个系统的原动力……有三个不同的原因有助于产生这种基本的道德状态——种族、环境和时代。"①"三因素"论既划开了"野蛮/文明"之间的差异,也解释了文明类型的成因。

在仪式研究的历史上,以弗雷泽为代表的一批人类学家(亦被称为"人类学派")所做的研究工作对后来的影响非常巨大和深远。弗雷泽关于宗教、仪式、巫术等的著述,将各类母题性仪式进行系统的整理和专门的分析;对诸如阿都尼斯(Adonis)、阿提斯(Attis)、奥西里斯(Osiris)等重要的类型化神祇和崇拜仪式进行过悉心的比对;对像"死—再生仪式""丰产与生殖仪式""杀老仪式""替罪羊仪式"等做大量的材料搜集和类型化整理,并将这些原型性仪式纳入其进化理念和线形发展的轨道之中。比如在解释宗教起源的时候他套入了"巫术时代"(Age of Magic)和"宗教时代"(Age of Religion)的演化程序。特别是他的代表作《金枝》一书,极大地影响了整个人文社会科学领域;正如马林诺夫斯基所评价的那样:弗雷泽的《金枝》"在许多方面是人类学所取得的最伟大的成就。……他表达了现代的人文精神,即整合了民俗和人类学方面的古典学术价值"②。与此同时,他对仪式的原型(archetype)的挖掘和示范为后来的文学研究和创作起到了里程碑的作用。

仪式研究从一开始就与神话有着不解之缘,无论就其发生、推原(genetic)③抑或整理、分析都是如此。对于神话和仪式的"鸡和蛋"问题,一直就是早期学者们讨论的焦点。在这个问题上,人类学家们的观点虽然

---

① 拉曼·塞尔登编:《文学批评理论——从柏拉图到现在》,刘象愚、陈永国等译,北京大学出版社2000年版,第456页。
② B. Malinowski, *Sex, Culture and Myth*, New York: Harcourt Brace & World, Inc., 1962, p.268.
③ 推原,专事对宇宙万物做解释的叙事。

不能说没有差别,但原则上则相当一致,即将二者当作一个相互交融的体系。比如泰勒就习惯地将仪式置于神话的范畴来看待,他将神话类分为"物态神话"(Material myth)和"语态神话"(Verbal myth)两种:物态神话是基本的、原始的;语态神话是从属的、其次的。语态神话事实上是基于对物态神话的存在所做的解释。在他那里,物态神话实指仪式。史密斯也主张神话主要就是对仪式进行描述。这方面,弗洛伊德的精神分析学说的几个范例,特别是俄狄浦斯情结(Oedipus Complex)不啻为神话仪式的联袂出演。以往人们通常只认为俄狄浦斯故事仅仅是一个神话传说,唯有弗洛伊德的追随者们相信,那其实是某一个仪式的表述。[①] 美国历史学派代表人物博厄斯也认为神话与仪式之间是协约关系。他认为一个仪式就是一个神话的表演。"人类学分析表明,仪式本身是作为神话原始性刺激产物。"[②]伴着穆雷(G. Murray)、哈里森(Harrison)等人的学术追随以及他们在神话仪式研究上将神话和仪式视作缘生性共存体的相同主张,此后很长一段时间里仪式都成为同领域的学术主潮之一。

  与此同时,也有一些人类学家注意到了神话与仪式关系似乎并不那样一致和密切。有例子表明,某些民族的神话非常多,仪式却少得可怜,例如生活在南非卡拉哈里沙漠地区的游牧民族就是如此。相反,因纽特人有着很丰富的仪式,相对应的神话却并不多。就这一点而言,将二者完全视为一个单位性整体也似有不近周延之嫌。克拉克洪(Kluckhohn)的主张比较灵活且不拘一格。他并不像一些学者那样将神话与仪式死捆在一起,而是认为二者趋向于在一起进行表述,却不妨碍它们可以独立存在。他也不同意当神话和仪式同时在一起的时候必须对同一桩事由做表述,二者可能分别做各自的表述,而只是对同一件事情形成互动关系。[③] 克拉克洪对神话、仪式的主张可以说体现了人类学的解释成分,具有浓郁的现代气息。

---

① R. H. S. Crossman, *Plato Today*, New York: Oxford University Press, 1937, p.88.
② F. Boas, *General Anthropology*, Boston & New York: D. C. Heath, 1938, p. 617.
③ C. Kluckhohn, "Myths and Rituals: A Generd Theory," see R. A. Segal(ed.), *The Myth and Ritual Theory*, Blackwell Publishers, 1988, p.313.

无论如何,神话和仪式作为人类学研究的原初性知识资源,在具有功能性、操作性、工具性意义的背景下被同置一畴,而在此基础上形成、成长起来的神话－仪式学派已蔚为大观。总之,神话－仪式——从形式到内容,从"名"到"实"在很长的历史时段内一直为学界的热门话题。是故神话－仪式也就自然而然地作为人类学派的专属名称留存下来。表象上,古典人类学家如此热衷于这一畛域的争执似乎并无必要,那不就是一个符号的命名和界定吗?实际上,以今天的眼光看,我们终于可以洞见人类学先辈们所试图致力的人类学作为一门新兴学问与其他传统学科的差异,即寻找到哲学的、逻辑的、文本的、"我者的"、"文明的"另外一个参照体系:经验的、直觉的、行为的、"他者的"、"野蛮的"部分,一个自觉的、叙事性比较文化研究的范式变革。这一切都沉积于神话－仪式巨大的知识系统里面。

将二者放在一起除了其原始关系以外,还有一个结构性原理,即倾向于把神话视为信仰的、理念的、理性的、理论的表现,而仪式则成了行为的、具体的、感性的、实践的配合。就广泛的意义而言,对原始的神话－仪式做这样的归类和划分并没有什么根本的不妥。人们可以很容易地通过一个仪式回顾一个相对应的神话传说,同理神话传说也经常可以推衍出具有仪式性色彩的行为和实践,或者成为某一个具体仪式的推原理由。然而,在具体的文化事象上,如果我们因此就把二者完全视为一物则又欠妥当。特别是作为仪式,毕竟它本身包含着一个完全具备了自我说明能力的结构,而且,它会不断地在同一个叙事骨干之下随着时间和空间的改变而发生变化。比如,中国的春节仪典活动(桃符、春联、爆竹、除夕等)随着时空的推移已经与原始形态有了非常大的变化,这些变化包括了形式和内容、符号和意义等方面,可是相对于附丽之上的神话传说却并无什么变故。克拉克洪也看到神话与仪式之间的辩证关系:仪式与神话虽有不解之缘,表现起来却各有特质。从大的层面上说,它们都要受到文化传统和外界环境的影响。在同一个背景和环境变数中,作为"行为模式"的仪式与相对于"观念模式"的神话来说,更容易产生变化。相对的,作为"观念模式"的神话(广义的"神话"——笔者注)通常后续于"行为模式"的仪式,就像妇女行为的变化与妇女地位的社会观念变化的关系一样。他同时还以"纳粹德国"为例子,反证一旦某一种特别强力的"观念模式"(神话)同样具有能力通过诸如组织、机构、国家等手段产生出一整套"行为模式"(仪式)来。他称之为"纳粹神话模式"(the Nazi mythology)①在我看来,就思维形态而言,将神话与仪式截然两分多少有一些以"逻辑思维"的思辨方法分析和推导出"前逻辑思维"的果实。如果按照卡西尔的"神话思维"(Mythical Thought)所做的描述,神话与仪式——观念与行为、"观念模式"与"行为模式"还未达到可分的二元,因而也没有什么孰先孰后的问题。它类似于"混沌"性的"元语言叙事",对于仪式的原生时态更是如此。仪式与神话的概念和分类属于后续,这一点有必要格外加以强调。所以,我们与其在二者之间区分"谁是鸡谁是蛋",毋宁视之为人类学在"兴学"伊始的策略性出演和学科性"场域"的边界设置,就像今天的中国人类学试图要在诸学科中赢得"一级学科"的地位,就必须突出强调它与众不同的特质一样,而这又与"唯我不行"这样的学术策略相仿。

不言而喻,神话-仪式学派的阐发点主要集中于神话和信仰范畴。尽管该学派人物众多,共性特征却颇为明显:都偏爱在宗教和情感经历方面强化仪式的作用。而且这种对原初性的神话和仪式的理解直到今天仍然对于宗教研究有深远影响。事实上,这个学派的仪式研究并不只限于关注神话和仪式中的缘生形态,对相关形态的文化现象和意义也有深刻的阐发。较有代表性的人物胡克(S. H. Hook),他于1933年出版了《神话与仪式》一书。这一部著作的主要特点在于:1. 把神话-仪式的研究传统向高级的宗教形态拓展。他在书中对基督教展开了以往神话-仪式学派的学者不甚涉及的领域。因为,以往的学者在学术上有一个"原始社会"(primitive society)的背景前提,关于此,早在泰勒、弗雷泽那儿就已经定调和确认了。胡克则将高级宗教的研究往它的原生状态推原。2. 他引入了人类学的考古学方法,即在传统的人类学对文本、民俗、口传等材料搜集的基础

---

① C. Kluckhohn, "Myths an Rituals: A General Theory," see R. A. Segal (ed.), *The Myth and Ritual Theory*, Blackwell Publishers, 1998, p.320.

上增添了使人更具有信服力的资料和手段。3. 确认了"文化模式",也被称作"仪式模式"的表述范式。在文化模式中甚至还有了地缘的概念,如"近东"。地缘上的交流使文化模式具有了动态和变迁的性质。4. 将研究视野从以往单一的、狭窄的搜集、透视原始社会"遗留"扩大到不同种族、社会之间的关系,包括战争、贸易和殖民。① 这样,人类学的仪式研究也就随着学者们研究视野的扩大不断地推进着。

第二节 学术原点、"仪式 – 戏剧"的基本表述

事实上,就西方的诗学传统而论,神话 – 仪式的人类学派对仪式理论的发轫并非"横空出世",学统上原有所本。它涉及一个基本的学理问题。也可以认为,随着历史的发展、学术的精进,西方的知识分类和学科的原创领域越来越显得过于粗放和狭窄,诗学、历史学、伦理学、逻辑学、哲学等知识分类已经不足以囊括和触及更多、更新的材料、解释、视野和方法。于是,学科上据基础而扩之,学术上据原点而张之,一直体现在学术精神和学术理念之中,包括人类学这一个学科人类学仪式研究都不例外。

众所周知,远在古希腊时期,学者们就已经对仪式有过不少的阐述。最为著名、经典者当然得数亚里士多德关于酒神祭祀仪式与悲剧的关系。他认为:悲剧来源于对酒神祭祀仪式的模仿,"借以引起怜悯与恐惧来使这种情感得到陶冶"②。因此,"模仿酒神祭祀仪式——引起怜悯等情感陶冶"成为迄今为止仍然延续的所谓"仪式假定"(the ritual hypothesis),也成了后来学者们在讨论仪式命题的时候不能回避的一个学术原点。古典人类学派在这个学科建立伊始,无论在学理的关系上还是在学科定位上,都自觉不自觉地回到这一个原点。由于这种学术传统与发展之间的相互作

---

① S. H. Hook, *The Myth and Ritual Pattern of The Ancient East*, London: Oxford University Press, 1933, p.30. R. A. Segal(ed.), *Ritual and Myth*, series: Vol. 5, New York & London: Garland Publishing, Inc., 1996, pp.14-22.
② 亚理斯多德:《诗学》,罗念生译,人民文学出版社1982年版,第19页。

用,决定了古典人类学神话－仪式学派与诸如神话学、文学研究之间从一开始就交叉浸透,以至于直到今天为止,人类学与神话研究都无法剥离。又由于所谓的"仪式假定"长期以来一直在哲学、美学与文学诸领域浸透着,其研究难免也具备着相当的文人化(letters)色彩。我们今天甚至无法将诸如威克利(Vickery)、坎欠尔(Cambell)、利明(Leeming)等神话学家的著作和早期人类学家像弗雷泽、哈里森、穆雷等的作品区分开来。这不仅仅因为许多晚辈的神话学家、文学家对以弗雷泽为代表的神话－仪式学派推崇有加①,更重要的还是在新兴的人类学学科面前横亘着一个学理性传统和不能直接跨越的基本态度。这样,逻辑上,人类学仪式理论在原初性问题上也就必须去参与和面对来自"两希"——希腊神话和希伯来神话的"诗学叙事传统",并不得不在讨论上与"仪式假定"有所衔接。

　　亚里士多德著名的仪式论是从酒神狄俄尼索斯祭祷仪式与悲剧的发生关系切入的。所以,这个问题也就自然而然地成为一些学者试图在理论上有所创新的突破口。比如海曼(Hyman)于1958年发表的论文即从这个亚氏的"仪式假定"开始。在他看来,虽然现代学者的"仪式视野几乎覆盖着希腊文化的全部",比如有简单地将希腊悲剧视为狄俄尼索斯祭仪的衍生物,或者"古代近东神秘文学直接渊源于仪式"②等陈说,但他却认为这一切都不能改变仍需将仪式理论作为一个学术起点的事实。现代学者越来越多地把神话和仪式的"聚合体"做分别处理。换言之,二者虽不易做泾渭分明的区别,却也没有必要生硬地将二者死绑在一起,具体分析的时候完全可以分而置之。比如有的学者就相信,戏剧 drama 与 dromenon 相关,在仪式中它表示"做过的事情"(the thing done);渊源上它与神话 legomenon 相呼应,表示"说过的事情"(the thing spoken)。这样也就精巧地将以往仪式与神话相混淆的地方给分别开来。③

---

① J. B. Vickery, *The Literary Impact of the Golden Bough*, Princeton University Press, 1973.
② S. E. Hyman, "The Ritual View of Myth and Mythic," see J. B. Vickery(ed.), *Myth and Literature: Contemporary Theory and Practice*, University of Nebraska Press, 1996, pp. 56-57.
③ R. F. Hardin, "Ritual in Recent Criticism: The Elusive Sense of Community," see R. A. Segal(ed.), *The Myth and Ritual Theory*, Malden: Blackwell Publishers, 1998, p. 171.

毫无疑义,对于亚里士多德的"仪式假定"做直接应对的就是关于酒神狄俄尼索斯。而且,酒神祭祀仪式与戏剧之间的渊源关系无疑是文学的人类学仪式研究必须直面的问题,同时它又无妨为一个极好的分析个案。所以,从学理上看,如果要彻底否定亚里士多德的逻辑前提,必须要证明酒神仪式与悲剧没有历史的、直接的、必然的关系。显然,这相当困难。我们不能不看到,尽管现代学者已经相当腻味于数千年的亚氏"仪式假定",仿佛人们天天咀嚼同一种菜肴时的乏味一样,但是,公正地说要彻底否定酒神祭祀仪式与悲剧的缘生纽带,尚欠火候。于是,仪式理论也就出现了这样的局面:要么不谈;要么谈仪式的技术性、细节性(现代人类学仪式理论的成就之一就在于通过对仪式内部的细节性、技术性等问题的探讨获得的);凡涉及推原形态,尤其是美学戏剧发生学方面的问题,总要回到这个原点。

综观对这一原点的讨论,艾尔斯(Else)的观点代表了对这一问题的全新思索和反叛精神,也较能体现当代学人标新立异的治学态度。艾尔斯认为,在早期的希腊悲剧历史里面并没有包含什么"狄俄尼西亚式"(Dionysiac)因素。他提醒人们注意,亚里士多德在《诗学》当中并没有提到什么神或者狄俄尼索斯精神被确认作为戏剧的表现内容。① 相反,"大部分所知的悲剧内容与酒神仪式来源无关,从荷马到史诗时代,它们主要取材于英雄神话和传说。对于祭祀神话和祭祀仪式,特别是狄俄尼索斯祭祀仪式的接纳,无论其广泛性和重要性方面都是次要的。换言之,希腊悲剧通常所借鉴和汲取的资源是英雄史诗,而非宗教祭仪"②。他进而认为,总体上的希腊悲剧英雄所表现的是"自我意识"(self-awareness),而绝不是像狄俄尼索斯所表现出的基本精神品质的"自我迷失"(self-abandonment)。③ 与

---

① G. F. Else, *Origins and Early Form of Greek Tragedy*, Martin Classical Lectures, Vol. 20, Cambridge: Harvard University Press, 1967, p.14.
② G. F. Else, *Origins and Early Form of Greek Tragedy*, Martin Classical Lectures, Vol. 20, Cambridge: Harvard University Press, 1967, p.63.
③ G. F. Else, *Origins and Early Form of Greek Tragedy*, Martin Classical Lectures, Vol. 20, Cambridge: Harvard University Press, 1967, p.69.

此同时,"仪式假定"的形式与目的关系也受到质疑。一般而言,仪式行为的实践者可以由单一的"演员"完成,而观众如果受到"怜悯精神"引导,在观看演员表演的时候是无法确认自己的角色的。① 二者的距离显然非常大。艾尔斯等人的观点代表着一批试图从沉重的"仪式假定"羁绊中解脱出来的现代学者所做的努力。不用说,这种努力相当费劲,特别是面对狂热的希腊悲剧观众所表现出来对仪式的那种态度。无怪乎对于希腊观众沉迷于悲剧仪式的现象,艾氏甚至很尖锐地用了一个"仪式期许"(ritual expectancy)的概念。他认为,正是由于"仪式期许"现象的存在,"严重地伤害了我们对戏剧的解释,并通过我们的解释达到对悲剧的总体上的认识"②。

另外一种可能性同时存在,即现代学者的职业研究已经完全习惯于学科的知识分类,这种习惯在一定程度上对于超越科学门槛的社会知识原始形态的把握无疑是一种限制。如果戏剧理论家们决计要打破"亚氏假定"的一个逻辑前提就是试图证明戏剧与仪式的发生形态并非构成必然的互为关系,那么最明确的目标应为:戏剧与仪式根本没有关系,至少二者的关系为次要。然而,如此这般破除"亚氏假定"的学术基础可能更为脆弱,因为现代学者的知识系统和知识贮备、学术认知和学术认同是已经"画地为牢"了的林立学科和分类樊篱,即早已将仪式与戏剧划到了不同的知识范畴。而我们完全有理由相信,仪式和戏剧的原生形态或许根本就是一体的。艾里斯所犯的错误可能比亚里士多德更为严重,因为连"论理"的认知前提都失去了。

在这方面,倒是人类学的仪式研究显得更为平实。神话-仪式学派除了在古董堆里发掘属于人类学学科性质的独到表述以外,他们还做大量多学科的资料准备和比较研究工作,比如弗雷泽同样也花很多笔墨于古希腊

---

① R. F. Hardin, "Ritual in Recent Criticism: The Elusive Sense of Community," see R. A. Segal(ed.), *The Myth and Ritual Theory*, Malden: Blackwell Publishers, 1998, p.172.
② G. F. Else, *Origins and Early Form of Greek Tragedy*, Martin Classical Lectures, Vol. 20, Cambridge: Harvard University Press, 1967, p.4.

神话的考索，单是酒神狄俄尼索斯神话和祭祀就有大篇幅的描写。① 通过比较，我们看到了希腊酒神狄俄尼索斯与埃及的奥西里斯（Osiris）神话仪式之间的历史关系。与一般的神话学家和戏剧学家不一样，弗雷泽借用大量异民族的材料进行参照比对。他的研究更接近于比较文化（神话）的研究范畴。人类学研究从一开始就体现出相当开放的趋向，并不急于对仪式和神话的发生形态做哲学美学上的提升和总结，而集中在对仪式的形式上的操作性、技术性、细节性等进行研究，而且非常重视文化表述中社会象征能力上的族群单位性质。后来的一些人类学家，比如特纳、米德（M. Mead）都强调仪式的最小单位"象征"上的指示。这样的结果往往以超过两个民族或族群的丰富资料来论证同一具体问题。重要的是，这种研究的努力使人们有机会看到某种文化形态的"复原"特性。

　　心理学和精神分析学说对仪式的看法别具一格。弗洛伊德在精神病分析以及临床经验中窥识仪式的潜意识现象和象征性叙事价值，这就是他在《图腾与禁忌》（1913）中直接推导出来的理论：俄狄浦斯情结正是仪式由深层的存在走向导致人类行为的一个完整建制。不过，人类学研究可以借鉴现代心理学的成就，却拒绝任何来自精神心理方面的假定。人类学田野调查的学科特点和方法决定了这个学科要通过具体的案例去观察仪式行为的社会实践和生活场景，从而进行分析、认识和挖掘人类心理深层的生命现象。两种研究的视野截然不同。当然，同样在仪式这一现象上，两种方法都不妨碍获得深入地对仪式的理解，甚至将二者结合在一起的方法。换言之，人类学家们并不拒绝对精神分析学说理论和方法的借鉴，恰恰相反，他们也不乏以心理分析的方法解释仪式现象。比如我们从马林诺夫斯基对特罗布里恩岛（Trobriand）研究的一系列民族志成果中便可清楚地看出他的这种努力。

　　如果说亚里士多德有关仪式与戏剧的论述在知识范畴还显然过于粗放的话，那么，现代人类学的仪式研究则在学科范围内建立了自己的学术特色和学理规范。代表人物主要是涂尔干和马林诺夫斯基。法国人类学

---

① J. G. Frazer, *The Golden Bough*, London: Macmillan Publishing Company, 1947, XLIII.

家涂尔干的仪式研究具有非常重要的地位。一方面,他并没有完全背弃古典人类学仪式理论的学术基础,继续在仪式与宗教的原始链条中进行他的研究工作。另一方面,与神话-仪式学派完全不同的是,他厘清了作为人类经验的分类系统中仪式与信仰之间的差异,继而看到了仪式作为信仰的基础以及它在宗教社会范围内的整合性质。在《宗教生活的基本形式》中,涂尔干认为宗教可以分解为两个基本范畴:信仰和仪式。仪式属于信仰的物质形式和行为模式,信仰则属于主张和见解。这是把所有的现象区分为两大类(思想和行为)的根本区别。仪式是以其对象的独特性质来确定和辨别的,并由此与其他的人类实践(如道德实践)区别开来。"……世界划分为两个领域,一个是神圣的事物,另一个则是世俗的。这种区分构成了宗教思想的特征。信仰、神话、教义和传奇,或是表象或是表象的体系,它们表达了神圣事物的本质,表现了它们所具有的美德和力量,表现出它们相互之间的联系以及同世俗事物的联系。但是,人们绝不能把神圣的事物理解为所谓神或精灵之类的人格化的存在。一块石头、一棵树木、一股喷泉、一块卵石、一片木头、一座房屋,总之无所不能是神圣的。而一种仪式也可以具有这种特征,事实上,仪式若不在某种程度上具有这种特性,就不成其为仪式。……由此我们得出下列定义:一个宗教是信仰与仪式活动之统一的体系,它们都同神圣的事物有关。神圣的事物是有所区别和禁忌的。……仪式活动这一因素在定义中同信仰这一因素相比,并非缺乏本质性。"①

涂尔干关于"神圣/世俗"的著名命题后来成了人类学家在讨论仪式内涵时不能轻易跨越的另一个原点。换句话说,你可以不同意涂尔干将这样一组对立性概念作为仪式的指导圭臬,却经常不得不借用这一仪式分析的工具。不少新的见解也都是从对它的讨论和诠释开始,或直接将它与仪式意义联系在一起。比如拉德克利夫-布朗(Radcliff-Brown)有针对性地说,当涂尔干使用"神圣"(sacred)这个术语时,既包含了神圣也包含了不洁。法国人比英国人容易做到这一点,因为拉丁语sacer这个词既可以用

---

① 史宗主编:《20世纪西方宗教人类学文选》(上卷),金泽、宋立道、徐大建等译,上海三联书店1995年版,第61—63页。

于诸如神祇这类的神圣事物,亦可以用于诸如犯了罪的令人憎恶的人物。但在英语中,神圣(sacred)只能与神圣(holy)相等同。……在社会成员中间,我们发现,对于社会成员所赋予不同种类的对象的仪式价值存在着某种程度的公认尺度。我们还可以发现,大多数仪式价值是社会成员所公认的、既定的社会价值。……仪式的价值存在于每一个已知的社会之中,从这个社会到那个社会,仪式价值会呈现出极大的差异。① 在布朗那里,仪式成了社会组织的一种描述和社会总体结构中的象征性表述。神话不仅可以解释仪式,也可以解释其他文化组织行为。

"神圣/世俗"与其说是一组人类学、宗教学的概念和工具,还不如说它旨在间隔出一个结构的空间范围。列维-斯特劳斯认为,人类学在社会科学和物质科学之间建立起其研究领域,人类学认为人类的唯一限制是空间的因素。② 因为神圣与世俗如果没有产生足够的"间离空间",仪式和宗教的崇高性便无从生成。事实上,仪式与戏剧之所以在发生学上有着不可分解的关系,空间上的表演形态显然为一个重要品质。列维-斯特劳斯在《忧郁的热带》中以犹太教信仰和犹太教堂为例进行分析,犹太教堂的走廊表现为一种"通道",将世俗世界与神圣世界分隔开来。仪式成了连接二者的必要条件。③ 柯普(Colpe)曾经就"神圣/世俗"这一组概念的同名从语言学角度做了历史的考证,它的拉丁语来源 sacrum/profanum 一开始就具有丰富的意义。它指专属于神所操控的事物,所表示者为神圣,大致与 holy 相当,具有全知全能的指喻。与 profanum、profanes 即神圣相对应的还有一个类似的语汇 fas,指神域之外、不受神操控的领域。显然,"神圣/世俗"在原始语言中将范围加以区分。我们也可以理解为:属于神所掌握的领域为神圣的,反之便是世俗的。事实上,最早的所谓神圣对于罗马人来说并非一定与神联系,而是直接与仪式场域发生关系,即祭祀的宗教场

---

① 史宗主编:《20世纪西方宗教人类学文选》(上卷),金泽、宋立道、徐大建等译,上海三联书店1995年版,第107—109页。
② 列维-斯特劳斯:《忧郁的热带》,王志明译,生活·读书·新知三联书店2000年版,第60页。
③ 列维-斯特劳斯:《忧郁的热带》,王志明译,生活·读书·新知三联书店2000年版,第295—296页。

所,诸如庙宇等具体祭祀的地方(fanum),具体说就是将特定举行祭献的地方作为一个神圣的位置确定下来,从而与非神圣的地方相隔开来。① 依照语言上的训诂,"神圣/世俗"因此至少具有以下的指示范畴:

1. 以神祇为核心的专属性——性质指喻
2. 以仪式为表现形态的归属性——形式指喻
3. 以场域为范围距离的空间性——空间指喻
4. 以行为为规定范畴的连带性——行为指喻

我们仿佛从此看到了仪式与戏剧的原初性表演。空间的表演意义与语言叙事意义往往具有特殊的互文性质。这也正是我们所要强调的仪式与戏剧的关键所在。艾尔斯等人显然忽略了这一个问题。

马林诺夫斯基在神话和仪式的关系问题上基本与神话-仪式学派保持一致,认为神话是观念的,仪式则是实践的,二者并置。但马氏独辟蹊径,将文化现象,包括巫术、神话、仪式等人类与自然相互关系这一基本功能直接勾连。这样,所有那些神秘的、不可见的、超自然的、经验的、制度性的文化现象的表述、表示、表演都显得更具有直接的、根本的和功利性的理由。他直截了当地宣称:所有的巫术和仪式等从根本上说都是为了满足人们的基本需求(basic needs)。② 巫术总在执行这样一种原则:"帮助那些需要帮助的人们。"人们为了面对那些无法预知的、无法安排的来自命运、机会和不幸等的各种情形和境地,不可避免地与巫术发生关系。二者之间变成互为你我的关系。如果人类没有这些基本需求,那些形形色色的文化表述便无从生产。巫术需要仪式行为的表演来帮助实现现实生活中人们所办不到的、无法取得的结果。从逻辑上讲,仪式行为建立在一种信仰之上。这种信仰是人们经过对生活传统的细致观察,确信人类可以影响自然的过

---

① C. Colpe, *The Sacred and the Profane in Encyclopedia of Religion*, Vol. Ⅱ, Micea Eliade (ed.), New York: Macmillan Publishing Co., 1987, pp. 511-518.
② 史宗主编:《20世纪西方宗教人类学文选》(上卷),金泽、宋立道、徐大建等译,上海三联书店1995年版,第91页。

程,控制命运。这种信仰总可以在传统的神话和经验事务中发现巫术的力量。因此,巫术具有族群价值,它又促使人们为了公共利益而加入仪式活动。马林诺夫斯基非常清晰地演绎了功能主义的示意图:人们相信,巫术可以帮助人们实现所不能达到的结果。这种"相信"绝非凭空,它建立在人类生活现实和经验之上。仪式成了实现这一逻辑关联的具体行为——一种族群的、社区的、具有地方价值的功能性表演。因此,它也是一种"地方知识"(the place of knowledge)系统。这种知识系统所呈示出来的诸如宗教、巫术、魔术和作为文化现象的各种分类都是为了保证满足人类的需要。①

斯特劳斯的结构主义与马林诺夫斯基的功能主义的主张不同,一个重要的原因在于:功能主义可以解释人类寻找物质、满足基本需求的基本功能,甚至也能够解释在满足了这一个层次的基本要求之上,那些社会组织、信仰制度、神话叙事等非常广泛的现象都置于功能主义的名目之下,然而功能主义却不足于解释原始思维形态的基础问题以及这些社会现象所具备的共同的内部结构和叙事文法。② 结构主义试图通过对同一物类的内部物质的共性出发,寻找其共同的"心智结构"以及如亲属制度般的传承关系。比如,人类虽然有各式各样的人种,如蒙古利亚、尼格罗、高加索等,肤色也不一样,如黑色、白色、黄色、棕色等,但不同人种、不同肤色不仅具备共同的物质基础,而且具备共同的情感诉求。不同人种或肤色的人们可以通婚、生育并不间断地繁衍生息。而像马和驴可以交配、生产,可是作为下一代的骡便宣告繁殖性和延续性的终结。这说明不同肤色的人群属于同一种类,反之,马和驴不属于同一种类。以此为基础,作为同类的产物,人类不同的社会文化具备共同的"文法结构"。

今天,人类学的仪式研究已经越来越不同意传统仪式研究上的主导理念和范式:一是以涂尔干为代表的范式,即把仪式当作信仰的行为("神圣

---

① B. Malinowski, *Sex, Culture and Myth*, New York: Harcourt Brace & World, Inc., 1962, pp. 190-191.
② Levi-Strauss, *Myth and Meaning: Cracking the Code of Culture*, New York: Schocken Books, 1979, pp. 15-16.

的"或"社会的");二是以马林诺夫斯基为代表的功能主义,将仪式当作满足人们基本需求的社会行为。结构主义也不断地被解构。总而言之,不同意将仪式作为一个可以如零件一样从一部机器上拆卸下来进行单独分析的、具有器具化操作的样品。当代西方学术界刮起的一股"后学"风——后现代主义、后殖民主义种种观念和方法自然而然也进入了仪式研究领域,并因此产生了一些新的思索点。贝尔(Bell)就提出了一些新见解:首先,由于社会空前迅猛的发展,不同的社会形态和族群之间的交流日益扩大、深入,使传统的仪式在今天的背景之下增加了许多不同的"新质"。仪式如果被视为一种具有文化意义的文本的话,那么,它为文学人类学的研究找到了一个很有意思的切入点。这种意义上的基本理解促使仪式研究延伸到了更加广泛的领域,特别是在文学批评、历史研究、传播理论、戏剧研究和社会心理学等方面明确出现了努力向社会、文化、历史领域浸透的趋势,并且已经非常从容地把仪式作为"人类的经历"和"分析的工具"一并交织在了一起。[①] 其次,这样的社会进程不可避免地将个人带入了"仪式化"境地。个人的行为都成了有目的、有策略性的行为。反之,仪式化新产品嵌入了大量属于独立个体本能性的东西和知识,包括他们的身体。他们对待现实生活的态度以及他们不得不在维持和平衡权力关系的微妙境遇中做出符合自己理解的行为方式的选择。[②] 通过类似的观点,我们可以清晰地发现福柯、布迪厄(Bourdieu)等观点的移植和变形。不过,新学、"后学"理论和观点的引入,无疑将仪式这一人类最为古老的信仰崇拜和行为方式放到当代社会的放大镜下面重新给予评估,这显然并不是一件坏事。至少,像贝尔这样的学者警示我们,在当代社会里面,仪式的权力色彩已经成为一个制衡社会结构和个人行为的重要因素。而任何一个独立的个体,当他自愿、半自愿或者非自愿地参与仪式行为时,都不得不羼入"有目的"的"策略性选择"。表面上,这样的仪式行为比古老传统仪式中个体

[①] C. Bell, *Ritual Theory, Ritual Practice*, New York & Oxford: Oxford University Press, 1992, p.16.

[②] C. Bell, *Ritual Theory, Ritual Practice*, New York & Oxford: Oxford University Press, 1992, p.221.

与社群彼此结成一个"人群共同体""族裔共同体"背景下的仪式行为更有自觉性、自主性,也更遵照自愿的原则。其实正好相反。当一个人本意并非如此,却由于某种政治和权力上的考量不得不做出违背自己意愿的选择时,个体变得更加渺小。此外,由于人类学对仪式的研究,使得仪式不仅经常被作为形式案例,而且提示其作为案例的普遍价值和写作范式。马尔库斯和费舍尔(Fisher)注意到仪式的描述和分析已经成了一种民族志文本的通常形式。这是因为仪式的"文本生产上的文化类象",通过它可以解读"经验之上的意义"。①

人们已经注意到,现代社会的仪式行为发生在"地球村"和"全球经济一体化"的大语境之下,仪式的面目可能会改变传统的有确定人群、时间地点、区域特色、文化圈独立文化价值等特质。有些仪式越来越呈现出在全球范围内共同遵守某一种"游戏规则"的情形。这样,仪式中的现代"超级权力"已经渐渐形成。有的学者以现代的奥林匹克运动项目为例,认为现代体育完全就是古代仪式和戏剧的一种延续,特别表现出"对权力的迷恋"②。奥林匹克运动的仪式化模式大致表现出以下两种文化再生产层面的意义:文化的自然的"生性"(habitus)③和"社会形象"(social image)。比如女性运动员在体育项目中的"表演"既是"生物的也是文化的"(biology/culture),既是"生物之性也是社会之性"(sex/gender)。④ 人们有理由推断,今天体育竞赛的仪式化活动所遵循的规则已经相当全球化了,那么,它的权力也就达到了全球化。如果这样的再生产得以维持和继续,那么,资本和产品也就在一体化中流通。仪式不论是手段还是目的、形式还是内

---

① G. E. Marcus & M. J. Fisher, *Anthropology as Cultural Critique*, University of Chicago Press, 1986, p. 61.
② I. Rudie, "Making Person in a Global Ritual? Embodied Experience and Free-floating Symbols in Olympic Sport," see F. Hughes-Freeland & M. M. Crain (ed.), *Recasting Ritual: Performance, Media, Identity*, London & New York: Routledge, 1998, p. 117.
③ 法国社会学家布迪厄"实践社会学"中的概念,主要指一个人因出生于某个家庭,属于某个阶级、某个性别等所形成的特有的习惯、想法、能力、感觉等,类似于一种气质。
④ I. Rudie, "Making Person in a Global Ritual? Embodied Experience and Free-floating Symbols in Olympic Sport," see F. Hughes-Freeland & M. M. Crain (ed.), *Recasting Ritual: Performance, Media, Identity*, London & New York: Routledge, 1998, p. 119.

容、原因还是结果,这一点必须警惕。

第三节　仪式的进程:阈限与通过

仪式的种类繁多而复杂,归结起来,原始仪式主要有以下三类:一是时序仪式,即在自然的节律之中体验生命的律动,而这一切都与四季变迁、生命变化直接发生关系。轮回观念因而产生:

> 死游进了水里,
> 春天来到了我们中间。
> 带着红红的孵蛋,
> 带着黄黄的煎饼。
> 把死神逐出村庄,
> 把夏日迎进家园。
> ……①

这是波希米亚人对新生的歌咏。人类的生命呈现于自然时序递进、四季轮替、节律嬗变之中。它本身也就因此获得了一种神圣性。由于它与人类的生命、生计和生活休戚相关、唇齿相依,因此,时序性仪式显然为人类最基本和原始的一类。二是生命礼仪,即根纳普所谓的"通过礼仪"。在《通过仪式》一书中,他开宗明义:"任何社会里的个人生活,都是随着其年龄的增长,从一个阶段向另一个阶段过渡的序列。"②"一个阶段向另一个阶段过渡",仿佛移植了时间的物理性质;时间被人为地区分为有临界状态的"阶段"。然而,这正好是生命时间制度的另一种表态,或者说"生命时间的社会性"。简单地表述为:如果没有一个特定族群和确定社会仪式的分水岭将"一个年龄"与"另一个年龄"以特殊的方式分隔开来,便无从获得

---

① J. G. Frazer, *The Illustrated Golden Bough*, London: Macmillan and Co., Limited, 1978, p.120.

② Van Gennep, *The Rites of Passage*, London: Routledge & Kegan Paul, 1965, p.3.

社会规范中的过程属性。就像不举行成年仪式,便无法步入成年社会一样。仪式的生命过程具有"凭照"(Charter)的性质。三是宗教庆典,指在一个宗教或宗教团体内所举行的仪式,以彰显、彰扬和彰示宗教信仰、教义、事件、人物等灵迹和神圣。宗教庆典的一个最外显的功能在于通过仪式化行为将"神圣"与"世俗"的距离拉开。

文化人类学从一开始就将仪式研究视为该门学问的专项内容。一方面,许多古典人类学家,如泰勒、弗雷泽、史密斯等在他们的研究中早就注意到不同族群、民族、地区的人们在对待仪式、贯彻仪式、体验仪式上的许多共同点,特别是在人类的属性、人与自然、人与非经验所能及的想象性存在之间渗入了交流和逻辑关系。另一方面,早期的人类学家对仪式过程的研究也非常重视,毫无疑问,其中最为著名者非根纳普莫属。特别是他所创立的仪式分析的特殊价值——将仪式作为一个独立的内部单位结构来对待和处理。可以说,"通过仪式"开创了仪式内部进程分析的里程碑。表面上看,人生礼仪似乎只涉及个体生命过程的"年龄"递增的自然演进,事实上却远不止于此。他所建立的仪式过程乃是一个完整的社会机制和分析原则。如果说,泰勒、弗雷泽等人类学家在他们的研究中还停留在将仪式作为社会生活的关联性纽结,以突出"原始社会"的所谓"交感"联系的话,那么,根纳普则使仪式本体研究成为人类学的专门学问。简言之,前辈们所做的研究是"社会中的仪式",而根纳普做的则是"仪式中的社会"。正如其代表著作的名字一样,他首先阐明了所有过渡仪式(Transition ritual)的基本类型和分析原则。值得一提的是,根纳普"通过仪式"的表述范式对西方现代文学产生了巨大的影响。

理念上,根纳普与涂尔干不同,他并不认为宗教和巫术截然不同,而是将二者作为一种社会语境中的方式差异。他认为,宗教表现为理论性的,而巫术则表现为实践性的。在这样的理念指导下,仪式的过程就成了二者不可偏废的一刃双面。重要的是,对于一个社会,个体和群体之间建立的仪式系统体现了社会关系和交流价值。在根纳普的仪式理论中,人类社会所有的高级仪式,如献祭仪式、入会仪式、宗教仪式等,无不具有边界、开端、运动的特点,因此,所有这些过渡性仪式也都包含着三个基本的内容

（分离、过渡和组合）和阈限期（liminal phase）。它们分别被表述为前阈限、阈限和后阈限：

分离（separation）　　过渡（margin-transition）　　组合（reaggregation）
前阈限（preliminal）　　阈限（liminal）　　　　　　后阈限（postliminal）

"阈限"概念的建立并具有工具性的操作价值使得仪式理论从一开始就具备了模型化的分析规则，对仪式本身动态性机制的拟构奠定了一个良好的基础。它将人的生理和生命阶段的物理性质社会化，人的生命过程与社会化过程在仪式理论中被整合到了一起。同时，他也为仪式研究，特别是仪式过程和仪式内部的研究开了一个先河。

对仪式模具的拟构，看上去使根纳普的仪式论显得有些刻板和机械，但却不妨碍他对社会人类学在仪式研究方面广泛而深远的影响。利奇在他的研究里就采纳了根纳普的框架并做了符号结构上的引申。另一方面，我们也明显地看出他同时接受了涂尔干"神圣/世俗"的分类原则。根纳普清楚地看到了社会生物只有首先被界定具有两个领域的价值，仪式的"通过"意义以及属下所有的阈限分离才具备逻辑起点。利奇虽然避免沿袭"神圣/世俗"的单一线索的描述。比如，在涂尔干的"神圣/世俗"的二元对立中，仪式特指在神圣的语境中所发生的社会行为。而利奇却认为，社会行为缀入一个连续体之中。它可以是神圣的，亦可以是世俗的。可以看出，利奇的所有这些论述，都完整地接受了根纳普的阈限和界限的概念[1]，并在此基础上进一步将这一分析模式引入所有二元分类的社会结构的研究之中，比如禁忌。他试图努力把根纳普的通过仪式和涂尔干的二元观融会贯通。

不过，利奇对仪式阈限的看法表现出了相应的灵活性，即并不是简单地将某一个阈限内的象征指喻凝固化，而是在象征的动态意义上做进一步

---

[1] E. R. Leach, "Two Essays Concerning the Symbolic Representation of time," see *Re-Thinking Anthropology*, London School of Economics Monorgragh No. 22, London: Athlone Press, 1961, pp. 124-126.

的发掘和发挥。他认为把死亡和诞生看作一回事很愚蠢,因为其中缺失了对仪式整体性的完整把握。而只有像根纳普那样将仪式作为整体中的几个部分,即象征性死亡、仪式性的与世隔绝时期、象征性再生等,生命的动态才显现出来。他甚至将通过仪式与人生周期的阶段联系起来,与时间的某种表述或概念化联系起来。这样,"生-死认同"就合乎逻辑地在时间的表述制度里面成为一种"钟摆型"概念,即著名的利奇专利性的"钟摆"理论,即将他对缅甸高地克钦人政治系统中的人群分类与动态的政治归属应用到阈限理论中。① 很清楚,仪式的两种禀性被突显了出来:过程的阈限关系和变动的模具性质。

受根纳普仪式理论影响并对仪式的阈限分析有重大发展者之一,当为格鲁克曼(Gluckman),他在功能主义方法上有着重要的贡献。格氏是一位典型的"社会冲突"(social conflict)论者。他对仪式理论的基本主张反映在他早期的论文《东南非洲的反叛仪式》(*Ritual of Rebellion in South-East Africa*,1963)中。他援引弗雷泽《金枝》开头关于纳米(Nemi)祭司的仪式,并从此引出另一个仪式活动的连带性意义,即所谓的"反叛仪式"——通过对神圣的弑杀的不可缺失的行为,使得仪式生出内部系统的过渡功能和转换指示。弗雷泽注意到祭司、国王等部族首领们与农事仪式之间的转变关系。他通过对世界许多原始部族民族志资料的汇集,揭示了一个重要的仪式类型——"杀老"(killing the old)。它的基本叙事为:当一个部族社会的首领衰老了或者生病了,部族就会举行隆重仪式,杀死已经衰老或得了重病的首长、祭司、国王、酋长等,并同时推出一位新的、年轻的、身强力壮者来替代他。这不仅仅是一个简单仪式的程序转换,它凭附的背景依据至关重要,即一个部族的生命体现和循环过程与自然生物的表象相配合。春夏秋冬,万物枯荣,生命伴随之兴盛衰退。作为原始神话-仪式的思维逻辑和叙事范式,大自然的交替和交感的生命价值被"移植"到了人类社会。部族社会的兴盛被他们的首领体现着,他们必须符合强壮的生

---

① E. R. Leach, *Political System of Highland Burma*, London:Athlone, 1954. E. R. Leach, "Two Essays Concerning the Symbolic Representation of time," see *Re-Thinking Anthropology*, London School of Economics Monogragh No. 22, London:Athlone Press, 1961.

命体征——年轻、高大、雄壮、满面红光、性欲旺盛、"像公牛一样"……力量、繁荣、权威等一并与部族的繁荣昌盛的社会语义同构,反之亦同。于是,"杀老"与"代新"相互相承。后者不言而喻地成了前者的"杀手/弑者"。但他们所贯彻的是人类的自然精神和参照兑换。① 从而最终实现了另一层喻义:"五谷的精神"(spirit of the corn)。如此指喻便自然而然地延伸到了生命的种类(species)之中,在人类、动物、植物等种类上赋予了随时可以互动的人类思维和交感关系。格鲁克曼在此基础上做了进一步的发挥,特别是在仪式中性别角色的补偿性转换功能这一点上。

格鲁克曼在对祖鲁(Zulu)人的调查中发现,他们的农业祭祀仪式大都由妇女组织参与,其主要祭颂的神灵 Nomkubulwan 亦为女神。更有甚者,祖鲁社会中的占卜者多数也都是女性。与这些重要的祭典仪式活动中的角色相比,男人通常采取的态度是疏远和离异,以一种漠不关心的面目出现。② 仪式似乎透露出这样一个语码信息,妇女总是社会的一面镜子。由于妇女在社会中必须依附于男性,屈服于男人,这样的社会性别显然不平等,它将给社会带来另一种不平衡的后果。但是,仪式恰恰给了妇女获得地位补偿的机会,但是,仪式也给了妇女特殊的权力和能力。简而言之,祖鲁社会中的女性仪式不独凝聚成了社会机制上的"情结"(complex),同时也是该社会"情结"——社会构成的"反叛"。它既可以被理解为社会冲突,又可以视为社会冲突的平衡关系。格鲁克曼所举的例子与古代爱琴海地区出现并流行的酒神祭祀仪式的情形有异曲同工之妙。酒神狄俄尼索斯的祭司、信徒皆为女性。举行仪式期间,女性向父系社会的男性(包括国王、亲子等君臣关系、母子关系)进行了激烈的反叛行动,她们甚至将"国王-男人"杀死,撕成碎片——忒拜国王彭透斯便为一个极端的例

---

① J. G. Frazer, *The Golden Bough*, London: Macmillan Publishing Company, 1947.
② M. Gluckman, *Ritual of Rebellion in South-East Africa*, London: Cohen & West, 1963, pp. 113-137.

子。① 如果按照格氏理论,女性性别的角色反叛不啻为父系社会性别冲突的一个必然的社会仪式行为。是冲突,亦是平衡。格鲁克曼的理论显示出丰富的社会哲理性。

格鲁克曼的另一个例子是非洲南部的斯威士(Swazi)社会中一年一度极为复杂的皇家礼仪 Incwala。它属于水果节期间的一个重要部分。仪式进行之前的一段时间内,除了皇家氏族,特别是国王本人以外,其他人都不能动庄稼。仪式中有一个极具戏剧性的表演:国王赤裸着从他的人民面前走过,妇女则大声哭泣。格鲁克曼据此认为,仪式的意义并非传达斯威士社会的民族团结,正好相反,它强调社会冲突,一种阶段性聚合以反叛和抗拒国王的表示。② 当然,社会冲突的前提和意义可以成为仪式社会存在的阐述,它更具有功能上的效力,即通过仪式的实践达到阶级性的联合。作者进而认为:"冲突的行为可以因此获得一种'赐福'(blessing)——社会整合。"③通过这两个例子,格鲁克曼确定了仪式具备着"冲突/整合"(conflict/unity)的社会结构和操控机制。仪式的过程和阈限性质被提升到了社会组织结构的高度。

当代人类学界对仪式研究最具影响力的人类学家为维克托·特纳(V. Turner)。他将仪式作为一种结构性冲突的模型来分析,使他享有在物质性个案研究中将民族志图释为一个模型的大师称号。④ 作为结构-功能主义者,特纳的仪式研究集中表现出对二者不偏废的努力。尽管在后来的作品中,他试图超越这一理论框架。特纳仪式研究的总体结构性概念的引进基本上袭用了根纳普"通过仪式"三段论的原始意义。他称根纳普为"形态过程的分析之父"。但是,在特纳那里,阈限成了"互动性结构的态势"(interstructural situation)。他最具有理论特色的所谓"两可之间"或曰"模棱两可"(betwixt and between),即直接导源于他对仪式阈限的独到

---

① 彭透斯系希腊神话中的忒拜国王,忒拜城的奠基者。在一次酒神节庆典仪式期间,他试图禁止妇女参加狄俄尼索斯的祭典仪式,而被酒神的女信徒们杀死并撕得粉碎。女信众中就有彭透斯的母亲。这个著名的神话故事一直以来成为希腊悲剧作家们喜爱引用的题材。

② M. Gluckman, *Ritual of Rebellion in Soloth-East Africa*, London: Cohen & West, 1963, p.125.

③ M. Gluckman, *Ritual of Rebellion in South-East Africa*, London: Cohen & West, 1963, p.126.

④ A. Kuper, *Anthropologists and Anthropology*, Harmondsworth: Penguin Books, 1973, pp.183-184.

理解和新颖诠释。① 较之根纳普,特纳的仪式研究明显更加深入并弥补了根纳普仪式研究中较为单一、刻板的毛病,特别是他对仪式阈限理论中象征意义的挖掘更具有解释价值。

特纳发现了仪式过程中几个重要的特征:1.阈限的模棱两可性,即在仪式的动态过程之中,具体的阈限并不总表现在一个方向上。它的单位表述亦非单一表述。在一个阈限与另一个阈限的关系之间存在着中间状态,毫无疑义,也就存在着一个中间性。一方面,它是仪式由一个阈限向另一个阈限延续的必要阶段;另一方面,它同时要把双边性都交代清楚。这个所谓的中间状态好像与逻辑上的排中律看起来联系得并不那么密切,但它所蕴含的仪式性指喻却更为深刻,也具有更大的诠释空间。仿佛交通要道上的指示灯,由于红灯和绿灯直接与排中律发生关系,"走"或者"停",在"通过"的表示上显得更为紧迫并充满焦虑感。因而也往往为人们所格外重视。然而,黄灯在行动上直接为红/绿的过渡提供中间性缓冲和缓和,使对立起来的关系更为丰富。2.阈限之间可以化解其分类性隐喻,比如"生—死""幼稚—成熟"等等。换句话说,虽然仪式的阈限理论和实践活动带有工具和机械的外部征兆,但其内部运动的意义指示却受到象征性社会价值附属力量的控制。故任何仪式的所谓"通过"其实是凭借仪式的形式以换取对附丽其中的象征价值的社会认同和认可。3.人物角色的可逆转性,包括表现出来的正常与非正常行为。仪式的过程所表现出来的物理特性在表象上仿佛不可逆,比如当一个人到了一个特定社会所规定的"成年"的年龄时,需要举行成年礼。而他在"通过"成年礼之后便自然地进入另外一个社会分层与规范,即成年社会。相应的,他的行为必须符合那个社会分层的要求,不能越雷池。时间的物理性上,他已经永远无法再回到往昔未成年的阶段,他的行为也已经无法再向那个时期的年龄负责。所以,就这个意义而论,仪式的"通过"在其形式的"能指"(signifier)上具有不可逆性质。不过,由于仪式本身所建立起来的社会关系非常独特,即可以在特定的时间和地点突出或者夸张一些社会性质,甚至漠视另一些社会规范。因此,它具备了一些特别的功能,包括行为。4.仪式的阶段性处于

---

① V. W. Turner, *The Forest of Symbol: Aspects of Ndembu Ritual*, Cornell University Press, 1967, pp.93-111.

封闭和孤立状态,从而使之为另一个过渡提供了理由。虽然在特纳那里,就仪式的进程而言,它具有"两可之间"的性质,但这并不意味着阈限与阈限之间缺少相对的独立性。相反,每一个阈限本身不仅在能指的物质上自我包括,而且也具有独立自主的阈限性规定和意义。更有甚者,其规定和意义会随着时间的推进而膨胀,以致达到最终向另一个阈限过渡的极限要求。5.仪式的展演过程存在着绝对而专断的权力。通常它被视为公共利益。行为上大都由长者来传递共同体的袭成价值和知识表述。所谓仪式,从功能方面说,它可以被看作一个社会特定的公共空间的浓缩。这个公共空间既指称一个确认的时间、地点、器具、规章、程序等,还指称由一个特定的人群所网络起来的人际关系:谁在那个场合做什么,谁在那个场合该做什么,谁在那个场合能做什么……都事先被那个社会所规范和框定。始作俑者便是权力。其实,通过仪式之所以在一个形式之后能够获得另一种特殊的能力,而它又必须与其所相衬的社会性相呼应,是因为都受控于那个专断的权力。它由个别人在特定的场合为代表,由社会价值赋予其特殊的权力。

在《模棱两可:通过仪式的阈限时期》一文中,特纳认为一切社会都有通过仪式,但这种仪式往往在小规模的、相对稳定的循环变化中才达到最大限度的表现,因为在这些社会中,变化与生物以及气象状态的周而复始、往复循环密切相关,而与技术发明无关。通过仪式指明并构成状态间的过渡。……他认为"仪式"这一术语更加适合于表示与社会过渡相关联的宗教行为,而"典礼"一词则更适合于表示与社会状态相关联的宗教行为,因为在社会状态中政治－法律制度也比较重要。仪式是转变性的,典礼则是确认性的。在通过仪式的阈限时期,过渡者在结构上是不可见的,尽管他在形体上是可见的。①

特纳的仪式分析有两个关键词:一个是"社会结构中的状态"(statuses),特指社会关系所建构起来的稳定状况,具有明确的功能主义意义和经验主义色彩。"它植于过去,又延伸向未来。"它是认知、分类、范式、工

---

① 史宗主编:《20世纪西方宗教人类学文选》(下卷),金泽、宋立道、徐大建等译,上海三联书店1995年版,第513—515页。

具。对个体而言,那是一个"冷漠而机械"的世界。① 其象征性有三:一,它是一种模糊不定的时空。二,在阈限期,受礼者进入了一种神圣的仪式时空,处于一种中间状态,此时世俗社会的分类不复存在。三,在世俗社会结构中的等级、身份、地位消失。② 他的另一个关键词是"社群"(communitas),指介于具体的、历史的、特质的(idiosyncratic)个体间的关系。在谈及二者的关系时,他认为,所有的社会,不论其是确指的,抑或是不确指的,都包含着两种截然相对的社会模式:一种是作为社会结构的模式,它与公理、政治、官方、地位和角色相连带;另一种模式是作为社群的结构,它与具体的、个性化的个人相联系。③ 简言之,任何一个社会结构关系无不同时在两个意义"极相"上陈述,它既在社会历史的层面上体现出历史的、抽象的、逻辑的文法性,又是某一个具体的、社群的、个性化的表述。特纳还例举出一系列对应性关系:

结构	社群
稳定的关系	过渡的关系
多重性	单一性
均等的	非均等的
有财产	无财产
世俗性	神圣的
骄傲的	谦卑的
复杂	简单
分类性的	无分类性的

特纳还对一些具体族群的仪式进行分析,其中最为著名的例子是所谓的"朝圣行为"。在他看来,朝圣属于典型的制度性社群的仪式行为。通过分析,他发现朝圣仪式行为中几个引人入胜的特征:1.朝圣地通常在距

---

① B. Morris, *Anthropological Studies of Religion*, Cambridge: Cambridge University Press, 1955, p. 255.
② 王铭铭:《想象的异邦——社会与文化人类学散论》,上海人民出版社1998年版,第238页。
③ V. W. Turner, *The Ritual Process*, Harmondsworth: Penguin Books, 1974, p. 166.

离朝圣者居住处很远的山里、洞里、森林里,距离城市一般都有较远的路程。2. 朝圣被看作与常规的、日常生活的、固定的系统不一致,是一种"离开世俗世界的休憩"(retirement from the world)。3. 在朝圣的过程中,所有既定的社会道德和伦理价值,如等级、地位等都宣告消解。所有的朝圣者一律平等。4. 朝圣属于个人自由选择,却具有宗教上虔诚和苦修的特点。5. 由居住地到朝圣地之间的朝圣行为有着更为广泛的共同体价值,间或可以超越宗教教义上的规定,甚至达到超越政治和民族的界限。在这里,我们仿佛看到了在西方古代文学作品当中那些"考验主题"的仪式性"通过"价值和范式。这也正是为什么人类学的通过仪式经常成为一种工具性分析程序出现在文学研究领域的理由。

特纳继承了根纳普的仪式阈限理论,同时他又借用了结构主义的框架和概念性工具。不过,他不是死板地搬动,全盘套用,而是独辟蹊径。比如他将仪式的阈限视为社会结构的一个模式,尤其是不同阈限的"进入与出去的时机"(moment in and out of time)所涉及的复杂关系共同构造成为一个"结构纽结"(structural ties)。在这个纽结里面,包括了种姓、等级、世袭关系——财产和社会地位等,在政治、经济和法律等社会条件下,个体可能因此受到更多或更少的不同待遇。另外,相对平等的个体作为交流单位的过程难免受到来自同一个社会结构语境下老年人权威的制约。所以,他建议以社群来替代社区,重要的依据之一正是为了尽可能保持作为单位个体在仪式阈限中与那些来自影响平等关系的因素区分开来。这样就可以不再拘泥于以往单纯的"神圣/世俗"的分类套套。

特纳花了不少气力去甄别他所采用的结构特点和特质。他认为他所采用的结构主要是依据英国社会人类学家的主流意见,即强调在特别安排的组织形式、机构的社会功能上的作用,或借此基础上的社会关系和角色地位,而非指列维-斯特劳斯所使用的那种结构,即关于逻辑分类和介乎其中的关系形式。大致上看,仪式的阈限理论可以简约为"英国社会人类学式"和"列维-斯特劳斯式"两种。不过特纳用心良苦,他虽然在观念和分析视野上属于"英国社会人类学式"的,却希望自己的研究具有"列维-斯特劳斯式"的效果。他说:"对于神话和仪式中错综复杂的情况而言,简约的理解为如果我们将阈限中的时间和地点从正常的社会行为模式中抽出,那么,它就可以被理解为中心价值的结构阶段和文化发生的原理了。"① 而作为社会生活的两个主要方面,文化结构和社会关系经常是矛盾和冲突的。仪式注定构成了这二元结构中的重要角色。比如,他说:"在这里,无时无地能够阻挡住分类,主要二元化分类和类型都显现在神话、象征和仪式的巨大的遮庇物之中。"② 事实上,它是反文化的。然而,特纳在他的著述中违背了对一个基本事实的承认,即仪式具有意识形态的功能。③ 简而言之,特纳的仪式阈限的结构分析虽然带有英国社会人类学的意味,他却希望因此获得"列维-斯特劳斯式"的普世性效果。另一方面,他试图追求其仪式结构分析的模式价值,却又在分析中具有属于案例典型性的社会文化气质。

自从仪式阈限理论诞生以来,就一直受到学术界的广泛关注和重视,并成为无可争议的仪式理论之经典性话题。其所以如此,一方面,阈限理论为仪式在结构-功能领域的研究和延续上起到了一个非常重要的桥梁作用。另一方面,它本身亦具备了作为理论提供所需要的逻辑性和物质形式方面的特性。而且,它与宗教世界中生命的两种状态、两种过程以及相互作用、相互交流和转换现象相吻合,也与人类在与自然的参照与认识中的四季变迁、生命枯荣变化的永恒现象的类同有关。因此,在逻辑上它具有理论的普世性。然而,人类学家同时也发现,尽管仪式的阈限理论具有学术上的权威性,可是,当它在与考古人类学资料结合起来的时候经常出现某些相悖的地方。特别是在一些具体的、有明确地理和族群空间的社群范围内,仪式必然与地方性的伦理和知识系统结合在一起,形成了具有地方特色、时空限定的仪式实践。毕竟,不同的社会意识形态会呈现出多样性质,所围构起来的"边界",包括领土边界、中心边缘边界、政治权力边界、文明类型边界等都不尽相同。④ 仪式的阈限价值和限定也就不同,甚

---

① V. W. Turner, *The Ritual Process*, Harmondsworth: Penguin Books, 1974, pp. 166-167.
② V. W. Turner, *Dramas, Fields and Metaphors*, Cornell University Press, 1974, p. 259.
③ B. Morris, *Anthropological Studies of Religion*, Cambridge: Cambridge University Press, 1995, p. 261.
④ C. Riva, & S. Stoddart, "Ritual Landscapes in Archaic Etruria," see J. B. Wilkins (ed.), *Approaches to the Study of Ritual: Italy and the Ancient Mediterranean*, University of London, 1996, pp. 93-94.

至有可能出现相左的现象。仪式的阈限理论从某一个角度上说,旨在通过一个有明确界限的、具有时间空间规定的、被特定族群认同并参与的、有固定程序格的社会行为来强调和强化一种社会秩序,突出既定的伦理和民约,递承传统的意识形态。因此,在仪式的外部功能上,形式性和重复性最容易被勾勒。但是欲以一个通用性的象征指示系统和解释意图全部囊括之便显得非常困难。治理论者总希望自己的理论建构具有普世价值。可惜,这种逻辑和推理上的范式经常在具体的个案应用甚至解释上显得爱莫能助。仪式的阈限理论亦不能例外。考古人类学家在意大利南埃特鲁尼亚(South Etruria)地区对几个古代城市遗墟的考古发掘中发现了大量古代的仪式器物,从这些仪式器物的分析中,明显地可以看出它们受到希腊世界和爱奥尼亚(Ionian)等社会历史影响的痕迹。人类学家同样以仪式的阈限理论加以套用,结果并不显示出同一理论的绝对通用性。比如,在挖掘出土的一个石柱人体浮雕造型上(这一石柱被认为是公元前6世纪出自同一地区的物品,且被证明是与古代丧葬仪式直接关系的物证),石柱的左边缘有一行镌刻文字:

图2　人体浮雕造型石柱

mi aviles tites uχsie mulenike

根据考古学家的分析,这个石柱通常用作个人丧葬碑铭。石柱为一组实物中的一块。"aviles tites"系名字中的一个。"mulenike"相当于西文中的笔语"谨献"(dedicated)。镌文中还夹着古希腊字母,明确表示它受到希腊,也可能是爱奥尼亚或者近东的影响。① 令学者们头痛的是石雕形象:一个成年健壮男性右手持着一支矛,

---

① J. B. Wilkins (ed.), *Approaches to the Study of Ritual*: *Italy and Ancient Mediterranean*, University of London, 1996, pp. 132-134.

而矛尖有明显的残缺,左手拿着一把带鞘的刀。整个形象很像一个武士或者战士。对于这样一个历史遗物,专家们在解释的时候无法达成共识。作为丧礼仪式的一个物质符号和丧葬过程的一个程序以及一些地方习俗上的差异并不是学者们最难索解的部分,至少对于这样一个考古遗物,它的时间、地点、历史背景、族群习惯、丧葬仪式等都相对比较容易获得解释。困难的地方在于,这一幅图和形象所赋予的文化意涵难以界定。这是一个标准的丧葬仪式并具备考古学上的物质证据,学者们也试图以根纳普的阈限理论进行解释,毕竟根纳普将丧葬仪式作为人生礼仪中最有代表性的一个"通过"模型和阈限格式。然而一个"武士"手持武器究竟是为了"保卫"亡者过渡到"神性"(Divinity)抑或相反?在这位"武士"面前,人生通过礼仪中最重要的一环是否得以顺利进行?那残缺的矛尖究竟是阻止还是保护人生从一个阈限过往另一个阈限所做的搏斗拼争的体现?从学理上说,这一幅历史石雕所给予的意味在逻辑上也可以完全相反。于是,阈限的意义经常在具体的案例面前受到挑战。这样的例子不胜枚举。

根纳普的阈限理论华丽而整齐,逻辑上有着广泛的理论价值,因而被仪式研究视为基石并深刻影响着人类学宗教研究领域。后来的人类学家虽然对他的阈限陈说有不少修正意见,如利奇、特纳等,却没有在根本上对它进行反叛,更多的是在此基础上的发挥。然而,阈限理论的假设完全建立在生命的历时性维度以及它与生命的自然观照之上。换言之,人的生命进程被类同于一段行动单一、方向同趋且不可逆转的物理过程。在这个人类感知的生命流程里面,它可以再被分割成为几个重要时段,在经过每一个时段的关节上必须伴着一个相应的仪式行为以确立其"过渡"的程序,标榜生命行程"通过"的阶段性。毫无疑义,它符合生命的物理性质,可是它同时与对生命的心理期待有冲突,并在许多宗教信仰现象中加剧了这样的生命理解:人的生命礼仪在年龄的物理过程中"通过",最后体现为死亡状态。人的生命礼仪在年龄的心理期待中"通过",它的最终体现为生的永恒。很显然,按照根纳普的阈限理论,其中三个阶段所串联起来的指示是单向的而不能是双向的,它符合生命的时间一维性。"逝者如斯"。现在的关键问题在于,人类对于生命的理解相当悲观。对于生命物理性质在无可奈何的情势下时常回馈于心理、宗教层面的期待表述，它正好与生命的物理维度相反。"抗拒生命"构成了人类最为深层的悲剧式的理解和心理表述。仪式很大程度上恰好是在宏大的表演性节目的掩蔽下传递着"抵抗阈限"的心理情结。人类学家发现，世界上许多民族在进行丧葬仪式中有将死者"屈肢葬"的习惯。学者们对于遍布世界各地的屈肢葬俗的理解和解释颇为一致，即认为通过丧葬仪式把故人亡者的灵魂送回母腹，回归婴儿。根纳普不管人们在经过丧葬的"通过仪式"之后的归属问题，至多只强调在经过阶段性阈限之后达到理论上的理解——整合。可是，真正广播于世的民族和族群，特别是人类的先辈们在实行各个不同的"通过仪式"的时候，他们所寄予的生命理解应该更具备宗教的原生态：生命的"通过"是双向的，或者说，肉体的生命形式沿着时间的走向表演着"单线性"的阈限通过程序，而真正在仪式的深层背景中却强调着另外一种生命的景象，"可逆性"的阈限通过程序。它更符合仪式的宗教性原生话语，强调宗教的超现实奇迹，同时满足对来自人类死亡恐惧的心理平舒和慰藉的要求。

仪式具有对现实和超现实的整塑能力。一方面，仪式的阈限理论揭示人类生命如斯的流程以及不可复返的阶段过渡形式。另一方面，仪式实践宗教的可操控精神。人们相信，他们在仪式的实践过程中介入了他们对待生命期许的"有效"指喻。生命的价值并不那么无可奈何，而是形同自然的节律进行着循环往复而已。因此，仪式的宗教功能正好在于淡化生命的阈限和过渡边界。上面那幅来自丧葬仪式中的古代罗马武士形象，我们与其将他当作亡魂进入鬼门关的"护送使者"，还不如把他视为抗拒死神的斗士。他右手残缺了的矛和左手破刃了的刀显然历经了一场殊死搏斗。我们把这个形象理解为根纳普生命礼仪的相反意义似乎与仪式的原始宗教符码更接近。笔者相信，仪式的原始宗教形态表述的根本在于通过仪式符码的释义来"抗拒生命"（物理时间）。生命定义在仪式的原生形态里面完全可能是另一种景观。因此，仪式的阈限理论对于其基本的结构和指示以及由此通过人类学家做的补充虽然使之成为举世瞩目的重要理论原点并得到极大的推进，但危险的是，它可能正好与仪式所要反映出来的宗教原生形态和话语指喻相背。至少，不少族群的仪式个案无法通过阈限理论的"瓶颈"。因此,从这个角度透视,文学中的"生死母题""再生母题""回归母题"等更加符合仪式阈限的原始意图,因为它们所表现出来的意义都是双方的"通过仪式"。

第四节 仪式的象征:功能与结构

人类学仪式理论可谓洋洋大观,但对仪式的认知却从未达成共识。然而,这并不意味着研究者在从事仪式研究的时候没有一个基本的认同框架。如上所述,单就仪式定义一点,不少人类学家都有过界说,有些甚至还相去甚远。造成这个现象的原因之一主要表现为各自破解和诠释的角度、范围和方向的差异,却并没有远离仪式本身。粗略地看,仪式有广义和狭义之分。依据前者,我们日常生活中的招呼:见面握手说"你好",告别挥手说"再见"……都可入仪。依据后者,它专指宗教上的礼拜仪式。① 显然,以广义如是说,似有过于宽广之嫌;以狭义如是说,又过于偏狭。好在人类学家对待仪式定义抱有非常宽容的态度,任由学者自己去框定。人类学家更看重的并不是对仪式的定义,而是仪式所具有的社会历史叙事能力,特别是它的象征性功能。不言而喻,仪式肯定具有实践行为的特征,但是,与一般日常生活中的习惯性行为不同,它表现为特定的范畴、特别的社会(社区)、特殊的知识系统的符号象征表述。也就是说,它具有丰富而特定的语境背景。马林诺夫斯基认为,原始社会的知识系统与低级的文化相适应,它通过象征的力量和引导的思维来表现知识系统。② 象征主义作为人类活动的一种基本类型,用来作为交流的媒体和传统的陈诉,以满足人类进一步思考的需要。它之所以表现出一种需要,首先是由于人类表述的工具和象征功能之间的关系。人类就是需要借助自然的工具作为手段传

---

① F. B. Bird,"Ritual as Communicative Action," see J. N. Lightstore & F. B. Bird (ed.), *Ritual and Ethnic Identity: A Comparative Study of the Social Meaning of Liturgical Ritual in Synagogues*, Wilfrid Laurier University Press, 1995, p. 23.
② B. Malinowski, *Sex, Culture and Myth*, New York: Harcourt Brace & World, Inc., 1962, p. 191.

达人们对它的理解。仪式具有两重性质:一方面,它既可以传授或表现某种东西;另一方面,也是为了改变和获取某种东西。① 所以,人类的认识活动其实也是建立在与自然象征主义的互动之上的。

建立起了这样的认知基础,我们便可以进一步理解诸如语言以及标准化信号和这一符号系统所传达的知识、信仰方面的信息。任何符号系统,体姿或者声音等等,它们通过工具性行为提供一个界定物体的范畴,包括程序的建设和技术的标准化等,这些都被视为象征符号系统原始形式方面的科学理论。② 在马林诺夫斯基看来,原始社会的象征主义首先是为了满足人类交流的工具。这种交流当然包括了人类与自然的关系和由此建立起来的象征语码系统。他在任何时候都没有离开一个基本的线索:象征主义的功能必须建立在物质工具性媒介(instrumental means)之上。这种原始文化的物化性倾向,一方面,满足了功能主义对科学品质的限定和在分析上的便利;另一方面,反映出功能主义在诠解仪式的时候,尽可能地把文化与自然互文化。很清楚,仪式对于社会结构和人际关系而言,它的一个基本的原则就是交流。遵循这个原则,它展示了以下三种功能和三种各自表述范畴:

展演功能(exhibitions)——表述范畴(展示什么/What is shown)
行为功能(actions)——表述范畴(做了什么/What is done)
指示功能(instructions)——表述范畴(说了什么/What is said)

因此,从这个意义上说,仪式的社会化其实不过是检查它的功能在社会生活中的体现状况和程度。所以,依据功能主义的眼光,遗存下来的仪式就是有社会功用的,反之它便不能生产,或随着社会的发展而消失。

但是,功能主义民族志并未简单地处理可用作生产、生计和交换的仪

---

① 吉田祯吾:《宗教人类学》,王子今、周苏平译,陕西人民出版社1991年版,第53页。
② B. Malinowski, *Sex, Culture and Myth*, New York: Harcourt Brace & World, Inc., 1962, pp. 213-215.

式现象。马林诺夫斯基在特罗布里恩岛上发现两种交换仪式:一种名为Gimwali,指特罗布里恩岛上居民依据不同的地理及作物情况所进行的一种交换仪式,比如生活在内陆的居民以种植山芋为业,而生活在海边的人们则主要以捕鱼为生,出于生计的需求,以种植山芋为主的农民和以捕鱼为主的渔民在长期的交往中形成了一种稳定的"伙伴关系"(partner relationship),他们定期进行物品交换。在进行交换的时候照例都要举行Gimwali仪式。很明显,Gimwali仪式在形式上与人们一般理解的功能接近。或者说,用于交换的物品主要用来满足生活需求。另一种仪式叫作Kula(马氏喜欢称作"Kula ring"),与Gimwali的交换制度和仪式不同的是,Kula仪式并不真正交换某种用于生计的物质,而是一种代表声望的象征物vaygu'a。vaygu'a可分为两类:一类为红贝壳串成的项链,叫作soulava;另一种是由白贝壳做成的臂镯,叫mwali。前者在仪式中总是做顺时针方向运动,后者则向逆时针方向进行。① 这种仪式循环的最显著特征就是声望。由于这种交换仪式与神话、宗教、巫术等紧密地联系在一起,属于社会价值的行为综合体。它还必须满足一个条件,即所谓的"仪典性":"这些物品中有些确是用作巫术和宗教仪式的器物,属于仪典固有的一部分,只有它们才称得上仪典性。"② 正是由于库拉圈交换与巫术仪式联系在一起,因而具有神所赋予的"魔力"③,能够产生超乎寻常的能力与威望。它也成为当地头人的一种标志。

毋庸置疑,仪式的表达意义非常丰富,而象征和意义无疑是重要的解释角度,比如仪式中的交换制度和形式符号就倍受人类学家的关注。莫斯在他的《礼物》一书中检引了大量民族志的仪式材料,他认为:"从外在形式上看,呈献差不多总是慷慨大度的馈赠,但其实,在与交易(transaction)相伴的这些行为中,只有虚构、形式和社会欺骗;或者说穿了,只有义务或

---

① 马凌诺斯基:《西太平洋的航海者》,梁永佳、李绍明译,华夏出版社2002年版,第73—79页。
② 马凌诺斯基:《西太平洋的航海者》,梁永佳、李绍明译,华夏出版社2002年版,第83页。
③ 马凌诺斯基:《西太平洋的航海者》,梁永佳、李绍明译,华夏出版社2002年版,第91页。

经济利益。"① 由于仪式性的社会实践活动决定了其中的交换不是以个人为单位,而是氏族、部落或家庭。所以,这种交换被称作"总体呈献体系"。② 在谈到马林诺夫斯基的"Kula"时说:"正是通过这种方式,所有这些部落,所有这些沿海远航、珍宝奇物、日用杂品、食物宴庆、有关仪式或性的各种服务、男人女人等等,才被纳入到一个'循环'之中,并且围绕着这个循环在时间和空间上规则地运动。"③ 仪式经常并不仅仅表现出单一的形式特征,它本身就构成了一个象征性的结构。进入仪式体系自然也就有多种路径。

拉德克利夫－布朗在确认社会人类学研究仪式(布朗称之为"社会的自然科学")的进入方向时有三条路径:研究仪式的思路之一是考察仪式的目的和原因。

研究仪式的思路之二是思考它的意义。我在此使用的"象征"和"意义"有内在的一致性,凡是有意义的东西就是一个象征,而意义恰恰是象征所表现出来的。

研究仪式的思路之三是它的效果。这种效果不是由仪式的操作人所设想而产生的,而是仪式实际所产生的。④

我们无妨从这样一个角度来看待和理解仪式,即仪式系通过象征这样一个特殊的"知识系统"来释放符码,解读意义。当然,这势必首先引出另一个对象征的概念界定问题。众所周知,人类学家和其他学科学者对象征概念,以及其涉及的相关制度、基本工具等外延和内涵的界定都不尽相同。"符号－象征"更表现为言人人殊的状态。德国学者恩斯特·卡西尔(Cassirer)认为,语言和象征作为人类文化的基本特征,可大致定位于人和

---

① 马塞尔·莫斯:《礼物——古式社会中交换的形式与理由》,汲喆译,上海人民出版社2002年版,第4页。
② 马塞尔·莫斯:《礼物——古式社会中交换的形式与理由》,汲喆译,上海人民出版社2002年,第9—10页。
③ 马塞尔·莫斯:《礼物——古式社会中交换的形式与理由》,汲喆译,上海人民出版社2002年,第47页。
④ 参见史宗主编:《20世纪西方宗教人类学文选》(上卷),金泽、宋立道、徐大建等译,上海三联书店1995年版,第100—111页。

人类作为动物性方面的语用符号与物质能力指示(animal symbolicum)①。但是,与其他动物相比,人类获得的符号交流使人类生活得以根本性改变:它不但使人类现在的生活领域扩大了,更重要的是获得了一种现实的全新意义。② 所以,象征的指喻可以在人类的方方面面得到表述和理解:语言、历史、科学、艺术、神话和宗教等。显而易见,在卡西尔那里,符号(sigh)和象征(symbol)似是而非,相互关联,分别属于两个不同的类型:前者属于物理的、物质的、操作者的;后者则是人工的、设计者的,属于人类世界意义的。而在弗思(Firth)眼里,象征与一个复杂系列的符号相互关联,却并不与符号或某一物质发生关系或直接等同。其关系被看作习惯性的,有时甚至是专属性的。比如"狮子是勇敢的象征"③。毫无疑问,在这样的指示结构之中,狮子的"符号"指示明确无误,"勇敢"的象征指示也明确无误,然而,"狮子"与"勇敢"之间的关系并没有建筑在物品上或在工具上的必然联动,这也是明确无误的。换一种表述:如果只把狮子完全限制于生物品类或者体质特性的"符号"表达,而不加入社会的价值和表述系统的话,那么,它与"勇敢"之间根本不可能建立起什么必然的逻辑关系。弗思显然发现了在符号与象征之间如果仅仅靠前者专事工具职能,后者单管意义呈示的泾渭分明的缺失。他力图在二者的功能规定之外建立一种超越简单工具的纽带关系。

对于符号与象征,利奇的解释自成一体。他把二者视为发生关系中的"部分"之于"全体",不能须臾隔绝。真正意义的传送却由"隐喻"来完成。仪式,在某种意义上说,也就成了象征的隐喻性陈述,成了"说"一些关于个人和事件的事情。涂尔干和莫斯很早就慧眼识得仪式的符号和象征的社会表述能力,它们都可以视为社会组织的表述。换言之,仪式是某一个特殊社会内部结构形貌(configuration)的符号化传达。神话不仅传递

---

① E. Cassirer, *An Essay on Man*, New York: Bantam Books, 1944, p.28.
② E. Cassirer, *An Essay on Man*, New York: Bantam Books, 1944, p.26.
③ R. Firth, *Symbol: Public and Private*, London: Allen & Unwin, 1973.

着与仪式相关的内容,而且还具有文化的组织化行为。① 这样,符号化隐喻也就成了一种"象征化叙事"。因此,在这一点上,"神话与仪式相同"②。另外,仪式性行为和信仰在此特点上亦有相似之处,即作为象征性的形式来陈述和理解社会秩序。③ 利奇同时接受了列维-斯特劳斯的影响,移植"结构"于仪式的象征之中,将"理念的结构"(structure of ideas)——仪式,和"社会的结构"(structure of society)——社会结构分置于两个层面并对二者进行整合。在象征主义的结构里,文化可以看作"交流上的关系"和"实用上的解释"。④

因此,仪式的行动也就自然而然地成了一个亟须解答的问题:它既是一个个具体的行为,同时,这些行为由于被仪式的场域、氛围、规矩所规定,也就附加上了情境中符号的特殊意义。比如,人们日常生活中选择什么样的穿着——质地、款式、种类、风格等都显得无关紧要,可是在重要的仪式性场合,人们的穿着行为便有所规定、有所约束。它们都具有既定的符号设置和意义。最为平常者是西方的婚礼仪式和丧葬仪式中的衣着行为,如颜色、样式等都必须符合常伦的约定。而作为仪式行为的符号象征的功能性解读,交流当然属于至为重要的指涉。因此,类型上也就有了相应的不同,大致看有以下几种基本类型:制度性交流——人们在某些特殊仪式中的行为,如婚礼,其仪式程序都预先形式化了。这些规定赋予了一种新的条件,人们的行为在这些程序中享受着一种新的状态和社会所赋予的明确身份。自我表现性交流——通过仪式中的行为不仅为自己展现自己;也向他人表现着自己。比如人们身着刻意挑选的服装出现于礼节性的仪式场合,既显示出自己的风格,也向人们展示着什么。正如利奇所说:"为了向我们自己传递一种集合的信息,我们去参加仪式。"⑤ 表达性(expressive)交

---

① C. Kluckhohn, "Myths and Rituals: A General Theory," see R. A. Segal (ed.), *The Myth and Ritual Theory*, Blackwell Publishers, 1998, p. 321.
② E. R. Leach, *Political System of Highland Burma*, London: Athlone, 1954, p. 264.
③ E. R. Leach, *Political System of Highland Burma*, London: Athlone, 1954, p. 14.
④ E. R. Leach, *Culture and Communication*, Cambridge: Cambridge University Press, 1976.
⑤ E. R. Leach, *Culture and Communication*, Cambridge: Cambridge University Press, 1976, p. 45.

流——仪式为人们提供了一个表达和转述情感的机会。仪式的表达特征不独体现在特殊的语境(如丧葬仪式、缔婚仪式和生日礼仪等"通过仪式"),而且体现在任何仪式语境。常规性(regulative)交流——仪式作为一种基本的交通传媒,聚集了社会价值信念、道德语码等,并将生命的理解与传说和"生命圈"的循环通过复述、音乐、舞蹈等行为加以表达。祈求性交流——有些仪式的实行是为了祈求获得某种神祇、精神、权力或其他圣灵的通融,通过人们的祈求从而希冀获得神灵的庇佑。① 或许,我们还可以进行另一种分类,也可以在以上分类的基础上进行再度分类。或许,将仪式行为进行类分并非最重要者,重要的还在于这些仪式行为建构出了一个完整的结构叙事。它提示我们,在认识了仪式的诸种交流功能的同时,无妨视结构关系为必须与必备。就此而论,如果我们不先对仪式的结构——起码的二元因素和关系做一个交代,遑论"交流"与"交通"?! 如果没有至少两种以上的结构要素,交流与交通也就无法展开和进行,哪怕是人们单独的自我表现行为②也无法脱离或是将"他者"作为必需的参照,或是将"此时此地的自我"与"彼时彼地的自我"进行沟通。结构主义正好在这一方面对任何符号系统的内部结构关系加以"文法化"(cultural grammar)。

斯特劳斯的结构主义,作为一种原则对人类学的仪式研究起到了一个引导作用。任何一个当代的人类学家如果要在他的仪式研究中引入结构的概念,他都必须,哪怕是最为粗略地对斯特劳斯的结构主义概念给以论述,至少要说明所用的结构与之的关联和差异。利奇、道格拉斯和特纳都没有例外。斯特劳斯结构主义的符号学说带有普世化色彩。他认为:"做研究的目的,是为了建造一个模型,要研究其性质,要研究在实验室的条件

---

① F. B. Bird, "Ritual as Communicative Action," see J. N. Lightstore & F. B. Bird(ed.), *Ritual and Ethnic Identity: A Comparative Study of the Social Meaning of Liturgical Ritual in Synagogues*, Wilfrid Laurier University Press, 1995, pp. 28-36.
② F. B. Bird, "Ritual as Communicative Action," see J. N. Lightstore & F. B. Bird(ed.), *Ritual and Ethnic Identity: A Comparative Study of the Social Meaning of Liturgical Ritual in Synagogues*, Wilfrid Laurier University Press, 1995, p. 30.

下会产生哪些不同的反应;以便在日后能把观察所得的结果用来解释经验世界实际发生的事情,后者可能和预测的情况非常不同。"①而他的终极目标在于创立"关于人的普遍科学"。其中有一个重要原则:"人创造了自己,正像家畜的种类一样,唯一的差别在于前一阶段不那么自觉和主动。"事实上,斯特劳斯的这一个原则来源是对马克思一句名言的理解和解释。他说:"马克思的那句名言:'人们创造自己的历史,但是他们并不知道他们正在创造历史。'首先,证明了历史的合理性;其次,证明了人类学的合理性。"②特别在《结构人类学》一书中,他集中对神话的结构性符号指示进行了论述。

需要说明的是,他所引用的神话带有明确的"行动"因素,包括神话的仪式性表现和表演。亲属制度成了斯特劳斯着意展示其结构主义的试验领域,因为它的社会功能本身就是结构性的:"亲属关系制度、婚姻制度、血缘集团组成了一个有机的整体,它的功能在于借助错综复杂的关系维系,以确保社会的存在。我们可以将它视为一种机制的规划,把女人作为一种类似于流动的因素,从她们的血亲集团中分配到其他姻亲集团中去,形成新的血缘关系的过程,如此循环反复。"③而这样的结果"是一种原始社会普遍存在的乱伦禁忌的直接后果"④。一个氏族的男人必须到另一个氏族中去获得一个妻子,作为交换,原则上这个氏族也要嫁出去一个女人,于是,"妻子流"形成了。就亲属关系的结构而论,"妻子流"维持了社会的持续。仅此一范,婚姻的交换仪式就不可避免地获得完成亲属结构的功能性使命。顺带说一下,斯特劳斯还是结构主义文学分析的高手,比如他就曾以"亲属结构关系"对拉伯雷的作品进行剖析,拉伯雷在其《庞塔格吕尔》(Pantagruel)第四册里面,很可能是根据一些去过西印度群岛的航海家所说的故事而对今日人类学家称之为亲属制度(kinship system)的现象

---

① 列维-斯特劳斯:《忧郁的热带》,王志明译,生活·读书·新知三联书店2000年版,第58—59页。
② C. Levi-Strauss, *Structural Anthropology*, Harmondsworth:Penguin Books,1973, p. 353.
③ C. Levi-Strauss, *Structural Anthropology*, Harmondsworth:Penguin Books,1973, p. 309.
④ C. Levi-Strauss, *Structural Anthropology*, Harmondsworth:Penguin Books,1973, p. 46.

加以戏谑式的讽刺。拉伯雷根据一些非常有限的资料加以发挥,因为事实上很难找到多少亲属制度里面,一个老头子会称一个小女孩为"父亲"。在斯特劳斯看来,这样的例子说明,过去历史上的某些时期社会思想中缺少了比知识更为重要的要素,一种科学思想不可缺少的要素:"意义的和谐性"①。显然,斯特劳斯建构的结构系由诸多的结构要素所组成。比如神话结构在他的眼里其实不过是"总体的组合",它的"单位组成部分"也和语言一样,由"神话素"构成。② 仿佛对语言素的分析可以应用到对语言的研究一样,对神话素的分析亦可以应用到神话研究中去。简言之,神话仪式的意义不可能孤立于各种"单位组成因素"之外,它的符号价值取决于各种结构要素的构造方式以及它的转换能力。

利奇深谙结构主义并努力将仪式的结构核心凸显出来。不过他不像斯特劳斯那样过于倚重对结构"文法"的普世模型的寻找和建构,而是试图将结构主义的精神理念应用到社会中去,因此他比较注意社会结构中的矛盾和动态因素,以及相互间的关系。在《从概念及社会的发展看人的仪式化》中,他梳理出自己对仪式的几个论点:1. 仪式中,言语部分与行为部分是不可分离的。2. 与文字语言相比,仪式的"语言"是极其浓缩的,在同一个范畴集合中暗含有许多不同的意思。这也是数学的一个特点。从数学是变换的这一含义上说,原始思想也是变换的。3. 相对而言,仪式行动所特有的比较浓缩的信息传递形式一般适合于下述各种交际,在这些交际中,说者和听者处于面对面的关系,并对语境有共同的了解。③

利奇显然注意到普遍性仪式结构和某一个(类)仪式结构之间存在的差距,而族群背景下的功能之于存在性结构才是确认结构的最重要依据。

玛丽·道格拉斯(M. Douglas)批判地借鉴了列维-斯特劳斯的结构主义,在象征的结构中突出了个别的意义,即普世中的个体力量。她说:

---

① 列维-斯特劳斯:《忧郁的热带》,王志明译,生活·读书·新知三联书店2000年版,第83页。
② C. Levi-Strauss, *Structural Anthropology*, Harmondsworth: Penguin Books, 1973, p.211.
③ 史宗主编:《20世纪西方宗教人类学文选》(下卷),金泽、宋立道、徐大建等译,上海三联书店1995年版,第510—511页。

"对符号的结构分析要以它与角色结构的联系为前提。"①而意义的"趋向和关联发生于个性的象征系统和社会系统之间"②。借此,她针对普世性的结构主义提出了几个意见:一,社会生活丰富多彩,很难有象征的普世性类型。二,前文字符号的交流语码属于非结构性的,因此在认知上不具备相同的类型趋势。三,人类的文化说到底乃是促使所有层面的人类经验趋于和谐,它将通过物体的象征主义、宇宙观和社会结构之间的关系获得反映。四,象征主义的基础,可引用所谓的"社会结构",既可以是一种理想的秩序,一个模型化的象征系统,同时它又带有权力规则。因此,道格拉斯的所谓象征的结构主义羼入了浓厚的经验主义意图。显然,这是有问题的。③ 在我看来,如此多重语意的结构努力本身就会导致结构失范的危险。不过,道格拉斯比较重视仪式结构中的类型作用。她归纳出在社会结构中的三种交流形式:第一种是来自亲属制度内部的结构交流,这种结构的规则是以女人交换作为交流形式;第二种是经济交流形式,这种结构是以货物和服务为基本的交流手段;第三种即语言的交流形式。④

特纳在《仪式的进程》一书中曾对仪式之阈限的象征性做过这样的言说:"仪式的阈限时常可以比作死亡、子宫、盲视、黑暗、两性、狂野和天蚀现象(an eclipse)。"⑤足见象征之于仪式关系的重要性。特纳对象征与仪式的看法并非表现为单一性。他一方面认识到仪式的整体结构即象征的本体关联;一言而蔽之,仪式就是象征。作为一种社会系统的象征性表达,其内部的冲突和变动经常要通过阶段性的仪式加以表现。另一方面,象征又是构成整体社会结构的基层单位。他在对 Ndembu 的研究时发现,"象征构成了 Ndembu 仪式的特殊结构中的最小单位"⑥。于是,象征之于仪式

---

① M. Douglas, *Natural Symbols*, Harmondsworth: Penguin Books, 1970, p. 95.
② M. Douglas, *Purity and Danger*, Harmondsworth: Penguin Books, 1970, p. 12.
③ B. Morris, Anthropological Studies of Religion, Cambridge University Press, 1995, p. 227.
④ M. Douglas, "The Meaning of Myth," see E. Leach(ed.), *The Structural Study of Myth and Totemism*, Tavistock Publications, 1967, pp. 49-50.
⑤ V. W. Turner, *The Ritual Process*, Harmondsworth: Penguin Books, 1974, p. 81.
⑥ V. W. Turner, *The Forest of Symbol: Aspects of Ndembu Ritual*, Cornell University Press, 1967, p. 48.

仿佛为一个动态的立体结构。仪式的阈限本身即为动态,而这个"变动的结构"时刻都有其内部的特质。它表现为以下三个方面:

首先,仪式的符号具有浓缩的性质。在对萨丕尔(E. Spair)的符号理论进行讨论之后,他进一步认为,符号本身存在着两类指喻:一是参照性符号,包括通常人们所说、所定的认知符号,比如旗帜等等。二是浓缩性符号,包括了情感内涵和在一个单一的形式里所包容着的复合意义。在特纳那里,仪式的符号价值集中聚现于此。它有多重的"声音",代表多层意义。

其次,每一个符号都同时潜匿着"极向的意义"(polarization of meaning)。它可以理解为在"两极存在和可能伸展出来的意义"。其中一极指其自然和心理的特质,指人类情感方面的经历,并同时能够唤起人们的欲望和情感。另一极则尤指社会的组织原则,如社群间的合作、社会结构传统价值的继承等。

再次,解释仪式符号意义的三个层次:一是本土的解释,特指仪式在确定的语境中的意义,特纳称之为"注释性意思"(exegetical meaning)。二是操作的解释,即符号在特殊语境中的"操作性意思"(operational meaning)。三是处所的解释,指在一个语境里仪式的符号与其他语符在总体中的关系及"处所性意义"(positional meaning)。①

仪式的"社会剧"概念集中地表现出他对仪式叙事的看法,也为当代戏剧理论提供了一个操作性模式,对戏剧文学的原始形态的分析更是如此。关于仪式的"社会剧"的概念,特纳也曾在叙事中进行过讨论,他认为,社会戏剧是政治行为和社会形态的一种通用形式。因此,它对社会情境和叙事结构也同时适用。具体地说,社会剧"来自许多文化展演类型的经验模型,具有补偿性平衡和既定的规程,所有口传的、文字叙事都囊括其中"②。至于社会剧的性质和特征,特纳通过对仪式的研究,比如他在所做

---

① V. W. Turner, *The Forest of Symbol: Aspects of Ndembu Ritual*, Cornell University Press, 1967, p.51.
② V. W. Turner, *Dramas, Fields and Metaphors*, Cornell University Press, 1974, p.154.

的 Ndembu 田野调查中发现,仪式由许许多多的"符号"编织而成。它们构成了仪式的单位或曰"分子簇"(molecules)并贯穿于整个文化展演之中,形成了一个复杂的、符号性的织绣。社会关系便在这些物质结构里面充满着意义。那些符号排列程序和方式不仅表现为功能结构,或简单的媒介体制,而且还具有完整意义上的政治代言人的角色。① 在特纳眼里,诸多社会文化的观念形态和社会集团组织的社会行为都处在一个社会剧的"结构功能主义的范式"之下。② 特纳对仪式理论的贡献是多方面的:一,他的仪式理论表现为人类学仪式研究推进的一种必然过程。二,他的仪式理论表现出他对功能主义、结构学派的批评和包容上的非凡能力。三,他的仪式"社会剧"传达了他对仪式知识谱系的整合态度。特纳仪式理论的一个基本信条就是他的戏剧理论。他强调仪式的戏剧性质,却又表现得较为隐蔽。一方面,仪式的内部过程可以视为一出戏剧的出演;另一方面,它又将社会的矛盾冲突集中地表现为戏剧化。在作为形式的戏剧和作为功能的戏剧,特纳显然更强调于后者,因为,仪式最重要的特征在于"过渡和交通"③的功能。

无法否认,我们通常称谓的"传统"其实可能理解为一种"社会记忆":它既是一种积淀,也是一种传承,更是一种社会历史结构。仪式的作用便显而易见。康纳顿为我们讲述了仪式的"社会记忆"能力。通常,人们对任何一个历史性现象和事件,总避免不了对它的来龙去脉做一个追究,不管他是有意的或无意的,即总会想象历史的原初是什么样子。仪式的作用在于既作为传统知识继承的一种方式,同时又可以起到弃旧创新作用。比如法国大革命的"社会记忆"就是这样。"审判和处死路易的要旨体现在公开的仪式上;通过否定其国王地位,让他的公共身份死亡。"对他的审判

---

① K. M. Ashley(ed.), *Victor Turner and the Construction of Cultural Criticism*: *Between Literature and Anthropology*, Indiana University Press, 1990, p. xvii.
② V. W. Turner, "African Ritual and Literary Mode: Is a Comparative Symbology Possible?" see A. Fletcher(ed.), *In the Literature of Fact*, Columbia University Press, 1976, p. 46.
③ V. W. Turner, *The Forest of Symbol*: *Aspects of Ndembu Ritual*, Cornell University Press, 1967, p. 95.

和处死仪式,意在消除前一个仪式(他作为国王的登基和加冕仪式)的记忆。换言之,"旨在废除一种制度的仪式,只有通过反过来回忆另一些迄今为止确认那个制度的仪式,才有意义"。① 所以,仪式既对保留传统起到至关重要的作用,同时也在不断地进行着"历史的重构"。

归纳起来,仪式具有以下几种重要的表现特点:1.仪式具有表达性质却不只限于表达;2.仪式具有形式特征却不仅仅为一种形式;3.仪式的效力体现于仪式性场合但远不只于那个场合;4.仪式具有操演性质但它并不只是一种操演;5.仪式操演的角色是个性化的却完全超出了某一个个体;6.仪式可以贮存"社会记忆"却具有明显的话语色彩;7.仪式具有凝聚功能但却真切地展示着社会变迁;8.仪式具有非凡的叙事能力但带有策略上的主导作用。"仪式不是日记,也不是备忘录。它的支配性话语并不仅仅是讲故事和加以回味;它是对崇拜对象的扮演。"② 毫无疑问,由于仪式诸如此类特点的存在,它自然要在社会变迁中起到非常重要的作用,也会在"诗性叙事"③中扮演重要的角色。

---

① 保罗·康纳顿:《社会如何记忆》,纳日碧力戈译,上海人民出版社2000年版,第3—5页。
② 保罗·康纳顿:《社会如何记忆》,纳日碧力戈译,上海人民出版社2000年版,第81页。
③ 维柯:《新科学》,朱光潜译,人民文学出版社1987年版,第81页。

第二章　文学人类学的解释谱系

第一节　不设防的文学与人类学边界

　　20世纪的科学,是一个学科间不断设立疆界,又不停地移动甚至拆除界碑的时代。简言之,是一个在学科与学科之间疆界不设防、畛域不确定的时代。比如人类学与文学,在人们还来不及认清二者之间的边缘形态的时候,就已经走到了一起。人类学在其肇端伊始时,对应该如何"划界",即属于什么性质的科学问题曾出现过两种泾渭分明的观点,它们基本上围绕着人类学的两大分支——体质人类学和文化人类学的范围进行,用各自的尺度进行丈量。前者倾向于将人类学当作自然科学的一个部分,有把人类学当作"生物科学""物理学分支""生物学的一种"等等。而从文化人类学角度出发的先驱们则更热衷于将自己作为"文人"(men-of-letters)看待,如弗雷泽、哈里森、雷纳、穆勒、史密斯等,或者干脆把人类学当作研究语言和文学的科学。① 从今天来看,两种划分都有失偏颇。难怪哈登在撰写人类学史的时候曾为此烦恼:"人类学科学范围之广以及它们与其他科

---

① M. Freedman, *Main Trends in Social and Cultural Anthropology*, New York & London: Holmes & Meier Publishers,Inc.,1979,pp.62-65.

学的分界线的模糊,使得对它们进行定义和分类成了一件特别困难的事情。"①一言以蔽之,人类学从一开始就是一个边界不设防的学科。

其实,人文社会科学愈发展,愈会出现一种各学科聚首、聚会与聚合的趋势,出现在比较文化大背景下的学术互补。"一种文化变化理论需要一门人类学,一个关于人的概念,或者是一种关于人类能够做什么或能够学做什么的观念。"②反过来,文学的方法越来越在人文科学产生新的兴致。一些有影响的人类学家,如克利夫·格乐兹、维克多·特纳、玛丽·道格拉斯、列维-斯特劳斯、爱德蒙·利奇等都显示出对文学理论和实践的兴趣。至于早期的人类学家,像玛格丽特·米德、爱德华·萨丕尔、露丝·本尼迪克特等,既是人类学家,同时他们也把自己视为文学艺术家。③ "文学"(literature)在这里不只是对一个艺术门类的言说,也不只是指人类学家在田野作业和民族志研究中所面对的"文本"(literary texts),更重要的,它接触到了同样作为"作者"(author)在确定什么样的材料能够进入他们民族志中的"主观性"(subjectivity)问题以及对所谓的"表达"(representation)的范式选择。这种"实验民族志"的出现不是为了猎奇,而是为了达到文化的自我反省和增强文化的丰富性。④ 说到底,急速的范式变革与当代的知识革命密不可分。"知识的现状,与其说是根据它们本身的情况,还不如说是依其所追随的事物来界定和解释的。在人文科学和社会科学范围内的一般性讨论中,它实际上常被赋予'后范式'特征。"⑤有鉴于此,泰特罗就曾以"学科的解构"为题作如是说:"所有的知识都是比较的、暂时的,每件事物都有文化上的意义……我们只专注于文本,但要正确地做到这一

---

① A.C.哈登:《人类学史》,廖泗友译,山东人民出版社1988年版,导论第3页。
② 佛克马、蚁布思:《文学研究与文化参与》,俞国强译,北京大学出版社1996年版,第97页。
③ J. Clifford & G. E. Marcus, *Writing Culture: The Poetics and Politics of Ethnography*, University of California Press,1986, p.3.
④ 乔治·E. 马尔库斯、米开尔·M.J. 费彻尔:《作为文化批评的人类学:一个人文学科的实验时代》,王铭铭、蓝达居译,生活·读书·新知三联书店1998年版,第11页。
⑤ 乔治·E. 马尔库斯、米开尔·M.J. 费彻尔:《作为文化批评的人类学:一个人文学科的实验时代》,王铭铭、蓝达居译,生活·读书·新知三联书店1998年版,第24页。

点,我们必须将之历史化、文化化、人类学化。"①事实上,将文学与人类学这两支"人学"相结合,已经不是停留于一种学术呼声或学科呼吁的层面,而是有了实质性的表演。比如在文学领域就出现了人类学的叙事特征。一些世界级的文学大师,如 T. S. 艾略特、D. H. 劳伦斯、叶芝、庞德、福斯特等人一方面在形式上对人类学的写法情有独钟,另一方面在文学内容上出现了大量的异族文化、异国情调、异域风格,甚至具有民族志色彩的内容,使文学的人类学化成为一种时尚。韦勒克如此评说:"文学的人类学批评是当今文学批评中最富生命力的一翼。"②

事实上,我们正在面临着一场书写的革命。克利夫在《书写文化》(*Writing Culture*)中对以往人类学家在民族志撰写过程中迁就于"我者"的知识权威和专断的现象,或仅仅将所谓的"异文化"视为一个客观加以对待进行了严厉的批评。就方法论而言,民族志作者在如何对待他们所"参与观察"到的客观现实和作为"作者"的人类学家之间总横亘着一种距离,也可以说有一种背离的传统需要面对,即人类学家在写作中同时获得来自关注个体内部的自我和外部现实,以及内部和外部接触的历史他们都需要遵守。这样的民族志书写也就不可能在客观和主观实践中相融洽。③换言之,纯粹的客观主义是不存在的。很明显,即使是不同的人类学家在观察两个具有相似性的景象时,他们的兴趣也会完全不同。这仿佛雷同于一个文学批评中的常用句式:"有一百个读者就有一百个哈姆雷特"。有意思的是,克利夫在这部著作中运用了类似文学批评的手法,把一些历史上经典的民族志"作品"进行比较,甚至做句式分析。因为"根据文化诠释者的观点,社会活动与我们一般所讲的文本和演讲一样,其意义是可以被观察者'阅读'的"④。当然,传统的民族志书写文化也缺乏对知识的政治性

---

① 泰特罗讲演:《本文人类学》,王宇根等译,北京大学出版社1996年版,第36页。
② 雷纳·韦勒克:《二十世纪文学批评主潮》,张锦译,载《中外文学》1987年第3期。
③ J. Clifford & G. E. Marcus, *Writing Culture*: *The Poetics and Politics of Ethnography*, University of California Press, 1986, p.49.
④ 乔治·E. 马尔库斯、米开尔·M. J. 费彻尔:《作为文化批评的人类学:一个人文学科的实验时代》,王铭铭、蓝达居译,生活·读书·新知三联书店1998年版,第48页。

权力的重视,致使"我者"与"他者"存在着绝对的权力作为。今天,人类学已经不再认可以往的学者在对'他者'言说方面,特别是对那些原始的、前文字的、无历史的武断。① 人类学在文化表现方面的兴趣也已经不再只是注重对文化"文本"的解释,而是注重它们的生产关系。②

与此同时,人类学族群理论也同时出现了对族群和文化边界"连接部—边缘形态"多重性和互动性的强调。巴斯认为:"在连接包容着社会系统的族群的结合部分是建立在族群间相互尊重和文化特征的互补之上,这样的互补性可以提高族群间文化的独立性和共生性。"③虽然巴斯是就族群关系的"边界关系"(boundaries)而言,却为后来人类学在不同族群文化互动的研究方面辟出一条路径。所谓的文化认同事实上也是建立在不同族群文化边界的关系纽带上。这使得民族志作者有可能引出本土人的思想观点④,甚至本土民族志作者。如果说族群的边界关系带出了文化认同的具体人群单位的话,那么,它同时也为知识性"前学科形态"引出了一个文化形貌的缘生态。换言之,文学的"前学科形态"——"文化诗学"本身已经包容了今天诸多学科的"平行"和"影响"的基础因子和基本关系。从这个意义上说,文学的人类学研究毋宁为人类知识表述的缘生形态。

如上所述,社会与文化的认同要通过知识范畴的分类边界及关系互动与比较建立必要前提。学科与学科之间何尝不是如此?否则怎么会有今天如此广泛的人类学跨学科研究?我们可以说,在"文化诗学"的原始形貌中不乏隐匿的人类关怀——一种广义的人类学性。如今人们所进行的跨学科研究,则是在学科范畴之内的学术整合。一种倾向值得注意:人类学的研究态势加剧了作为艺术和科学二者在两个方向上的模糊界限,即所

---

① J. Clifford & G. E. Marcus, *Writing Culture*: *The Poetics and Politics of Ethnography*, University of California Press,1986,p. 10.
② J. Clifford & G. E. Marcus, *Writing Culture*: *The Poetics and Politics of Ethnography*, University of California Press,1986,p. 13.
③ F. Barth, *Ethnic Groups and Boundaries*: *The Social Organization of Culture Difference*, Boston: Little, Brown and Company,1969,p. 18.
④ 参见乔治·E. 马尔库斯、米开尔·M. J. 费彻尔:《作为文化批评的人类学:一个人文学科的实验时代》,王铭铭、蓝达居译,生活·读书·新知三联书店1998年版,第47—48页。

谓的"硬"与"软"方面。根据一般性观念,那些体质的、自然科学的研究范畴讲求的方法是"硬"的——计量的、行为学方式的;相反,社会的、人文科学的研究范畴讲求的方法是"软"的——象征的和阐释学方式的。人类学研究将二者置于理性的、系统化思索的更高层面去解释相互间的事实与功能关系。① 人类学与文学,本质上说都是研究人与社会。那么,社会的人文精神的开放度有多大,它们的开放度也就有多大,就好像族群与族群间的"边界关系"那样。它也与当代人文社会科学领域追求"科际整合"的态势颇为吻合。科际整合对于文学研究的重要性已经日益成为一种必需。它既不是一个内容主体,也不是一个形式载体,而是具有以下三方面的协作关系:一是多元学科。它发生在一个学者试图从不同的研究领域解决一个问题的时候。二是科内整合。它产生于学者在一个较大的,然而相关的人文学科领域协作的时候。三是科际整合。解决疑难问题,是那些无法用单一方法论和途径来达到目的的手段。② 文学人类学即属于科际整合的例证。

  由于在文学人类学研究边界的建构和认识上的差异,导致学者们对其研究性质的表述也不同。比如有的学者将文学人类学描述为一种"非严谨的研究——源自于一种根本性的假定科学(a putative science)的研究"③。很长的历史时期内,在文学研究看来,人类学仅仅为美学理论提供范例性资源。大约在20世纪80年代中期,这两个学科才真正深入走到一起并相互影响。不过,对于文学人类学研究,总有人认为文学家必须"将他们的手脏兮兮地伸到田野中去"。因为对于他们来说,田野作业就是一种"偿还性行为"(act of atonement)④。或者干脆有人认为:文学研究提供

---

① I. Brady(ed.), *Anthropological Poetics*, Maryland: Rowman & Littlefield Publisher, Inc., 1991, p.4.
② 斯蒂文·托托西讲演:《文学研究的合法化》,马瑞琦译,北京大学出版社1997年版,第71—72页。
③ E. V. Daniel & J. M. Peck(ed.), *Culture/Contexture*: Explorations in Anthropology and Literary Studies, Berkeley, Los Angles, London: University of California Press, 1996, p.1.
④ E. V. Daniel & J. M. Peck(ed.), *Culture/Contexture*: Explorations in Anthropology and Literary Studies, Berkeley, Los Angles, London: University of California Press, 1996, pp.1-2.

理论,人类学研究提供例证。众所周知,人类学是研究所谓"异文化",即异民族的文化。如果仅此而已,这无可指责。问题在于,"异文化"从来就是相对于欧洲文明的"野蛮民族"的文化形态。从16世纪开始,欧洲人就用一种固定不变的说法来描写所谓的"野蛮人"……看不起"野蛮人"乃是几百年来存在着的一种观念,这既表现在历史中,也表现在思想史中。① 必须看到,对异文化的研究包含着两种基本的差异:首先关乎民族,其次关乎形态。于是,作为特殊语境之中的文学表述文本,具备着对异民族知识性形态叙事的品质。因此,历来受到重视,包括人类学家们。另外,以"物质科学"来界定人类学,则"文学只属于最终极的三位一体:逻辑、文法和修辞所表现出来的叙事风格"②。然而,我们在许多人类学家,如列维-斯特劳斯、格尔兹、露丝·本尼迪克特、埃文斯-普里查德等人那里所看到的这样的东西甚至比文学批评家还要多,还要纯熟。再者,文学人类学包括两种基本的比较文化的指示:一是两个民族以上的文化比较。二是对文化变迁过程中文学和文本叙事的历时性的思索。要言之,文学发生的原始形态和变迁的过程性也就构成了这一学术研究重要的侧重点。

以这样的研究视野去审视文学中的社会既定传承价值,即不论是两种文明形态(欧洲中心/异文化)的参照还是文明形态的历时性变迁,重新反思与借鉴继承希腊古典学的"遗产"都是一件必须进行的学术任务。在一些人的印象中这似乎只是单纯两个学科的交流,属于学术规范内的学理表述。事实上,它远不止于此。建立古典学的目的,绝非仅仅满足于沉湎对往昔社会知识的了解和陶醉,很多历史的空隙尚需努力使之清晰化。即使在今天,我们也不得不说,人类自身的"谜思"(myth)仍有待更深入地揭示。更重要的,"欧洲中心"论原本是一种历史权力的共谋现象,对它的研究具有某种警示的意味。根据现今所挖掘和掌握到的材料可知,古代希腊文明与世界上几个古老的文明形态都有着或密或疏,或长或短,或直接或

---

① 顾彬讲演:《关于"异"的研究》,曹卫东编译,北京大学出版社1997年版,第17页。
② E. V. Daniel & J. M. Peck (ed.) , *Culture/Contexture: Explorations in Anthropology and Literary Studies*, Berkeley, Los Angles, London: University of California Press, 1996, p.6.

间接的联系。从今天希腊最早的迈锡尼文明遗墟来考察,它明显烙印着古埃及、美索不达米亚和印度等文明类型的渊源痕迹。不幸的是,现在的迈锡尼资料和文本已经很难告诉我们更多有关两千年以前不同文明形态和族群交流的清晰图景和发展线索。同样严峻的是,往后的基督教形态、中世纪乃至于文艺复兴等社会形态、国家形态、文化形态、伦理形态都在这样支离破碎的"文明废墟"上巢筑起来。而同时,这一过程被谋略性地附带了大量人为的、意图的诠释和张扬。其实,在笔者看来,荷马是否系"西方人"仍值得存疑,因为在以他的名字命名的史诗中有着对特洛伊城市,包括建筑样式上巨细无遗的描写。而后来发掘出来的特洛伊遗址的建筑风格有许多与之相吻合之处。这至少说明,荷马对特洛伊非常熟悉。问题在于,在西方政治地理学概念里面,特洛伊属于"东方"(近东)。从这个角度看,古希腊的知识分子为我们留下了大量文献,亦可称作文学文本,特别是在公元前夕到以后的几个世纪的记录,这不能不说是一件幸事。人类和人类的智慧在很大的程度上需要倚仰这些文学化的历史文本。因此,我们今天所探讨的文学人类学其实亦可视作对这样一种知识传统和学术理念的继承和发扬。

虽然历史为我们留下了大量的文学叙述方面的文本,却不容易直接和孤立地用于人类学的研究,这便涉及文学人类学的方法和切入角度的问题。换句话说,我们要怎样尽可能地将人类智慧(Homo sapiens)的全貌呈现出来。反过来,文学应该如何在浩如烟海的文本当中挖掘出本文,即最具备和代表人类体貌和文化的特性。从本文到文本划出了一道"自然—文化"(from nature to culture)的历时性发展轨迹,也彰显出从动物到人类的进化图景。然而,文学人类学的研究态度正好要致力复归从文本到本文的基本形貌。只是这样,才能满足最为根本的学术逻辑:来来往往、归纳演绎同为一物。一言以蔽之,人类本性和人文价值,是文学人类学研究之本。

在古希腊的文字里面,Ethics[①]被亚里士多德用作 $ανφροπολογτα$,意指人的言说和人的待遇。所以,"人类学"一词从一开始便具有文学的意

---

① 即后来作为"人种(学)""人类(学)""民族(学)""族群"等词汇的原始词根。

义,就具有人类心理和体质两方面的意涵。① 如果我们把远古时期人类祖先通过语言和文字记录下来的东西理解为神话叙事,而将人类祖先在面对和被面对的过程中的行为和待遇视为一种仪式叙事,倒非常符合亚里士多德为人类学雏形所言说的意义。人类学研究的视野与其说是"人类的",还不如说是"民族的"和"族群的"。因为,确认人类的基本单位为民族与族群。人们所生存和生活的基本依附以及所做的认同也同样具有单位性质,即族性认同(Ethnic identity)。这种状况在古代的、传统的、封闭的、小规模的社会更为突出。无怪乎人类学家在做田野调查的时候非常重视分析单位(unit of analysis),如民族、族群以及它们的历史空间和居落形态——村落、社区之间的同质性(homogeneity)与异质性(heterogeneity)的选择。当我们将一个社会当作同质的单位,就意味着这个社会的成员具有许多相关文化认同方面的东西:说共同的语言,崇信同一种宗教或信仰,遵守既定的道德伦理、族群模式、经济行为、生活方式、政治观念、意识形态、风俗习惯等。总之,重要指标都同趋于一致。

  文学的人类学研究当然首先要将这样的单位意识带入。不过,西方文学的单位范式与人类学研究的单位确定并不一致。通常而言,人类学研究对象的单位概念非常具体:具体的人群、具体的社会、具体的居落、具体的物质形貌等等;文学研究对象的单位却可以抽象、迁动、超越、移情,甚至想象。所以,从古希腊文学一贯而下的欧洲文学传统的族群历史并不是单一的,而是整合性的。昆德拉曾在"欧洲小说"名下做如此讨论:

> 我说欧洲小说不仅是为了将之与(比如说)中国小说相区别,也是为了说明它的历史是跨民族的;法国小说、英国小说或匈牙利小说都不能独树一帜创造它们自己独自的历史,但是它们都共同参与了一个共同的历史,超越民族,历史创造了唯一的环境,使小说的演进方向和每一作品的价值得以显现。

---

① F. Spencer(compiled), *Ecco Homo: An Annotated Bibliographic History of Physical Anthropology*, New York: Greenwood Press, 1988, pp. 1-2.

在小说的不同阶段，各民族相继倡导，有如在接力赛跑中：先是意大利，有它的薄伽丘，伟大的先驱者；然后，拉伯雷的法国；再后塞万提斯和赖子小说的西班牙；十八世纪的英国伟大小说和世纪末歌德的介入；十九世纪完全属于法国，以及后三分之一时间，俄罗斯小说进入，还有继它之后迅速出现的斯堪的纳维亚小说。之后，二十世纪和它与卡夫卡、穆齐尔、布洛赫和贡布罗维茨一起的中欧的冒险。

如果欧洲那时只是一个唯一的民族，我不相信它的小说的历史可以以这样的生命力，这样的力量，和这样的多样化持续在四个世纪中。①

以这样的族群观念透视，当我们再回过头去看人类学的古典学派，似乎明白了他们为什么与亚里士多德所定下的文学的人类学如此吻合。

昆德拉的这一段话给了我们一种启示，作为文学的人类学叙事单位民族或族群边界还有一个有别于其他的确认范畴，这就是所谓的"共同体叙事"。具体的文学叙事规范，不论是写在书封面上的那个人（作者），故事情节发展的主要表演者（主人公），还是承担叙事的那个角色（叙事者）②，都是个体化、个性化叙事单位。但是，人类学研究，特别是人类学家在进行田野作业的时候，对纷繁驳杂的原始文化的遗留物（survivals），诸如神话、仪式、传说、巫术、魔幻灵异、地方邪技、宗教信仰、民间故事等进行搜集、整理和分析时发现，那些以仪式或口耳相传为主要传承方式的叙事类型经常没有作者（无名氏）却有叙事者。透过那些叙事类型，人们感受不到某一个具体的男人或女人、老耄或稚童、"生者"或"死者"，某一个特定姓氏角色的存在，只能感受到被称作"原始共同体"的族群面目。所以，对于人类学家来说，"在陌生的共同体中，分散的个人是无足轻重的，这毫不奇怪。

---

① 米兰·昆德拉：《被背叛的遗嘱》，孟湄译，牛津大学出版社、上海人民出版社1995年版，第27—28页。

② 在许多人看来，作者就是"叙事者"，这显然有问题。现代叙事学的一个重要成果就是将"作者"与"叙事者"分开，甚至叙事者还有"显叙事者"与"隐叙事者"等身份差别。

那样,就使人们更容易把共同体看成超个人的单位,致使该共同体的存在或多或少地独立于个人,或至少在某种程度上决定着个人的行为规范"①。事实上,人类学的共同体叙事不失为丰富文学叙事的一种借鉴。

除了民族和族群关系,历史成为另一个重要的关节点。但文学人类学偏爱于讨论人类的生命历程,而非在"文本的历史"和"历史的文本"中纠缠。古希腊罗马学术思想的论证一开始主要集中于两个理论主题,或者说是人类发展的两种进程。概括来讲,一种是悲观主义哲学发展论,一种是乐观主义哲学发展论。它们无不与人类生命演变和自然律动的观察、参照有关。人的生命的经验层面表现出具体的、绝对的悲观色彩。相反,在超验层面却表现出抽象的、相对的乐观求索态度。人的生命由年少到年老,由生至死,经过一次一次的"通过仪式",完成其完整的"生命圈"。这也是早期人类学对人类生命和文化演进至为关注的问题。② 而人生命的这种变化与大自然四季枯荣、"逝者如斯"的一维性联袂出演生命的"过场剧"。同时,人类也在这样的进程之中变得"越来越坏"——随着时间的推移,距离死亡愈来愈近(在"两希"文化——希腊神话和希伯来文化中都有因为人类变得"越来越坏","越变越不遵命于神旨"而遭遇大洪水的灭顶之灾)类似的生命意象,这样的"生命礼仪"为希腊的生命哲学奠定了"五阶段论"(Five Ages)。比如赫西俄德《工作与时日》即作此描述。而"黄金—白银—青铜—黑铁"阈限式的仪式化哲学思索和文学表述更成了西方文化哲学传统中认知的一种基本诉求。比如叶芝的《基督重临》就是这样的"老调重弹":

>   Surely some revelation is at hand,
>   Surely the Second Coming is at hand,
>   The Second Coming!

---

① 米盖尔·杜夫海纳主编:《美学文艺学方法论》,朱立元、程未介编译,中国文联出版公司1992年版,第121页。
② A. O. Lovejoy & G. Boas, *Primitism and Related Ideas in Antiquity*, John Hopkins University Press,1935,pp.1-7.

无疑神的启示就要显灵,

无疑基督就要重临,

基督重临!

这种对生命景观的描绘和对生命循环强烈的潜意识企求揭示出人类文化的另一种"实在"——精神实在。同时,这一主调充满了悲观主义底色。一如生命礼仪,一个生命圈的完结,通常是一个"黑铁时代"的重现;迎接新的生命循环只能期待于"基督重临"。与此相反,看待人类演变的态度更为积极。人类在与自然的和谐与斗争中,获得了越来越高的技术能力。物质文明的进步使得人类的生活水平和认识能力大幅度提高,人类历史也因此越来越呈现乐观向上的趋势。持这种观点者在人类历史上也占据了越来越重要的位置。但是它们的论证原点出于同一命题。① 因此,神话仪式既可以说是人类思索的积淀,同时又是文学人类学根本性特征的叙事范式。

第二节 文学人类学与"神话-仪式"范式

人类学的神话-仪式学派对文学的影响并不仅限于文学方法论上获得对仪式意义的延伸,更不只是借来了一个批评理论上的术语,真正对文学(包括文学创作与文学批评)的影响主要来自现代主义人文思想和现代民族志(modern ethnography)理论和方法在文学研究的浸透。随着一些提倡者的大力鼓吹,文学的人类学理论和方法在 20 世纪 50 年代达到了一个高潮,并在此后的 20 年内大有收获,较有代表性的有斯洛特(Slote)的《神话与符号》(1963)、威克利(Vickery)主编的《神话与文学》(1966)、吉提加瓦(Kitigawa)等编的《神话与符号》(1969)和布伦(Burrow)等编的《文学中的神话与母题》(1973)等一批学术著作,并且带动了两个学科的互动,尤其是文学对人类学研究的借鉴。一时间,文学的人类学研究竟成时尚,创

---

① R. Nisbet, *History of the Idea of Progress*, New York: Basic Books, 1980, pp. 10-46.

作与批评两翼齐飞。①

人类学仪式理论对文学影响最大的当然要数弗雷泽,同时他也为剑桥学派在神话-仪式方面的研究起到了开山的作用。后来的原型批评理论家弗莱就认为:"弗雷泽的《金枝》开创了文学研究在这一领域的先河。"②几乎与弗雷泽同一时间,穆雷于1907年出版了《希腊史诗的诞生》,具体地提出了文学的仪式主题。在他看来,造成旷日持久的特洛伊战争和荷马史诗的根由——所谓"诱拐海伦"——其实不过是斯巴达和萨摩斯之间远古时代的一种婚俗仪式。他进而解释道,阿伽门农的愤怒只不过是仪式的一个部分。如此一来,"诱拐海伦"也就回复至人类原始时期掠夺婚仪式行为和必需的过程。根据人类婚姻发展的基本线索,作为人类早期的婚姻形态,掠夺婚确实是在许多民族和地区都经过的一种婚姻方式。而且,在古希腊罗马的文明形态里面,这种掠夺婚仍有大量的历史遗迹。维柯在《新科学》一书中有过精细的考述。维柯认为古代婚姻仪式的一个特点依然被罗马人保留下来,就是娶一个妻子要有某种"凭武力"的表示,作为远古时代男人们凭体力将女人拖进山洞时所施予的暴行,作为正式结婚的妻子为"凭武力夺取的"的历史记忆。③ 迄今为止妇女们在脖子上悬挂的项链、手指上佩戴的戒指、脚腕上的脚链等,亦是掠夺婚所遗留下来的符号凭证。甚至连天后朱诺颈项上围着的长绳,都是意在追忆最初巨人们抢妇女做妻子的暴行。到后来,在所有的民族中都改用了较文明的象征,即结婚戒指。④ 人们可以在荷马史诗里面看到,所有的证据中最明确的、最有说服力的都与"夺取女人-妻子"有关。旷日持久的特洛伊战争为了抢夺一个"女人-妻子"(海伦)的符号;《伊利亚特》中最为惊心动魄的情节和场合是因为对抢夺来的女俘虏分配不匀,从而使阿喀琉斯愤怒并拒绝出战。对此,恩格斯有过经典论述:"在荷马的史诗中,被俘虏的年轻妇女都成了

---

① E. M. Meletinsky, *The Poetics of Myth*, Translated by G. Lanoue & A. Sadetsky, New York & London: Garland Publishing, Inc., 1998, p.73.
② N. Frye, *Anatomy of Criticism: Four Essays*, Princeton University Press, 1957, p.109.
③ 维柯:《新科学》,朱光潜译,人民文学出版社1987年版,第239页。
④ 维柯:《新科学》,朱光潜译,人民文学出版社1987年版,第242页。

胜利者的肉欲的牺牲品;军事首领们按照他们的军阶依次选择其中的最美丽者;大家也知道全部《伊利亚特》都是以阿基里斯和亚加米农二人争夺这样一个女奴隶的纠纷为中心的。荷马的史诗每提到一个重要的英雄,都要讲到共享帐篷和枕席的被俘的姑娘"①。无独有偶,穆雷也将仪式与史诗的关系拉到了一起,点击出希腊古典文学中的人类婚姻史上掠夺婚这一个重要的阐释点。在接下来的三四十年间,不少学者沿着这一条路径继续往下,努力证明古希腊最早的文学形态——史诗其实就是仪式的记录,或者说是仪式的一个部分。甚至有人认为史诗中的英雄人物其实就是弗雷泽《金枝》中所说的"祭司-国王"(priest-king)和"神人"(the god-man)。而且这样的仪式在古代印度、伊朗和巴比伦都普遍存在。②

1920年,维斯顿(Weston)出版了《从仪式到传奇》。作为弗雷泽的追随者,她在神话-仪式的道路上继续着文学人类学的基本范式,并在此基础上有所推进。比如,在弗雷泽看来,一种主要的原始仪式类型是以病老的国王作为祭牲——弑老仪式。而维斯顿却认为仪式的真正意思是使国王"返老还童"(rejuvenation)或重新恢复生机。这一发现或许并非如此重要,因为弗雷泽的"弑老仪式"和维斯顿的"返老还童"的意义都可以在一个基本主题上找到完全共同的表述:再生—新生,只需将两个表述符号合二为一即可。然而,与其说维斯顿在仪式中发现了新的深层喻义是重要的,还不如说她在仪式与传奇二者之间所建立起来一种新的关系更具有范式意义。通过对雅利安(Aryan)戏剧和古典巴比伦仪式的比较分析,她认为在原始仪式和其传奇性的表述之间并非时时呈现出单一的关系。事实上,它们的关系具有并置的性质,其中既有融合的因素,也是一种桥梁的交通。③ 在对中世纪骑士传奇进行大量的比较研究之后,她进而提出了一个新颖的观点,认为仪式与中世纪骑士传奇有着渊源关系。她还以传奇小说

---

① 恩格斯:《家庭、私有制和国家的起源》,见《马克思恩格斯选集》(第四卷),人民出版社1972年版,第57—58页。
② E. M. Meletinsky, *The Poetics of Myth*, Translated by G. Lanoue & A. Sadetsky, New York & London: Garland Publishing, Inc., 1998, pp. 73-74.
③ J. L. Weston, *From Ritual to Romance*, Cambridge University Press, 1920, p. 52.

《加文爵士与绿衣骑士》为例,引入古典人类学的研究套路,细细分析了冬至的季节变化和交替时节的家事仪式;绿衣骑士正是蔬菜之神一岁一枯荣的转型时态——死的象征和生的复苏。仪式于是同时成了民间传说的娓娓陈述。这样的仪式主张同时迎合另外一种观念——仪式的主题建筑在民间传说之上。早在20年代之初,圣提凡(Saintyves)就提出了这样的观点。后来著名的民俗学家普罗普(Propp)亦秉持其后而精进。他们特别强调入会仪式与传说之间的相兼相融的关系。通过骑士传奇的例子,他们所要传达的意思是:确认中世纪的骑士传奇就是一种仪式的写照,但它的形式却不是别的,而是传奇性的民间传说。以此类推,古风时代的骑士仪式便是后来的传奇——罗曼司(romance)的原始版本。依据这样的线索,仪式的历史性延续融会了诗学的分类原则和类型范式之中。

继续着文学人类学仪式理论的研究传统,近几十年来,文学批评叙事中间大量出现仪式理论,"仪式"一词的出现频率越来越高。如果说,仪式仅仅出现在宗教领域似乎还好理解。事实上,在人文社会科学领域,特别是文学和人类学领域更为突出。当然,就确认的意义和学术传统而论,仪式在人类学研究领域出现并非显得突兀,因为人类学从一开始就使仪式研究成为其鲜明的学科特色。然而,现代文学批评理论中大量出现这个词汇委实令不少人感到诧异,但却没有妨碍类似的评述越来越多,诸如:"弥尔顿的《失乐园》是一个哀悼的仪式。"[1]歌德的《浮士德》完全是一个社会化"通过仪式"在艺术作品中的范例。[2] 艾略特的《阿尔弗雷德·普鲁弗洛克的情歌》(*The Love Song of J. Alfred Prufrock*)的结尾"以一个戏剧化仪式驱动着世界走向它的极端"[3]。"诗歌是一种复活和再生的仪式"[4]。有人认

---

[1] J. A. Wittreich, Jr, *Visionary Poetics: Milton's Tradition and His Legacy*, San Marino, Calif.: Huntington Library, 1979, p. 98.

[2] G. H. Hartman, *The Fate of Reading and other Essays*, University of Chicago Press, 1975, p. 110.

[3] L. Feder, *Ancient Myth in Modern Poetry*, Princeton University Press, 1971, p. 221.

[4] J. I. Cope, *The Theater and the Dream: From Metaphor to Form in Renaissance Drama*, Johns Hopkins University Press, 1973, p. 174.

为叶芝的戏剧作品"不是戏剧,而是一种丧失信念的仪式"①。……这种趋之若鹜的词汇新潮与其说在赶时髦,还不如说是一种回归——诗性的回归,或曰一种发现——批评的发现。回归,指现代诗学在它的缘生纽带上找回了丰富的元语言叙事。发现,指文学研究在比较文化的学术背景下,发现了人类学仪式理论具有的非凡的整合性价值。

与传统的神话-仪式学派不完全一样,文学人类学的仪式理论和新批评主义所持的主张更加广泛,他们除了继续人类学仪式主义大师弗雷泽的原则,即把他们的仪式研究时时刻刻与古代神话传说相联系之外,还把文学与神话、仪式放到知识的历史谱系之中去寻找其内部的依据。文学批评家们特别集中地对像但丁(Dante)、弥尔顿和布莱克等人的作品进行分析,因为这些作者在他们的作品中都将他们主人公的命运、文学主题与远古神话仪式挂起钩来。就像马林诺夫斯基那样,文学的批评家们也试图在但丁、瓦格那(Wagner)、瓦莱里(Valery)等作家和艺术家那里找到古代仪式的内在脉络。也难怪为什么仪式神话批评对待像艾略特、劳伦斯、叶芝、乔伊斯、托马斯·曼等人时会产生出如此强烈的兴趣,原因就在于这些伟大的现代作家的写作深受人类学神话-仪式学派的影响,这种影响包括了对仪式的物质,即母题和结构方面的借用。一时间,从仪式、符号和神话的角度解读、阐释现代作家的作品竟出现门庭若市之势。当然,批评家们也不放过对福克纳和卡夫卡等人的注意,特别是福克纳的作品《熊》引起了批评界的高度重视。首先,人们在福克纳的作品中分明看到了印第安仪式和神话的大量描述。其次,作品中的许多象征符号深深地根植于基督教中蛇的原型和失乐园母题。

批评家们关注仪式对现代文学的影响和作用似乎并不满足于仅仅从过去的文学中去挖掘和"淘金"。他们对于人类学仪式理论的借鉴也从以往的较为单一的弗雷泽式的"剑桥学派"方法扩大到了马林诺夫斯基功能学派、涂尔干的社会统合结构理论、列维-布留尔的原始思维"互渗律"以

---

① S. R. Gorsky, "A Ritual Drama: Yeats's Plays for Dancers," in *Modern Drama* 17, 1974, p. 176.

及卡西尔的神话思维等。这些人类学专门知识都成为文学人类学批评理论当中的基本表述内涵和语用词汇。在文学人类学的批评整合当中,批评家们已经很习惯地利用三个方面的知识资源:一,肇始于远古的仪式形态、神话思维和传说叙事。二,慷慨地接纳来自"异文化"的仪式、巫术、魔技等根植于人类祖先的文明基型和文化形貌上"异"的东西。事实上,从古希腊到20世纪80年代,西方哲学关于"异"的概念存在着两种看法:一种是通过"异"来表现时间距离;另一种是通过"异"来表现空间距离。① 三,打破已经定型了的学科界限,豁达地借鉴来自其他学科的研究成果和方法。比如,文学人类学在仪式和神话的批评理论中占有重要地位的原型批评就是直接从弗雷泽的《金枝》、人类学神话-仪式学派、精神分析理论、原始思维,特别是荣格的原型理论整合或脱胎而来,并形成了洋洋大观的态势。我们可以在弗莱的原型批评里面阅览到从弗雷泽到荣格的全部文学人类学的精华。

可以说,文学批评中的仪式理论——从概念到方法论的引入,都与人类学研究密不可分。特别是弗雷泽的思想激励了一大批的现代作家把仪式中的再生、洗礼、入会等等带进他们的故事。人类学家普里查德曾说:"我认为弗雷泽爵士在人类学最享有盛名……而《金枝》这一个巨大的工程来源于他解答了人们对于原始迷信的困惑,也使他在英国文学和学术界获得巨大成就。"②艾略特、叶芝、乔伊斯、福斯特、庞德、劳伦斯等都深受这种人类学仪式思想的影响,而且在创作实践上具有显著的记忆征兆和叙事特长,构成了现代文学中一道非常特别的风景线。D. H. 劳伦斯就是现代作家中的一个代表,他醉心于将小说的叙事仪式化。尤其在对待一个事件、景物、细节的组织上面都让人有非常庄严而神圣的仪式意象和仪式力量。以《查特莱夫人的情人》为例,男主人公和那个笼罩在英国沉闷色彩下的矿区在作家笔下被暗示为一种状态:衰败的但却是变革前夜的一种特

---

① 顾彬讲演:《关于"异"的研究》,曹卫东编译,北京大学出版社1997年版,第2页。
② E. E. Evans-Pritchard, *A History of Anthropological Thought*, New York: Basic Book, Inc., Publishers, 1981, p. 132.

殊性阈限与阈限之间能量转化的贮备阶段,也可以理解为作家对资本主义发展的悲观而带入"宗教仪式"(通过仪式)的一个必要前提。换言之,它必须"通过死亡"的阈限达到"再生"。仪式性叙事在他的作品里面往往成了从一种状态向另一种状态的过渡,由一种身份向另一种身份转变的媒介。对于作家而言,拯救这种垂死状态的唯一出路在于回归自然。自然不啻为一种牺牲祭礼:看林人的裸浴,森林的原始力量,雏鸡的出壳和新生命的朝气,查特莱夫人与看林人的原始性爱行为,他们对自然生命的重新诠释,孕育新的生命……整个给人以一种生命的洗礼和再生仪式(rebirth ritual)的感受。在情节的处理和节奏的控制上,劳伦斯也运用得非常具有仪式的意味。他把每个独立的事件庄重化、程序化、细致化,令读者在阅读的时候有如进入教堂一般的神圣和"去亵渎化"。他把一个事件与另一个事件的关系处理成为一种形态与另一种形态的不和谐甚至不可调和,以致最终必须采取从一种状态向另一种状态过渡的"通过化"形式。这便是仪式性效应。难怪罗斯这样评说劳伦斯的小说:"在小说中,仪式成了一种组织原则,这样便将个体生命类型化、社会化——可以推而广之,整个自然——都联系在了一起。"①

现代作家对仪式理论和仪式化叙事的情有独钟主要有两种因素:一,西方现代文学里面出现了一种对西方社会不满的批判态度。一些有社会责任感的作家当然并不只局限于一味的批判,而是期待着社会向一个"理想社会状态"过渡和转变。因此他们把他们对社会的批判态度和寻找出路一并融会到创作之中。仪式理论和实践的最突出特点,就在于强调由一个阈限向另一个阈限过渡的机械性方法对于任何一个人、事件乃至社会都不可或缺,仿佛人们随着年龄的增长所进行的规律性"通过仪式"。弗雷泽的《金枝》通篇讲述的道理就是仪式对于生命在不同状态下的转变所必备的程序。就像"杀老仪式"那样,"杀老"对于部落新的生机是一种宗教上的必然手段。二,人类学、神话学的研究成果自然而然地为现代作家们

---

① C. L. Ross, "D. H. Lawrence's Use of Greek Tragedy: Euripides and Ritual," see *D. H. Lawrence Review* 10, 1977, p.6.

所心仪。除了以弗雷泽为代表的古典人类学神话－仪式学派的著作深深地影响着这一代现代作家以外,对神话学研究方面的人类学内涵解读和介绍也成了现代作家们知识的重要源泉。威克利的《〈金枝〉对文学的冲击》等一大批著作直接把仪式理论、方法带进了文学创作的领域,形成了一种事实上的"范式变革"。但是,无论是人类学神话－仪式学派抑或是神话学研究,仪式大都与神话并置互文。简言之,仪式建立在对神话的互注关系之上。所不同者,在文学的仪式化倾向里面,神话的叙述往往被抽离了,仪式也经常成为作家在小说叙事中的工具或媒体。仪式出现了技术化的意味。这种范式的变化和变革,使得现代作家的仪式化叙事与以弗雷泽为代表的古典人类学家之间产生了距离。这种距离感除了学科间的门第之见之外,还有因叙事特征而带进的差异。以特纳、道格拉斯等人为代表的象征人类学与文学人类学在叙事上倒有异曲同工之妙。但是,这样的结果是否有效,也曾引起批评家们的质疑。瓦尔戈就提出疑问:"这种范式上的转变,能否让神话使仪式更具有动力并使其意义更加丰富?"① 这样的疑虑并非没有必要。当现代作家将仪式移植到叙事中去的时候,必须考虑到仪式的意义和仪式的操作之间的区别。因为仪式是理念和技术同构的体系。

　　文学人类学批评理论,尤其是仪式理论,人们除了看到以弗雷泽为代表的神话－仪式学派的理论和方法外,其他一些人类学家和神话学家的代表性观点和方法也曾经引起一些学者的重视。比如我们在坎贝尔的著作《千面英雄》里面,就可以清楚地看到法国人类学家根纳普的"通过仪式"概念的影子。② 至于从文艺复兴以来的大量作家笔下英雄的生命旅程、主人公的命运多舛、神谕与伟大形象的决死拼搏无不可以视为生命的"通过礼仪":从但丁的《神曲》、弥尔顿的《失乐园》、莎士比亚悲剧到歌德的《浮士德》、乔伊斯的《尤利西斯》,甚至卡夫卡的《变形记》等,在广义上无不在

---

① E. P. Vargo, "The Necessity of Myth in Updike's The Centaur," in *PMLA* 88, 1973, p.459.
② E. M. Meletinsky, *The Poetics of Myth*, Translated by G. Lanoue & A. Sadetsky, New York & London: Garland Publishing, Inc., 1998, p.77.

人类生命"通过仪式"的话语之下获得一种文学的人类学式理解。同时，人们也可以在唐·璜、浮士德、唐·吉诃德、哈姆雷特等不朽形象上体会生命在"通过仪式"过程中所获得的欢娱和痛苦以及可资为全人类提供借鉴的心路历程的范本。这样两个方面对生命的"通过仪式"求索式叙事范式不失为文学人类学仪式批评理论的一条主线。

我们同时看到，当一种声音出现的时候，必然引出另外一种声音。此为比较的道理，亦为论理的逻辑。当现代文学将仪式带进文学创作和批评并为之称颂的时候，我们也可以同时听见批评意见。伴随着一批现代作家争相把神话仪式的意象入诗，仪式阈限的小说化出现了乐此不疲的情势，批评家似乎也注意到了其中的盲点和创作中泛仪式化的不足以及这种过度仪式化缺乏充分学理的部分。毕竟，仪式理论与文学批评并非完全是一回事情，仪式行为与文学创作亦非同一层面的事物。比如，在根纳普和特纳的仪式阈限理论的实践过程和现实案例中，参仪者与祖先都在一个明确的、物器化的、程序化的行为中建立合理的、逻辑的时间链关系。人们的情感"在具体仪式中是清楚的和确定的，在关键性的场合中可以显现出它组成了大传统的一个有机部分"。然而，当仪式被带到文学里面时，情况就不同了。在具体的仪式中，人们的情感是基础的，是"低音部"；而在文学中间，人们的情感需要在交错之间完成，在小说和戏剧中间，情感复合交织成"多音部变化"。① 哈特曼在他的《超越形式主义》一书中也曾对此有过讨论，他认为如果把《浮士德》视为一个仪式的话，即特纳所言及的阈限关系——神圣与世俗之间，那么，浮士德博士的生命旅程便模糊不清、模棱两可，因为浮士德博士形象的文化生命意涵所表现出来的恰恰为生命过程的非确定性与求索目标的确定性之间的矛盾。"它总是通过不确定的、不可靠的对应关系和行为到达现实王国。"② 他认为，小说艺术的时代已经到达了从一个从属形态进入一个宗教或宗教化神话的继续和转换的时代。事

---

① R. F. Hardin, "Ritual in Recent Criticism: The Elusive Sense of Community," see R. A. Segal(ed.), *The Myth and Ritual Theory*, Malden: Blackwell Publishers, 1998, pp. 181-182.

② G. H. Hartman, *Beyond Formalism*, Yale University Press, 1970, pp. 21-22.

实上,《浮士德》正好是一个"小说的神话中心时代和现代精神之间的桥梁"①。不言而喻,文学人类学仪式理论的批评和实践,作为一个认知前提,首先必须要在古典和现代之间建立起一个合适的对接关系。弗雷泽等古典人类学家的著述以及神话-仪式学派给了现代文学创作丰富的滋养,但就现代文学的总体来说,它还没有做到在古典神话仪式与现代精神之间真正完成话语替代的程度。在这方面,为现代文学和批评提供一个用古典神话仪式养分浇灌现代哲学美学花卉的典范当属尼采和他的《悲剧的诞生》。《悲剧的诞生》为西方现代文学如何面对自己的叙事传统,在丰富的古典神话和仪式的积淀中汲取真正属于现代精神的内涵方面凿开了一个令人豁然开朗的洞天。

平心而论,人类学的仪式理论所给予文学创作和批语理论的借鉴还有许多可以推进的空间和拓展的领域。大凡振聋发聩的声音在给人们以巨大启发的同时,多半也存在着某种因要从一个新的、人们意想不到的角度,让人感到耳目一新而冒有偏颇的危险。就上面对仪式理论与现代小说创作的批评来看,有些批评家或许对人类学的仪式理论的学术进展并非特别了解,从而导致在一些地方停滞不前。其实,人类学的仪式理论自身有一个发生和发展的过程。比如,当弗雷泽等古典神话-仪式学派代表人物孜孜不倦地将神话思维的产物进行整理与整合的同时,另外一些人类学家,像法国的涂尔干、莫斯、根纳普,英国的马林诺夫斯基等人已经将他们的注意力放到了神话传说、宗教仪式的社会组织和结构中去考察它们的实际功能。换句话说,他们已经将传统的神话仪式在生活中的变迁和遗留进行了卓有成效的创新研究。后来的特纳、利奇、玛丽·道格拉斯等人主要是沿着后一条线路发展的。而现代文学创作对于人类学仪式研究和成果的借鉴主要来自人类学古典神话-仪式学派,对于人类学仪式研究的另外一条主线缺乏足够的学术史上的了解。虽然我们也可以看到文学批评家们间或借用根纳普的"通过仪式"和特纳的"阈限理论",但并不十分明白个中发展的背景与逻辑关系。而且,他们对后者的借鉴基本上停留在工具和方

---

① G. H. Hartman, *Beyond Formalism*, Yale University Press, 1970, pp.305-310.

法的层面,而对前者的继承才是精神和实质层面的。

所有这些都涉及人类学仪式理论对待历史的认识态度的差异。仪式研究一直存在着对经验和神秘两种不同倾向的认识冲突。这在早期的人类学仪式研究中就已经露出了端倪,后经神话-仪式为代表的人类学派重视对神秘和超验领域(宗教、巫术、魔幻、鬼神)的研究,形成了仪式研究在早期的学术主潮。比如在布留尔的《原始思维》中就把人类原始社会中的思维形态特征描述成为人类与神秘形态,包括低级动物、神秘力量的一种"互渗"(participation)。这就是说,人类曾经经历过一种超越单一种类的生物体的文化现象。人的文化包含了动物、植物以及自然力量、超自然现象(即神秘力量)的多重融洽。这样,任何仪式也就自然而然地成为神话中的神秘叙事和神秘活动。另一方面,现代人类学研究样式主要建立在对具体民族、族群、地域、个案的田野调查之上,因此,经验性的因素也就浮现在仪式的表层。对于仪式的现代人类学研究,民族志首先要解决的必定为"客观的事实"。仪式的形式和功能成了他们注意的重要方面。这也不可避免地与以弗雷泽为代表的古典人类学家发生冲突,因为二者的操作方式大相径庭,甚至在一定程度上包括对研究对象侧重上的差异。逻辑性地,在对待"历史-传统"等问题也就出现了强调上的迥异。普里查德曾经试图将二者进行整合处理,他认为,神秘的领域(宗教、巫术和魔术)与功能主义和象征主义都不同。社会的研究一方面作为自然的系统,或机能主义的,那么就必须是经验性的。然而,作为一种推导性方法的应用,有可能像物理学家那样用普遍性原则和规律来解释自然现象。[①] 他认为人类学研究需要强调三方面的东西:一,像历史学家那样去理解文化的特质,并将其翻译成自己的文化。二,人类学家通过自己的分析和研究要努力使自己走得更远,即提示社会文化的结构和形态。三,人类学家要比较不同的社会和文化结构,包括显现的和隐匿的。[②] 特别是他对非洲阿赞达人和努尔人

[①] E. E. Evans-Pritchard, *Essays in Social Anthropology*, London: Faber & Faber, 1962, p. 149.
[②] B. Morris, *Anthropological Studies of Religion*, Cambridge: Cambridge University Press, 1995, pp. 189-190.

的研究更是试图将二者打通。他认为阿赞达人和努尔人的社会是"理想的系统",因为它们是非欧洲的,是经验的,而这些经验要通过神秘的途径去建立"自然秩序"(Natural order)。但是,二者之间却不同:一方面表现为自然性质的、经验意义的现实具体;另一方面是巫术、鬼神和魔法。① 类似的案例为人们理解原始仪式所特有的包容性具有非常明显的示范价值。

真正将人类学的研究成果和方法论完美地结合在一起,并使之具有理论上的指导意义和方法上的可操作性的是弗莱和他的原型批评。他的《批评的剖析》不仅被公认为文学与神话仪式叙事方面的"圣经",而且他在诗学理论方面做出了重要的贡献。他试图创造出一种文学人类学批评理论的叙事范式,将原型作为文学类型和意象的基础。他自己就致力于文学与人类学相结合的批评模式。比如他对莎士比亚《哈姆雷特》的分析自成一体:先从萨克森(Saxon)传说的语法习惯入手,并将传说与更为远古的神话相呼应。② 表面上这样带有人类学谱系式的分析与莎士比亚戏剧好像距离遥远,事实上却更为接近。因为这是深藏于戏剧符号叙事内部更为深层的人类共像和历史依据。一部戏剧作品经过这样的人类学式的批评和分析,使读者更加明确地把握住了莎士比亚戏剧与盎格鲁-萨克森这样具有明确的人类族群认同和地域背景下的历史积淀之间厚实的关联。这样的文学人类学式的族谱化索考是为了求得对哈姆雷特这一不朽性格的历史溯源和寻根,以获得一种更具有历史色彩的凝重感和个案化倾向。它的效果远不只是为主人公描绘一株"亲属树"(family tree),去寻求一个历史谱系化的实在意义。恰恰相反,越是个性突出的人物形象,越是包含历史原型性内容,因而愈加具备在人类生命和经验价值上的普同性质。这,或许就是为什么弗莱的原型理论对西方现代批评能够产生如此巨大作用的原因。

显而易见,弗莱深受弗雷泽的影响。他的目标是要将神话仪式的传统

---

① E. E. Evans-Pritchard, *Witchcraft, Oracles and Magic among the Azande*, Oxford University Press(Clarendon Press), 1937, p. 81.
② E. M. Meletinsky, *The Poetics of Myth*, Translated by G. Lanoue & A. Sadetsky, New York & London: Garland Publishing, Inc., 1998, p. 82.

人类学研究与现代心理学成果有机地结合,这样才能更好地将文学的艺术性体现出来。弗莱的原型批评理论有着两个资源配置:一是弗雷泽的《金枝》,一是荣格的符号心理分析。他巧妙地将这种结合实现在文学的叙事范式里面。对弗莱而言,神话仪式是一种叙事,而原型则是一个类似仪式文本的叙事。在他看来,仪式倾向于做纯粹的叙事,所以他把仪式视为叙事类型的真正源头。神话,在很大程度上却是对仪式-神性的交流与中介做意义上的陈诉。他认为:"任何一个艺术整体的结构性分析基础都有不是由艺术家非条件性的意愿单独产生出来。艺术家仅实现了一个有效性原因——它有形式,结果却成了原因。而事实完全可能修正成另外一种关系,即诗人所做的诗文变化并非一定是他觉得他们的诗作那样更好,而是那样更好的诗作选择了诗人。二者的关系是共生的,不是制造的。诗人的任务就是要让诗尽可能地处于一种未破损的原始状态。"①文学叙事当然有着文类上的差别,如小说、史诗等;也有风格上的差异,就像有些表现艺术有哥特式、巴洛克之区分;但是还有一个更为重要的东西,即意象的原始形态,它会不断地重叠、重复、重现于同一种叙事类型之中。仿佛一个重要的象征符号并不一定是某些诗人笔下的个性化表达,它与原型有关。综观文学发展的历史,文学从原始的发生形态延续到现在,其核心必定存在着贯穿其中的内在线索和品质。因此,"对原型的寻索便是一种文学人类学,它涉及前文学的分类形态(pre-literature categories)的组成形式,诸如仪式、神话和民俗传说"②。同时,我们也看到,这些前文学的分类形态与文学并非单纯的传承方式,诚如我们所看到的那些错综关系中一再显现的东西。弗莱的原型批评,简约地说,就是用人类学视野,以历时性的眼光做"谱系"式的神话仪式训诂,同时探求人类心理深层的、普遍存在却不为具体的个人所清晰感知的潜意识中的情结,并将它反映在文学叙事和文本符号的体制之中。因此,原型理论比起以往的美学哲学的许多命题显得更为

---

① N. Frye,"The Archetypes of Literature," see R. A. Segal(ed.),*The Myth and Ritual Theory*,Blackwell Publishers,1998,p.222.
② N. Frye,"The Archetypes of Literature," see R. A. Segal(ed.),*The Myth and Ritual Theory*,Blackwell Publishers,1998,p.223.

具体和类型化,还具有批评上的分析和操作价值。也可以这么说,它既是一种理论,又是一种方法。就文学批评而言,弗莱所代表的文学人类学研究成就达到了同领域的一个历史里程碑。

不过,任何学科之间的交流和借鉴都存在一个学理上的限定和逻辑上的限度。具体地说,文学人类学方法的移植也存在着"学理限定"和"逻辑限度"。比如早期的神话-仪式学派的人类学家基本上属于古典进化学派,这就将他们的研究限制在把"原始遗留"放在一个大的线向的历时性视野上来对待,而且,大多数古典神话-仪式学派的人类学家在学理上都坚持一个目标,即人类的文明和文化经由渐进式的演变而来,以最终引出一个"欧洲文明"作为进化论最高级阶段的样板和形态。同时,人类学作为一门新的学科产生于19世纪初中叶,在达尔文进化论、实验科学以及殖民主义的历史因素的催化作用下,产生了时代性的知识和学科的整合。因此,作为一个学科,人类学除了在学理上满足对学科的"忠诚"以外,还在学科对象、手段、方法等方面都有一个大致的限定。比如对"异文化"的规定和比较文化的基本态势都使得这一个当时的新学科与其他学科有着明显的不同。而且,弗雷泽式的"文本+口述"案例的比较方法很快就显示出它的弱点,不能满足这一个学科越来越精细的逻辑前提和操作规范。他们的方法也在人类学学科发展过程中被慢慢放弃。从这个意义上说,文学的人类学从一开始只能说对人类学在比较文化的视野下对文化的缘生性索考这个特质给予了格外的专注。在通常情况下,一种新的异质性的引进和导入,一时间会出现在借鉴上对学科边界跨越的任意现象。这很正常。就像今天的所谓"知识经济学"一样,一出现就像一个幽灵任意地徘徊游荡于已经划定边界的学科上空。在西方文学人类学和神话-仪式理论的引入和借鉴上也出现过对既定知识分类和学科限定的超越。这委实不可避免。即使像弗莱这样的原型理论大师,也难免出现在学理的限定和逻辑的限度上都不尽圆满的地方。诚如梅勒汀斯基所指出的那样,弗莱的《批评的剖析》追求在神话、仪式的隐喻、符号、类型等方面的整合和稳定,然而,他在分析古典的和《圣经》的文本形象时往往过于文学化,而分析晚近的文学作品却又显得过于神话化。① 原型理论的一个显著的特征正是希望通过对文学叙事内部分析和文学形象的类型整合获得一个功能上的普世性价值。比如他试图通过对"替罪羊"仪式的原型形态的挖掘,在古典戏剧、宗教仪典、文学史诗等叙事上找到某种形象确认和价值契合,而这样的价值契合在整个西方文学史上几乎都可以找到完全相同的类型,它与缘生价值的确认有着纽带关联。于是,圣经故事中的约伯、莎士比亚笔下的夏洛克、本·琼生的沃尔波尼(Volpone)、莫里哀喜剧中的达尔杜夫(Tartuffe)等,像树藤上的果子,一提一大串。这样的结果有时候恰好是为了满足一种类型而消弭了形象本身所具有的最为鲜明的个性特征。

如果认为文学叙事中的人类学倾向,或者更为具体地说,文学传统中的仪式展演就是在人类学的影响之下才得到长足的进步,那就大错特错了。我们毋宁说,经典的文学作品之所以不朽,其中一个最重要的道理在于它们表现了丰富的人类学性和对人类生命的终极关怀。又由于仪式作为人类传统的道德伦理、知识系统、心理沉积、政治话语等的"贮存器"以及非同一般的话语叙事的功能,所以,文学传统里面也不乏仪式的存在和表述,或者说,许多文学大师会自觉或不自觉地借用文学的仪式叙事。莎士比亚在这方面堪称大师。他的戏剧不独秉持着戏剧的仪式性原始特征,而且将仪式的表述功能、阈限功能、整合功能、记忆功能发挥到极致。奈特就此说过:"伟大的戏剧有时不仅是供人娱乐的。我想称它为一种典礼或仪式,即用一种郑重的方式展示某种深刻的涵义结构……莎士比亚非常善于利用仪式程序。"②

简言之,人类学的仪式理论研究、成果以及它们所面临和曾经面临的思考、抉择,不独可以为现代文学的创作和批评提供叙事形式方面的革新因素,同时也可以在现代意识和现代精神等方面起到明晰的通缀作用。就像美国女人类学家露丝·本尼迪克特轻而易举地、自然地借用尼采在神话

---

① E. M. Meletinsky, *The Poetics of Myth*, Translated by G. Lanoue & A. Sadetsky, New York & London: Garland Publishing, Inc., 1998, p.89.

② 威尔逊·奈特:《莎士比亚与宗教仪式》,见杨周翰编选:《莎士比亚评论汇编》(下),中国社会科学出版社1981年版,第411—412页。

仪式方面的现代阐发——"日神型/酒神型"的文化模式（cultural pattern）对非洲土著进行移植甚至套用的成功研究一样，我们可以预见，更加丰富的、有创见的文学人类学批评会随着两个学科交流的深入和发展而出现。

第三节 "金枝"情结与两个F：事实/虚构

> 谁人不晓特纳的《金枝》绘画？
> 浸淫于想象中的灿烂金色，
> 带着作者的情思移驻至美的自然神韵，
> 哦，梦幻般的尼米小林地湖呀，
> 祖先传扬的荣耀——"狄安娜之镜"。
> ……
> 狄安娜是否还徘徊在那荒凉的林中？[①]

这不是诗人的夜下歌唱，不是颓废文人的无病呻吟，而是人类学家在执着寻索。伴着由祖上口耳相传的"金枝"传说，伴着年年相随的"狄安娜祭仪"，先民在自然压抑之下的恐惧，以及在静穆虔敬的娱神仪典中所挥发的人文精神楚楚动人、拳拳可掬。

那仪式中人为的真实和由此蒸腾的人文情致是怎样的共生共携？人类祖先是怎样在他们特有的行为中巢筑起自己的精神家园？那浮现于外的巫术仪式与深纳于内的情愫是怎样"交感"（sympathetic）作为？这，便是弗雷泽所要寻找的"金枝"；这，便是被 T. S. 艾略特颂誉为"一部深刻影响我们这一代的著作"。可是，这位孜孜不倦的学者、剑桥大学的知名教授、人类学公认的开山祖之一也许自始至终都没能明白，为什么自己的著作对后来的文学理论和文学创作影响如此巨大，而在人类学领域却倍受责难和奚落，后生们送给他诸如"书斋里的学者""太师椅上的人类学家"等诨名

---

① J. G. Frazer, *The Golden Bough*, London: Macmillan Publishing Compang, 1947, p.1. 译时做了诗化处理。

绰号。

弗雷泽等人所开辟的畛域正是文学的人类学。20世纪90年代，人类学"自身"又悄悄地将那久久遗下的"弗雷泽情结"搬了出来。弗雷泽式的比较文本的方法重新在获得尊重的前提下被加以讨论并使得这种讨论具有鲜明的现代性。因为"现代人类学和现代主义文学之间的关系强烈地互动，而这种强大的撞击力正是来自诸如艾略特的《荒原》和乔伊斯的《尤利西斯》等对弗雷泽《金枝》的借用的提示"①。弗雷泽的黏附力在人类学界之所以远不及文学领域，并不是早期的"弗雷泽们"所开创的领域与今日人类学研究疆域有多大出入，也不是人类学的研究对象已今非昔比。他当年所潜心的仪式、巫术研究迄今仍被视为标准的人类学研究内容。弗雷泽的问题在于他当年没能完成田野作业。过去的几十年人类学因在强调上的不同演绎出了所谓的"弗雷泽问题"。"毫无疑问，弗雷泽的《金枝》之于人类学是以一个纯学术化的追求而著名。然而，诸如美国的弗朗兹·博厄斯，英国的马林诺夫斯基和法国的莫斯等人对田野方法的强调，使之成为人类学作为一种科学和学术上的圭臬。"②这样，"弗雷泽方法"在人类学界受到长时间的冷冻也就不足为怪了。然而，人是社会的动物、文化载体。人类学与人类本身一样从诞生之日起就在寻找着其"人话/神话"。这种一语双义形同人类的"人性/兽性"（Humanity/Animality），构造出一个永恒精神家园的"迷思"。③ 对于它的"天问"式的求索，简单的田野作业永远无法穷尽。

弗雷泽倒是真正循着"金枝"神话遗迹，在它的"贮存库"——仪式里步履蹒跚。对于神话和相关仪式的比较研究，要求研究者像对待现实生活中的一个可确认单位社区那样进行田野调查，显然过于苛刻。重要的是，"《金枝》提供了充分的文本资料让读者相信原始人的生活深深地为春天

---

① M. Manganaro, *Modernist Anthropology: From Field to Text*, Princeton University Press, 1990, p. 4.
② M. Manganaro, *Modernist Anthropology: From Field to Text*, Princeton University Press, 1990, p. 4.
③ E. R. Leach, *Social Anthropology*, London: Fontana Press, 1982, pp. 86-89.

以及生命的律动仪式所浸润,这些生命、生长和生产的仪式成了后来神话学研究的滥觞和中心活动"①。即使在今天,我们仍可以从生命的"通过仪式"和"再生仪式"中洞见弗雷泽的影子和原型的力量。它与文学家笔下的生命体何其相似。还是让我们再品味一下莎士比亚的不朽剧作吧:《配力克里斯》里的隐士萨利蒙使泰莎复活;《冬天里的故事》里的阿波罗命运的神谶,那料峭的激情和悲剧与一年一度动植物的再生意象及仪式;《辛白林》中的太阳崇拜和预言;《李尔王》的主角头戴野花草帽在暴风雨的旷野中再生出"另一个李尔",与耶稣头顶棘刺之冠死而复活如出一辙。这些场景仿佛让人们看到了一个个活生生的宗教仪式的展演。

有的学者根据自己的悉心研究和统计,把神话和史诗中的英雄生命分解为八个部分,形成一个完整的"生命圈"。它们是生、入世、退缩、探索或考验、死、地狱生涯、再生,最后达到非自觉的神化或新生。② 但丁的《神曲》正好是一个完型图解。对于人类在神话仪式里的认知规则,人类学家与诗人其实认识得一样透彻。诚如涂尔干所言:"世上的一切事物全都在信仰中分成两类,即现实的和理想的。人们把万事万物分成这样的两大类或两个对立的群体。它们一般是用两个相互有别的术语来标志的,而这两个术语大多可以转译为'世俗'和'神圣'……信仰、神话、教义和传奇,或是表象或是表象的体系,它们表达了神圣事物的本质,表现了它们所具有的美德和力量,表现出它们相互之间的联系以及同世俗事物的联系。"③有意思的是,早在1885年,当涂尔干还是个不名一文的师范学院的学生时,一个叫赫尔的图书馆管理员向他推荐了弗雷泽的关于图腾崇拜和神话仪式方面的论著,从此他被引入了人类学的神圣殿堂。

如果说,导致后来很长一段时间人类学界对弗雷泽的不屑一顾,是因为他不曾在田野里留下两个脚印,只依靠文本的比较或听人口述而生产出的"产品"与从田野归来的人类学家的民族志有着天壤之别,倒也情有可

---

① K. K. Ruthven, *Myth*, Cambridge University Press, 1979, p. 36.
② D. A. Leeming, *Mythology*, New York: Newsweek Books, 1977, pp. 96-97.
③ 史宗主编:《20世纪西方宗教人类学文选》(上卷),金泽、宋立道、徐大建等译,上海三联书店1995年版,第61页。

原。问题是,人们从那些涂上了现代人类学色彩的"作者"们的许多作品中却同样看到了"金枝"那种东西。历史本身宛若一个故事,尽管由于叙事(narrative)的单一要求,拂去了本来可以说明更深刻内涵的丰富轶事,却并不妨碍读者将它们归纳为同一类。马林诺夫斯基功能主义的价值首先得益于他本人长期生活在特罗布里恩岛。同时,他的一系列著作不啻对民族志写作的一种规范。虽然他的有关神话、巫术、仪式、宗教等方面的研究无不被嵌入在"具体人的基本需求上",并以"功能主义"的名称得以推广和流传,可是他的不少著述如《西太平洋上的探险队》《野蛮社会的犯罪与风俗》等与"弗雷泽们"的作品并无本质差异。这一点已得到学界的共识。而且,人类学家在进行田野调查的时候往往同时运用两种叙事文本的方式,具体的文本记录也可以有多种记法。马林诺夫斯基在特罗布里恩岛所做的人类学调查就经过两种文本的记录:一是可以拿到皇家人类学的讲坛上宣读,可以作为学术著作出版的文本;另一个文本是以个人日记的方式记录自己的真实感受和想法的文本。两种文本所占据的空间范围完全不同,可是当作为日记的那一部分被公之于世时,则完全是两回事。在读到马林诺夫斯基的日记文本时,高更写道,在艺术伤口之后,是真实,可怕的真实。……透过它们,我们看到的是我们自己;在其描述的"他者"之中,我们显然能透视出我们自身文化的被压抑的潜意识。看来,"作家-艺术家"同时是一位"自我人类学家"。[①] 由此可见,所谓的"弗雷泽情结"不独在文学领域有着广泛的影响,它还会不断地作为一种民族志写作的"版本"在人类学界成为一种重要的参照样板,特别是在今天"反思人类学"的时代。

一般而言,"弗雷泽情结"给文学人类学研究所带来的最为重要的提示是关于田野和文本的思考。特别是近年来在以格尔兹为代表的解释人类学学派的影响之下,田野/文本的关系显然对现代人类学的基本理念又是一次挑战,即并不认为它们构成绝对的二元对峙(binary opposition)关系,更重要的是解释。格尔兹在《文化的解释》一书中曾有过一段精辟的阐述。他首先

[①] 泰特罗讲演:《本文人类学》,王宇根等译,北京大学出版社1996年版,第16—23页。

从文化概念的多层面入手,得出"文化是一张地图(map)、一个筛子(sieve)、一个模具(matrix)"的类比。人类学家撰写民族志,与其说理解民族志是什么,莫如说所做的是什么,即人类学家以语言为媒介,以知识的形式所进行的人类学分析。他借用赖尔(Glbert Ryle)的"深层描绘"(deep description)的讨论,以日常生活中的"眨眼"为例生动地说明解释与描述的多重性与意义的多重性。对于一个"眨眼"的事实,当它处在交流过程时可以出现几种可能性:1.故意的。2.对某人刻意的。3.传递一种特殊信息。4.在情境中建立起的语码。5.随意性行为。文化,从根本上说,也就是像杂耍般的眨眼行为,对它的解释与描述终究还是"人为的",即"人文的"。所以,他的结论是:"综观社会行为的象征王国——艺术、宗教、意识形态、科学、法律、道德,诸如此类——并不是以对纯粹王国追求的降温形式逃离现实世界,而是投入其中。"①在谈到人类学家作为主体解释的自由,他认为人类学家在其完成的作为文本的民族志里,使人信服的并不是经过田野调查得来的东西,而是经过作者写出来的东西。他直截了当地将同是作为作者的人类学家与文学家放在一起去强调"作者功能"(author function)。② 他认为文化形同一个网络,其系统意义存在于人类的头脑里。由于格尔兹为代表的解释人类学对"作者解释"作用和意义的强调,对传统人类学研究一味只管最大限度地在田野作业中将人类学家自身当作简单的"照相机"无疑起到一种矫正的作用,同时也无形中将人类学与文学研究在某种意义上置于同一范畴,也为传统的"弗雷泽问题"做了一个新的"注释"。

随着问题讨论的深入,必然要涉及一个文学批评至高无上的问题,即对事实的认知和确认问题。柏拉图早在他的《理想国》里面就曾经讨论过诗人用"虚构的谎言"来蛊惑人心,特别是那些心智尚未健全的儿童们,除非放在宗教仪式里面。他借用苏格拉底之口说:"第一个就是赫西俄德所讲的乌剌诺斯所干的事,以及他的儿子克洛诺斯报复他的情形,这就是诗

---

① C. Geertz, *The Interpretation of Culture*, New York: Basic Books, 1973, chapter I.
② M. Manganaro, *Modernist Anthropology: From Field to Text*, Princeton University Press, 1990, pp. 15-16.

人对于一位最高的尊神说了一个最大的谎,而且就谎来说,也说得不好。关于乌剌诺斯的行为以及他从他儿子那方面所得到的祸害,纵然是真的,我以为也不应该拿来讲给理智还没有发达的儿童听。最好是不讲,假如必得要讲,就得在一个严肃的宗教仪式中讲,听众愈少愈好,而且要他们在仪式中献一口牺牲,不是宰一口猪就行,须是极珍贵极难得的东西,像这样,听的人就会很少。"①在他的"理念说"的引导之下,诗人所描述的事实被指喻为所谓的"影子的影子",即与真理隔三层。比如床有三种:第一种是在自然中本有的,它是神制造的;第二种是木匠制造的;第三种是画家制造的。像诗人这样的模仿者的产品同样也与自然隔着三层。②柏拉图将理念视为一切真实的策源地显然出自唯心主义考量,不过他倒是慧眼识得所谓的"真实"永远具有不同的认识层面和具有不同的意义性质。这一个问题也构成了文学人类学首当其冲的学理问题。只是其运行路线似乎与柏拉图的完全不同。

作者理念——自然真实——文本作品
（柏拉图模式）
自然真实——作者理性——文本作品
（文学人类学模式）

诚然,两种模式在认识方向和逻辑上存在着截然不同的差别,但从根本上并不影响文本作品的同一性,即生产和接受上的相同或相似。

---

① 柏拉图:《文艺对话集》,朱光潜译,人民文学出版社1980年版,第23—24页。在赫西俄德的《神谱》里,乌剌诺斯是天神,配了地神,生下了十八个孩子,一说生下了六男六女,克洛诺斯是其中之一。天神厌惧子女,一生下来就把他们投到地牢里囚禁。为了报复,克洛诺斯把父亲推翻了,并且割去了他的生殖器,自己做了天神。后来克洛诺斯又被他的儿子宙斯推翻了。——原注

② 柏拉图:《文艺对话集》,朱光潜译,人民文学出版社1980年版,第70—71页。这里所谓的"自然",即"真实体",亦即"真理"。木匠制床,摹仿床的理式,和真理隔着一层;画家和诗人摹仿个别的床,和真理便隔两层。原文说"隔三层"是把理式起点算作一层,余类推。——原注

不过,在很长的时间里,文学家与人类学家在看待文本上很难统一。前者认为文艺作品的生产过程是从事实(fact)到虚构(fiction),也就是说文学创作支持作者主体意识的放纵。后者则认为民族志的生产过程是从事实(fact)到事实(fact),反对人类学家主体意识的放纵。特别是美国历史学派的博厄斯对人类学方法的全面规定,要求人类学家对事实要做摄影机式的反映。英国功能学派的代表马林诺夫斯基民族志撰写的典范作用,很快在学界形成了一种认识上的错觉,即民族志所描写的事实等同于现实中的事实。不幸,博厄斯和马林诺夫斯基都"出了一点事"。前者涉及现代人类学的一桩最大的"诉讼"——他的女弟子米德(Mead)与弗里曼(Freeman)对萨摩亚青春期的调查与结果发生了根本性的冲突。马氏则因为自己那篇长期秘而不宣的日记被披露,让读者猛然在他的标准化民族志和日记两种文本之间找不到原先心目中那种不改的"真实"。于是,人们开始怀疑田野作业究竟能在多大程度上划清人类学与文学之间的界限。因为"民族志与文学作品一样需要诠释"①。而像福斯特(Forster)的文学作品《印度之行》不是也很"人类学味"吗?在写作之前,他去了印度进行调查。在印度,有他在剑桥读书时期的同窗好友印度籍学生马苏德作为向导陪同。福斯特本人也就民族冲突等问题在当地进行了寻访。其中"山洞游历"极具异族情调。受害者穆斯林医生阿齐兹的官司又具有强烈的种族背景认同下的冲突等等,只不过《印度之行》没打上"人类学作品"而已。无独有偶,一些人类学家也开始对民族志中的事实产生怀疑,格尔兹就此认为人类学家在田野过程中的那些先期建立联系、寻找提供信息者、誊写文书、梳理谱系、制作地图、做日记等技术性环节并非关键因素,重要的是与人类学知识体系有关。因为决定着人类学家在田野调查中对事实的选择、理解、分析和解释。②而比较文学家佛克马也说出了几乎相同的话:"在科学研究中,研究者——作为决定研究资料和决定被当作研究'事实'的资料间的结合权威——和研究对象同样重要甚至比后者更重要。

---

① 泰特罗讲演:《本文人类学》,王宇根等译,北京大学出版社1996年版,第47页。
② C. Geertz, *The Interpretation of Culture*, New York: Basic Books, 1973, pp.5-6.

因此,所有的科学在本质上都是人文科学。"①于是,人们今天越来越相信,两个"F"之间并非绝对不可逾越。

再者,"历史事实/故事传说"原本就不是需要彻底厘清的关系。在西文中,历史(history)——"他的故事"(His-story)与故事(story)之间只是附加上了一个人称代词。从词语的表面分析,后者似乎更接近事实本身,因为它具有"非人称"(It's)的喻指,然而本质上恰恰相反,只有附带着人的叙述(his)才更接近事实本身。至少事实由人类判断。也只有加入了人类的判断的"主观性"——可以理解为人文性——"历史"才有意义。② 同时,历史是时空的进程和人文话语的双重叠加。文化的不可复制性在于它的历时性。所谓"文化复原"永远是一个有条件的限制性概念。对于逝去了的事件的了解,在很大程度上要依赖于历史的文献记录。但是,文献是文人记录的,其中必然充满了人文话语。所以,任何"记录都不能成为单一的历史部分,即真正发生的遗留物……历史的记录本身充斥着人的主观性——视野、视角和'事实'的文化漂移"③。有些学者基于对历史进程中人文话语的认识,提出了所谓"虚构的存在"或曰"非真实的真实"(fictious entities)。④ 从本质上看,"虚构的存在"包含着现行时髦"话语"——"说"的历史性权力选择。

具备想象的实践性表述带着某种类似于"神话–仪式"建构的隐喻指示。萨林斯曾经在他的著作《历史的隐喻与神话的现实》一书中精巧地以夏威夷神话仪式与库克船长的历史事件为例,彻底打破了"想象/历史""神话/现实"之间貌离神合的价值界限,在虚拟与事实、主观与客观的内部关系的结构中再生产(reproduction)出超越对简单真实的追求,而寻找

---

① 佛克马、蚁布思:《文学研究与文化参与》,俞国强译,北京大学出版社1996年版,第29页。
② 彭兆荣:《再寻"金枝"——文学人类学精神考古》,载《文艺研究》1997年第5期。
③ Emiko Ohnuki-Tierney (ed.), *Culture Through Time: Anthropological Approaches*, Stanford University Press, 1990, p. 4.
④ Emiko Ohnuki-Tierney (ed.), *Culture Through Time: Anthropological Approaches*, Stanford University Press, 1990, p. 279.

到另外一种真实——"诗性逻辑"(poetic logic)。① 历史在此一如神话,本身也是一种叙事。它有一套规则:"夏威夷的历史经常重复叙述着自己,第一次它是神话,而第二次它却成了事件。"②其中的对应逻辑在于:一,神话和传说的虚拟性正好构成历史不可或缺的元素。二,对同一个虚拟故事的复述包含着人们对某种价值的认同和传承。三,叙事行为本身也是一种事件和事实,一种动态的实践。对某一种社会知识和行为的刻意强调或重复本身就成了历史再生产的一部分。它既是历史的,也是真实的。知识的再生产仿佛社会的再生产。布迪厄看到了这一点:"社会事实是对象,但也是存在于现实自身之中的那些知识的对象,这是因为世界塑造了人类,人类也给这个世界塑造了意义。""与自然科学不同的是,完整的人类学不能仅限于建构客观关系,因为有关意义的体验是体验的总体意义的重要组成部分。"③所以,社会意义实质上为"双重解读"(double reading)的果实。

究竟在美学发生学的意义上如何认同事实?事实是否只能归从于存在的理解?事实能否可以进行梳理?哲学美学似乎并不在此做更久的顾及,它仿佛对像混沌这样的问题做"天问"。柏拉图把"最高的真实"搁置在"理念"的范畴就不失为一个例子,"最高的真实"看不见又摸不着,俨然就是上帝。然而,文学的人类学研究有助于使事实在有形化、硬性化、计量化方面迈进一步。具体到我们所讨论的酒神祭祀仪式和戏剧的关联,以及试图通过这一仪式的研究说明西方文明中的"东方因素"和西方价值体制里"东学西渐"的过程。这便不得不重新在事实旋涡做短暂停留。胡克曾经注意到在近东和爱琴海地区中的神话和仪式作为一种文化的交汇点并不局限于像马林诺夫斯基和德拉克利夫-布朗等人类学家所看到了现实"功能性存在"。他认为,神话经常用于对仪式进行曲折的调整和协同,这

---

① M. Sahlins, *Historical Metaphors and Mythical Realities*, The University of Michigan Press, 1981, pp. 10-11.
② M. Sahlins, *Historical Metaphors and Mythical Realities*, The University of Michigan Press, 1981, p. 9.
③ 皮埃尔·布迪厄、华康德:《实践与反思——反思社会学导引》,李猛、李康译,中央编译出版社1998年版,第7、9页。

使得多种文化相互作用的模式和所观察到的事实显得相当具有一致性。这些材料通常可以在更加广泛的意义上被认同：这便是人——作为应用符号的动物——不仅仅只做行为需要上的解释，而且还要给其以语言或其他符号行为上的理由。神话和仪式本身就具备了事实与理念的互文。① 换言之，人作为生物上的动物和社会文化方面的分子，必定同时具有多种事实的认定可能。它既是本文（存在化、物质化的事实）又是文本（人文化、精神化的事实）。两种事实都可同视为叙事。特别像酒神狄俄尼索斯这样的融东西方品质于一体的仪式，它既具有"肇因论神话"（the aetiological myth）的发生性基因，又为"后发生学概念"，即为后来做各种分析可能提供了重要的本源性依据。我们可以在很多神话的事例中看到仪式的"后续事实"（after the fact），也可以看到新神话产生出的新仪式。许多事实和例子说明，神话和仪式在缘生上趋向于相互作用和影响。② 据此，我们可以从像酒神这样的神话-仪式的"本文/文本"的双重表象中感受到作为机制化形式变化的巨大的话语表述和诠释基础。

再者，当许多学者循着神话仪式所引导的事实寻索探幽的时候，经常忘却了一个更为重要的事实，即神话和仪式本身也构成了一种颠扑不破的事实——非纯粹作为载体的神话。"神话表现之所以有这样的特点，是因为它们表达了一致的概念，并由此获得了力量和权威，这些力量和权威可以使它们不经过证真和怀疑就产生作用。"③出于某种职业性习惯，学者们不停在寻找"神话中的事实"，忘记了作为"神话叙事"和"神话事实"的本体要件。人们甚至连基本的认知和认同准则都出了问题，忽略了像"神话和仪式为什么是这样而不是那样"的最原初性问题。这是因为人们通常已经习惯于把神话仪式当作一个认识、反映和解释世界的文本手段，熟不知，它也可以被当作一种相对独立的事实。"神话就是一种重要的社会和

---

① S. H. Hooke（ed.），*The Labyrinth*，New York：Macmillan Publishing Company，1935，XI.
② C. Kluckhohn，"Myths and Rituals：A General Theory，" see R. A. Segal（ed.），*The Myth and Ritual Theory*，Blackwell Publishers，p. 329.
③ 爱弥尔·涂尔干：《实用主义与社会学》，渠东译，上海人民出版社2000年版，第149页。

文化的事实,因为神话本身分享和分担着社会存在的一个基本方面。"① 事实上,任何神话和仪式无不成为自然和真实(truth)的一个社会媒介机构,它将自然的事件以转换的形态和面目出现,因而变得非常特别。不幸的是,现代社会的研究者和观察者们误将社会中神话交流的理由和社会中神话交流本身混为一谈。然而,神话作为社会生成形态的一个部分,只是暂时存在的形式,而非存在的理由。如果神话的存在形式被误认为是它的存在理由,那么它就只能从其形式中轻易而片面地去获得相关的信息。因此,穆兹认为马林诺夫斯基从神话中看到一种"功能",列维-斯特劳斯看到一种"社会冲突的和解"都犯了同样的错误。② 从这个意义上说,我们在讨论神话仪式叙事中的变形的时候,也不能简单地将它视作一个形式和手段。它本身也具备着自我说明的事实。

对于神话和仪式中的事实,历来就是学者们关心的热门话题。在古希腊时期,人们在宗教意识的氛围之中,认为神话就是超越社会现实的虚幻。虽然"神话即历史"(Euhemerism)③学派很早就提出神话中的历史事实这样的命题,却未能改变人们对神话的大致态度。因为那样的区分与区别与神话思维中的"人类"的分类:"神—半神半人(英雄)—凡人"的格局相统一。到了17、18世纪的启蒙主义时代,这一术语就与"科学""真实"形成了对立。诚如韦勒克和沃伦所说,"神话"是现代批评家喜用的一个术语,它包含了一个重要的意义范围,涉及宗教、民谣、人类学、社会学、心理分析与美术等领域。通常反对它的观点则把它置于和历史、科学、哲学、寓言、真理相对的位置上。到维柯的《新科学》里面,这一观念已经发生了变化,观念上逐渐获得了正统地位,即"神话像诗一样,是一种真理,或者是一种

---

① P. Munz, *When the Golden Bough Breaks*: *Structuralism or Typology*? London and Boston: Routledge & Kegan Paul, 1973, p. 118.
② P. Munz, *When the Golden Bough Breaks*: *Structuralism or Typology*? London and Boston: Routledge & Kegan Paul, 1973, pp. 119-120.
③ "神话即历史"学派系公元前4世纪由希腊哲学家Euhemerus提出,认为神话中的神祇和故事都是历史上真正发生过的人物和事件。

相当于真理的东西"①。今天,在后现代文化理论的影响下,人们对作品中的事实又有了新的态度和视野。佛克马认为:"我们在事实的地位问题上会达成一致意见,但在多大程度上相关的事实只借助某一理论就能够被确定下来呢?还有,我们在这种情况下所处理的是否是文学史的事实这个问题依赖于我们所接受的、指导我们的文学史研究的理论……不同的文学理论引导出不同的事实。"②

归根到底,文学的人类学研究有助于我们重新建立起对两个"F"的理解和解释。迈纳甚至认为"诸如'虚构性'(fictionality)、'再现'(representation)和'小说'(novel)等常用术语远不是文学与生俱来的属性,它们只不过是社会约定俗成的虚拟物"③。他给了我们一个重要的提醒,"虚构/事实"的命题本身可能也是被虚构出来的。至少,我们的祖先未必认为诸如神话有虚构的嫌疑。因为其时根本无所谓虚构。这一切都不过为现代社会逻辑知识的后果。现代"美学上的夸张迫使我们认识到自己要面对的是纯属虚构的东西。众所周知,'fictio'(虚构)最初是罗马法律中的术语。佛教《莲花经》中所讲述的寓言故事是仁慈和智慧的佛经用来启蒙一切有知觉的生物的办法和手段(梵文为 upāya)之一。长期以来,'fictio'和'upāya'更多的是用来说明非戏剧而不是戏剧的文学特点的"④。以人类学的眼光,人类的行为和创造都可以理解为"历史的事件和事实"。原始人"造神",你当然可以把"神"当作子虚乌有,但最起码人类创造这些子虚乌有的过程与结果完全真实。仅此一款,我们至多只有部分权力(承认作为个体的认知权和解释权)说"那些结果是虚构的或虚假的"。退而言之,即使按照现代学问证真的嗜好,我们同时应该给予虚构思维、活动和行为以事件和事实的真实性确认。因为它本身构成了无可颠覆的历史真实。

---

① 雷·韦勒克、奥·沃伦:《文学理论》,刘象愚、邢培明、陈圣生等译,生活·读书·新知三联书店1984年版,第206页。
② 佛克马、蚁布思:《文学研究与文化参与》,俞国强译,北京大学出版社1996年版,第86页。
③ 厄尔·迈纳:《比较诗学——文学理论的跨文化研究札记》,王宇根、宋伟杰等译,中央编译出版社1998年版,第2页。
④ 厄尔·迈纳:《比较诗学——文学理论的跨文化研究札记》,王宇根、宋伟杰等译,中央编译出版社1998年版,第59页。

第四节 作为物质的仪式叙事

  仪式文学叙事物质化的基本特征表现为仪式的象征功能和操控能力。"我们可以最终看到,作为特殊的强调功能,仪式的展演在社会进程中所起到的作用,在具体的族群中起到了调整其内部变化、适应外部环境的作用。就此而言,仪式的象征成了社会行为的一种因素,一种社会活动领域的积极力量。"① 那么,仪式的社会化功能如何作用于文学的叙事呢?我们可以分为几个方面来认识这一个问题。首先,按照文学叙事的基本形态,无论叙事是什么,讲述、解释、表现、记忆等都无法遮盖一个基本的规律:"任何一种解释,只要它在时间中展开,在过程中时有惊人之处,知识仅仅得之于事后的聪明,那它就是一个故事,无论它如何记实。"② 换言之,叙事的"时间性展开"决定着它的历时性,从这种意义上说,它具有物质的性质,具有社会的结构性质。"时间不停地消逝。遗忘把记忆一波波地带走,并不只是将之腐蚀,也不只是将之变成空无。遗忘把残剩的片断记忆创造出种种繁复的结构,使我能达到较稳定的平衡,使我能看到较清晰的模式。一种秩序取代另外一种秩序。"③ 其次,时间的一维决定了叙事的过程。但是,叙事的过程并非一本"流水账",没有衔接,没有阈限。恰恰相反,文学叙事的过程刻意于事件过程的波澜起伏,仪式的力量在此起到了非常重要的作用。它的程序化的设置,使得叙事在过程中的关键阶段必须"通过"某种程序以保证叙事社会化和文学化。这样,仪式和文本构成了叙事的一个坐标。④ 这个简单的坐标让人们看到文学叙事的文本和仪式构成了纵横相交的"物质化形态"。再次,既然仪式符号象征有如机器之

---

① V. W. Turner, *The Forest of Symbol*: *Aspects of Ndembu Ritual*, Cornell University Press, 1967, p. 20.
② 华莱士·马丁:《当代叙事学》,伍晓明译,北京大学出版社1990年版,第238页。
③ 列维-斯特劳斯:《忧郁的热带》,王志明译,生活·读书·新知三联书店2000年版,第39页。
④ M. Bal, "Experiencing Murder: Ritualistic Interpretation of Ancient Texts," see K. M. Ashley(ed.), *Victor Turner and the Construction of Cultural Criticism*: *Between Literature and Anthropology*, Indiana University Press, 1990, p. 19.

零件,它也就自然而然地具有结构功能的基本特性。

我们不妨看一下希腊神话里的海伦,这有助于我们对这一问题的认识。戏谑地说,西方文学整个导源于一个符号——海伦。众所周知,荷马史诗被认为是西方文学的发轫。史诗伊始的两大基本主题——阿喀琉斯与特洛伊便被置于男性和女性世界之中,传统必定为荷马提供了一个能够充分表达其品行、性格的名目和相应的属性。① 而"被空白装点的海伦"遂成"第一符号"。② 海伦在整个史诗当中几乎没有露面,可是她构成了叙事结构必需的符号要件。这样,一种历史事件的"游戏"便宣告开始:"天神"把海伦作为"礼品"(苹果的替代物)赠给了特洛伊;希腊人因特洛伊掳走了海伦而发起征讨;特洛伊则因为希腊人的征讨起来捍卫和保护。钱锺书先生就此命题做过比较:希腊最古诗歌早就指名艳女为"美丽之祸殃"(the beautiful evil),几如太子晋语"祸好"之译文,"好",美好也;倾国倾城之说亦习见古希腊诗文中;"无言哲人"答王问:"女是底物?"(Quid est mulier),尤肆口丑诋……③在古代很长时段的历史叙事中有一个较为普遍的特征:女子不独为物,且为贱物。中国如是,希腊亦然。有意思的是,这种对女性社会性别的"污名"化恰好以其"美名"贱之。中国古代著名美女中多数如此:西施、貂蝉、杨贵妃等,这种"坏(祸)-好(女子)"同构,成为世界历史上因社会形态转型的需要而产生出具有普遍价值的性别判断,也成为世界最具悖论色彩的认知和判断。文学叙事的仪式便在如此二律背反之中展开。叙事的故事性娓娓讲述着演进的历时关系,叙事过程的符号功能和阈限设置着重呈示其共时关系。同时,仪式具备对两种截然相反意义的形式转换上的功能。尽管我们经常醉心于文学想象力的纵横驰骋,却鲜未注意到文学的想象力时时刻刻受到叙事的"仪式化程序"所限制。这不失为一种历史的逻辑。如果文学叙事的想象性完全听从于作者的任意和主观专断,荷马史诗能够成为考古学家实地考察的一种根据、历史学家文

---

① M. Bowra, *Ancient Greek Literature*, Oxford University Press, 1959, p. 24.
② M. Bowra, *Ancient Greek Literature*, Oxford University Press, 1959, p. 25.
③ 钱锺书:《管锥编》,中华书局1979年版,第214—215页。

献训诂的一种依据便完全无法想象。

仪式与文本的关系并不是人为造成的,特别在文本的文学叙事关系中,仪式事实可以一种语言(ritual language)方式实行讲述。"它能帮助我们理解文本"①,可以通过仪式语言的讲述和交通在符号和社会价值之间建立起一座桥梁。"主导性符号不仅仅关乎作为实践既存仪式的方式,更重要的是指它们本身终极性价值。"②换句话说,仪式中的符号既充当着语言这一基本的传媒工具,但它本身同时也具备叙事的意义和价值。比如对于古代文学中的社会性别叙事,仪式语言除了帮助建构文本的"荣耀/羞耻"(honor/shame)的二元关系以外,它本身也就构成了社会性别的价值评判。比如美狄亚的形象就是一个典型,她可以被看作酒神原则的一个异性形体,也可以被看作酒神的"女祭司"映像。重要的是,作为女性社会性别"羞耻文化"的代表,我们仿佛在古希腊文学叙事中屡屡看到她的行为。美狄亚"羞耻文化"其实表现为一种结构性的仪式语言:她为了自己所爱的人伊阿宋以及他的事业(获取金羊毛),大义灭亲,杀死自己的兄弟,把他的尸体剁成碎块。在返回的途中,她又煽动珀利阿斯(伊阿宋的仇人)的女儿们把她们的父亲碎尸万段,还放在锅里烹煮。当伊阿宋另结新欢并准备与之成婚时,美狄亚用毒衣烧死了新娘,还亲手扼死自己的两个孩子……美狄亚的女巫形象不啻为疯狂的代名词。但是,她所代表的却是一种父权制社会形态的结构要件,即她的"罪感文化"来自"羞耻文化"的压抑。"荣耀文化"与"羞耻文化"的二元要素同构出一种社会性仪式,也可以视之为一场"社会剧"。女性的"反面本能"以一种彻底的非自我人格、仪式性语言来满足对这一"社会剧"意义的规定。仪式的文本化叙事有一个明显的特征,即文学性格由于必须遵守社会价值的规约,因此,它并不表现为任意性。所以,我们既可以把美狄亚视为一个典型形象,更可以将她的行为视

---

① M. Bal,"Experiencing Murder: Ritualistic Interpretation of Ancient Texts," see K. M. Ashley(ed.), *Victor Turner and the Construction of Cultural Criticism: Between Literature and Anthropology*, Indiana University Press, 1990, p. 9.

② V. W. Turner, *The Forest of Symbol: Aspects of Ndembu Ritual*, Cornell University Press, 1967, p. 20.

为社会性别在"社会剧"这一个大仪式中的必然行径。其实,我们在古希腊文学叙事看到太多的"美狄亚行为":彭透斯的母亲——酒神的信徒亲手杀死自己的孩子;普洛克涅和菲罗墨拉姐妹的故事。① 如果说仪式语言是一种表述形式的话,那么,就像特纳讲的,它更组成仪式的本身。所以,仪式的文本分析有一个明显的优点——使文学的想象具有了物质的概念和形式。这大约也是文学人类学的一个突出特征。

仪式的物质性还表现为对文学叙事"事实"的态度和理解。既然西方的戏剧文学与酒神仪式有着不解之缘,那么要求对酒神狄俄尼索斯及其仪式与文学艺术深厚渊源做"事实"证明其实并不困难。本人为求证这一历史"事实"之间的关联,曾经亲赴希腊对酒神祭祀仪式和戏剧(包括剧场、时间、数量、地点、所属形态)进行过调查。② 大量考古资料、古代遗墟、碑文、族群关系无不证明其历史的真实性。只不过这种真实是"人文事实",一种更为艰涩的、复杂的、高深的"事实"。也就是说,人类在酒这样一个"神话物"里面体验到了生命的哲学意义。我们相信,尼采之所以取"酒神"作为悲剧哲学最基本的类型绝对不是一种偶然。对这一个问题的关注正好是哲学家、人类学家和文学家借以阅读生命本体意义的一个极好范例。如果把戏剧文学归类于一种"想象性叙事"的话,那么,酒神及其仪式正好为这种文学想象提供了物质基础。

众所周知,世界许多古老的文明类型中都有酒神。在对不同文明类型的酒神语码进行解读的时候,无论是古希腊的狄俄尼索斯,古埃及的奥西里斯还是阿拉伯的狄俄尼索斯,人们除了可以了解到其间的历史性渊源和影响关系以外,最为重要的共同点是他们的原始意义都是自然。"酒神的原始含义就是自然与丰产。"③"在希腊神话,甚至在文化的黄金时代,酒神神话都一直保持其首要位置,著名的悲剧性节日庆典就是为了祭祀狄俄尼

---

① 奥维德《变形记》"鸽子羽毛上的血"的故事:妹妹菲罗墨拉被姐夫忒柔斯强暴,姐姐普洛克涅得知后,万分愤怒,在妹妹的帮助下,姐姐杀死并肢解了自己与忒柔斯所生的孩子,姐妹变成夜莺和燕子一起逃走,故在她们的羽毛上还留下了"血渍"的符号。
② 彭兆荣:《永远的"乡仪之神"》,载《读书》2001年第9期。
③ D. A. Leeming, *Mythology*, New York: Newsweek Books, 1977, p.60.

索斯的。在祭祀仪式中,人们认定酒神能够保佑城邦繁荣"。① 在这里,最为简单的生命认知是将人类的"本性"(nature)与"自然"(nature)同置于一畴。说起来也非巧合,西方人在注解"精神"(Spirit)(相对于物质而言)、灵魂(相对肉体而言)、神灵(相对于世俗而言)时都与酒、酒精(Spirit)相提并论。Spirit 既是物质的又是精神的,既是情态的又是物态的,互为映照,妙趣横生。酒和精神一格双象,前者为物象,后者为意象。这大约是对酒神的"深度描述"(deep description)②。

酒在物态上呈液体状,如水。"水—酒"不简单,在许多民族的原始思维和认识层度上看,它成了宇宙构成不可或缺的物质形态。这与酒神的原生意义不无干系。小亚细亚有一个关于 Phrygian 起源的古老神话可以帮助破解其中奥秘。说是古时的小亚细亚最受人尊敬的自然女神西珀勒(Cybele)与天神巴伯斯(Papas)交合成孕,变形为阿格都斯岩石(Agdos Rock),后岩石裂生出一个凶狠的魔鬼阿格狄斯忒斯(Agdistis)。这个恶魔有一个习惯,时常到一条溪流里去喝水。为了扼制恶魔,酒神狄俄尼索斯遂把水变成了酒。恶魔喝了溪水(酒水)便酩酊大醉,长眠不醒。这个原始的神话故事透露了一个这样的线索:水和酒可以互通和转变,在文化的认识上可以互通。西方哲学鼻祖泰勒斯认定万物乃水而成,他有一句名言:"水是最好的。"③泰勒斯恰好是小亚细亚的米利都人。水在原始神话和仪式的表述里面经常被描述成具有神奇的魔术性质。它与酒神系统(与酒神神话、仪式相关的故事、形象、神祇、经历等)的关系更是密切。甚至它还包含了基本的生态认识。比如水与森林以及森林女神宁芙(Nymphs)的关系就很密切。④ 森林与水的彼此关联和生态意义或许并不需要做更多的诠释,但是酒神狄俄尼索斯因受赫拉迫害被送到森林女神那

---

① D. A. Leeming, *Mythology*, New York: Newsweek Books, 1977, p. 13.
② 深度描述是当代人类学家格尔兹用以说明人类学家在对所谓的"事实"的了解相对是次要的,因为如果只停留在对客观做描述,而没有像作家那样解放解释的权力,客观事实的意义还是没有体现出来;相反,只有让人类学家对其所面对的客观事实做出解释,那才是"深度描述"。
③ 罗素:《西方哲学史》(上卷),何兆武、李约瑟译,商务印书馆 1976 年版,第 49—50 页。
④ T. Bulfinch, *The Age of Fable*, New York: Airmont Publishing Company, 1965, p. 160.

儿并由潘恩(Pan)负责教育。德国慕尼黑有一尊雕像描绘出了林神(Satyr)与幼小的酒神的亲密姿态,黑格尔认为这尊雕像"显示出它的来源要回溯到动物的自然生活"①。

由水—酒—血的转化和延伸也是古代文化中的常见主题。它的隐喻意义与生命的生成与转化有关,在宗教上这一主题表现得特别明确。古时的密特拉教(Mithraism),作为罗马帝国时期的秘传宗教,曾是基督教的有力竞争派别,同样该教的神灵首领密特拉(Mithras)也就是耶稣基督的强劲对手。尽管如此,两教在"水—酒—血"(生命)的认识上却相通。相传密特拉有一使徒为处女母亲所生,他是上帝和人类的使者和中介。该教有以酒加面包的圣餐,其用血洗涤罪恶、再生的仪式与基督教的圣餐仪式颇为相似。② 水、酒、面包等转换成血以洗涤罪恶、焕发生命的仪式并不能被当作纯粹的巫术技艺,其中包含了人类祖先对生命过程和仪式性"通过"的完整理解。酒在这里起到了一种催化剂的作用。同时,它还是生命诞生的象征形式。无论是古代埃及、古代阿拉伯、古代小亚细亚或是古代希腊对酒神的崇拜和酒神仪式的实践无不传递了这样一种生命的意义。它"提示人们说灵魂决不止于自我微弱复本而已,而且唯有在灵魂'脱离肉体'的时候才能显示出来它的真正的性质"③。

酒具有一种迷狂功能,它经常扮演着原始社会宗族内部的某种斡旋和协调力量。它既代表原始的欲力,又通过宣泄迷醉化解来自氏族、宗族内部的常伦和社会理性。人们把酒神当作一种"宗族的精神"④。罗素讲得更明白:"巴克斯(酒神的别名)在希腊的胜利并不令人惊异⋯⋯。对于那些由于强迫因而在行为上比在感情上来得更文明的男人或女人,理性是可厌的,道德是一种负担与奴役。这就是思想方面、感情方面与行为方面引

---

① 黑格尔:《美学》(第二卷),朱光潜译,商务印书馆 1979 年版,第 189 页。
② C. J. Bulliet, *Venus Castina: famous female impersonators celestial and human*, New York: Covici Friede Publishers, 1928, p. 34.
③ 罗素:《西方哲学史》(上卷),何兆武、李约瑟译,商务印书馆 1976 年版,第 38 页。
④ C. J. Bulliet, *Venus Castina: famous female impersonators celestial and human*, New York: Covici Friede Publishers, 1928, p. 47.

向一种反动。"①相传古代埃及的伟大君主和神奥西里斯与伊西斯（Isis）是一对恩爱夫妻。有一个叫宁芙忒斯（Nephthys）的女子婚后不孕，便想与奥西里斯交合，她用酒使其醉而最终达到目的，生下了阿努庇斯（Anubis）。②像这样的神话传说所蕴含的象征语汇应该不至于有太多的误解。自然的原始欲望与社会（氏族、宗族）的常伦和人的理性之间的冲突在酒神和酒的文化叙事中获得了一种体谅和缓和。格雷特据此说："原始的狄俄尼索斯祭祷是一种宣泄，它使人们超乎自我，净化人们非理性的欲力，引导它们进入这一特有的渠道。"③

毫无疑问，酒神祭祀仪式的奇迹和神奇的功能与酒作为物质符号的指示无法分离。毕竟酒作为一种特殊的物化现象与人类生活息息相关，它甚至成为人们直接的生计。在古希腊，酒出现在最早的历史文献之中。葡萄的种植和酒的酿造在希腊人民的生活中占据着重要的位置。希西阿德《田功农时》（亦译赫西俄德《工作与时日》）清楚地记录了这一点：

> 春天刚刚开始。要在她（燕子）还未到来之前，修剪葡萄藤，这样做最好。
> 而当移家者（指蜗牛）由地里爬上树梢躲避普里阿得斯时，就已经不再是挖掘葡萄园，而是磨利你的镰刀……这时应当赶快干活，要起早，把你的果实拿到家，使你的生计有保证。④

这不是诗，不是颂歌，没有夸张，没有修饰。它是一幅古代希腊人民的生活图景。没有葡萄，无以生计。论及葡萄，必言酒。希罗多德、赫西俄德、荷马等的记录以及大量考古资料无不证明，古希腊社会，不仅是神祇、英雄、国王和贵族纵酒成风，就是低贱的人甚至奴隶们也经常喝酒。在《伊利亚

---

① 罗素：《西方哲学史》（上卷），何兆武、李约瑟译，商务印书馆1976年版，第41页。
② D. A. Leeming, *Mythology*, New York: Newsweek Books, 1977, p. 22.
③ M. Grant, *Myths of the Greeks and Romans*, New York: New American Library, 1962, p. 248.
④ 希西阿德：《田功农时》，见林志纯主编：《世界通史资料选辑》（上古部分），商务印书馆1974年版，第259页。

特》里,荷马经常提到葡萄和葡萄酒。在《奥德修纪》中,记述了奥德修斯离开特洛伊返还家园,中途在巨人岛上被巨人族滞留,奥德修斯最后就是以酒将巨人灌醉,弄瞎了巨人的双眼方得以脱身。珀涅罗珀在丈夫外出期间,许多贵族的公子哥儿聚集在她家向她求婚,天天饮酒作乐,长达数年之久,足见一斑。

酒神的仪式传统羼入了大量的"他者"背景,希罗多德曾经做过一些考证:

> 狄俄尼索斯的这个祭日的庆祝是几乎和希腊人的狄俄尼索斯的祭日完全相同的,所不同的只是埃及人没有伴以合唱的舞蹈。他们发明了另外一种东西来代替男性生殖器,这是大约有一佩巨斯高的人像,这个人像在小绳的操纵下可以活动,它给妇女们带着到各个村庄去转。这些人像的男性生殖器,和人像本身差不多大小,也会动。一个吹笛的人走在前面,妇女们在后面跟着,嘴里唱着狄俄尼索斯神的赞美诗。至于为什么人像的生殖器部分那样大,为什么又只有那一部分动,他们是有宗教上的理由的。①

> (阿拉伯人)用这样的办法来表示他们的信谊:一个人站立在缔结信谊的双方中间,用一块锐利的石头在双方的手掌上大拇指附近的地方割一下……这时口中并高呼狄俄尼索斯和乌拉尼阿的名字……当他把这一切做完的时候,缔结信谊的人便把这对方的异邦人,如果是本国人,那就把对方的本国人,介绍给所有他的朋友,而这些朋友自己也便认为必须尊重这种信谊了。他们在神当中只相信有狄俄尼索斯……②

---

① 希罗多德:《历史》(上册),王以铸译,商务印书馆1959年版,第132页。
② 希罗多德:《历史》(上册),王以铸译,商务印书馆1959年版,第195页。

对于仪式的文学叙事,困难的地方并不在将两个或者两个以上的同类仪式并置,而在于厘清同一仪式的跨地域、跨国家、跨民族的依据。比如,古埃及的奥西里斯庆典和古希腊罗马的酒神狄俄尼索斯祭仪都是最重要仪式类型。从一开始,庆典形式就交织着两性结合的最原始意象。有一首颂歌唱道:

> 你的酒杯高高举起,
> 你欢乐欲狂,
> 万岁啊!你,巴克斯,
> 潘恩,你来在
> 奥西里斯万紫千红的山谷。①

我们在同一首民歌里面看到酒神谱系的不同异名,奥西里斯为狄俄尼索斯的埃及异名,巴克斯为狄俄尼索斯的罗马异名。这些或许并不重要,重要的是,酒神仪式接纳了多民族、多族群、跨地域、跨文化圈、历时性、共时性等的糅合,完全超越了仪式的族群和地域缘生形态,其叙事依据是什么?是人类在同一仪式形态中间获得了对生命的共识和态度。所以对酒神仪式的探讨便具备了多种可能:神话的探讨、戏剧的探讨、艺术的探讨,更重要的是对人类生命同质性的人类学探讨。

克雷维列夫的《宗教史》对酒神祭庆典有这样的描述:"古代神跟人一样,不但需要饮馔,而且需要声色。因此,在崇拜中除了让神醉饱以外,还要为他举行蔚为壮丽的盛大游行,表演各式各样的戏曲游艺。例如,在古希腊罗马,每逢为葡萄种植业和葡萄酒酿制业的庇护神狄俄尼索斯奉献秘密祭时,其时,要举行人山人海、载歌载舞的游行,史称酒神节。这种活动照例是在夜晚凭借光亮进行。参加酒神节的多半是妇女(酒神女巫)。她们身披斑彩兽皮,头戴青藤花冠,手持酒神锡杖,开怀畅饮,翩翩起舞,敲锣

---

① 罗素:《西方哲学史》(上卷),何兆武、李约瑟译,商务印书馆1976年版,第44页。

打鼓,沉浸在一片狂欢之中,竟至极度兴奋,放荡不羁。"①酒与仪式完全是一种互为关系。它与中国酒文化的原初形态颇有几分精神谋合,《说文》释:"酒,就也,所以就人性之善恶;从水、酉,酉亦声。一曰造也,吉凶所造也。古者仪狄作酒醪,禹尝之而美,遂疏仪狄。杜康作秫酒。"酒可以为"仪"(夷、异);可以入仪;可以造"凶吉",可以事巫;可以通"杜康",可以化诗文;可以狂欢,可以还俗……《礼记·乐记》:"酒食者,所以合欢也。"酒之于仪式,二者彼此相关,互为你我,正如徐新建教授所言:"祭必酒,酒必祭"。②

很清楚,酒神崇拜的一层意义就是对情欲放纵的认可。在语言中留下的 orgy、orgie,既表示古希腊罗马祭酒神的宗教仪式,同时又表示狂欢、纵欲和无节制。从历史上考察,伴随着酒神一起介绍到希腊的是"带着男性生殖器的崇拜仪式……希腊人在奉祀酒神时,是带着男性生殖器游行的"③。所以,"人们从狄俄尼索斯那儿学到的不是禁欲和节制,恰恰相反,是漠视和放纵欲望"④。我们在为人类具有伟大的理性而自豪的时候,应该同时认识到,作为人类最为基本的思维和存在的二元结构,生命的本能正好是理性对立性外化。换言之,没有人类生命本能的存在和冲动,理性的社会性便宣告丧失。"酒神是一种非思想的、生理享受方面的精神,是一种本能的冲动、一种反理性的能量。"⑤酒神的原始悲剧叙事正好是对社会伦理与理性对原欲和非理性失衡和失范的焦虑。言及于此,我们似可做这样的总结:如果丧失对人类生命本体和本能的基本形式这一最起码的物质认识,其他所有问题的讨论还有什么基础可言。

---

① 克雷维列夫:《宗教史》(上册),王先睿等译,中国社会科学出版社1984年版,第84页。
② 徐新建:《醉与醒——中国酒文化研究》,贵州人民出版社1992年版,第78页。
③ 希罗多德:《历史》(上册),王以铸译,商务印书馆1959年版,第132—133页。
④ C. Seltman, *The Twelve Olympians*, London: Richard Clay and Company Ltd., 1952, p. 170.
⑤ M. Grant, *Myths of the Greeks and Romans*, New York: New American Library, 1962, p. 249.

第三章　人文自然的历史谱系

第一节　自然的人文话语

让我们再一次拾掇起古希腊神话中怪兽斯芬克斯令俄狄浦斯猜的那个谜语：

是什么早晨用四条腿走路，中午用两条腿走路，晚上用三条腿走路？

这一听得腻耳的谜语已经为无数睿智哲人们所破译和解读，它的终极谜底当然是人，是人文精神。洛克尔担心对它的理解和解释不够周全，费尽心机地以六个不朽的文学经典形象的求索道路予以囊括，他们是浮士德的路、唐·璜的路、哈姆雷特的路、唐·吉诃德的路、麦达尔都斯的路和冯·阿夫特尔丁根的路。① 可是,阅览大量解谜者,罕有人注意到这个谜语仿佛是人的生命旅程中"通过礼仪"中三个完整的阈限。我们相信,任何社会演变形态都具有人类生命演变形态的经验价值和叙事附会,而"任何社会里的个人生活,都是随着其年龄的增长,从一个阶段向另一个阶段过渡的序列"②。这是人类生命的内容表述,亦是人类生命的形式体现。区别在于:人的生命的轨迹如何,人的生命个体做如何求索是一个方面;另一方面,无论人们对待生命的态度有什么不同,作为一个完整生命形式总要经过"通过"三个基本的阈限——出生、成年(或以婚姻为标志)和死亡。所以,我们不妨将这一谜语破解为最为简单的人类生命过程:从生到死的通过仪式。

那个谜语的案底首先表现为自然人——生命的自然过程。人的生命之旅宛如一个个年龄关卡的"通过"。正如年迈的浮士德感叹:"我觉得这欲求像一种慢性的毒药在我的血里,这时候深不可测的大自然正辗转在'再生'的痛苦中,新的生命从无数的喷泉里迸出,它们的样式永远是新的。春天慢慢地过去了,夏天和秋天也渐次消逝,严寒和冬季又来把万物都包在它的尸衣里面。于是那个老戏法又开始了。谁能够探知这种永久的成与逝的奥妙呢?在这里生与死是这么奇怪地混在一起,而每个终局又正孕育着一个新的开端!""在那广大的事实的循环中,死究竟是一个终局,或者只是一个开端,抑或同时是终局和开端呢?分隔'过去'与'未来'的界限又在什么样地方?"③

第一个古希腊的哲学家(physiologoi),其意思就是自然的哲学家(natural philosopher)。它反映的并不仅仅是人类的心理,而是最大限度地指人类张着大口哈着气朝向天空,翻动着篝火,有节奏地拍打着水面,扳动着岩

---

① 鲁多夫·洛克尔:《六人》,巴金译,生活·读书·新知三联书店1985年版。浮士德、唐·璜、哈姆雷特原先皆属民间传说中的人物,它们分别被歌德、拜伦、莫里哀、莎士比亚等作家所借用。唐·吉诃德是西班牙大文豪塞万提斯笔下的人物;麦达尔都斯是德国作家霍夫曼塑造的人物;冯·阿夫特尔丁根则是18世纪德国名诗《歌者的战争》中的歌者。
② A. Van Gennep, *The Rites of Passage*, London: Routledge & Kegan Paul, 1965, p. 3.
③ 鲁多夫·洛克尔:《六人》,巴金译,生活·读书·新知三联书店1985年版,第5页。

石和土地……更简捷地说,即原始自然的四种元素:气、火、水、土。前两种元素集中表现为自然的"雄性",后两者则体现于"雌性"。它们既构成了希腊原始先民对自然的观照和认识,同时也是在物我同一的认知形态里的移情。四元素一方面是人类认识自然的物质媒介,另一方面也成了人类自身物质构成的基本要素。

这里涉及一个基本的原初性问题的讨论:在自然/人文之外还有没有第三种力量?人们相信,人类的"第一个哲学家"所关注的首先便是人与自然的关系,而且我们同时也已经相当习惯于将自然/文化视为对话关系的两极。二者之间的对话和交流过程既各自独立又互为作用。① 人们也相信,自然与文化的相处和交织似乎不能只视作简单的二位制度。因为如果我们进一步追问:为什么它们能够构成"两元"和"二位"而不是与其他元素同构? 可能人们真会因此而言塞。文化并非决然空泛,其中是否存在着一个"共同的文法"? 列维-斯特劳斯的结构主义所遵照的基本原则即二元对峙关系,他仿佛在不知疲倦地分析人类学的个案,包括大量神话仪式方面的材料。其实,人们或许有所不知,他一直努力地在二元对峙中发现"第三种力量的存在",试图以民族志的材料去解答哲学问题。他曾经说,他从小就一直在致力寻找人与自然之间的那些秩序,虽然他在致力于人类学研究,可是他所要得到的结论却是哲学的。② 从这个角度理解,斯特劳斯的"结构"其实正好解答二元关系的深层存在的问题。所以,这事实上交代了在任何二元对峙之外还有一个普世性的范式。如果我们在这个基础上引申,一个解答已经悄然跃现:在自然/人文的基本范畴之下,完全可能超越简单的二元论认识。人类在对自然的不断认识、适应、改造进程和文化表述过程中,已经远远地超出了一元、二元甚至三元因素和力量,呈现多元态势。但是,它没有因此排除人类认知系统和知识分类的基本单位:二元对峙。

---

① J. Wise, *Dionysus Writes: the Invention of Theatre in Ancient Greece*, Cornell University Press, 2000, p.7.
② C. Levi-Strauss, *Myth and Meaning: Cracking the Code of Culture*, New York: Schocken Books, 1979, pp.10-11.

人类的文化表述和人文精神如果离开了对自然的认识、见解、启示和物化符号系统的文化表述,人文精神几乎无从生成和传达。赫西俄德的《工作与时日》处处充满着自然的人文烙印。他把人类文明的推移用几种自然物质——"黄金时代—白银时代—青铜时代—黑铁时代"加以比附。无妨将他看作西方最早的"进化论"者。他的精髓在于:自然与文化二位一体。在他的次序里面,黄金时代是丰足的时代,白银时代是人类的"孩提时代"。但他对这两个时代都没有细致的描绘。到了青铜时代:

> 天父宙斯制造出青铜的种群,
> 它来自桉树,更逊于白银种类。
> 但他们非常强劲充满能量,
> 热衷于呻吟和暴烈的战争。
> 他们不食面包,心肠坚硬,一族可怕的人。
> 高大勇武,肌肉发达,肩膀健壮。
> 他们的武器用铜打造,房屋以铜为材料;
> 铜制的工具,黑铁不知为何物。
> 他们被自己的手所戕杀,
> 默默无闻地走向哈德斯冰冷的地屋。
> 虽然他们都是伟大的战士,
> 却不幸为黑色的死亡所掳,
> 把太阳的明亮和光华留在天际。
> ……(143—155 行)

这一段诗诵为我们描绘出一幅"自然物化的人文景观"。青铜时代进入了尚武的人文阶段,这一阶段虽然与人类更为理想的黄金、白银时代相比已呈江河日下之势,却把人类的人文精神极尽精致化。而青铜时代正好是克里特米诺斯文明(前 1900—前 1600)和伯罗奔尼撒迈锡尼文明(前 1600—前 1200)最为辉煌的时期。当今天的科学仍旧不能舍弃赫西俄德的"诗学辞汇"的时候(比如希腊现代考古学的断代系列仍袭用"青铜时代"和"黑铁时代"。与此相类同于"旧石器时代""新石器时代"等术语),我们似乎明白了其中的道理,自然与文化系一对孪生子。

耐人寻味的是,在西方文化体系里,两个神话类型,即"阿波罗型"(日神型)与"狄俄尼索斯型"(酒神型)格外突出,并被作为人类文化表述中的基型。其中有一个至关重要的理由,即它们分别代表着两种自然/文化基原:火和水。有趣的是,在希腊最重要的祭祷地底尔菲就有二神同时被传颂的史迹。伯克特认为,火是文明最为显著的构成因素之一,在宗教上,它是光明的象征。同时,它又总是与底尔菲的阿波罗崇拜祭祀相联系。在底尔菲的阿波罗祭仪里,祭坛最神圣之处就是火。而在狄俄尼索斯的祭仪里,火的奇迹唯独被言颂。① 很清楚,酒作为水的另类表述,将水的自然本原性物质特征表现无遗。它甚至与性别放到一起。黑格尔说:"酒,游戏和戏剧表演之类振奋精神的自然威力是划归酒神狄俄尼索斯管辖的。女神们也有与此类似的内容体系……"②这便是早先人们所欲寻求的"原"(arche),它既是人类行动的原因、动机、行为方式等的"逻各斯"(logos),也是人类追求的结果、目的、终极期待等的"特罗斯"(telos)。而且,人类本能地将自然现象中的成长、运动与动植物相关联。换言之,哲学的本质就是思索和寻找人与自然的关系。③

人类的自然性与人文性的双重交错除了其自身的存在以外,更为重要的还是一个认知过程。人类的认知经验告诉我们,认知既是一个认识,也是一种表述。人类具有与动物不同的特殊禀赋。人类在认知过程中总要与自然环境和生活现实中的其他事象进行参照,此种参照除了使得人类的认识更为直接以外,还会很自然地将这种类似的事物进行符号化进而达到符合人类文化的叙事特征。美国人类学家怀特就非常固执地认定,人之所以为人而不是动物,是因为人类学会了用象征。因此,象征的使用是区分

---

① W. Burkert, *Greek Religion*: *Archaic and Classical*, Translated by J. Raffan, Basil Blackwell Ltd. and Harvard University Press, 1985, p.61.
② 黑格尔:《美学》(第二卷),朱光潜译,商务印书馆1979年版,第235页。
③ D. Macauley(ed.), *Minding Nature*: *The Philosophers of Ecology*, New York, London: The Guilford Press, 1996, pp.1-2.

人与动物的标志。① 这样的观点乍听起来近乎偏激,但是,作为"新进化论"的代表人物,他试图以最突出的特征将人类与动物泾渭区分。换一个角度论述可以比怀特更委婉一些:人类与其他低级动物的一个本质区别在于,人类学会了以符号、象征和隐喻来表述自己的能力。这是人类所具备的认知能力和高级形态。也可以这么说,文化与自然的差异在于对自然的认知赋予了"人文特质"——认识和表达上的象征叙事。也因为此,人类学家和文学家都不约而同地对符号性的象征和隐喻格外关注,因为它是人类文化的本质特征。随着历史文化的变迁,它也将变得越来越丰富多彩。

就诗学传统而论,半个世纪以前象征性隐喻还停留在把它当作一种丰富写作手法的层面,即省略性直喻。今天,人们已经充分认识到象征隐喻不仅是一种话语,它甚至包括了人类的思想和行为本身。② 从逻辑上讲,作为人类文化重要的思想表达和行为方式,仪式中也就凭附着隐喻性符号系统。人类学仪式研究对人类这一认知和叙事系统认识的深入起到重要的作用。早在神话思想中,"神的名字乃是神的本性的一个组成部分。如果不能用神的真正名字来称呼它,那么符咒与祈祷都是无效的了。这也同样适用于符号化的活动。宗教的典礼、献祭,如果要有效力的话,总是必须以同一不变的方式和同样的程序来实行"③。卡西尔所说的仪式,特别是宗教仪式,19世纪人们还只限于将它与主教和牧师等宗教人士所主持的形式联系在一起。今天的仪式理论已经从传统的阈域上有了突破性拓展,即使在宗教仪式范畴里面,仪式活动也已经构成了从一种单纯的形式提升到使信仰得以有形化的重要步骤。从这个意义上说,仪式过程体现了一种创造和生产文本的过程。其中包含着极为丰富的因素组合和功能,表现为信仰实现的"有形化"形式,同一宗教主题下的族群集合,时间和空间的规定性,权力和神圣的"附加值",等等。所以,仪式文本孕育着递增的意涵。

---

① 怀特:《象征》,见庄锡昌、顾晓鸣、顾云深等编:《多维视野中的文化理论》,浙江人民出版社1987年版,第241页。
② M. Johnson, *Philosophical Perspectives on Metaphor*, University of Minnesota Press, 1981, pp. 42-44.
③ 恩斯特·卡西尔:《人论》,甘阳译,上海译文出版社1985年版,第47页。

它由参与者、表演者、观众等不同的角色和角度对它进行多方位的诠释。①以此认识回溯古希腊的自然哲学,我们似乎可以在自然/人文这一关系命题中体现新的思考维度。

古希腊的自然哲学包括以下几个基本的思考:1.表现以人为中心(anthropocentric)、生物中心(biocentric)和生态中心(ecocentric)的相互关系和核心地位;2.确定关于人类社会的自然概念;3.建立与之相属的自然范畴、理性类型、技术工具、社会变迁以及所包含的知识形态之间的联络;4.协调政治传统与发展趋势之间的关系;5.作为分析生态环境和政治传统的来源和依据。总之,是一个关于"方法论的话语"。

人类学对仪式的民族志描绘有一个无法回避的事实:人类如何对物质附加上属于人类独具特色的文化叙事;如果说象征是人类最重要的、最具标志性的、区别于其他动物种类的表述方式的话,那么"器物象征"(symbol-vehicle)和"物质表达"(objective expression)也自然而然地成为人类赖以在文明的定义中说明自我的一种专属性符号系统。具体而言,这样的象征可以与颜色、方位、时间、性别等建立联系,同时又与其相反的符号并行并置,从而产生出序列性意义,如男的器物/女的器物、好的质量/坏的质量等。符号化器物有些由人刻意安排,有些并不是,因为它本身就已经具备了历史传统意义上的社会符码价值。这些错综复杂的社会符码关系不断地向人们释放着复合性信息,人们根据自身所处的社会语境重新对它们进行撷取和分析。当然,这样也就必然造成由于人们所处的社会场域中的位置不同而对符号的错综关系做出"不对称"(asymmetrical)的思考,其实也就是偏颇的思考。而器物象征明显的能指化特征,总要在特定的场合中产生意义且随着场景的变动而变化。无怪乎有的学者称之为"流动指喻的过剩"(an excess of floating signifier)。② 也就是说,文化叙事的多元性特征表现在不同语境下人们对物化符号能指的选择和解释上的差异。文化之

---

① J. R. Lindgren & J. Knaak(ed.), *Ritual and Semiotics*, New York: Peter Lang Publishing, Inc., 1997, pp.72-73.
② B. Babcok, "Too Many, Too Few: Ritual Modes of Signification," in *Semiotica* 23, 1978, pp. 209-302.

所以精彩,在于人类对物化符号不同的体认。

对人类行为进行基本的、有倾向的社会道德评价是一件很平常的事情。早期意大利人类学家帕雷托(Pareto)曾经分析过个人的感受和感知待遇,他归纳出六种能力:1. 团结的能力;2. 群体维持的能力;3. 表现的能力;4. 联络社群的能力;5. 整合自己与周围物的能力;6. 性节余能力(the sex residue)。帕雷托分别将人类的行为用逻辑和非逻辑加以分类,区别对待。诸如艺术、科学、经济、军事、法律和政治的行为都是逻辑的,其他的就是非逻辑的。借此,他做了一个分类图表:

类型与类别	有逻辑行为的动机和结果	
	客观的	主观的
类型Ⅰ　逻辑行为 (客观结果与主观动机协调情况)	是	是
类型Ⅱ　非逻辑行为 (客观结果与主观动机协调情况)		
类别1	否	否
类别2	否	是
类别3	是	否
类别4	是	是

注:在类别3、4中,

3a,4a:如果他会知道,那么客观结果会被主观所接受。

3b,4b:如果他会知道,那么客观结果不会被主观接受。

在分析到宗教与仪式的关系时,帕雷托认为,从逻辑上说,人们只有首先在一个既定的宗教里产生信仰,然后才能在仪式中产生效力。那么,仪式的效力事实上是信仰的连带性结果。除非确实有人在倾听,否则牧师的祷告就是荒谬的。但是非逻辑行为可能由完全相反的过程所引发:首先是在一个仪式的效力下的直觉性信仰,然后由一种愿望所产生的对信仰的"解释",接下来就是在宗教中被"发现"。这样,三者的关系逻辑便昭然若揭：

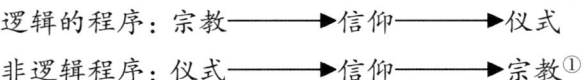

"逻辑的"和"理性的"既然能够成为划分同一个社会行为的辨识标志，那么，也就会派生出相应的语汇和语用，进而将"非逻辑"的行为与"野蛮的"等量齐观也就不奇怪。

著名的"二元对峙律"所遵循的原则，毫无疑问，是唯物论。它看到了人类在物质世界的相对性和参照性，并在此基础上衍生出一套完整的分类原则。根纳普的"通过仪式"理论就有两个重要的逻辑依据：一是概念的分类，即二元关系——生/死、男/女等等。二是演进论，存在着早期进化论的痕迹。通过仪式其实就是人的生命的演进过程。然而，这并不意味着生命和自然的物质表述形态也完全是二元的，或者说，在二元对峙的分类之中未必总是二元状态、两种表述。它可能是三种状态、三种表述，例如：

分类	死亡	婚姻
二元分类	生/死	单身/已婚
三元状态	生—垂死—死	单身—订婚—已婚②

根纳普虽然没有直接呈述人类的认知分类的二元对峙律与表述上三元状态之间的关系，但事实上他的阈限理论框架正好却是三元状态。

我们有充分的依据相信，它是一个非常重要的、直观性的、物质化的形式。但仪式的存在理由已经彻底超越了仅仅作为一个形式本身的意义。在这层意义上，它可以被视为两种或两种以上因素互相交代了约定的"文

---

① E. E. Evans-Pritchard, *A History of Anthropological Thought*, New York: Basic Book, Inc., Publishers, 1981, p.110.
② R. Huntington & P. Metcalf, *Celebrations of Death: The Anthropology of Mortuary Ritual*, Cambridge University Press, 1979.

本证据",将各方代表、意见、利益、象征、时间、空间等交错因素集结在一起并以某种形式使之固定。在这个意义上认识和理解仪式,它更多包括意义的外壳、文化的载体。正由于如此认识上的偏见,使得今天的社会往往将它看作"仪式的残余"①,或者只看到"单一形式"的仪式。如果我们坚持认为,人类的表述,包括历史性的表述、符号性的功能表述、事物的本体性表述都掺杂着文化中的自然/人文的基本构成和理解的话,那么,仪式本身就具备了本文/文本双重实体和双重影像。因为,仪式的元语言必然存在着两位以上的形式和意义的结合。以婚姻和婚礼为例,首先婚姻并不只限于简单"爱"的事务,它其实在确认一种关系,一如中国"道"的概念中的"阴/阳",当两种元素组合在一起的时候,便成了一种关系组合和新的形象。所以,婚姻也就演变成为一种考验,是将"本我"放置到一个关系里面成为"二合一"的祭献。② 在这里,人们可以清楚地洞识仪式作为形式被分解成了几种截然不同,甚至相抵触的"遭遇"形态:一种是来自"本我"——本能生理成熟的自然行为仪式(年龄上的生理"通过");一种是来自社会族群关系的规约仪式;一种是将二者并置于一个特定的时空范围和人群传统下的仪式。于是,缔婚仪式至少可以一分为三:仪式的形式(作为具有同样能指上的形式物质),仪式的整合(将诸种因素捆绑在一起的符号和意义的堆累)和族群的仪式(在特殊族群和语境下的特性仪式)。当然,它也具备了所谓的三元状态。无怪乎坎贝尔视之为一种祭献式的考验。对于"本我"的仪式,它只负责昭示和宣告社会婚姻规范中的相对因素和能力的存在(对人类生理成熟的一种认定)。对于"社会"的仪式,它只负责对社会"通过"做鉴证和订契约(对社会的婚姻形式的一般性认定)。对于仪式的仪式,它可以透露出在特写族群范畴内的特行价值和传承机制(对特殊族群价值的一种认定)。以此类推,人类的"通过仪式"无不具有同样的分析层次。人类的出生肯定不只是一次性的"出生";人类的成丁肯定不是一次性"成丁";人类的死亡,也就肯定不是一次性"死亡"。由于仪式孕育和包容了丰富的解释和解读、期许与期待、生理和心理、时间和空间

---

① J. Campbell, *The Power of Myth*, New York: A Division of Random House, Inc., 1991, p.8.
② J. Campbell, *The Power of Myth*, New York: A Division of Random House, Inc., 1991, p.7.

等,从而使得仪式中的"自然/人文"主题因此显示出一个经格式化后的广大容量和对不同信息语码的贮存。

第二节　物种的人类话语

一、动物的人类话语

达尔文的进化论从生物的进化角度在动物与人类之间架起了一个物种演变的桥梁。动物与人类在进化论者的眼光里就再也不是亘古不变或与生俱来的截然两类。人类的"类",一则说明人类作为独特生物之一种,可以理解为旨在强调"宇宙的精华,万物的灵长"的超级禀赋,旨在刻意将人类与其他生物种类以"高级/低级"相分离。然而,人类的这种努力也正好从另一方面,即它的相反方向表白:人类之所以为人类,就其作为动物的生物背景而论,与动物的自然属性共通。其实,人类曾经在漫长的历史进程中一直将自己视为与动物为伍的同类分子。人类学上的一个语用"图腾"(意为他的亲族),专门解释动物与人类的"亲属关系"。所谓的神话思维、前逻辑思维(卡西尔)、原始思维(布留尔)、野性思维(列维-斯特劳斯)这些概念虽然并非完全相同,但都有一个基本的言说条件,即人类在很长的历史时期里面并没有将自己与动物区分开来而把自己视为高一等。"有一种基本的不可磨灭的生命一体化(solidarity of life)沟通了多种多样形形色色的个别生命形式。原始人并不认为自己处于自然等级中一个独一无二的特权地位上。所有生命形式都有亲族关系似乎是神话思维的一个普遍预设……自然成了一个巨大的社会——生命的社会。人在这个社会中并没有被赋予突出的地位。他是这个社会的一个部分,但他在任何方面都不比其他成员更高。生命在其最低级的形式和最高级的形式中都具有同样的宗教尊严。人与动物,动物与植物都处在同一层次上。"[①]根据列维-斯特劳斯的主张,"前文字民族"尚不存在任何不同层面之间的分类和区分的观念。大量人类学材料显示,广播于世界的原始文化中都存在图

---

① 恩斯特·卡西尔:《人论》,甘阳译,上海译文出版社1985年版,第105—106页。

腾崇拜和类似现象,便说明这一道理。

思维的表述首先为分类的表述。没有区分,无以类同和分析。涂尔干和莫斯通过对事物的分类法则将人类在神话时代与自然物类所建立起来的思维关系做了生动的描绘:"在今天,这种思维方式不过是一种残留下来的东西;甚至说,我们只能在集体思想的某些已被明确划定了的功能中才能发现它。然而,还有不计其数的社会,它们的整个自然史还仍然是各种寻根溯源的故事,它们对植物和动物物种的所有看法还仅仅局限于变形的范围,它们的全部科学推测还必须求助于占卜和巫术中所画的圆圈或方格子。"他和他的"动物伙伴"共同组成了一个单一的人格。① 遵照同一个分类原则,人类与自然中的各种物类建立起了相应的"族"(family)"属"(genre)关系,或者说是个体与群属的关系。就此推论,每一种神话基本上都是一种分类。它符合人类早期认知自然的法则,只不过这种分类的依据主要来自宗教信仰,而不是科学的观念。它的制度性表现也就是我们今天所认识的神话社会。高度组织起来的众神分摊了全部的自然,就像在其他地方的宇宙都分配给了各个氏族一样。希腊神谱正是这样分类的果实。每一个神祇皆各有所司,既象征着某一种自然的元素和能力,它是"单一"(single)的,同时又各有关联,因而又是"互体"(double)的。② 正因为如此,有些神话的符号和意义需要通过仪式加以形体化和行动化,以使得某种较为单一性的意义得到更加明确的体现。但是,有些高级神和复合神的意义和价值非常多样并互相交错,它有"类"的特征,却不易完全分理清楚。因为一旦在分类和概念上得到"排中律"式的分理,神话的意义也就消失了。酒神狄俄尼索斯的神话和仪式就属于这样的高级和复合神,人们可以期待从中获得某种结构分析的娱悦,却很难究尽其所包含的全部符码。因为一俟将符号和意义全部分理清楚,它的神话价值也随之消弭。

动物王国是否具备仪式的能力,究竟是否有动物性的仪式存在等问

---

① 爱弥尔·涂尔干、马塞尔·莫斯:《原始分类》,汲喆译,上海人民出版社2000年版,第5—6页。

② 爱弥尔·涂尔干、马塞尔·莫斯:《原始分类》,汲喆译,上海人民出版社2000年版,第80页。

题,曾经引起学者们的注意。在仪式理论的知识谱系章第一节的那个"仪式树"里面,就有学者将动物的仪式化包括其中。当然,不少学者并不同意,根本原因在于:人类与动物之间的分界问题一直困扰着人类。从生物进化的角度来看,如果不以人类特殊的能力去"钦定"仪式的意义的话,即只有符合"人的话语"者才够得上"仪式",而如果将仪式界定为一种交流的桥梁,那么动物的仪式化便可以成立。仪式作为人类进化和发展的果实,也伴随在人类作为生物种类的变迁进程之中。既然我们不能肯定只有人类才具备仪式的能力(就仪式最宽泛的意义而言),也就在另外一个层面对其他动物种类的仪式留下了存在的可能性空间。希罗多德所说的"悲剧"一词的本义——tragos,即"山羊"。现在较为公认的悲剧的原始形态为"山羊之歌"(goat-choruses),也就酒神祭仪的歌舞。① 关于山羊之歌,有些学者认为是原始悲剧歌队队员披山羊皮的打扮,有的学者则认为是祭酒神仪式所用的祭品牺牲或悲剧比赛以山羊为奖品。② 人们最为熟悉的一种戏剧学说为亚里士多德的学说:戏剧源自对酒神仪式的模仿。酒神祭仪羼入大量的"动物特性"。精神分析学派据此认为,与公牛一样,公羊也是大自然创造力的一种带有野性的象征,但它更多与智力有关,因此公羊较少与大自然的破坏力有联系。③ 有许多试验证明:在动物王国,仪式的许多外在表征和功能,如集体的行动、确定时间和空间、创造特殊的氛围、群体内部的信息交流等等并不缺少。生态学家和生物学家们已经注意到了在动物世界里面,仪式化行为经常表现为一种本能的"确定性行为模式"(fixed action patterns),特别是在某类条件的刺激之下,这种行为更容易发生。它们在这些"确定的行为模式"里面,不少行为与人类在仪式中的表演非常相似。根据对动物生理表现行为的分析,在那种特殊的交流场合中所表达的情感与通常很不一样,非常接近于人类的"行为艺术"(be-

---

① 凯瑟琳·勒维:《古希腊喜剧艺术》,傅正明译,北京大学出版社1988年版,第16页。
② 罗念生:《论古希腊戏剧》,中国戏剧出版社1985年版,第2页。
③ 汉斯·比德曼:《世界文化象征辞典》,刘玉红、谢世坚、蔡马兰译,漓江出版社2000年版。

havior arts)——戏剧、舞蹈、音乐和一些绘画类型。①

面对动物的这些行为和活动,生态和生物学家们最为犯愁:动物的这些与人类非常相似的行为和活动能否称为仪式?动物的这些行为和活动与人类的仪式行为在原始形貌上有无关系?要回答这些问题,主要依据以下两个方面:一,人类的缘生性仪式行为有无来自生物本能的基础?人类对这个问题的回答基本上是肯定的。二,作为对自然原始关系的基本体认,人类的生物本能构成了原始文化形态、原始文明形貌的基础性表现形式,同时也作为人类祖先基本的文化母题表述:人们熟知的所谓生死、生殖、生产、野性、暴力、欲望、自卫、竞争、恐惧等都具备生物基础。比如暴力和性欲就与生物的物质特征不无关系。"如果人类的生物本能达不到其所需要达到的目标,像暴力一样,性欲就会以如同生物品质'代理'的转换形式出现。同样与暴力一样,人类的性欲存在着一个不断的能量积累过程,它迟早总需要暴发宣泄,形同大劫难。"②酒神仪式一个显著的功能在于使来自人类生物本能的暴力得到转移、宣导和升华。"就功能而言,仪式在于'净化'暴力。"③这种说法倒十分接近酒神狄俄尼索斯祭仪的特征,也与亚里士多德对古希腊悲剧与酒神仪式的关系定义颇为贴切。

既然人类意识到自己已经与动物有了"类"的区别,就必然会在认知分类上强化二者的差别。人类学自然也就有了关于动物性的基本视野和分析态度。自涂尔干之后,关于社会行为的价值评价,如"神圣/世俗"等构成了社会人类学研究对象上的一种价值尺度。尤以列维-斯特劳斯的《野性的思维》和玛丽·道格拉斯的《洁净与危险》为代表,它们都在着意强化动物"类"之间的差异。虽然两位人类学家在理论上、学术旨趣上、学术风格上存在着很大的差异,但他们在二元对峙原则下对社会结构的态度有相当共识。比如《洁净与危险》的学术原点建立在"污染"与"忌禁"之

---

① R. Schechner, *The Future of Ritual: Writing on Culture and Performance*, London & New York: Routledge, 1995, pp. 228-230.
② R. Girard, *Violence and the Sacred*, Translated by P. Gregory, John Hopkins University Press, 1977, p. 35.
③ R. Girard, *Violence and the Sacred*, Translated by P. Gregory, John Hopkins University Press, 1977, p. 36.

上并由此引出来的学术思考。将"原始人"和"现代人"做宗教态度上的分野之后,为了理解污染和禁忌,道格拉斯认为首先有必要检讨我们生活中的"脏/净"的概念,虽然避免肮脏对我们而言与其说具有宗教隐喻,还不如说更接近个人的卫生习惯和美学意义。然而,在我们的文化当中,它所扮演的角色与原始文化中的禁忌仪式极其相似,因为"肮脏其实是一个社会系统和秩序及事物分类的副产品(by-product)"①。这样,禁忌便成了保护纯洁、划清界限、抵御入侵的分类设障。而这样的功能之于社会系统原来就有着传统上的经历和经验。

随着二元对峙律的分类制度的引入,动物随之有了社会意义。作者以希伯来对动物的分类为例,娓娓诉说着在同一个原则之下的动物分类与社会价值间的道理。

	希伯来的动物分类			
	鸟类	兽类	爬行动物	水生动物
可食的 宜为牺牲的	斑鸠 鸽子	牛(ox) 羊(sheep) 山羊(goat)		
宜于上桌的	麻雀 鹑	小鹿 羚羊 朱鹭 瞪羚	蚱蜢 蝉	典型的鱼类
不可食的、 不洁净的动物	枭、猫头鹰 鹰 秃鹰 戴胜科鸟	骆驼 蹄兔 猪 野兔	蛇 鼬鼠 蜥蜴	虾 儒艮

---

① M. Douglas, *Purity and Danger*, Harmondsworth: Penguin Books, 1970, p.48.

由此可见，动物在社会系统中扮演着一个重要角色。它们还有以下几个重要的特征：

1. 动物可作为一种"无玷污"，也可以说"洁净"品，常常以"全牲"而成为祭献的牺牲品。雄的、未受伤的和没有得病的动物才能够成为祭祀仪式的牺牲。

2. 初胎的动物经常被选为祭神时的牺牲，无论是人抑或动物都一样。

3. 只有活口的动物才有资格用于祭献。

4. 有的时候，肥的和新鲜的动物也被认为是作为祭祀时用的牺牲所必须具备的。

5. 人们有理由相信，动物作为牺牲时的肉是神圣而洁净的；人们在仪式中接受它自然也是神圣而崇高的。

6. 人们相信祭祀和献牲的地点、物品等也附着着灵性。

道格拉斯认为，"污染"用于表示一种社会秩序的分类，因为"活着的机能主义更能够反映出复杂的社会形态"。在仔细考察了希伯来"污染"的观念后她研判，物体为人们提供了所有象征系统的基础框架。"几乎没有任何污染不存在一些心理依据。"①格尔兹说得尤其干脆，神圣符号的实际应用和现实价值无不产生于特殊的场景和既定的仪式之中。②

在以色列人眼里，有些动物是洁净的，有些则是肮脏的。而什么是洁净的、什么是肮脏的，遵循着一套原则。比如将动物的偶蹄和反刍视作一种原则，按照人类学家玛丽·道格拉斯的观点，与之相悖者属于反常的，而反常的事物即是肮脏的和危险的。③猪虽偶蹄但不反刍，故而是肮脏的、危险的。而牛、绵羊和山羊同时满足偶蹄和反刍的条件，所以为中东地区所喜欢甚至被视为圣物。事实上，生态人类学家曾提出一个更有说服力的

---

① M. Douglas, "The Meaning of Myth," see E. Leach(ed.), *The Structural Study of Myth and Totemism*, Tavistock Publications, 1967, p.193.

② C. Geertz, *The Interpretation of Culture*, New York: Basic Books, 1973, p.108.

③ M. Douglas, *Purity and Danger*, Harmondsworth: Penguin Books, 1970.

证据:像牛、绵羊、山羊这样的偶蹄反刍动物与生态有着直接的关系,特别是随着森林面积的缩小、土地的荒漠化、人口膨胀的加剧,使得人类与动物与生态资源的关系具有竞争性,牛、绵羊、山羊等动物的食物多以粗纤维植物为主,生态的恶劣化并不根本影响它们的生存,但对猪的影响却大得多,因为猪需要相对多的精细食物。① 我要格外强调的是,爱琴海地区属于同一类生态环境,而且它与远古时期地壳运动的结果有关,属于地震运动频发地带。这里干燥、多山、多石、土地沙化、雨量小,牛、绵羊、山羊这样的动物自然形成不与人类竞争食物却可以为人们提供肉用食品的亲密关系,也体现了人与自然的适应和协调。因此,它们被视为圣物、洁净、牺牲、祭品,附带了丰富的宗教含义便"正常":历史变迁的正常、生态演化的正常、人与自然的正常、饮食习惯的正常、区域特色的正常。这样,我们在解读酒神崇拜祭祀中牛、绵羊、山羊以及原始戏剧的文化符码时,不仅可以了解到一个历史性权力化区域划分的意义,也可以了解到与之矛盾的品质。在此点上,与其将古希腊文化置于"西方"来认知,还不如将其与近东、中东地区放在同一个自然生态来看待似乎更合理些。

  道格拉斯在对 Lele 人的宗教、神话和仪式的调查中发现,Lele 人对他们的宇宙秩序有一个非常清晰的概念,并有一套简单的分类方法。首先,是人类和动物的关系。人类在政治社会的诸种关系当中与其他的动物不同,这表现在他们需要实现自然本能的时候会视社会情势而变化、隐藏。相反,动物在满足它们的自然欲望的时候无法控制。这种差别使得人类在自然的秩序和格局中处于一种至高无上的地位。同时,这也给了人类一种道德上的"执照",即在猎杀动物的时候没有羞耻感和内疚感。其次,要使这样一种自然秩序得以延续和维护下去,保证这样的自然秩序的格局得以平衡,特别是人类对其他动物拥有超级的权势和猎杀特权的时候,要使得人类与动物还能够长时间地维系平衡,则动物必须同时具有一种优势,即

---

① 马文·哈里斯:《好吃:食物与文化之谜》,叶舒宪、户晓辉译,山东画报出版社 2001 年版,第 72—78 页。

它们的生产和生殖能力要远远地大于人类。否则这样的自然秩序很快就会打破。很显然,在人类生存和生活的地域范围,特别是在狩猎时代,如果动物不保持自己超乎人类的生殖能力,或一年多胎,或一胎多子,或生育的周期短,或其他生产方面如卵生等,人与动物的关系就遭到破坏。自然格局的根本性变化最终会导致价值系统和认知模式发生变化。这便是自然的规则。基于同样的观念,人类的不生育往往被归结为巫术的作用。所以,对 Lele 人来说,生殖仪式也就被置于那些具有非常高生育能力的动物栖身之地的森林里。有意思的是,伴随着仪式的进行还有专门的咒语和语用,包括询问为什么人类没有如此神奇的生殖能力之类。再次,Lele 人对动物的自然行为以及这些自然行为与人所发生的关系和意义有着自己独特的理解。对于多数动物能够逃避人类的猎杀,或者回避与人类的接触,在有的时候、有的情况下,个别动物的行为有悖同类动物的一般性常规等等,当地人就把这些反常性的动物行为看成是"非完全动物"而具有部分的人类性。[①]

　　在我们大致了解了 Lele 人的认知系统和知识分类以后,对他们的宗教信仰就会有一个更加深入的了解。Lele 人的宗教概念建筑在一种信念之上,即人类、动物和神灵的互联关系网络。但是他们各自拥有着自己的独立领域,三个领域又不时地发生着互动关系。因此,总体上说,他们构成了一个大的系统。如果系统内的关系失衡或者失范,则主要原因出自人类以及人类在这个系统中的变化情况。相对而言,动物按照自己的生活规律生活着,它们的领域并不与人类发生什么冲突。如果人类的领域和动物的领域一旦发生了"边界的重叠",则神灵便出现并开始作为。依照当地人的宗教观念,除了巫术的作用,没有动物能够有能力干扰人类的生活,侵入人类的活动空间。同理,若排除神灵的意愿,动物也不会成为人类猎枪下

[①] M. Douglas, "Animals in Lele Religious Thought," see J. Middleton(ed.), *Myth and Cosmos: Readings in Mythology and Symbolism*, University of Texas Press, pp. 233-234.

的牺牲品。① 这样,巫术性仪式行为也就自然而然地成为人类与神灵建立特殊关系的传媒和中介。如果人类要与某种动物发生关系的时候,也就必须通过祭献仪式的进行以达到与神灵的"契约"沟通。由于种类众多,也就连带性地产生了祭司群,以便与不同的事务、种类打交道。这样,"神灵—人类—动物"三位一体的认知系统、仪式行为和宗教信仰的完整体制也就形成并功能性地开展行动。

依据同一原则,我们看到,在酒神狄俄尼索斯身上,洁净和危险还没有达到人为宗教在系统教义下的缜密分类,尽管希腊神话的父系制度已经打上明显的等级、善恶的烙印,却还没达到将二者断然分开的宗教程度。比如通奸不允许,道德上也会受到指责。这在荷马时代已经具有相当明确的社会道德准则和秩序规范。可是,几乎所有的奥林匹亚庄严神圣的神祇行为无不以人世间的行为规范为样板,代表着文明原初性概念如权威(宙斯)、美貌(阿芙洛狄忒)、光明(阿波罗)等几乎都不能例外地经常发生强奸、通奸行为,却可以在另一种分类制度的变通中获得认可和认同,甚至还成为生活的另一种基本的组成部分:浪漫。它其实是对伦理制度的枉法。但是,二者都可以在独立的情况下被确认,二者发生矛盾和冲突的时候便变通为第三种确认——一种由规定的品质冲突而转换成为最终超越个体案例的文化行为。这就是为什么在严格的一夫一妻婚姻制度里,人们欣欣然地欣赏并接受希腊神话和荷马史诗里的偷情、通奸,甚至掠夺妇女、强暴奸淫。这可以说是神话制度内的人本主义的价值根本,即对自然本性和社会伦理的双重认可下处理冲突的通用策略模型,是"人类—动物"的社会行为与生物行为的无明确界限化的表述。狄俄尼索斯不失为一个不折不扣的模范。

与其他奥林匹亚山上的主神祇相比,狄俄尼索斯看上去显然没有那么高贵。他的身上积聚了浓郁的动物性特征,从最早开始,狄俄尼索斯在希

---

① M. Douglas, "Animals in Lele Religious Thought," see J. Middleton (ed.), *Myth and Cosmos: Readings in Mythology and Symbolism*, University of Texas Press, p. 239.

腊是作为牛神被认识和接受的。他的形状或是一头完整的公牛,或者是部分的公牛形体,都旨在强调其旺盛的性欲和生殖能力。在妇女们的心目中,他是一只"高贵而伟大的公牛"。当然,这与他的母亲色弥勒(Semele)的遗传基因有关,因为他的母亲就有着"像母牛一样的自然本性"。因此,狄俄尼索斯还有一些别名,如波吉内斯(Bougenes)——"母牛的儿子"或"公牛所生",表明他的"像公牛一样的本性"。① 同时,他的形象也与其一段苦难的身世有关:阿尔吉维斯(Argives)将一头公牛扔进水里,召唤公牛生的狄俄尼索斯(波吉内斯)吹起号角从水里再生。与此同时,他扔下一只羔羊到无底的深渊作为离开地狱之门的供品。如果仔细加以分析,狄俄尼索斯"公牛本性"实现着对自然本性的一种肯定和张扬。这一点在他身上有着鲜明的表现,并有着来自"血缘"上的脉系:既可以视为酒神狄俄尼索斯本身的血脉,亦可扩大为整个奥林匹亚神系统。按神话所述,狄俄尼索斯原系主神宙斯的私生子。一如罗斯所记录:"现在他(宙斯)倚靠在床上,架着一身人类的骨脊架的形体,头上却戴着一副犄角,低低咆哮着公牛的声音,酷似公牛生的狄俄尼索斯。"② 根据记载,狄俄尼索斯出生时就是"头上长着犄角的公牛形体"。③ 除了公牛形体及本性以外,有关酒神身世的动物神话传说还有狮子、海豚、蛇等。比如他再生形体的演变形式就是一条蛇。作为酒神形象和符号系统,除了狄俄尼索斯之外,还有代表着动物的萨提尔(Satyr,羊人)、西勒诺斯(Silenus,马人)同构表述,即它们要么与酒神信仰有关,要么是酒神的信徒,要么与酒神的自然特性共同表现,要么直接为酒神的异形,要么就是酒神幼年时期的"老师"和伙伴……无一例外,它们都代表着自然的生命力和生殖力。这些形象在远古时期表现得

---

① G. S. Olmsted, *The Gods of the Celts and the Indo-Europeans*, Innsbruck University Press, 1994, p. 277.
② W. H. D. Rouse, *Nonnos: Dionysiaca*, in Loeb Classical Library, Harvard University Press, 1940, p. 268.
③ W. H. D. Rouse, *Nonnos: Dionysiaca*, in Loeb Classical Library, Harvard University Press, 1940, p. 305.

相当普遍。现存于希腊国家考古博物馆内,价值连城的精美古铜制品马人西勒诺斯,他手舞足蹈,阴茎粗大冲天,自娱自乐,所表现的正是"动物人类"这一基本主题。

对于狄俄尼索斯的动物形体和动物本性,人们可以从多个角度加以诠释,却不能脱离其中最浅显的陈述:野性。本质上说,古代神话,尤其那些所谓的"推原神话"①无不试图解释人类祖先最为迷惑不解而又无时无刻不受到威慑的自然力以及人与自然的关系。自然的无约束性质——野性便成为神话叙事中最为突出的一种表征。而且,神祇的"撒野"神话叙事并非作为文明的对立面来呈示,相反,却成为人类所不能控制的自然权威的人格化。权力和权威的最原始的形态表达或许正是这种无拘无束人格化神祇的神话版本。酒神狄俄尼索斯可以说浑身焕发着无遮无碍的野蛮之力。欧里庇得斯的《巴克斯》(The Bacchae)通过酒神巴克斯②与忒拜国王彭透斯之间

图3　西勒诺斯,马人,酒神狄俄尼索斯的守护者和老师。图为青铜塑像,着重表现人类的自然本性一面。现存于希腊国家博物馆,高0.192米,塑造于公元前530—前520年之间

的神话故事,将酒神这种与生俱来的自然野性表露无遗。剧中有这样的情节,狄俄尼索斯来到忒拜国王彭透斯的法庭,国王希望狄俄尼索斯作为卡德莫斯(Kadmos)的孙子。可是酒神执意不肯承认,却宣称将利底亚(Lydia)作为他的祖地。彭透斯一直询问他关于确认其具有神性的标志,特别是显示出他那只由宙斯给予的具有神性的手,可是他拒绝伸出来证明自己高贵的神性符号。彭透斯遂用尽各种办法来钳制他,像捆绑公牛那样对待

---

① 即专门解释宇宙万物起源的神话。
② 酒神的罗马及外国名,即非希腊神话体系的一个最有代表性的异名。

他。然而,狄俄尼索斯宣称控制了国王的意志,并且引导彭透斯身着女人的衣服前往巴克内尔。彭透斯的母亲阿格依(Agaue)是一名疯狂的酒神信徒和酒神祭祀仪式的祭司。在酒神节神秘的祭祀仪式过程中,那些疯狂的女人们头戴面具,身披动物皮毛,高举火把在乡间纵酒狂舞。她们将献祭的牺牲撕成碎块,作为圣餐敬献给她们崇拜的酒神。彭透斯在女祭司的疯狂行动中成了狄俄尼索斯的"献祭圣餐"。当酒神狄俄尼索斯来到他的前面,彭透斯表现出了一种对生命和自然之力的迷茫:

> 这里是一头野蛮的公牛,踯躅到我的面前?
> 号角在你的手上吹响!
> 你究竟是什么,人还是野兽?
> 现在总算明白,你便是公牛的附身。(欧里庇得斯《巴克斯》)

可怜的忒拜国王彭透斯身穿女人服装被疯狂的酒神女信徒们追赶,他爬上了一棵松树,狄俄尼索斯使树枝弯曲接纳了他,然而疯狂的女信徒们把树团团围住,把他从树上扯下来。正是他的母亲第一个捉住了他,她把他的手臂折断,其他疯狂的女信徒们随后将彭透斯撕成了碎片播撒于旷野。他的母亲最后把自己儿子的头颅带回家并将其视作一头狮子。伴随着酒神仪式还有一个程序:一个酒神祭司大声地呼叫,"现身吧,现身,不管是你的形体还是你的名字:是山上的公牛,百头的蛇,还是喷火的狮子?"

依据传说,在对付完彭透斯之后,狄俄尼索斯又开始了他的旅行。他去往阿尔戈斯(Argos),在那里他并不享受荣耀。他使他的女信徒发疯,把她们赶进山里。她们将自己的孩子杀死并吞食。接着他登上海盗船去往那克索斯。水手们准备把他卖掉。他撑起船桅,摇动桨杆,逃到了一个满是蛇堆的无花果树丛里,栖息于瓦砾堆砌之所。海盗们纷纷跳入大海,变成了海豚。然后,狄俄尼索斯又航行到地府,把他的母亲带回到阳间。总之,在他的旅行和生命的过程中,他不断地展示和重现公牛、狮子、熊、海豚等动物形体和主题,"这可能代表着狄俄尼索斯的原始发生形态"①。

单从狄俄尼索斯与彭透斯的神话传说考究,人们可以感受到来自古风时期的蛮力野俗:巫技、神秘、人兽未分;野蛮、残暴、亲情未结;混沌、放浪、秩序未然。然而,如果我们再做进一步思索便会发现,简单以文明的对立物或者二元对峙概念赠给狄俄尼索斯及酒神祭仪未免太过肤浅。我们有时甚至会惊讶地发现,那些综合了社会历史变迁的基本主题,杂糅着人类本能的复杂情感,反映了自然关系中的经纬纵横,都可以在酒神及其祭仪中有所管窥。分析时代的分类体系虽然体现出人类的睿智和精致,而且也因此给人类带来了擅长做分类辨析方面的能力。然而,当我们开始怀疑自己习惯性的逻辑思维和操作技术的周延性时,一种可能出现了:我们可能恰好成了逻辑思维的戕害者却不自觉,也就是说我们未必具备先辈们那种在错综复杂的情结中游刃有余的思想方式和认知方式。就像人类今天的肠胃已经完全没有能力消化祖先饮血茹毛的食物那样。因此,我们要做的只能是小心翼翼地对待人类祖先的经验果实和表述态度而不是轻易地做价值判断。当野性与自然生态中的生命和生存关系被视为宛若果实与生命树的维系关系的时候,我们终于体会到动物的野性不愧为一种伟大的力量。因而酒神崇拜祭祀仪式能够上升为希腊传统中一个无以取代的生命类型,并成为许多艺术门类、哲学美学溯源时必备的原始资料和原初版本。

二、植物的人类话语

对于人类,就对生命的认识而言,可以说最早从植物的变化上感知到生命的时态。因此,在象征和比附上,人类将生命比作植物,比如"生命树"亦最为平常。植物的"一岁一枯荣"韵律和变化直接为人类观察生命的存在和运动提供了参比物。人类通过"生命树"的母题不仅仅从植物的意象中做出对生命的认同,还可以通过神话和仪式作为创世记的原生形态的纽带和中介。回到我们的话题,狄俄尼索斯的野蛮之力并非仅仅聚现于动物,在这个意义上,植物的文化功能与价值是一样的。酒神的神话传说从动物开始继而变成一束具有治病功能的鲜花,然后才是藤本植物的形

---

① G. S. Olmsted, *The Gods of the Celts and the Indo-Europeans*, Innsbruck University Press, 1994, p. 282.

式——长颈变成了一束葡萄藤。在葡萄这种藤本植物身上,他发现了酿酒的艺术。借此,他骄傲地宣告,他对酿酒艺术的发现远比赫拉的谷物和雅典娜发现的橄榄油好得多:

> 没有酒,宴会就没有欢乐;没有酒,跳舞便无法心旷神怡……当人们在痛苦的时候,要畅饮美酒,他就可以抛弃与日俱增所积压下来的痛苦的负担。①

狄俄尼索斯的植物象征非常突出,葡萄是一种植物,常春藤是一种植物,它们都成为酒神生命表述中最为常见的植物叙事符号。"常春藤有多种象征意义。它的叶子总是绿的,意味着永生。在许多情况下,它具有魔力。酒神狄俄尼索斯及其信徒所执的顶端为松果状的手杖,也由常春藤所缠。据说它可以使人冷静,激发深刻的思想,抵消喝酒所带来的热度。在奥西里斯神的活动中,常春藤也起着同样的作用。"②世界许多民族的创世神话都将生命树看成天与地、人与神等的形态,看成知识和信息的交流物质。中国、印度和德意志的神话传说都有类似版本。"树"的创世叙述除了生命的意识和意象外,还有具体工具形态的功能价值。因为宇宙的模型一经诞生,便具有相对的稳定和凝固性质。"树"于是有了"天—地—人""天堂—凡界—地狱""上—中—下""神—人—动物""神—英雄—凡人""神谕—天使—人类"等不同层次、极之间的交接和固定。宇宙树的"轴",作为具有神圣的安置性仪式的功能,就像宇宙的不同地区和形态需要连接和凝聚一样。③ 同时,它还经常要充任具体的知识和信息的"梯子"和"管道"。在《圣经·创世记》里面,这一形象就再现在雅各的"梦幻"之中:天使带着上帝的旨谕和信息在那个"梯子"上上下下地通行往来。④ 宇宙树

---

① W. H. D. Rouse, *Nonnos*: *Dionysiaca*, *in Leeb Classical Library*, Harvard University Press, 1940, pp. 416-417.
② 汉斯·比德曼:《世界文化象征辞典》,刘玉红、谢世坚、蔡马兰译,漓江出版社 2000 年版,第 31—32 页。
③ M. Eliade, *Images and Symbols*, Translated by P. Mairet, Princeton University Press, 1991, p. 45.
④ *Genesis*, XXVIII, pp. 11-12.

的生命礼仪对于人类在创世记的生命意涵以及形态表述上都嵌入了人类早期认识世界的态度和知识形态的原始特质。人类认识宇宙的模式通过现实和自然中不同的"类"进行着可参照的、直观的陈述,具体和抽象并没有截然分开。生命话语即存在于"树",宇宙的生命表征即存在于"树",这何尝不是神话仪式思维阶段"我思故我在"的另类异述。

从现实功能的角度去看待酒神祭祀仪式,自然也无法脱离对特指植物的物质认识。最为关键的是,植物给人类提供了生计上最为重要的来源。毋庸置疑,酒神祭祀仪式里,酒神首先被视为葡萄(植物-丰产)神来崇拜。这当然有赖于酒在希腊日常生活中的功用,而且衍生出对待酒的态度。希罗多德列举了希腊人日常对酒的态度:"他们(希腊人)非常喜欢酒并且有很大的酒量。他们不许当着别人面呕吐或是小便。在这些事情上他们的习惯便是如此。此外,他们通常都是在饮酒正酣的时候才谈论最重要的事件的。而在第二天当他们酒醒的时候,他们聚议所在的那家的主人便把前夜所做的决定在他们面前提出来;如果这个决定仍得到同意,他们就采用这个决定;如果不同意,就把这个决定放到一旁。但他们在清醒的时候谈的事情,却总是在酒酣时才重新加以考虑的。"[①]这说明酒在生活中充当了一个重要的使者。它连接着不同的时态,连接着不同的场境,连接着不同状态下的决定,连接着人类生命的不同情态。

对于酒神狄俄尼索斯,人们通常将他视为一个单一的神祇,并将他作为奥林匹亚山神谱里面的一份子。这不会有什么问题,却远远不够,因为以这样的视野去看待他,忽略了在他身上所集结的多元因素、多种符号、多层喻义和多重价值。其实,他身上包含着人类的自然特质:既指人类生命中的自然本性,也指人类与自然界,尤其是与动物和植物所建立起来的亲密关系。所以,酒神更属于一个价值系统。狄俄尼索斯只是实现这一个价值系统的中心神。与之相关联的还有诸如代表着植物的林神潘恩、森林女神宁芙等。而这些植物的生命意象与四季的更替循环相类同,将人类生命的存在和性质表示出来。维柯说过,《奥德赛》以及其他一些传说里,珀涅

---

① 希罗多德:《历史》(上册),王以铸译,商务印书馆1959年版,第69页。

罗珀却和求婚者奸淫过（意指正式结婚权推广到平民），生下了林神潘恩，就是一种半人半兽的怪物，亦即李维所说的混血杂种，因为罗马元老们告诉过平民，说如果让他们分享贵族的结婚权，就会生下像潘恩那样由珀涅罗珀和平民通奸生下来的杂种怪物。① 在这里，植物成了婚姻中的生命类型的"平民"指喻。人类以及社会关系正是通过自然界中的动物和植物这些生命体的多元性质呈现出来。虽然在文学的原型叙事中，生命和主体未必一定将这样的类比直接带入其中，但是，如此的生命"同情"必不可少。弗莱认为，把神的死亡同秋天或黄昏联系起来的那种联想，在文学中并不必定意味着那位神就是植物神或太阳神，而只意味着这是一位会死的神，不管他属于哪一种类型。但是，由于神优于其他的人和自然，一个神的死亡理所当然地包含着莎士比亚在长诗《维纳斯与阿都尼斯》中所说的对自然的"庄严的同情"。在这里，"庄严"一词在语源上同"仪式"一词的含义有联系。② 弗莱告诉我们，植物的符号表述与原始仪式有着脉络上的关联。

植物，特别是树，几乎成为所有宗教教义中一个不可缺失的符号象征。对于佛教来说，菩提树是大彻大悟的象征（佛祖释迦牟尼于菩提树下觉悟）。在基督教体系中，树象征着听从上帝安排的生命。《圣经》在讲述人类本质变化时并不直接说教，却让伊甸园的智慧树作为人类品性考察的一个符号；基督受难时的十字架的木料来自生命之树……③植物的生命意象无须做更多的思辨就已经悄然地成为作家们必备的创作养分。但丁《神曲》中树的意义，莎士比亚剧作里的植物化身，奥菲莉亚的"生命花瓣"的"葬礼"仿佛比照出林黛玉（灵芝仙子）"花谢花飞飞满天，红消香断有谁怜"的意象和"何处有香丘"的悲凉意境。美国作家欧文甚至专门到英格兰寻访植物花卉在葬礼中的传统功用以及莎士比亚剧作中引用这种地方习俗的背景。这种人类学式的寻访具有田野作业的气息。只不过他的叙

---

① 维柯：《新科学》，朱光潜译，人民文学出版社1987年版，第337—338页。
② 诺思洛普·弗莱：《批评的剖析》，陈慧、袁宪军、吴伟仁译，百花文艺出版社1998年版，第8页。
③ 汉斯·比德曼：《世界文化象征辞典》，刘玉红、谢世坚、蔡马兰译，漓江出版社2000年版，第314—316页。

述是诗化的。

> 这里鲜花虽只有几朵,夜来却会更多,
> 那沾濡夜露的芳草,
> 是坟墓最好的点缀——
> 你们如同凋谢的花卉,
> 暗示着它们同样的命运。
> ——莎士比亚《辛白林》

在英格兰的一些地方,仍保留着这样的丧葬遗俗,在葬礼上撒下鲜花,然后栽种上几株花木在故人的墓地上。这种丧葬礼俗远在古代希腊、罗马时代就已经盛行而为经典作家们所提及。莎士比亚在他的剧作里面对类似的仪式有许多的移植和比附。比如在尸床上覆盖鲜花这一丧事仪俗,在《哈姆雷特》里面吟咏奥菲利亚的一首忧伤诗就有印证:

> 他的寿衣洁白如高山积雪,
> 撒满芬芳的花朵,
> 它们啜泣着走进墓穴,
> 赤诚至爱,泪若滂沱。

人们在亲人或者挚友故去的丧葬仪式里面以这种方式寄托着某种理解:"把故去者的记忆与自然界最清雅、最优美的东西联系在一起。在入棺填土之前,墓地悲怆的程序,足使想象力在遐想面前退缩;而我们依旧探索着在我们面前绽出青春俏丽的花朵并使我们的联想为之苏醒的美好形式。"①奥菲利亚的长兄雷斯特在为他处女的妹妹赋诗时写道:"把她放进泥土里","从她娇美的躯体中,愿紫罗兰花儿绽开!"列维-斯特劳斯认为:

---

① 华盛顿·欧文:《欧文见闻录》,樊培绪、李长兰译,湖南人民出版社1986年版,第213页。

"丧葬仪式自然是各个族群并不相同。此仪式背后的感觉是一样的,我们可能因此想象各族群在这方面的差异微不足道。但是,即使我们把不同的人类社会所观察到非常简单化的对死者态度的陈述排出来,我们还是不得不承认一项主要的区别,而在两个极端的例子中间可以发现各种不同的中间类型。"① 这或许也正是莎士比亚戏剧中对植物超越个案的生命体认。

赫利克②以一种故去者在世生存的记忆方式进行描述:

> 你安睡在宁静中,在这芬芳的床榻上,
> 你使得这整个世界变成天堂。
> 愿馨香不绝!从此散发出
> 浓郁的清香。
> 让香脂与肉桂使芬芳
> 逸出你少女般的墓碑之上。
>
> 愿所有羞怯的少女在惯常的时光,
> 来到你的墓地用鲜花把它插遍!
> 愿处女们,当她们出来吊唁时,
> 浓郁的香火焚烧在
> 你的祭坛!尔后返回,
> 把你留在墓中安眠。

"我不厌其烦地描述这一美好的乡村习俗,因为这是残存,故而也是最神圣的爱的礼仪之一。坟墓是对真正感情的最严峻的考验。在那里,灵魂中天赐的激情比纯动物情感的本能冲动显得更为高尚。后者必须靠其肉体

---

① 列维-斯特劳斯:《忧郁的热带》,王志明译,生活·读书·新知三联书店2000年版,第297页。
② 华盛顿·欧文:《欧文见闻录》,樊培绪、李长兰译,湖南人民出版社1981年版,第214页。Herrick Robert(1591—1674),英国诗人,《看守金苹果的仙女》的作者。该诗集共收田园诗1200首。其中"杰夫萨的挽歌"——杰夫萨,圣经故事国的犹太士师,曾亲手杀死自己的女儿。——原注

的存在而保持其生气,而灵魂深处的爱则可铭记在怀而得到长存。单纯的感官欲望会随激动的诱惑一起凋萎、消褪,因而对墓地四周感到厌烦,不寒而栗。但是,恰在此后,真正的内心情感升腾而起,从感官的每一欲望中得到净化,从而像一团圣火开始照亮并洁化生者的心田。"①欧文在对英格兰丧葬仪俗的寻索以及欧洲许多类似的仪式中感受到了人们对于死亡的恐惧和以鲜花祭祀礼仪所寄托的哀思。同时他担心这样美好的礼仪会随着都市化而渐渐消失。事实上,诗人的担心显然只是从事物的表象上去认识。至少,迄今为止这样的习俗并没有消失。纵使在欧洲的大都市也一样。根本原因在于,诗人对于丧葬礼仪中以植物和鲜花为祭品等习俗中的自然生命观照的直觉,让人类领悟到花开花谢、植物生生不息却必须以死亡为"沃土"换来生命"鲜花"美丽的道理。这同样是生命树的自然延续。

其实,酒神祭仪和庆典与花卉也有着不解之缘。比如,古代雅典总共有七个与酒神有关的仪典,其中有一个是在春天举行的"绽花节"。节日庆典共三天:第一天,参加盛典的人们都要以新酿的美酒祭酒神,人们在仪式中品尝新酒;第二天,进行游行,排演狄俄尼索斯的神话故事,晚上要痛饮狂欢;第三天,在大街小巷驱邪遂鬼。② 有意思的是,我们在古代埃及的历史上发现一种与绽花节近乎一样的仪典节日原型——河谷欢宴节。这是一个缅怀死者、崇拜神灵的节日。每年5月末至6月初,所有底比斯的居民都集中到尼罗河西岸的河谷地方,也是底比斯城的公共墓祭地。饮酒狂欢是一项最重要的节目。③ 现在欧洲的许多地方仍然流行着绽花节。诠释它的角度可以不同,有一个历史性的理由是春天已经来到,冬天已经过去。酒神故事的上演,祭祀仪式的举行,送走鬼魅,迎来希望。这与其说是一种心理期盼,还不如说更是一种生命在时节中的阈限性"通过",一种通过礼仪。

---

① 华盛顿·欧文:《欧文见闻录》,樊培绪、李长兰译,湖南人民出版社1986年版,第218页。
② 维吉那·亚里山得里亚主编:《民主的曙光:古雅典(公元前525—公元前322)》,老安译,山东画报出版社、中国建筑工业出版社2001年版,第25页。
③ 维吉那·亚里山得里亚主编:《尼罗河两岸:古埃及(公元前3050—公元前30)》,聂仁海、郭晖译,山东画报出版社、中国建筑工业出版社2001年版,第74—77页。

图4 古代埃及人在河谷狂欢宴节日中,一名侍女为坐着的妇女斟酒。该节日允许生者与死者相见。妇女手中持有象征着回春的莲花,葡萄酒随意向人捧出,无论生者还是死者

图5 这幅古埃及图画记录了底比斯城举办狂欢节的情形,庆典中国王头戴阿蒙公羊角的王冠,看护着阿蒙的圣船

第三节 中心的边缘话语

一、神话-仪式叙事的"中心/边缘"轨迹

倘若置中心于后现代思潮的背景之下,一定为许多人所生厌。它令人想起、感到某种超常的权力意志。世界上究竟有没有所谓的中心?绝对而

言,没有。谁有能力通过绝对理念或地理学、天文学知识确认一个中心呢?没有。托勒密失败了,哥白尼也没有获得成功。任何试图证明宇宙中心者,那个中心都必定是有限性的。但是,"中心"的概念却时时刻刻存在着。相对于人类的知识,没有中心,甚至连基本坐标都无法确认。具体地,每一人都是一个中心,否则他就无法以自己作为一个认知单位开始由已推他、由点及面,类似于一块石子落水的那种向外推波式的认识、思考和解释。人在社会生活中的关系以及族群之间的"差序格局"①也在此基础上建立起来。就此我们可以大致得到几个这样的认识:一,绝对地说,世界、宇宙(其实这些概念已经含有了建立中心关系的系统,不过我们没办法,就像我们需要说话一样,而我们一开口,就已经有了以我为中心之嫌。所以我们也只能在有中心价值的概念和话语系统中尽可能地做到排己)并没有中心。因为它不存在。二,对于人类的认识与人类所发生的自然和社会关系而言,却不可避免地出现中心概念,否则人类的认识便无法正常进行。人与自然、人与人、族群与族群的"差序格局"也就无从确认。三,既然中心不可避免地要成为人类认识世界和自然的发生学原理和要件,而人类作为其独特的、与其他动物在认知和表述上的本质性差别,即以象征符号的认知和表述系统去描绘它,那么,中心的原初型的特征表现为想象性的模型与范式。

人类远古时代,或曰神话推原时代,世界被塑模成一个宇宙的微型模具。人类无疑就生活在这个具有中心形象的范畴内。这个宇宙的微型模具的外面是广大未知的、无形的、无组织、无秩序的空间——混沌。概念上它与无、死亡、黑暗、恶魔、孽邪等相维持。每一个宇宙塑模,每一个人类的居处区域都可以被称为中心,也就是说那是一个至为神圣的地方。它既是

---

① 差序格局为我国著名人类学家费孝通的一个概念:"以'己'为中心,像石子一般投入水中,和别人所联系成的社会关系,不像团体中的分子一般大家立在一个平面上,而是像水的波纹一般,一圈圈推出去,愈推愈远,愈推愈薄。在这里我们遇到了中国社会结构的基本特性了……我的解释就是从自己推出去的和自己发生社会关系的那一群人里所发生的一轮轮波纹的差序。"(费孝通:《乡土中国 生育制度》,北京大学出版社1998年版,第27页)

物质的绝对,又有象形的形态,在许多远古的文明类型里面都具有神性。有些文明类型的宇宙塑模可以同时有几个中心,比如古代的美索不达米亚、印度、中国都有。更有甚者,每一个中心都可能被当作世界的中心——神圣之所。① 它的推原性质更多地体现在原始的地理志范畴。神话叙事的缘生性所指为"真实的空间"(real space),与其说要在人类早先所认识的世界范围内去建造一种以某一个中心为核心的等级模式,还不如说在确认存在与混沌(无)的关系。这样,"真实的空间"也就有了神圣的意义。因此,神圣的原初价值为唯一,具有绝对的不可置疑性。② 换言之,原始神话的叙事旨在建立所谓的"中心塑模",以解决最为原初性的疑惑:人类居处的地理空间与它所对应的无、混沌的问题,颇相似于老子的"原道"。当然它也有对应,却并非如结构主义和人类抽象思维中的概念范畴。柏拉图建理想国的目的首先在所谓的"黄金时代"——那个时代人类还没有丧失神性的部分——确立一个理想的城邦国家。而那个"理想的城邦国家波里斯"事实上也就是人的身体的塑模:它由两部分所组成,也就是说它是双位制的、二元的。其中主要的部分是头,为灵魂的居所,起到国家政治权力核心的作用。很显然,即使在柏拉图的理想国双位制度里面,中心的地位和价值亦为先决条件。由此可见,只有在解决了哲学发生学意义上的原点问题——宇宙世界的推原性问题以后,才有可能接着进行连带性的逻辑思考与分类,即解决在一个中心塑模系统之内的关系。那么,随之而来,涂尔干的"神圣/世俗"基本分类、概念和分析单位也就有了附丽。简约地说,就神话叙事逻辑,中心塑模首先旨在解决和解释"道生一"的问题,即"唯一"的"有"的产生和与它对应的"混沌"的"无",修建"独一无二"的"神圣"的边界范畴。它还处在"无中生有"阶段。接着才是进入"一生二"以及二元对峙的结构和等级关系网络的后续阶段。

美国人类学家格尔兹有一句名言:"文化是一张地图。"每一张地图都

---

① M. Eliade, *Images and Symbols*, Translated by P. Mairet, Princeton University Press, 1991, p.39.
② M. Eliade, *Images and Symbols*, Translated by P. Mairet, Princeton University Press, 1991, p.40.

遵守着一个原则：以我为中心。文化是人类的一种特殊的叙事文本。所以，"我"首先为人。人的创生在任何推原神话阶段都与世界的其他物类一并出现，而且处于中心位置，因为它必须符合宇宙创世记的叙事范式。换言之，神话中的万物起源是作为人类对自身、对自然成因的认知前提并置的。如果没有以人为中心的文化认知和确认逻辑，万物的起源便没有话语意义。很显然，神话的世界中心的定位不过是人类创造宇宙进化学说的产物和复制品。世界中心（Omphalos）在希腊语中意为肚脐。它是古代很多地方一个常见的象征物，象征宇宙的诞生之所。按照古希腊神话传说，"世界中心"位于底尔菲的阿波罗神庙，目前陈列在博物馆内：一块饰以网状织物的蜂窝状石头。它代表着宇宙之中心，阴、阳、天三界在这一点交汇。因此，人们相信它可以感召那些神谕者。一般来说，"世界中心"作为一块封住了阴、阳、天三界通道的石头，把对石头、太阳神以及大地母亲的各种崇拜因素结合起来。① 围绕着那块"脐石"（navel-stone）还有一个神话传说：上帝创世之后，为了确定世界的中心，遂派两位天使向两个完全相反的方向飞行寻找，最后他们在底尔菲会合，那个会合点即世界的中心。上帝就在那个点上打造了一块脐石。按照美索不达米亚的传统，人被确定在"大地的脐点"（navel of the earth），叫作杜安基——Dur-an-ki——连接天和地的中接点。② 原始神话叙事的首要事务先要将人类与非人类、超人类的关系理顺，接着还要进行人类的中心化确认。这也就是为什么每一个国家的地图都首先把自己定位在中心位置上。有了中心跟着也就有了外围，有了边际，有了边缘，有了边界。中心如果移了位置，边界就得重修，边缘性却永恒。古代希腊以城市为核心建立国家政治体制，有了神位中心、权力中心、地域中心、结构中心等，同时也就有了边缘、郊外、亚类。几乎所在的民族在他们的历史地理的叙事形态当中，也都首先建立一个"中心/边缘"地理形貌和行政观念。比如现存的雅典卫城遗墟 Acropolis 仍不失为

---

① 汉斯·比德曼：《世界文化象征辞典》，刘玉红、谢世坚、蔡马兰译，漓江出版社2000年版，第298页。
② M. Eliade, *Images and Symbols*, Translated by P. Mairet, Princeton University Press, 1991, p.43.

西方古代国家形态城市国家的标准模型。Acro 意为地理上的高点,延伸意义为崇高、权力等。polis 为城市国家,它与政治有着脉理上的贯通。这样的国家模型彰显出宗教的崇高性、公理的民主性、政治的权力性、区划的核心性、城市的防御性等多重功能。

希腊的中心概念与氏族内部的宗教仪式有着某种关联,它对氏族的权力有一种族群内部"公共场域"(public field)的要求。一方面,它承认在氏族内部的权力关系;另一方面,这种权力关系必须显示在公共场域范围。这样,"在广场上进行的仪式"也就有了历史的附丽。这方面,希腊语使用的一些表达法很有特点。希腊语说:某些决议或某些决定应该放在中间。国王原有的特权,甚至执政权本身也应该置于中间、置于中心。借用空间形象来表达一群人的自我意识,表达他们作为政治统一体而存在的感受,这不只是一个比喻,而且还折射出了一个全新的社会空间的到来。事实上,城市建筑已不再像以前那样集中在被防御工事环绕的王宫周围,城市现在的中心是"公众集会广场",它是公共空间,是安放"公共之火"(Hestia Koine)的地方,是讨论大家共同关心的问题的场所。城市本身反倒被城墙围了起来,保护并限定着组成它的全体市民。过去耸立着国王城堡(即享有特权的私人住宅)的地方,现在建起了为公共祭祀而开放的神庙……城市一旦以公众集会广场为中心,它就已经成为严格意义上的城邦(polis)。①

"中心/边缘"的概念与古希腊的地理学有关。最著名的地球模型之一要数公元 2 世纪的"托勒密世界"(Ptolemy World)模型,虽然今天人们都已经认识到哥白尼的"太阳中心说"更接近于客观规律,但是同样重要的是,托勒密世界模型成了人类认识世界的一个标志性里程碑。这是毋庸置疑的。托勒密世界模型事实上深受古希腊地理学的影响②,认为世界由三个洲所组成,它们是欧洲、亚洲和非洲。希腊罗马当然是世界的中心。

---

① 让-皮埃尔·韦尔南:《希腊思想的起源》,秦海鹰译,生活·读书·新知三联书店 1996 年版,第 33—34 页。
② F. Spencer(compiled), *Ecco Homo: An Annotated Bibliographic History of Physical Anthropology*, New York: Greenwood Press,1988, pp. 3-4.

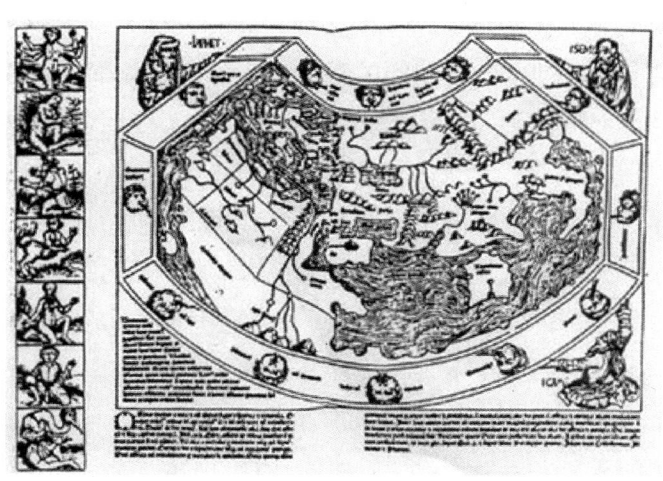

图 6 "托勒密式"的世界模型图

在这个世界模型的边缘居住着希腊罗马和中世纪时期神话记述的那些真实的,但带想象性描述的族群和人民。比如,在希腊地图的北边居住着所谓的希伯波里安人(Hyperboreans),按照希腊神话的描述,这是一群居住在高山洞穴里的极乐族群,这些洞穴起源于北风。[①] 另一方面,在荷马史诗《伊利亚特》里面,希波莫尔吉(Hippemolgi)和加拉克托发吉(Galactophagi)属于西希昂(Scythians)牧马的游牧民族,他们占据着亚洲和欧洲东南的广大地区。更低一些的,则是旦(Don)和德内波人(Dneiper)。由于这些地区较近和易于接近,因此,早期的希腊人与西希昂在族性上有着密切的关系。该世界模型的西面,希腊人认为是神秘的伊利修人(Elysium,参见荷马史诗《奥德修纪》Ⅳ和品达的《奥迪·奥林匹亚》Ⅱ),这个地区被认为是不易于栖息的地方。它也是希腊具有地理方位的一个极地,类似于天堂一样。古代世界,南方可涵盖东方的广大地域,希腊人相信那广袤的地区居住着深皮肤的族群,他们一律被称作伊西欧皮昂人(Aethiopians)。从词源上看,伊西欧皮亚(Aethiopia)源自伊西欧珀斯(Aethiopes),这个词在早期希腊的语用里指太阳升起和降落的地方。那个时候人们相

---

① R. Graves, *The Greek Myths*, Vol. 1, London:Penguin Books,1955:21,12.

信太阳与地面非常靠近,所以那个地方的人们的皮肤也就显得更黑,黑皮肤民族的文学描述即太阳灼色的民族。在这些族群当中,可以确指的就是居住在埃及南部的族群。① 不过,对于这些非白人种族,希腊人和罗马人的认知有差别,比如对于皮肤的深浅差异有不同的解释,有代表性的两种:环境的差异所致和人种的混杂而来。② 到了18、19世纪,科学家们才逐渐开始通过人种类型来认识人类。但是,在古希腊罗马时期的学者眼里,这些不同人种和族群体质上的不同特征只是不同环境下的差别。这也意味着,种族中心主义、白人至上等论调基本上在罗马帝国以后以及十字军东征这样一个历史时期渐渐滋长出来。而在古希腊罗马时期,民主与寡头、平等与权力的矛盾关系比较突出,种族歧视、白种优越并无产生的温床。即使在托勒密的世界模型中,中心的含义主要指地理性族群。

荷马的世界大到东地中海的广大地区。事实上,在公元前8世纪到前7世纪,希腊人根据他们的地理知识已经到达了更大的范围,包括西班牙、埃及和克兰尼(Cyrene)。这个时期的旅游交通和殖民无疑使希腊民族和文化因此包含了丰富的人类学色彩。随着波斯帝国的强大,希腊商人的贸易甚至远及苏萨(Susa)。这一切都使得希腊古典学变得具有跨区域、多族群、多文化的鲜明特点。许多神话人物一身兼有复合的文化因子。克拉克洪据此认为"希腊事实上成了一个人类多民族汇集的中心(anthropolocentric Greek)"③。这种历史中心主义虽然为以后帝国的政治意识——欧洲中心论奠定了基础,但那是后来被别有用心地篡改了。希腊原始中心的特质主要指其作为族群、物产、交通、文化交流的一个中心枢纽。它表达一种融合,一种变化。比如在埃及的神话里有动物头的神,到了希腊就没有了。希腊文化成了一个典型的荟萃者,将霍勒斯(Horus)变成了阿波罗,将奥西

---

① F. Spencer(compiled),*Ecco Homo*: *An Annotated Bibliographic History of Physical Anthropology*,New York: Greenwood Press,1988,pp. 4-5.
② F. M. Snowden,*Blacks in Antiquity*: *Ethiopians in Greco-Roman Experience*,Harvard University Press,1970,pp. 1-14.
③ C. Kluckhohn,*Anthropology and the Classics*,Rhode Island: Brown University Press,1961,p. 29.

里斯变成了狄俄尼索斯。这时的希腊与欧洲没有任何文化独立主义意味,恰恰相反,它是东方思想、东方学说、东方遗产的学习和继承者。很明白:由早先的希腊中心到后来的欧洲中心,是一个十足的历史政治的"文明共谋"(complicity)!①

荷马时代为古典希腊的开放时期,特殊的地理交通便利成了一个重要因素。但是,导致希腊人思维的开放,除了具备生态环境条件外,族群之间的相互融合也是一个因素。希腊人的生物种性至今没有一个明确的概念,它只有在独立的个体中才显得有意义。这意味着以种族为中心的欧洲文明源泉说缺乏归纳和抽象的意义和价值。希腊人只是自然环境和族群交流的结果。希罗多德曾就他们的体质特征发表过这样的观点,未知往昔,他们只是一些黑皮肤和带有卷曲头发的人群。颜色对希腊人同样不具有特征性。在古典希腊时期,皮肤的黑和白不具备价值分类和意义,只有自由人和奴隶才有社会意义。所以,今天人们在区分"希腊人/野蛮人"的时候时常犯错误。虽然古希腊人也会因为自己是希腊人而感到骄傲,但与野蛮人的差别并不在于其他,而是看他会不会讲希腊语。这里没有族群分类的意义。克拉克洪认为,对于古希腊的人类学研究有助于我们对当代人类学进行重新反思。对于希腊文化,他总结道:"它变化得越大,越是同一回事情。"②

汤因比在他的《历史研究》一书中借用了考古人类学和体质人类学方面的材料,对米诺斯文明的起源做了这样的认定:根据"考古学家的证据,证明在这里最早的人类居住的遗址是出现在克里特岛上,这个岛屿离开希腊和安那托利亚都比较远,但是比它同非洲的距离却近得多。人种学支持考古学的这个观点;因为看起来已经是肯定的事实,已知的最初住在面向

---

① 文明共谋主要指两种或两种以上的文明所形成的互动与共生关系,表现为优势文明在与弱势文明的互动过程中,前者对后者施以压力,从而使弱势文明在历史的变迁中逐渐地掌控在强势的话语之下,甚至逐渐丧失自我文化认同的能力。
② C. Kluckhohn, *Anthropology and the Classics*, Rhode Island: Brown University Press, 1961, pp. 34-42.

爱琴海的大陆上的居民有一些明显的体型特征。安那托利亚和希腊的最早的居民是所谓的'宽颅人'……这个人种学上的证据肯定了这样一个结论,就是最早在爱琴海群岛的任何一个岛屿上居住的人们乃是由于亚非草原的干旱而迁来的移民"①。从此可以看出,以地理的中心观念引申出人种的高级、优等说完全没有任何根据可言。

"中心/边缘"概念首先表现为一个地理概念。许多考古学家、人类学家的研究成果证明,中心的原始意义来源于人群聚落的地理空间。古代希腊的早期国家类型——城邦国家就具有明确的地理空间性质。高度稠密的人群聚集起来的城邦制度形成了一个个各自相对独立的地理空间单位,在城邦与城邦之间也就自然地形成了地理上的有形边界。这种原初性的地理边界在很大程度上所依据的空间格局来自地理地貌的自然条件。另外,在同一个城邦内,又有着城市与城郊的地理阈限差别。就更大的范围而言,城邦与城邦的关系之外还有所谓的"地中海文明圈"系统的阈限和地域边界关系。如果我们回想一下荷马史诗的全部逻辑前提,便会非常惊诧地发现,"争端女神"在宴席上留下来的那个金苹果并非要引起诸神的纷争,而是要挑起城邦之间的联盟对另一个文明类型的城邦的战争、掠夺和殖民。其根本原因在于希腊城邦的地理和族群的价值已经出现,而传统与希腊文明有着血脉关联的特洛伊已经出现了地理、族群、商贸、航道、殖民等利益的冲突,才真正导致了旷日持久的特洛伊战争。它非常清楚地在城邦与城邦之外的"地中海世界"(Mediterranean World)地理关系中建立起关系网络和权力格局。这样就出现了来自地理和权力关系的四个结构圈:

A:城市核心
B:城市边地
C:城邦领土

---

① 汤因比:《历史研究》(上),曹未风等译,上海人民出版社1959年版,第94—95页。

D:文明类型

与之相关,必然出现三个空间层次和三层边界作用:

第一,城市中心与城郊之间的界线和阈限关系。
第二,城邦与城邦之间的界线和阈限关系。
第三,"地中海世界"地理与族群差异所形成的界线和阈限关系。

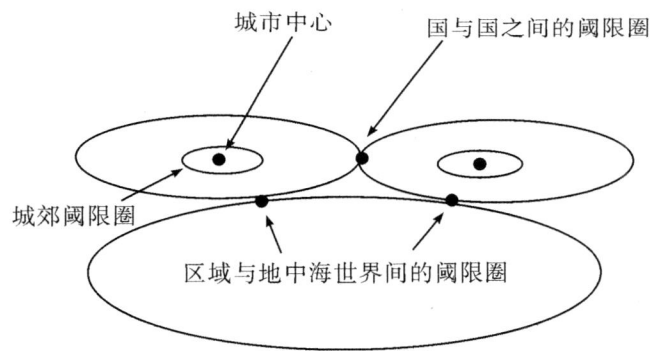

图7　根据意大利南部考古资料构拟的仪式地貌结构图

人类学家通过对南部埃特鲁尼亚地区(South Etruria)的一些城市的考古发掘资料分析发现,具有高度竞争力的地区和地貌,其政治边界同时具有高度的脆弱性。仪式却可以起到超越这种政治脆弱性的功能,它的纪念性质和特殊方式更有效,并在这些错综复杂的关系结构里面建立起仪式性权威。①

从这个结构圈的三层边界和阈限关系中,人们可以做出多重量化和非量化却有着历史依据的质化性内容。比如地理地貌即可作为量化的因素

---

① C. Riva, & S. Stoddart, "Ritual Landscapes in Archaic Etruria," see J. B. Wilkins, (ed.), *Approaches to the Study of Ritual: Italy and the Ancient Mediterranean*, University of London, 1996, pp. 93-94.

来考虑。首先,不同的城邦国家所处的地理位置,特别是城市中心一开始选择必定是作为人群聚集地,显然有着非常明确的地理因素的考量:河流、地貌、保卫设施的建设(经常与筑城门和修护城河等联系在一起)、人口密度的容纳与分流等,与非城市地区不甚相同。因此,在城市与非城市地区的地貌有着明显差别。其次,每一个具体的城邦与相邻城邦之间的政治权力都不相同。众所周知,雅典的城邦国家与斯巴达的城邦国家之间就有根本性的差异。埃特鲁尼亚地区的相邻城邦之间也具备各自不同的政治权力类型。最后,一个文明类型中的文化、政治与宗教权威与另外一个文明类型之间必然也有着重要的区别。有意思的是,仪式往往可以成为相互交通的媒介。其中最为重要的依据正是在于它具备了在地理上、空间上、权力格局上、城邦交往上、文明类型上的多重边缘性质。就这一点而论,它与中国传统社会中的"社""郊"仪式很相似。

仪式在传统类型上最粗糙的几种划分中,丧葬仪式和宗教仪式为典型的两种。它的物质特性如丧葬建筑和丧葬器物一直是考古人类学家极为重视的部分。由于丧葬仪式中的物质指示上的特殊能力和功能,使之经常成为城市乃至国家兴衰的一种指示器。"鉴于丧葬仪式直接与城邦的政治意识形态相维系,丧葬建筑因此被确认为一个城市领土和政治边界(political boundaries)的特别指示物。而作为相反的例证,宗教仪式上的物质器物由于其轻便特点和手工性质往往使其表述象征意义与原始意义在政治语境上产生了差异。同样,人们侧重于将丧葬建筑与城邦的政治意识形态关系之间视为指示物;而作为相反的例子,寺殿结构属于另外一种竞争性边界——比如在腓尼基和希腊社会里,真正的领土边界被认为是一种'更为有把握的政治边界的确认方法'——边界的仪式化(the ritualization of the boundary)。"① 换言之,与丧葬仪式与宗教仪式相联系的两种仪式性物质和器具各自潜藏着特殊的表述功能和转换能力而与不同的政治计量

---

① C. Riva & S. Stoddart, "Ritual Landscapes in Archaic Etruria," see J. B. Wilkins (ed.), *Approaches to the Study of Ritual: Italy and the Ancient Mediterranean*, University of London, 1996, p.94.

方式和意识形态发生关系,并成为不同层面的意义指喻。埃特鲁尼亚地区的例子将公元6世纪前的两种主要仪式类型与古代希腊世界以及整个爱琴海文明形态的影响置于一个完整的时空链条上,透视出古代城邦政治结构与仪式结构之间话语系统的元语言叙述:丧葬仪式更容易、更接近于做城邦与城邦之间的政治边界确认;宗教仪式则更容易将不同文明类型之间的边界和领土分野展示得泾渭分明。

即使是力主戏剧来自对酒神仪式模仿说的亚里士多德,也未忘记在戏剧的滥觞中提示戏剧发生过程中的地理因素。他认为,模仿之于史诗(史诗中的叙述也是一种模仿)和戏剧,都要借人物的动作来进行。drama(戏剧)一词典出于希腊文 dran,原义即为动作。所谓动作,也就是指演员的表演,或者说,"模仿仪式的动作"。在戏剧的原生意义里,涂尔干所做的"神圣/世俗"价值已经显现端倪。亚里士多德对此有过考述,多里斯人(Doris)认为他们是悲剧的首创者,他们的证据有两个:他们称郊区乡村为 komai(雅典人称为 demoi),而 komoidoi 之所以得名,并不是由于 komazein 一词,而是由于他们不受尊重,被赶出城市而流浪于 komai。又说他们称动作为 dran,而雅典人则称为 prattein。对这些语词的训诂似可说明,悲剧和喜剧都是多里斯人首先创造的。在希腊文里,komazein 即狂欢的意思,而喜剧演员的名称为 komoidoi,也是因为他们曾流落于 komai(郊区乡村),是一个世俗化的地方。同时,dran 在多里斯人那里正好就是动作,而在雅典方言中,动作应为 prattein,它引申出来的是 pragma,却不是 drama。①

显然,仪式与戏剧的原始关系蕴藏了人文地理上的复合因素。即使在今天,以中心城邦为核心的地理分布形态仍可瞥见其原始面貌。酒神系统内的形象、活动大都集中于核心城市之间的广袤地带。然而,巴赛却地处希腊南部多山地区阿卡迪亚的最偏远的边缘。它毗邻古代世界闻名遐迩的一些城市散布的地区:南边是斯巴达,与其说是城市不如说是军营——

---

① 亚理斯多德:《诗学》,罗念生译,人民文学出版社 1982 年版,第 9—11 页。多里斯人是一支古希腊民族,于公元前 11 世纪到前 10 世纪间来到伯罗奔尼撒(Peloponnesos)。——原注

正是我们今天所说的那个词"斯巴达式"的意思一样。西边是奥林匹亚，宙斯的伟大圣地，四年一度的全希腊最盛大的运动节日在此举行——现代奥林匹克运动会的发祥地。北边和东边是阿尔戈斯、科林斯这两个繁忙的城市。再过去就是雅典。对比之下，希腊人把阿卡迪亚看成是一片荒野，大自然支配一切，半人半兽形态的牧羊神潘恩出没之地。在神话里，潘恩会对在他掌握之中的任何生物企图非礼，不管是姑娘、仙女还是兽类。在希腊画家笔下他往往参加狄俄尼索斯的狂欢酒宴。有一个历史传说希罗多德做如此记述：希腊人的大卫（David）与波斯国王的歌利亚（Goliath）之间发生大规模冲突，雅典人曾派一个长跑手去请斯巴达人帮助他们击退来犯的波斯大军。他在穿过荒蛮旷野阿卡迪亚时碰上了潘恩。后来，尽管斯巴达人没有能及时派来援军，潘恩却给希腊人带来了援助——把敌人吓得败退。作为酬谢，潘恩在雅典的卫城下面得到了一个圣地，每年向他供奉牺牲和举行火炬游行以示纪念。① 我们知道，阿卡迪亚不仅代表着蛮荒边缘野地，是半人半兽出没的地方，也是酒神狄俄尼索斯少年寄养、受教育和成长的地方。

　　维吉尔慧眼识得这一历史符号的丰富内涵，在他的那个意大利式的阿卡迪亚中创造了一个特别的"其他地方"。在那里，想象力可以逃遁尘世的烦嚣而进入原来的又歌又唱的境界，人们可以畅想，诗人和音乐家从此之后就已回到了那里，把这个地方重新想象为唱歌比地位和财物更加重要的地方。……潘恩和他的"阿卡迪亚式"出没之地也是维吉尔的朋友贺拉斯的著名《颂歌》的主题……在那里，大自然可能会放纵基本的本能。在菲奥娜·比特－凯思莱（Fiona Pitt-Kethley）的毫无顾虑的希腊游记中，你可以找到一个现代的女性版本，她对她所称的"潘恩原则"的追求，把她带去游遍了潘恩的阿卡迪亚。巴赛的"浪漫景象"夜以继日地把她引向这个

---

① 玛丽·比尔德、约翰·汉德森：《当代学术入门：古典学》，董乐山译，辽宁教育出版社、牛津大学出版社1998年版，第91—93页。

"使世世代代的相爱者心旷神怡的宏伟神庙"。① 一连串的古典文学的引用所要告诉的道理很简单：阿卡迪亚代表着原始、欲力、乡野、质朴、狂放等，是诗性的策源地。它与"城市—中心"构成了另一极的对应关系和对话单位。"城市是这个大世界的中心，而乡民所住的地方是大世界的边缘地区。"②尽管人们清楚地认识到，如此关系的建立纯属派生性二元对应，因为城市社会就其发生而论，远比乡土社会迟得多。而且，纵然在建立二元关系的雏形阶段，亦没有社会价值上的重大差别，充其量只是适合社会膨胀发展的功能需求。按照福柯的知识考古谱系学，造成后来社会价值的浸入，其实都是权力惹的祸。

二、"东方/西方"的语话变迁轨迹

几乎可以说萨义德(E. W. Said)充当了一个当代"皇帝新装"的指出者。尽管他的"东方"概念有这样和那样的偏狭，尽管他的"东方学"的地理概念局限于中东的伊斯兰教社会，尽管他的知识系统中还包含着大量的"西方背景"，但都不妨碍他的"后殖民主义"的挑战价值。他的《东方学》对"东方"有了一个人人清楚却不愿意挑明的评说："东方几乎是被欧洲人凭空创造出来的地方，自古以来就代表着罗曼司、异国情调、美丽的风景、难忘的回忆、非凡的经历。现在，它正在一天一天地消失；在某种意义上，它已经消失，它的时代已经结束。""东方不仅与欧洲毗邻；它也是欧洲最强大、最富裕、最古老的殖民地，是欧洲文明和语言之源，是欧洲文化的竞争者，是欧洲最深奥、最常出现的他者(the Other)形象之一。"③那么，建立"我者/他者"的关系实质是什么？是权力关系，也就是福柯所定义的话语系统。在任何非集权社会，某些文化形式都可能获得支配另一些文化的权力，即所谓"文化霸权"(hegemony)。霸权首先指喻一种特殊的既成关系。

---

① 玛丽·比尔德、约翰·汉德森：《当代学术入门：古典学》，董乐山译，辽宁教育出版社、牛津大学出版社1998年版，第91—93页。
② R. 基辛：《人类学与当代世界》，张恭启、于嘉云合译，(台北)巨流图书公司1989年版，第66页。
③ 爱德华·A.萨义德：《东方学》，王宇根译，生活·读书·新知三联书店1999年版，第1—2页。

没有建立"我者/他者"的关系,霸权便无从实现。这也就是西方文化内部所形成的对东方的权威——一种策略性成规。"权威既不神秘也非自然形成。它被人为构成,被辐射,被传播;它有工具性,有说服力;它有地位,它确立趣味和价值的标准;它实际上与它奉为真理的某些观念,与它所形成、传递和再生的传统、感知和判断无法区分。"①所以东方学便超越了简单的工具性概念:它首先是一个通用的术语,指西方向东方一步一步入侵和浸透的过程;它也是一个学科,专指在这一过程中西方学术和实践对东方的逼迫;它当然更是一套话语系统,是一系列与之相关的政治和学术策略的组合。②萨义德在《东方学》里面将概念、目标、策略、计划、实践等都讲述得非常清楚。我们无意沉湎于这一概念或学科的更多讨论,不过,他为我们在今天的社会价值之下带入了一个人们都不得不面对的社会实践问题。认识这一关键问题有赖于一个必要的前提:"我是谁?"和"我在干什么?"如果一开始你便明白你属于"他者"范畴,那么,依据权力话语基本的区分原则,任何"族群/地域/文化"价值事先就已经被规定和评价了。

对于"东方"文化知识的"帝国主义"策略和殖民历史,"后殖民主义理论"的汹涌浪潮并不缺乏批判的力度。有人甚至冠于"文化帝国主义"名目,主要的理由是:"帝国主义"与"支配"二词所包含的负面含义相当明显,它们均涉及了权力、统治权或控制。逻辑性地,"文化帝国主义"也就是在文化上实施控制的权力。③这样,"文化帝国主义便成了'民族-国家'的话语"④。因为,"民族-国家"⑤成了事实上近代资本主义的基本表述单位。在讨论"文化帝国主义"这一命题的时候,两个原则与之相关:第

---

① 爱德华·A.萨义德:《东方学》,王宇根译,生活·读书·新知三联书店1999年版,第26页。
② 爱德华·A.萨义德:《东方学》,王宇根译,生活·读书·新知三联书店1999年版,第94页。
③ 汤林森:《文化帝国主义》,冯建三译,上海人民出版社1999年版,第40页。
④ 汤林森:《文化帝国主义》,冯建三译,上海人民出版社1999年版,第46页。
⑤ "民族-国家"为现代社会的国家形态,是继"传统国家""绝对国家"之后的一种形态。它通过国家权力和行政阶级对资源的控制,使传统的城乡边界,甚至国家之间的关系都在"世界体系"之内进行新的"边界划分"。参见吉登斯:《民族-国家与暴力》,胡宗泽等译,生活·读书·新知三联书店1998年版,第18—34页。

一,"学科"的原则。字如其义,指用于强化秩序与控制的东西。英文 discipline(学科)既可解为领域性知识,也可做纪律、规约解。第二,"作者"的原则。西语中的 author(作者)与 authority(权威)同源,实指具有限制性话语的功能。① 于是,"谁在说话"便成为至为重要的事情。与此同时,西方"我者"的文化帝国主义有着一套符合自我的话语表述。最有代表性者便是鲁宾孙形象。笛福的《鲁宾孙漂流记》是一部与欧洲早期殖民经验平行对应的作品,其中记录了通过阐释来进行复制这样一种做法。② 鲁宾孙是海难的唯一幸存者,经过劳动,他建立了属于自己的小小领地——按照新教传统建设这个领地——筑墙来保卫它。同时,与"星期五"建立了"我者/他者—主人/仆人"的人际关系,将西方人所认知关系的象征符号恢复在一个荒芜的海岛。鲁宾孙既符合西方原始资本积累的英雄主义形象,同时也是西方列强殖民的原始面貌。欧洲人在阐释域外世界时,总是把当地的文化说成是原始的和野蛮的。但这一切都不影响他们对于东方文本的掠夺、盗窃、搜集、整理和分析研究。而且西方人会在东方作品的隐喻符号的解释中"再生"新质。③ "作为载体,隐喻又将殖民文学的谱系传递下去。"④与其说西方的话语传统不断地传承着他们的殖民文学谱系,还不如说传承着殖民的谱系:权力的、知识的、隐喻的话语。

权力在话语中的作用至关重要:对于"东方"来说,"西方中心"的价值缘起无疑为"欧洲中心"。但是,随着资本主义的发展,其话语中的权力指示显然已经播衍到了欧美,而欧洲内部也随着历史的步履,原先起到相对重要的国家和区域逐渐不及以前。相对静止的"东方"与相对变迁的"西方"在话语变迁中都会根据现代国家的基本单位"民族－国家"权力格局

---

① 汤林森:《文化帝国主义》,冯建三译,上海人民出版社1999年版,第19—20页。
② 艾勒克·博埃默:《殖民与后殖民文学》,盛宁、韩敏中译,辽宁教育出版社、牛津大学出版社1998年版,第18页。
③ 艾勒克·博埃默:《殖民与后殖民文学》,盛宁、韩敏中译,辽宁教育出版社、牛津大学出版社1998年版,第51页。
④ 艾勒克·博埃默:《殖民与后殖民文学》,盛宁、韩敏中译,辽宁教育出版社、牛津大学出版社1998年版,第62页。

的变化而不断地移动"单位的边界"。即使在"欧洲中心"的传统价值结构中也会产生出新的边界移动,并逐渐由地理上的概念指称趋向于成为一个权力指示的概念。"欧洲这一个观念,它本来是直指地理上的意义,而现在却由于某些神秘的吸力而转化成为一种形而上的范畴。在今日,谁能够说欧洲到底是指什么?我所知道的是,它仅仅是一项暗喻。当我着手检定我们国家当中的欧化人物所称谓的'欧洲'时,我往往发现:它的大部分外围的国家——当然是指西班牙,还包括英国、意大利、斯堪的那维亚诸国、俄罗斯——仍然被摒弃在它的范围之外,因此,它所指的只是属于中央地带的法、德两国,以及她们的属地和附庸。"①甚至像西班牙这样老牌的资本主义国家都随着权力疏远而将自己在"欧洲中心"中视为"唐·吉诃德",属于近代欧洲话语游戏中的"悲喜剧"。② 我们看到,连属于中心系统的边缘部分都会因受到权力核心的挤压而发出了埋怨,那么,作为"我者"的对立面"他者—东方"所承受的长时间历史压迫的程度便可想而知。由此可见,所谓的话语其实包含着对历史过程中权力"评估—重新评估"原则的恪守。它的指喻范畴处于策略性变动之中。

因此,如果不对被偏见化的"东方"进行颠覆,还其基本的面貌,那么,任何学科和学术工作都可能为"我者"的谋略做"资本的投入"。不管他是谁,甚至是东方人自己。其实,我们今天所使用的许多概念和接受的价值多数属于"东方学"范畴,有些连起码的地理常识都变了味。维柯认为西方知识和文明赖以为据、为由、为源的价值从一开始就出现了地理上的简单错误:希腊以东的那个大半岛被称为小亚细亚,而小亚细亚再推广到世界的东方大部分,至今仍称亚细亚,不加任何形容词。另一方面,希腊本土因为在亚细亚的西方,叫作欧罗巴,就是天帝约夫乔装成一条公牛去诱拐的那位欧罗巴公主。后来欧罗巴就被称呼直到大西洋这边的另一大洲。③ 希腊历史,按狭义来说,是从公元前800年左右开始的,可是它的起源却比

---

① 乌纳穆诺:《生命的悲剧意识》,北方文艺出版社1987年版,第173—174页。
② 乌纳穆诺:《生命的悲剧意识》,北方文艺出版社1987年版,第202页。
③ 维柯:《新科学》,朱光潜译,人民文学出版社1987年版,第390页。

这个年代要早2000多年。各种文化相继出现,都留下了历史遗物。就我们对希腊最早的居民的现有知识来说,他们是处于前金属器文化阶段,这个时间可以追溯到公元前3000年。东方已经使用金属了,先是黄铜,后是青铜。这些技术不断地向西传播,传到小亚细亚沿岸。公元前3000年初期,又从小亚细亚海岸由一次可能发生的民族大迁移传入希腊。克里特岛所反映出来的米诺斯文化便是与埃及和东方交往的结果。人们甚至还可以从一些宫殿遗墟中看到代表单词的象型文字。所谓的"乙种线型文字"只限于克诺索斯(Knossos)以及大陆上的皮洛斯和迈锡尼才有发现。而更古老的"甲种线型文字"只有克里特岛才有。所谓有"希腊文化"正是数千年来文化交流、民族迁徙、商贸殖民的果实。① 古希腊神话与亚细亚历史性传承的例子还有很多。比如希腊著名的俊美男子阿都尼斯(Adonis),据信其与叙利亚的塔穆斯(Thammuz)一年一度的生死有关,甚至连阿都尼斯之名都取自叙利亚同一条河流的名字"阿都尼斯"。② 就此而言,刻意强调和强化希腊文化的西方性,若不是阴谋,至少也表现为对历史的盲视。

作为常识,古典时期希腊人的宗教观念来源应当从更远古时代,其中包括克里特-迈锡尼时代的社会结构和意识形态中去寻找。希腊众神中的许多神,如宙斯、赫拉、波塞冬、阿尔忒弥斯、狄俄尼索斯等在迈锡尼时代的铭文中都已提到。对世界文学有着巨大影响的希腊神话,在远古时候已经形成,其中一些早在克里特-迈锡尼时代就开始构成,并且以这个时代的事件作为这些神话的基础。③ 事实上,以米诺斯文化为标志的克里特文明形态远比以雅典为中心的希腊城邦文明类型悠久得多,甚至雅典还要为克里特提供给养。雅典王子提修斯(Theseus)的最伟大业绩就与此有关。

---

① 休特利、达比、克劳利等:《希腊简史》,中国科学院世界历史研究所翻译小组译,商务印书馆1974年版,第7—13页。希腊文化(Helladic Civilization)——Helladic来自希腊语(Hellad + ikos,意为希腊的)。希腊语Hellad指"希伦人"(Hellenes)居住的地方;汉语"希腊"就是Hellad或Hellas的译音。——原译注
② 弥尔顿:《失乐园》,朱维之译,上海译文出版社1984年版,第21页。
③ 兹拉特科夫斯卡雅:《欧洲文化的起源》,陈筠、沈澈译,生活·读书·新知三联书店1984年版,第2页。

依据历史传说,米诺斯的儿子死于雅典,克里特王怀疑为雅典人谋杀,遂率强大的舰队征讨雅典。雅典人投降后便成为克里特的祭献国,定期送童男童女给米诺斯怪牛吃。后来,雅典王子在第三次敬贡时主动将自己作为怪物的祭贡品,并在米诺斯公主的帮助下杀死怪物。我们与其将这样的传说当作神话读,还不如视其为历史。从历史发展的形态来看,以克里特为核心的文明类型深受东方文明特别是小亚细亚和埃及的影响和融合。而雅典在很长的历史时期内不过是人家的贡献国。这非常符合历史发展的线索,只是西方人几乎不从或不愿从这样的角度去认识、去寻找、去研究、去解释。这便是历史记忆的重要特征:有些东西被遗忘了,有的东西被记忆下来,而什么需要被记住,什么需要被遗忘,悉数经过选择以后做出。必须承认,希腊神话不仅在前荷马时期就已经存在,而且在希腊人迁移到希腊本土之前就已经有了缘生形态。[①]虽然,我们今天对像迈锡尼这样早期文明的全貌还缺乏深入的了解,但是,对于任何一个研究古典学的学者都明白古代迈锡尼对于"希腊文化"的渊源作用和影响意义。虽然迄今为止人们已经无法彻底了解迈锡尼文明时代的全貌和细节,但正如迈锡尼泥版文书向我们显示的那样,最古老的希腊世界在很多特征上都接近同时代的近东各国:克诺索斯、派罗斯等。[②]

根据知识的传授途径,国家的、政治的、学术的、宣传的、商业的、媒体的,似乎已经促使对西方文明先祖的追索,并通过对知识谱系的上溯确立古希腊文明——人种上、地域上、政治上、语言上、宗教上的体系,从而整合成为确认的文化源泉。格鲁塞曾经就古典的经院知识做了一些考述:"事实上,希腊人的科学思潮最后是在拉基德人或罗马人的亚历山大形成了,欧克里德(Euclide)在那里宣布了我们的古典几何学;埃拉托色德尼(Eratosthene)在那里发现了地球的椭圆性;萨莫斯的阿里斯塔克(Aristarque)

[①] Nilsson, M. P., *The Mycenaean Origin of Greek Mythology*, Berkeley, Los Angeles, London: University of California Press, 1972, p. 3.

[②] 让-皮埃尔·韦尔南:《希腊思想的起源》,秦海鹰译,生活·读书·新知三联书店1996年版,引言第1页。

发现了地球是围绕着太阳旋转的规律！地理学家托勒密(Ptoleme)最终圆满地完成了有关马其顿远征军结果的研究……他是通过研究丝绸之路和香料之路而取得如此成就的,这两条路线从此以后就分别通过陆路和海路而把希腊化的亚洲与远东联系起来了。然而,希腊科学就这样最终在东方的领土上形成。"①尽管在许多背景联系、考古疑点、建筑和艺术等方面尚有未曾揭开的谜底,却并不妨碍西方"我者"对这一话语系统的建构、修补、拼凑、诠释和想象。换言之,许多"东方"还未清楚,就已经仓促地加以确定和应用,这才是人类最大的一桩"疑案"。希腊神话明显地产生于不同的时期,其中许多神话中的地方性英雄系后来应政治目的而生。此种情况贯穿于整个希腊的历史。然而,其中大多数的神祇,像狄俄尼索斯的形象变迁或者形态变形的因素非常古老,只不过其情节的演变和定型成就于希腊时期。② 维柯甚至认为酒神巴库斯也是从希腊的印度来的,他以凯旋的方式从印度的东方,就是说从一个富有诗性黄金的希腊地方来。他以凯旋的方式坐在黄金车里(即一车谷物),所以他也是一位能驯服蛇和虎的人,正如赫克勒斯能驯服九头蛇和狮子。③ 相比较而言,缘起和过程都可以淡薄和淡化,结果在这里显得至关重要。很显然,当谢里曼发现墓地里的金面具,打电报给希腊国王说他"正面对阿伽门农的脸"的时候,不幸在时间上出了问题。人们通过把迈锡尼遗墟中的器物与古代近东进行比较,发现它们有着密切的关联。可是,迈锡尼的遗物和特洛伊战争时代在时间上有出入。前者被确认为公元前1550年时代的物品,而特洛伊战争发生的时间为公元前1200—前1100年。特洛伊遗墟的发掘显示它是被人焚毁的。④

我们所说的古代希腊在很长的历史时期之内并非指现代意义的、有明

---

① 格鲁塞:《从希腊到中国》,常书鸿译,浙江人民美术出版社1985年版,第13页。
② M. P. Nilsson, *The Mycenaean Origin of Greek Mythology*, Berkeley, Los Angeles, London: University of California Press, 1972, p. 1.
③ 维柯:《新科学》,朱光潜译,人民文学出版社1987年版,第392页。
④ K. Dover, *The Greeks*, Oxford University Press, 1982, pp. 3-4.

确领土边界的一个南欧国家,而是包含着地中海所属的周边范围,包括小亚细亚地区的亚洲国家在内。甚至于有的学者认为荷马史诗都与所属的亚洲国家有着不可剪断的联系。公元前334年,当他到达伊利奥斯(Ilios)成长的圣地时,便认为正处于历史全盛时代的荷马新史诗《伊利亚特》应属于亚洲土地上的古老史诗……亚历山大使这个新的希腊,即亚洲的希腊在十个多世纪的时间内一直属于希腊文化圈……在亚历山大之后,希腊化主义道德征服了中央安纳托利高原地区的弗利琪(Phrygie)和卡波杜斯(Cappodoce),并且一直持续了十三个世纪之久。亚历山大通过这次征服揭开了对真正高地亚洲全面进军的序幕。因为小亚细亚高原只有草原而没有河流,那里已经接近大亚细亚地区了。大亚细亚地区从伊朗到蒙古,到处是高山、平原、牧场、沙漠和绿洲。从此以后大亚细亚就形成了一个大希腊,一个安纳托利亚的大希腊。①

  韦尔南认为,宙斯这个词根与印欧语根有关系,拉丁文dies-deus、梵文dyeus同样有印欧语根。与印度的特尤斯天父(Dyaus Pita)、罗马主神朱庇特(Jupiter)一样,Zeus Pater,即宙斯天父(Zeus Pere),直接继承的是上天伟大的印欧神。② 同样,酒神可以作为一个典型的个案。罗斯认为酒神狄俄尼索斯是于公元前7世纪左右才进入希腊的。③ 据此,人们尚无法完全弄清酒神狄俄尼索斯属于哪一个民族,但至少有一点可以肯定:在他身上凝聚着浓郁的东方色彩。从他的身世来看,他曾经为了躲避天后赫拉的迫害,带领一群狂女浪迹天涯,足迹遍布埃及、叙利亚和印度。④ 如果依据习惯上的地理概念,那么,在整个奥林匹亚神系统中,酒神狄俄尼索斯是最具有东方因子、东方价值、东方特点、东方形象、东方情调的一个神祇。由此

---

① 格鲁塞:《从希腊到中国》,常书鸿译,浙江人民美术出版社1985年版,第9—10页。
② 让－皮埃尔·韦尔南:《古希腊的神话与宗教》,杜小真译,生活·读书·新知三联书店2001年版,第28页。
③ H. J. Rose, *Gods and Heroes of the Greeks: An Introduction to Greek Mythology*, New York: Meridian Book, Inc., 1960, p.23.
④ R. Barber, *A Companion to World Mythology*, Harmondsworth: Penguin Books Ltd., 1979, pp. 73-74.

可知,后来的酒神形象以及整个祭祀仪式也没能逃脱话语权力对它的规定和作用,并被不断地加以改造。

话语具有单位界线,它体现在社会的方方面面。它既有分类的意义,也有指认的意义。而且,现代社会中的文本本身就熔铸着权力的各种指示和命令。那么,一部小说或一部作品是否具备话语的单位性质呢?福柯在《知识考古学》中对"书的单位/作品的单位"进行了厘清。对于一般的文本叙事作品而言,书籍的物质单位构成了一部作品的基本物化性界限。但是,如果以书籍为话语单位就显得很无力和次要。因为在同一个书籍的物质单位里面,包括的叙事内涵远不相同。一部司汤达的小说或一部陀思妥耶夫斯基的小说的个体化不同于《人间喜剧》诸篇,而《人间喜剧》中的各篇又不同于《奥德赛》《尤利西斯》。[①] 由此可知,话语的单位标志可以多种多样,而这些不同系统的标志和语义交织在一起。在经过这些复杂的折磨之后,福柯给出了一个话语单位界线的更高层次的原则:"关于这些话语我们可以简单地说,它们确定着'人类的科学'。但这只是特权的基点。我们应该牢记两个事实:话语事件的分析绝对不会被界限于这样一个领域中;另一方面,对这个领域本身的分割也不能被视为最终的,也不是绝对有价值的;它只是近似值。这个近似值应使一些关系的出现成为可能,而这些关系又有可能消除那个最早构想的界限。"[②]

三、"文明/野蛮"的话语变迁轨迹

"文明/野蛮"的一个最外在字面意义是因"文"而"明"。反之因"野"而"蛮(盲)"。显而易见,"明/盲"所代表的知识范畴与"典雅"(官方、精英)、"野俗"(民间、乡土)有着必然的关联。然而,诗歌的发生形态却来自民间。人们刻意强调阿炳这位盲乐手和他的《二泉映月》为民间艺人和民间乐曲。叶舒宪教授注意到诗歌创作和传授中最重要的两类人是寺人和

---

① 米歇尔·福柯:《知识考古学》,谢强、马月译,生活·读书·新知三联书店1998年版,第26页。
② 米歇尔·福柯:《知识考古学》,谢强、马月译,生活·读书·新知三联书店1998年版,第36—37页。

瞽矇(盲乐师)①。当然,人们也注意到古希腊最早、最伟大的诗人荷马也是盲人。汤因比为此解释的理由是,盲人因为无法成为战士,但是可以弹奏动人的琴弦,利用歌喉歌唱他无法完成的事业,歌唱的材料可以从那些没有艺术才能的普通士兵那里获得。这使他成为一般战士所不能企望的不朽名声的传播者。②人们或许还可以体会一种更为隐晦的东西:"文明"历史地演变为某种权力话语,更可怕的是,它甚至成为西方中心和帝国主义的代言词。作为中国人,我们永远不会忘记,当八国联军的刽子手们掠夺了大量圆明园宝物并将其付之一炬时所欢呼的一句话:"这是文明人对野蛮人的胜利!""文明/野蛮"作为一组历史性关键词委实到了清理的时候,而这种清理经常不得不从古典学开始,因为它涉及知识谱系的梳理问题。

面对像希腊罗马的古典学的时候,人类学首先要碰到这样的难题,即如何进行人类学的田野作业,如何借用人类学的概念,如何最为有效地利用古希腊的文献材料等。"文明/野蛮"在很长的历史时段内成了西方人类学在民族、族群和社会划分边界时的通用性语词。事实上,它与"中心/边缘"所贯彻的理念并无二致。当然,它并不能因此贬抑人类学在古典学研究上的成就。在这方面,博厄斯、克鲁博(Kroeber)等都做出了榜样。此外还有不少优秀的学者,他们以人类学家的身份、眼光、方法、手段对希腊古典学进行卓有成效的研究并留下了许多有影响的作品,比如赛克斯(Sikes)的《古希腊的人类学》(1914)、本恩(Burn)的《赫西俄德的世界》(1936)、迈尔(Myres)的《谁是希腊人》(1930)、默利和马雷特(Murray &Marett)的《希腊宗教的五阶段》(1925)等。今天,希腊的古典学并不像它冠名的那样,好像只是原始文化的一种遗留。其实,它时时刻刻与我们在一起,特别是在民族与族群认同上建立与之相符的身份价值。

建构"中心/边缘"的认知系统,如果在原始思维形态中还属于人类在与自然的关系之中确认作为认识主体——"以我观他"的基本观照态度,

---

① 叶舒宪:《阉割与狂狷》,上海文艺出版社1999年版,第148页。
② 汤因比:《历史研究》(上),曹未风等译,上海人民出版社1959年版,第155—156页。

那么,进入国家帝国主义、原始资本积累和殖民"东侵"扩张的历史进程以后,"中心/边缘"便逻辑性地衍化为"文明/野蛮"的价值分类。二者是一种延续,也是一种互文,更是一种递进。权力的话语色彩越来越明显。甚至发展到了今天,我们可以见到那些来自西方文本中大量类似的论述,无不与之有着紧密的历史连带关系。它在很大程度上成了西方不少学科在创始时期的认识论基础。在世界体系和经济全球一体化的作用下,多元文化是否具有生存和并置的权力成了一个人类共同的话题和棘手的难题,而如果这样的论题得以认可,那么,我们首先要做的就是要认真检讨和反思早已积淀在人类社会的那个来自"西方中心"的价值规则。

人类学发展本身就透露出一种演变的轨迹。在早期的社会人类学研究语汇里面,"文明/野蛮"的语用分类并不是专门用于区分历史时段的,与其说它们可以用作反映在人类不同阶段的形态,还不如说是以一种社会行为为标准,或者说人群行为为标准的对比。① 也就是说,历史"进化"这一条线索虽然一直覆盖在表面上,根本的原则却非着重于此。这令我们想起人类学先辈的一些代表作品:《原始社会》(摩尔根)、《原始文化》(泰勒)、《金枝》(弗雷泽)、《原始思维》(布留尔)等。事实上,古典人类学在确定人类学研究领域的时候,就已经将自己的研究对象定位在"野蛮"之上,他们的整个学术逻辑和学理依据正是比较社会文化视野下的二元对峙。

"文明/野蛮"的概念不是一个新鲜的东西。不过,它并不是一成不变或一蹴而就的,即使学者在使用这个概念的时候也有一个变迁轨迹。它涉及知识的制度体系和权力的关系问题,福柯很精确地看到了这一点。"我们应该承认,权力制造知识(而且,不仅仅是因为知识为权力服务,权力才鼓励知识,也不仅仅是因为知识有用,权力才使用知识);权力和知识是直接相互连带的;不相应地建构一种知识领域就不可能有权力关系,不同时

---

① E. E. Evans-Pritchard, *A History of Anthropological Thought*, New York: Basic Book, Inc., Publishers, 1981, p. 95.

预设和建构权力关系就不会有任何知识。"①一个知识体制的建立,并非简单地由一两个哲人凌空架起,必须有基本的"单位"性质。依照福柯的看法,"单位"表现为一种等级。只有这样,各种各样的成规和规则才能日趋完善和完备。"在规训中,各种因素是可互换的,因为各个因素都是由它在一种系列中所占据的位置,由它与其他因素的间隔所规定的。因此构成一个单位的,既不是领土(统治单位),也不是地点(居住单位),而是等级,即人们在一种分类中的位置,线与行的交点,可以被连续通过的间隔中的一个间隔。"②有了这样的知识和价值的依附单位,历史方可在一个权力的支配下或被记录,或被记忆。"毫无疑问,对编年史、系谱、功名成就、王朝统治和业绩的'历史—记忆'似乎长期以来就是与一种权力运行方式联系在一起的。由于有了新的征服技术,持续进化的'运动'趋向于取代重大事件的'宗谱'。"③文明与野蛮的概念关系也不能例外。

汤因比在他的《历史研究》中开宗明义,也是采取先建立"历史研究"单位方法。这当然有笼罩在现代系统论阴影下的嫌疑。学术上,它倒有一个便利,即一开始就把人类社会不同的"单位"(文明类型)给隔绝开来。单位的内部结构也因此成了根本因素,外部的影响成了相对次要因素。文明比较便有了基本的逻辑前提。这自然不能判之为错,却把人们带进了一个既定的框架。接下来,"蛮族"的"东方"与"文明"的"西方"自然而然地纳入了比较研究的系统"单位"之列。不能否认,其他多种社会类型在历史上从编年史的角度走在西方社会之前,但他既不同意"把蛮族对于我们西方社会的贡献估计得过低",也不同意"一般常喜欢夸大蛮族对我们西方社会的贡献"。④他援引考古学家伊文思的观点:在克里特的宗教材料

---

① 米歇尔·福柯:《规训与惩罚:监狱的诞生》,刘北成、杨远婴译,生活·读书·新知三联书店1999年版,第29页。
② 米歇尔·福柯:《规训与惩罚:监狱的诞生》,刘北成、杨远婴译,生活·读书·新知三联书店1999年版,第165页。
③ 米歇尔·福柯:《规训与惩罚:监狱的诞生》,刘北成、杨远婴译,生活·读书·新知三联书店1999年版,第181页。
④ 汤因比:《历史研究》(上),曹未风等译,上海人民出版社1959年版,第17页。

里面,似乎看到一种流行的精神因素,很像2000多年来一系列东方宗教——伊朗的宗教、基督教和伊斯兰教的那种信仰,但希腊的想法迥然不同。接着,汤因比就以酒神祭仪为例提出了一种假设:来自色雷斯的酒神狄俄尼索斯这个古代希腊的神秘祭神仪式同近代欧洲的巫术一样。原来是来自一种已经绝迹了的社会的宗教?① 沿着这样一条线索,对酒神狄俄尼索斯这样一个神话祭仪的基本理解便出现了:狄俄尼索斯属于西方社会"单位"系统之内,虽然他可能与"东方蛮族"的宗教信仰有着某种相似的因素,本质上却迥然不同。对于很难在"西方社会"寻觅到他的缘生性因子这个棘手的问题,汤因比干脆将它推到一个永远无法索解的竟地:"绝迹了的社会的宗教"。这样,他就轻巧地解决了两难:一是酒神狄俄尼索斯及其祭祀仪式属于西方系统;二是如果在西方社会里面找不到他的远古遗迹,那可能就绝迹了。

弗雷泽更加露骨地通过酒神狄俄尼索斯的身世,把它完全地放置在西方的知识系统中,不屑与"野蛮人"发生任何关系。弗雷泽的《金枝》对古代埃及的奥西里斯和古代希腊的狄俄尼索斯都有过非常细致的描述和分析,但是,弗雷泽爵士无论如何不肯承认古希腊的狄俄尼索斯与古埃及的奥西里斯视为一后一前的渊源和继承关系。因为,毕竟在这位西方人类学家的眼中,"埃及人都是吃人的野人",而奥西里斯不过开始做了这些"野蛮人"的"开化"工作。② 所以,弗雷泽在言及狄俄尼索斯身世时做这样的判断:

> 我们看到古代西亚文明国家和埃及都把一年中季节的更迭,特别是植物的生长与衰谢,描绘成神的生命中的事件,并且以哀悼与欢庆的戏剧性的仪式交替地纪念神的悲痛的死亡和欢乐的复活。如果说这种纪念在形式上是戏剧性的,那末,它们实质上

---

① 汤因比:《历史研究》(上),曹未风等译,上海人民出版社1959年版,第31—32页。
② 詹·乔·弗雷泽:《金枝精要——巫术与宗教之研究》,刘魁立编,上海文艺出版社2001年版,第330页。

却是巫术性的。也就是说，根据巫术的交感原理，其意图是为了确保植物春天再生、动物繁殖，而这些都受到冬天损害的威胁。这种思想认识和仪式，在古代决不限于巴比伦、叙利亚、弗里吉亚和埃及等东方民族，决不只是酷爱梦想的东方宗教的神秘主义的特殊产物，而是与爱琴海沿岸和海上诸岛更富于想象更具活泼气质的民族所共有。没有必要假定这些西方民族从更古老的东方文化引借了神的死亡与复活的概念，同时也引借了其隆重的仪礼，把这一概念戏剧性地呈现在信奉者的面前。更可能是，我们在东西方宗教之间在这方面可以找到的相似的东西只不过是我们在习惯上（虽然并不正确）所谓的偶然的巧合，是相似的原因同样地作用于地区不同国度不同但结构相似的人类头脑的产物。古希腊人没有必要远涉重洋到东方国家去了解一年四季变迁的情况，他们在自己美丽的国土上年复一年地看着夏天的葱郁繁茂逐渐进入冬令的衰谢凋枯，年复一年地欢呼春季新鲜生命的茁长。他们习惯于将自然力量拟人化，他们从一年四季变易的景象中为自己塑造出一系列男女神祇、精灵鬼怪，随着每年货殖的消长相应地欢欣喜悦、沮丧忧愁，并自然地反映于喜庆热闹、悲戚哀痛的各种宗教仪式之中。研究某些死亡后又复活的希腊神祇，会给我们提供一系列与阿多尼斯、阿蒂斯以及奥锡利斯悲伤形象相同的图画。下面且从狄俄尼索斯谈起。

　　酒神狄俄尼索斯或巴克斯是我们最熟知的葡萄树以及葡萄酒的人格化。对他的狂热崇奉，通过纵情的舞蹈，激动的音乐，和极度的醉酒而表现出来。他成为希腊民族诸神中最出名的神（虽然荷马未曾对它垂青），他的故事和礼仪，同奥锡利斯的故事很礼仪和相似。这就导致了古今学者认定狄俄尼索斯是变相的奥锡利斯，是直接从埃及输入希腊的。然而大量的证据都表明他起源于色雷斯。①

通过这一段引述,我们清晰地看到了古典人类学派那种来自"欧洲中心"的知识权力特征和完全超出研究范围的种族歧视的态度。在他们眼里,"异文化"被放在了"欧洲中心"的对立面,甚至连埃及人都成了"野蛮人"。在这一点上,民族文化的交流已经从希罗多德时代的以事实和宽容对待不同民族和族群的平等关系走到了它的反面。弗雷泽时代正好是欧洲列强通过武力向外扩张的时期,也是殖民的狂热时期。"野蛮"一词充斥着整个人文社会学术领域。我们同时相信,世界上的不同民族在其文化的发生和发轫阶段,自然会出现许多民族之间各自独立的、并未发生交流和中介影响的文化现象,毕竟人类的思维是共通的,人类与自然的关系也是相同或相似的,这样的相同或者相似在比较文学研究领域称为"平行研究"。然而,古希腊神话在发生和发展的过程中确确实实有过与周边国家和民族之间的交流和借鉴,爱琴海便利的交通使得古希腊人在货物、人员、文化、技术等与小亚细亚国家和民族都有大量和频繁的接触。这种交流和接触促使和保证了地中海早期文明的繁荣。这样的结果恰好是多元文化、多种资源、各类技术、各族人才交流和流通的结果。这种情况置于比较文学领域更符合做"影响研究"。不幸的是,弗雷泽认同这结果,却把造成这样的结果的多元关系放弃了。

"原始的"(primitive)、"野蛮的"(barbarous)、"野性的"(savage)等用语在早期的人类学著述中大量出现,这很正常。因为,只有建立这样的视野与态度,进化才具备基本的演变逻辑。这样的研究从今天的眼光来看,也就隐含着话语中的权力性质:"现代的"(modern)、"文明的"(civilization)、"发展的"(developed)等也就自然拥有对前者高一等级的权力。当代的人类学研究在这方面已经建立了一个基本的共识,即文化与族群、文明类型一样享受着平等的权利,诸如"野蛮""野性"等语汇已经被摒弃。是为后话。

---

① 詹·乔·弗雷泽:《金枝精要——巫术与宗教之研究》,刘魁主编,上海文艺出版社2001年版,第353—354页。

众所周知,希腊在古代时期并非一个统一的民族,也非一个由单一的君主制统治的族群,而是各自为政的如同部落那样的分散状态。城邦 city-state 中的 city 即城市,在翻译上曾给人一种误导,即将这种模式当作希腊语中的"波里斯"(polis)——具有一统性统治的独立共同体。而后来的西方学者,无论是出于"民族-国家"的单位利益需要,还是西方中心的"权力意志"作祟,抑或是片面肤浅的知识导致,都有意无意地在西方文化的源头把它与东方社会交流的关系阻断。其实,依据一些学者的看法,在那种背景之下,语言的差异才被当作识别不同族群的标志。因为不同的部族群体有自己的语言。人们确认希腊人只是看他们是否操希腊语,而那些不讲希腊语的族群通通被叫作 barbaroi,即 barbarian,野蛮人。① 这说明,"野蛮"一词的原义并无种族歧视,仅仅表现为相对于希腊语的其他语种。艾柯对待希腊文化的东方影响和与其他族群互动背景的看法显然要中肯得多。"如果对不同的真理的探求一定意味着对希腊古典遗产的怀疑,那么,任何真正的知识都会显得更加古老。这种知识就隐藏在被希腊理性主义的先驱者们所忽视的文明的废墟里面。……这种秘密的知识就可能是掌握在巫师、克尔特(Celtic)牧师或是来自东方的智者的手中,而这些东方人却操着一种西方人无法理解的语言。古典理性主义将野蛮人等同于那些语言功能不发达的人(从词源学上来说,野蛮人[barbaros]指的正是讲话结巴的人)。"② 艾柯在词源的考释上似乎开了一个玩笑,所谓的"野蛮人"不过是欧洲人听不懂人家的语言。以迈锡尼文明为例,它是由什么民族或族群创建的文明形态现在尚迷雾重重。尽管考古材料还不能确认他们的真正身份,但是从迈锡尼文明的遗留物来看,分明有大量东方的内容:从具有迁徙传统的迈锡尼人的迁徙线索来看,"在他们到达的所有地区都与东地中海各大文明密切地结合在一起,融入这片近东世界。近东世界尽管有其多样性,但由于大规模的接触、贸易和往来,仍然成为一个整体"③。

---

① K. Dover, *The Greeks*, Oxford University Press, 1982, pp. 4-5.
② 艾柯:《诠释与过度诠释》,王宇根译,生活·读书·新知三联书店 1997 年版,第 36—37 页。
③ 让-皮埃尔·韦尔南:《希腊思想的起源》,秦海鹰译,生活·读书·新知三联书店 1996 年版,第 9—10 页。

"民族-国家"虽然在现代国家的话语系统里面得到较为充分的讨论,它的雏形面貌却可以推到西方的帝国时代。帝国时代的一个重要的价值特征也正是通过强调某一个帝国边界族群的高贵性和其他族群的野蛮性加以区分和排斥。如此,作为西方中心的知识来源的希腊神话的谱系也就顺理成章地被纳入民族和国家的知识范畴。奥林匹亚的神谱属于"希腊国家神祇"(the Greek State Of the Gods),它与野蛮民族的多神教并不相同,因此,野蛮民族的多神话也无法在希腊国家神话里面被确定下来。当然,这并不妨碍希腊神话系统与古埃及和古巴比伦神话的相似性因子。不过,作为埃及的宗教神祇与希腊的国家神祇本质上是不同的。① 文艺复兴的重要代表但丁,在强调人的价值的同时,从来没有忘记要将不同的民族用等级划分开来。他直言不讳地说:"我的论点是:罗马人建立帝国,对世上一切人加以一元化的统治是合乎公理的,而不是篡权行为。对于这个论题,我首先作如下证明:最高贵的民族理应高踞其他民族之上;罗马民族就是最高贵的民族;因此,它应该高踞其他民族之上。"②于是,文学的叙事也就接着有了根据:我们神圣的诗人维吉尔的长诗《伊尼德》(Aeneid)就有这些依据,"谁还能怀疑罗马人的祖先以及整个罗马民族是天下最高贵的人?谁还能不承认这三个大陆的血统的三重结合是天命所归的神迹?"③

对于古希腊文化传统,西方人坚持认为属于高贵的文明人种才具有创造它的能力。可惜文化的传统和交流既不能在时间上将一维性分裂开来,也无法在空间上把它与其他地区和国家间的交流和融会阻绝割断。于是,把西方文化中的东方观念定位于"劣等"因素也就随之出现。比如"悲剧这种戏剧形式和这个术语,都起源于希腊。这种文学体裁几乎世界其他各大民族都没有,无论中国人、印度人或者希伯来人,都没有产生一部严格意义的悲剧。罗马人也没有"④。希腊悲剧的最重要的特征为命运,故有"命运悲剧"之说。然而西方就有学者认为,命运含有宿命论的色彩,它本质

---

① M. P. Nilsson, *The Mycenaean Origin of Greek Mythology*, Berkeley, Los Angeles, London: University of California Press, 1972, p. 221.
② 但丁:《论世界帝国》,朱虹译,商务印书馆1985年版,第29页。
③ 但丁:《论世界帝国》,朱虹译,商务印书馆1985年版,第32—33页。
④ 朱光潜:《悲剧心理学》,人民文学出版社1983年版,第210页。

上为东方的观念,拒绝承认勇敢的欧洲人竟会受到宿命论的感染。更有西方人断言"东方疲惫的民族"是"失败主义者,他们的不健康的空气损害着西方的活力"。认为东方的人生观有特别浓厚的宿命论色彩,这是在欧洲相当流行的一种看法,但如果我们把荷马史诗、古典型悲剧和古浪漫型悲剧、中世纪传奇和北欧神话的基本精神,拿来和中国的儒家典籍及印度佛教经文的基本精神做一比较,就会觉得这种看法很奇怪。要不是它触及悲剧的中心问题,如此荒谬的看法是不值一驳的。① 善良的朱光潜先生没能将这样的认识论和知识制度放在帝国主义的价值体系之中,即使是如此荒谬的观点,如此缺乏求证的理论,如此不平等的态度竟一直贯穿于整个西方人文社会科学的线索之中,甚至成为他们学科建构的一个社会比较的背景依托和逻辑依据,铸就于西学的学理。这就不得不令人警觉其超出科学范畴的不足与偏颇,而且具有一种帝国主义"制造游戏规则的权力"和"知识殖民的谋略"的成分。

我们也不能不看到,人类学作为一门科学的学科,从它的创始阶段和学术基础来看,它一方面在进化论的旗帜下将文化发展过程中的等级类型化,"异文化"经常与"野蛮文化"同等。另一方面,也由于人类学家有机会经常与非欧洲民族族群的文化传统接触,他们更能够认识到文明其实不过是一件东拼西凑的百衲衣,"转借"(borrowing)实为文化史中的重要因子。他们也有同样的机会了解到与文化关系密切的种族其实也具有同样的混杂性质。严格地说,血统纯粹的欧洲人并不存在。人类学家路威的证据振聋发聩:"欧洲人迁徙多么繁,通婚多么杂,今日之下,找遍整个欧洲也不用想找到一块纯粹诺迭克种或纯粹地中海种或纯粹阿尔卑斯种的地方。照一般的同意,瑞典是世界上诺迭克种最纯的国度,而照测量过上万的瑞典新兵的勒齐乌斯教授(Prof. Retzius)估计起来,其中只有百分之十一是纯粹诺迭克种。"所以,在对几个主要的"欧洲人种"进行考证之后,路威得到了这样的结论:"人种不能解释文化"。②

---

① 朱光潜:《悲剧心理学》,人民文学出版社1983年版,第211页。
② 罗伯特·路威:《文明与野蛮》,吕叔湘译,生活·读书·新知三联书店1984年版,第25—30页。

但是,这里存在着一个巨大的悖论:现代国家却又以民族为基本的表述单位。我们当然可以很容易地在人种与民族之间划出一道界限。以最为简约的划分原则来看,人种主要以体质上的特征来确认它的种群,而民族则带有"族群/区域/文化"为一个整体的单位关系。同一个人种可以生活在不同的文化群内。博厄斯在《原始人的心智》一书中以"种族偏见"为开章,提示了"白种人-文明人/原始人(其他种族)/野蛮人"的基本分野。"文明人要自以为比原始人高一等,宣称白种人是比其他所有人种都优越的高等人……欧洲民族具有比别人高的智能这一说法直接导致了第二个推论。它涉及欧洲人种和其他大陆上的人种之间的类型差异具有什么意义的问题,甚至也涉及不同类型的欧洲人之间的差异具有什么意义的问题。"他很公正地宣布:"古代文明发展是所有人共同劳动的结果,我们必须向所有民族的才智表示敬意,不管他们代表人类的哪一部分,是含米特人、闪米特人、雅利安人,还是蒙古人。"其原因在于任何文明没有一个是某单一民族的天才产物。思想和发明是从一个民族传到另一个民族的。①然而,这样分类并不能解决棘手的问题,以欧洲为例,若以人种而论,经过历史上无以计数的族群迁移和民族融合,现在要寻找一个纯粹种群已不可能,可是这并不妨碍"欧洲白种人"这样一个不大可能进行生物基因的确定的"单位"作为"中心-文明"的归属依据。从逻辑上说,这样的计量单位虽然荒诞不经,它却堂而皇之地在人类历史的舞台上出演了许多荒诞剧。而且,由此演绎出来的"游戏规则"今天依然起着重要的作用。

于是,"文化法则"也就成了一个重要判别规则。人类学的新文化进化论者虽然强调文化作为进化的法则,但却加进了一个所谓的"文化优势法则":"那些在既定环境中能够更有效地开发能源资源的文化系统,将对落后系统赖以生存的环境进行扩张。或者也可以这样说,法则揭示的是,一个文化系统只能在这样的环境中被确立:在这个环境中的人的劳动同自

---

① 弗兰兹·博厄斯:《原始人的心智》,项龙、王星译,国际文化出版公司1989年版,第1—4页。

然的能量转换比例高于其他转换系统的有效率。"①这显然是一个相当具有说服力但同时解释文明的一个借口。只是在"文化优势法则"中,新进化论学派避免了一个最具争议性的历史事实:侵略和掠夺毕竟属于"能量转换比例高"的范畴。在这里,诸如"能量"这样的科技概念被移植到了文化范畴。我们可以将上面的话转述为:经过充分"进化"了的欧洲文化属于高等级文化,也就是所谓的"优势文化",它能够对环境中的人的劳动实行高效率的转化,因此,也就可以对落后的文化系统进行扩张。韦伯的方法更有意思,在拟构他的西方资本主义学说的时候采取了一种"回视"的方式,将古代希腊对世界以及其他文明类型的影响提升到一个非常的高度。在"西方文明的独特性"的命题之下,确认"科学只有在西方,才真正处于一个我们今天看来是健全的发展时期"。"丰富的知识和敏锐的观察在某些其他地方都已存在,首先存在于印度、中国、巴比伦和埃及。只是巴比伦和某些其他地方的天文学还缺少数学基础,巴比伦是从古希腊学得数学的,结果其天文学得到了较前更惊人的发展。印度的几何学则缺少推理验证方法;推理验证乃古希腊学者的另一学术研究成果,后来的力学和物理学都发源于此……高度发达的中国历史学唯独缺少修昔底德斯的研究方法。诚然,马基雅维利在印度可以找到他不少的先辈,但所有亚洲的政治思想都无不缺少一种可与亚里士多德的系统方法相匹敌的思想方法……"②我们倒是很想赞同韦伯所举出来的这些例子,可惜很难。这个道理非常简单:一,韦氏怎么就不做一些最起码的考证,古希腊的文明从何而来?没有这些更为古老的东方文明,哪里来的古希腊文明?二,古希腊文明确有其独特性,就像其他文明类型也有其独特性一样。亚里士多德的独一无二性正好与孔子、耶稣的独一无二性一样。以一个独一无二性去贬抑其他的独一无二性近乎"自我颠覆"。

我们生活在一个悖论的边缘,既属于自然,又属于文化。我们在迷惑

---

① 托马斯·哈定、大卫·卡普兰、马歇尔·D. 萨赫林斯等:《文化与进化》,韩建军、商戈令译,浙江人民出版社 1987 年版,第 60 页。
② 韦伯:《文明的历史脚步——韦伯文集》,黄宪起、张晓琳译,上海三联书店 1988 年版,第 1—2 页。

中挣扎,力图设法厘清这种暧昧的"两可"或"两不可"状态。当我们强调我们是文化人(cultural)的时候,其实我们已经在宣告我们是自然人(natural)。当我们为自己的理性(rational)而骄傲的时候,其实我们同时表明了自己是动物的(animal)。同样,当我们把自己装饰成"文明人"的时候,也事实上等于在说,我们是"野蛮人"。这相当无情。因为人类所积累的所有经验和知识都无例外地建立在一套逻辑结构上,它的基础是二元对峙。正是这种介入于生物和文化的"相互展演"(interplay)使所有的仪式成为一种"亚文本"(subtext),这样的展演时而快时而慢,表现出了人类经验之中的许多"不可证的事实"(inevitable facts)。[①] 今天,经济一体化的浪潮席卷全球,另一个同样严峻的课题摆上了桌面:文化多元,承认族群的平等、国家的平等、地区的平等,归根到底是人的平等,它构成了必然的前提。这委实很难,却不得不面对。

[①] V. W. Turner(ed.), *Celebration: Studies in Festivity and Ritual*, Washington, D. C.: Smithsonian Institution Press, 1982, p.109.

第四章　酒神祭仪的神话谱系

第一节　概念和定义的解说

戏剧与酒神祭祀仪式的渊源关系已经为人们所熟悉。凡是对西方文化略有涉猎的人,都知道二者具有互相说明的"模仿"关系。不过,非常遗憾,迄今为止还仅限于此。这种教科书式的概念传授或许只对知识的传播功能最有效益,却未必对知识本身发生效益。如果我们将知识理解为事物本相或接近事物本体表述的话,那么,就这一个概念的认知而言,教科书式的传教效果却可能是反向的,即通过它的传授所得到的认识与事实本相不一致,抑或彻底地被概念所颠覆——满足于表面化概念的获得而缺乏对跨越表面现象做深度的探究。当然,就此做如此苛责近乎残酷,因为戏剧与酒神祭祀之间的本体关系由于资料的欠缺仍迷雾重重,尚有部分未被揭露。

历史上对戏剧与酒神祭祀关系做最为权威论述者当属亚里士多德。他在《诗学》里曾有过细致的阐述。在二者之间,他带入了"模仿"的概念:"史诗和悲剧、喜剧和酒神颂以及大部分双管萧乐和竖琴乐——这一切实际上都是模仿。"① 马丁·艾思林认为,仪式的戏剧性表现为模拟的一面,其动作具有高度象征的、隐喻的性质。② 显而易见,模仿并不是戏剧艺术本身,而是构成它发生关系和实践过程的原始要理。亚里士多德对此有进一步的诠释,史诗、悲剧和喜剧等都是模仿,其创作过程就是一种模仿。于是,这里出现了艺术(史诗、悲剧、喜剧、音乐等)与酒神祭祀仪式之间的原始关系。戏剧事实上乃借助各种媒介,即有节奏、歌曲和"韵文"的戏剧种类(悲剧和喜剧)而进行的酒神仪式的移植和变形。简言之,史诗、悲喜剧是对仪式模仿的"半仪式化"过程。

然而,仪式本身可能也存在着某种"摹本";当然,仪式中所包括的模仿性质或许与亚里士多德所说的模仿有着某种不同。这里有几种认知角度。哈里森认为:"仪式也包括模仿了,但并非由'模仿'而来……共同的情感上的因素使得艺术和仪式在一开始就密切得无法区别。首先两者都从复制一个动作开始,但是并非首要地为了复制。只有在感情衰退并被人遗忘的时候,复制本身才成了目的,仅仅是为了仿造。"③ 有一种观点认为:戏剧与仪式并不是简单的二者,更不是谁产生谁的问题,我们强调的缘生形态,或者说"原形态"是指仪式与戏剧在肇始阶段无法截然分开。④ 所谓的"模仿"事实上是仪式戏剧化以后对"原形态"的一种回归和确认。还有一种观点认为,仪式与戏剧为前后者的关系,即戏剧来源于仪式。一方面,从戏剧现象学的角度看,有其道理;另一方面,若从戏剧发生学的角度看,仪式就是戏剧的原初形态——排除简单的经院式概念的套用。所以,二者不应该是简单的"猴子"(仪式)与"戏剧"(人)的关系。⑤ 至少持这种观点者必须面对"为什么有些仪式转变为戏剧,有些却没有?""为什么有的仪式可以成为戏剧之源,有些则不能?"比如,"原始的宗教仪式在那些移殖到海外的斯堪的纳维亚人当中是不能发展成为戏剧的;这个理论在古代希腊史里也有个同样的证据。……虽然古代希腊文明是首先在海外的爱奥

---

① 亚理斯多德:《诗学》,罗念生译,人民文学出版社1982年版,第3页。
② 马丁·艾思林:《戏剧剖析》,罗婉华译,中国戏剧出版社1981年版,第20页。
③ 叶舒宪选编:《神话-原型批评》,陕西师范大学出版社1987年版,第79—80页。
④ 文中兼用"原生"与"缘生"。二者有细微差异:"原生"侧重于强调原始的发生状态,"缘生"则在此意义上强调与历史发展的联系。
⑤ 胡志毅:《神话与仪式:戏剧的原型阐释》,学林出版社2001年版,第12页。

那开花,而从原始宗教仪式发展出来的古代希腊戏剧却是在大陆上的希腊半岛这边出现的。在古代希腊,同挪威的乌普萨拉的神殿相对应的是雅典的狄俄尼索斯的剧场。"①。还可以有一种认知角度,即视"表演"的情境而定,比如说傩,是傩戏还是傩仪,完全视对象、场合和时间来看。从表演性质看,无论是戴着面具娱神性仪式还是在众人面前"演出",内容可以一致。前者则应视为傩仪,后者却可认为傩戏。

笔者认为,古代的神话仪式本身确实存在模仿的因子,但并不是亚里士多德所界定的"诗人"对一个客体的模仿,而是人类通过仪式活动与神灵世界获得一个交通和交感。神灵是人类依照自己的形象和性质创造的一个"超人"范畴,却同样依据"以人为本"的模拟系统。仪式所建立起来的独特的关系网络中间因此包含了以下两层意义:

第一层意义:"我者"(人类)——"他者"(神灵)
　　　　　以人类为模特儿创造出一个神话的超人系统
　　　　　　　(仪式的模仿关系)
第二层意义:"我者"(人类)——"他者"(神灵)
　　　　　以神话的超人系统为对象的一个模仿和复制
　　　　　　　(诗学的模仿关系)

其中的模仿关系是自产、自造加上自销的一种模仿关系和制度。我们在远古时期遗留下来的许多仪式中很清楚地看到,人类在仪式中所模仿的对象是人类通过想象生产出来的一个"神话形象",进而又以这个"神话形象"为摹本获得与之交流、交通的关系。

仪式的宗教化过程,说到底是一个创立"神圣/世俗"的结构过程。据此,哈里森将戏剧置于这样的背景之中来考察,他似乎看到了其中的这种关系,却又将它凝固化了:"既然戏剧打一开始便是宗教性的,起源于仪式,那么结果怎么会成了十分严肃的、悲剧性的而又纯粹是人情的艺术了呢?演员都穿上举行仪式时所穿的祭服,像参加厄琉西斯祭谷神的神秘仪

---

① 汤因比:《历史研究》(上),曹未风等译,上海人民出版社1959年版,第131页。

式的人一样。那么,他们为什么不举行宗教仪式,也不演男神女神的戏,而只扮演荷马的男女英雄呢? 希腊戏剧最初仿佛给我们提供了一个线索,用以说明仪式与艺术的真正的关系,却中途停止了,像是在最紧要关头背弃了我们,把问题留下来由我们自己解决。"① 从人类学的角度看,神话仪式所建立的交通关系未必须对某一个神祇做精确的模仿,因为"神话形象"具有移动和变异的性质,历时性地要求对某一个神祇或者仪式做确定的模仿并无必要。而由此所建立的"神圣/世俗"的关系体制和对话机制才是重要的。从这个意义上说,特纳所说的仪式"社会剧"(social drama)观点并非空穴来风。

人类学对于仪式的戏剧化研究,首先将其搁置于"社会剧"与"舞台剧"的背景关系上。这里的"社会剧"当然非特指某一个剧种,亦非一个简单的隐喻。它包含着从形式到内容上的交叉意义。就人的生命而言,他的自然的延续过程和社会关系的展演具有戏剧的某种规定和要素。不过,却不按照作为艺术门类的戏剧的内部规律来演变。把它当作一个隐喻来看待,旨在强调这个"社会剧"的社会结构中的符号功能和象征价值。我们今天已经很难将"社会剧"和"舞台剧"等量齐观,因为二者间的距离被拉得很远,在艺术理论里已经被提升到了"源于生活高于生活"的典型化抽象概念来处理。而人类学对戏剧的研究视野则完全不同,人类学研究试图把戏剧缘生时态中的双重关系并置而且使之具有动态性。特纳援引了舍屈内(R. Schechnet)在处理社会剧与舞台剧时的一个模式,代表了人类学戏剧研究的一个重要的研究指向:

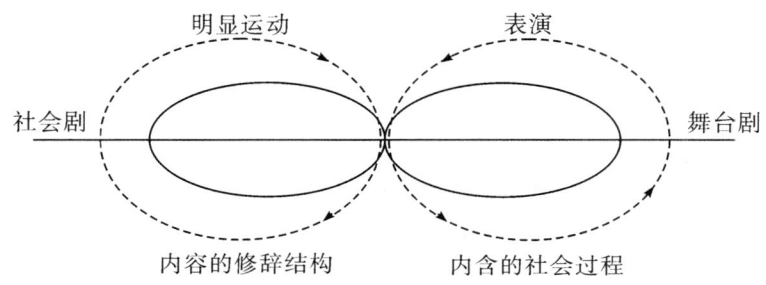

图8 社会剧与舞台剧的关系图

---

① 叶舒宪选编:《神话-原型批评》,陕西师范大学出版社1987年版,第71页。

在这个图中,左边代表"社会剧",上限处于明显的运动状态,下限的内容则属于修辞结构。右边代表"舞台剧",上限是舞台剧表演,下限则暗含着一个社会过程。整个图形结构带着明显矛盾和悖反。箭头从左自右指示着社会行为的推演过程。其中的原则是:在"社会剧"这里,外显的部分到了"舞台剧"那里却成了内隐的;表现上从上到下,从左到右;当箭头从右到左的时候,舞台的外显表演却又转变成为内含的修辞结构。总之,从总体上看,"社会剧"和"舞台剧","外显的"和"内隐的"美美与共,不分伯仲,彼此互动。所以,特纳执着地认定,通过仪式就是一出社会剧。它卷入了戏剧表演过程中的紧张关系——其原初和肇始具有双重性质:有时是外显的,有时却是象征性的,然而,它们都在做阈限运动。据此,他进一步强调,所谓仪式,其展演形式并不一定非得要按照一个技术性规矩来处理,而是依据看不见的、存在的信仰或者是某种社会力量,自始至终操纵它的进行。① 虽然,关于"社会剧"的概念也有一些人类学提出过批评,如格鲁克曼和弗思,他们主要集中地批评在社会剧与表演剧表演之间没有一个标准化的"戏剧"概念。质言之,二者不是指一个东西。然而,特纳声辩说,在他的"社会剧"中,与其说强调的是一种形式,毋宁说它代表着一种行为过程。②

这样,仪式与戏剧之间的原始关系从一开始就出现了"神圣/世俗"的双重意味:一,尽管悲剧与喜剧都起源于对同一个祭祀仪式,即酒神祭仪的模仿,却因为出自对"人的天性"双重品格而界定着原生性戏剧形态的两种基本类型。"悲剧是对于一个严肃、完整、有一定长度的行动的模仿……借以引起怜悯与恐惧来使这种情感得到陶冶。"③"陶冶"原文为katharsis,用作宗教,指净洗;用于美学,指净化;用于心理,指宣泄;用于医学,指治疗。作为亚氏对悲剧的著名定义,其中强调了所谓的既非"好人"亦非"坏人",而是介乎二者之间者因为自己所犯错误而陷入厄运。喜剧

---

① V. W. Turner, *From Ritual to Theatre*, New York: PAJ Publications,1982,pp. 73-79.
② V. W. Turner, *From Ritual to Theatre*, New York: PAJ Publications,1982,p. 91.
③ 亚理斯多德:《诗学》,罗念生译,人民文学出版社 1982 年版,第 19 页。

则是对于比较坏的人的模仿,然而,"坏"不是指一切恶而言,而是指丑而言,其中一种是滑稽。它符合戏剧美学发生时的基本二元规范和设置。之于戏剧美学范畴,美丑与好坏从来没有在一个对应关系上做绝对的逻辑置换。滑稽的事物表示某种错误或丑陋,不致引起痛苦或伤害。就模仿的戏剧效果而言,它可以引起人们两种不同的情感:神圣的和世俗的。与之相适应,诗也由于固有的性质而分为两种:比较严肃的人模仿高尚的人的行动和比较轻浮的人模仿平庸人的行动。前者为颂神诗和赞美诗,后者为讽刺诗。二,酒神仪式本身具备了"神圣/世俗"的双重意向。亚里士多德对此说得很清楚:"总之,悲剧是从临时口占发展出来的(悲剧如此,喜剧亦然,前者是从酒神颂的临时口占发展出来的,后者是从低级表演的临时口占发展出来的,这种表演至今仍在许多城市流行)。"①那么,为什么悲剧和喜剧都源自对酒神狄俄尼索斯及其祭仪的模仿呢?格雷特(M. Grant)认为,狄俄尼索斯不独成为古希腊最古老的戏剧主题,而且他本人也成为一个中心人物。在古老的戏剧中,演员和观众甚至可以完全沉浸于对酒神仪式模仿的激动中。原始的狄俄尼索斯祭祷是一种宣泄,它使人们超乎自我,净化人们非理性的欲力,或引导它们进入这一特有的渠道。② 简言之,狄俄尼索斯本身交织了人类性格的两种基本的类型含义,酒神祭仪以及对它的模仿包含着"神圣/世俗"的复合性结构和功能。

或许人们更加愿意相信酒神狄俄尼索斯祭祷仪式在现实生活中的神秘功能。似乎它比上面我们所讨论的"神圣/世俗"更加具有生活的原形,也更加符合希腊戏剧的原始形貌。亚里士多德注意到了悲剧在对酒神祭祀仪式的模仿当中能够唤起人的巨大怜悯和恐惧,以达到治病的目的。由于亚氏经典论述的权威性,当然它必须符号人类的认知习惯和期待感受,人们已经习惯于将这样的"治疗"论述放置于美学范畴来认识。对于现代的人而言,这样的论述相当诡谲。为什么模仿酒神仪式的行为就有怜悯和

---

① 亚理斯多德:《诗学》,罗念生译,人民文学出版社1982年版,第14页。
② M. Grant, *Myths of the Greeks and Romans*, New York: New American Library, 1962, pp. 245-249.

恐惧的感受进而达"治疗"——陶冶和净化的效果了呢？戏剧的原始形态中间是否就存在一种如亚里士多德所归纳出来的抽象的美学认知原理而无其他生活摹本？显然很值得质疑。一种可能，人类社会曾经因为疾病所造成的巨大灾难和创伤而在人们的记忆里留下了悲怆，这种悲怆在人类祖先认知层次将其视为超自然的力量，并做出了神秘的解释，从而使之成了神话记述的原始材料。

有材料证明，人类疾病对族群记忆相当强烈，所造成的文化影响亦被证实为千真万确。甚至疾病被人们认为是某个伟大文明衰亡的重要因素。比如就有人认为，导致罗马帝国衰弱的一个重要原因是吸毒。虽然要证明这个特殊的案例还具有推断性质，但是，欧洲有大量经济、政治、社会组织关于这方面的文字材料。[1] 事实上，新近有关科学家对一座1500多年前罗马古墓一具孩童遗骸的DNA分析，认为疟疾可能是导致罗马帝国衰退的原因之一。考古学家相信，新的发现提供了有力的证据，证明在公元5世纪的时候发生过致命的疟疾大流行。以往有关古罗马疾病暴发多见之于文字材料。比如在罗马北方的一座小城鲁格纳诺镇，有人在坟墓遗迹里面发现一组间接材料。长久以来，罗马衰亡与一场瘟疫有关的猜测总不断传出。这次的DNA案例分析，科学家确信他们已经将以往的猜测往前推进了一大步。他们现在几乎可以做出这样的结论：古罗马帝国的衰微与一场骇人听闻的疾病有关（《欧洲日报》据《纽约时报》网站消息，2001年3月2日）。另外还有一个更为直接的证据：现存于希腊最为完整宏大的建于公元4世纪的伊庇德雷斯（Epidaurus）圆形剧场就与著名的医圣阿斯克勒庇俄斯（Asclepius）有直接的关系。在希腊的古风时期，人们有病都必须到一个神圣的属地去求医圣治疗。医圣为人治疗要通过一些"神媒"（divine means）手段，剧场就是复杂的治疗活动的场所的一部分。[2] 伊庇德雷斯便是实证。以此推断，戏剧便是"神媒"发挥效力之必需。古代底尔菲的祭

---

[1] M. H. Logan & E. E. Hunt(ed.), *Health and Human Condition: Perspectives on Medical Anthropology*, Duxbury Press, 1978, p.80.

[2] J. Purkis, *Greek Civilization*, Linconwood: Teach Yourself Books, 1999, p.98.

祀仪式就有一位女祭师专门为人解释神谕,具体的做法是女祭师口嚼着月桂树叶,处于迷狂状态,她的解释由一位男祭师刻到石头上。据说这一行为正是为人治病。而底尔菲祭祀的正是太阳神与酒神二者的"两位一体"。令人感到蹊跷的是,太阳神之子阿斯克勒庇德斯就是医药之神。其实,类似的猜测、分析、推断、证明、结论等,一切对我们来说都不感到讶异和陌生,在我们看来,这既是神话的、传说的、猜想的,也是逻辑的、常识的、合理的,更是记录的、历史的、事实的。吉多认为希腊的悲剧作家"在他们神话中找到可用来讲述他们所要讲的话的最好方法。因此,神话才能仍然活在他们的剧本里,他们把思想灌输其中,使神话变得栩栩如生"。① 且莫言说太古时代,人类社会容易受到病魔的威胁,纵使今日,仍言疾色变。我们也相信,既然世界上流行过毁灭人类的洪水、地震等灾难,疾病必定是一个对人类社会、部族、区域、文明类型形成灭顶之灾的重要根由。想必人们还记得,薄伽丘的《十日谈》正是用了一个席卷欧洲的大瘟疫作为他在书中讲述人文主义的楔子。这些例证有助于说明,神话仪式或者酒神祭祀仪式中间所包含着"治疗"的可能性因子绝对不能排除。许多材料说明,这样的可能几乎就可以说是历史上发生过的事件。那么,疾病与酒、狄俄尼索斯祭祷仪式之间是否存在着必然的关系。回答同样几乎是肯定的。

有疾病便有治疗。狄俄尼索斯无论作为神性、神位和神格都具有明确的"致病/治病"的双重性质、双重意象和双重隐喻。毫无疑问,酒神祭祀仪式也必然延伸出多重"悖论的精彩"。作为一种神秘的祭仪,它事实上与这些关系兼容并置。如果在扩大的巫术仪式范畴来讨论这个问题的话,就世界范围来看,有五类事件或情况被认为与疾病的产生或对付疾病有关。它们是:1.妖术、魔术;2.违反族群禁忌;3.疾病物质的侵袭;4.精神性因素所引起的入侵;5.灵魂的遗失。虽然我们不能肯定所罗列的五种情况在每一个社会和族群中都存在,但是,作为一个特殊的文化和社会结构,民俗总会体现在社会的某些方面。比如希腊人并不认为疾病是因为人与宇宙的关系不和谐所致。"健康"的概念并不多见,纵然有之,也是很狭隘地

---

① H. D. F. Kitto, *Greek Tragedy*, New York: Doubleday, 1950, p. 106.

将个人的身体情况放在一起来对待。由此可以判断,疾病的现象是泛人类的,对疾病的认识和分类却是独特的和"民俗性"的。① 正是在这个意义上,酒神狄俄尼索斯祭仪所包含的"病—药—酒—醉"的复合价值方显得愈加深厚。我们也可以因此断言,它超出了一个单一的民族或国家的民俗习惯。仅从酒神及其祭仪所透露出来的"疾病/治疗"的类型和意义,它远远超出了希腊本土(无论是国家、民族还是地域)的民俗范围。其所以如此,说明它蕴藏了大量非希腊的、边缘的和东方的文化质丛(cultural complex)。

有学者注意到了一个很有意思的现象,古代的神话仪式、神秘思维当中有着明显的病理志(pathography)②痕迹。而病理行为符合这么一种建构,即由于疾病的作用和影响而产生出来的综合行为,系人类的主观性经验——事件、感受、想法、敏感等整合性反映行为。③ 它既有思维的特征,也可以是记叙的形式表现。神话既是一种叙事,也是一种思维。神话的病理志包含着两种相反的意义指示:第一种指示,按照通行的认知和理解,神话是幻想的、虚构的。第二种指示,恰恰相反,指内部的、更深层的真实。其中的道理其实并不艰涩,任何表面上再虚幻的东西都有现实的依据和摹本,都有极其真实的一面。克雷曼在描述人的病理行为时就援引了神话的概念:"故事所讲述的疾病是一个病人的个人神话。"④人们更愿意相信,人类远古时代的病理志叙事有着以下两个显著的特征:一,以虚幻的、神秘的叙事传达对疾病的认识和感受,同时包含着一种非个体所能及的理解和期待。这种叙事是集体性的、族群性的。同时将这种对疾病的恐惧和无助转达到对超自然力量的膜拜,也就是神话中的超验和神秘力量——神系统。二,神话仪式的病理志并非简单的病例,叙述亦不足为据。其叙事方式的

---

① C. C. Hugher, "Medical Care: Ethno-medicine," see M. H. Logan & E. E. Hunt (ed.), *Health and Human Condition: Perspectives on Medical Anthropology*, Duxbury Press, 1978, pp. 150-153.
② 所谓病理志就是对病理行为的描述。
③ A. H. Hawkins, *Reconstructing Illness: Studies in Pathography*, Purdue University Press, 1993, pp. 18-25.
④ A. Kleinman, *The Illness Narrative*, New York: Basic Book, 1988, p. 49.

主要特征表现为隐喻性。它既符合神话思维,又符合神话叙事。前者传达人类阶段性的认识程度,后者表明与之相符的表述方式。我们同时也可以肯定,在酒神祭仪和酒神崇拜的原始宗教情结中间,人类将他们的病理志叙事容纳进去。酒可以简单地入药,狄俄尼索斯崇拜和祭仪更具有治疗的奇迹。这一点,亚里士多德一开始就慧眼识得。因此,我们宁可将迷狂、醉境、怜悯、恐惧、宣泄、排遣、净化、治疗等放在除了哲学美学范畴以外的地方,比如病理学、生理学、心理学范畴来丰富之。简言之,酒神狄俄尼索斯的祭祷仪式和文化母题里面其实具有某病理志的完整的叙事内容:它既有呈现人类对于疾病的生物、生理性特征,也有因此所带给人类害怕、恐惧的心理征兆,还有通过某种方式排解和宣泄来自人类生理心理方面的负担和折磨的行动和行为。重要的是,无论医疗方面的理由、心理方面的理由还是文化哲学方面的理由今天看来仍然充分而鲜活。

第二节　酒神的谱系

对于酒神和酒神祭祀仪式与戏剧的渊源背景和影响线索,除了亚里士多德以外,历史上有许多学者都有过考证、考述、援引、推证。虽然在主要线索上没有重大的冲突,但在极其复杂的历史变迁、种族交融、人文地理、殖民战争、政治体制等的演进中,酒神崇拜祭祀以及与戏剧的亲缘关系随着时间的推移和越来越多的论述而变得模糊不清。有些决定性因素没有被强调,甚至消解淡漠。毫不讳言,有些来自学术上的偏见;有的则可能成为历史中心主义的"哑音"。一个重要的原因,还是"欧洲中心"作祟。比如前些年出版的《黑色雅典娜》一书所引起的轩然大波即是一个例子。它显然已经超出了"欧洲中心"的游戏规则——在可容忍限度之内的学术自由。"黑色"——种族上对"白色"(白种人)的根本颠覆和对"雅典娜"——地中海文明的否定,确乎将这个学术玩笑开过了头。于是出现了求证的两种可能性追求:证真抑或证伪的庄严神圣的学术退到了其次,而以政治策略为先行计较。这便是此书问世后所出现的事实上的"非理性清算"。它类似于人类学研究上的禁忌行为。其中的道理非常简单,你可以对雅典娜品头论足,或贬或褒,悉听尊便,条件只一个:她是欧洲智慧的代表,纯白种人。把她弄"黑"了就超过了预设的前提。狄俄尼索斯虽然在神话谱系里不及雅典娜之于西方人的神圣程度,却完全有可能与雅典娜一样从对他的考释中获得某种学术禁忌式的结论。今天,破除这样的学术禁忌是我们的责任,特别是第三世界学者的责任。

我们首先需要将已有的线索做一番梳理。

希罗多德在《历史》一书中对酒神狄俄尼索斯有过多处论述,还提供了一些重要的材料:

> 当地(埃及尼罗河流域——笔者注)的居民所崇拜的只有宙斯和狄俄尼索斯两个神(指埃及的阿蒙和奥西里斯——原注)。他们对这些神是非常尊敬的。城中有宙斯神的一个神托所,这个神托所指挥着埃西欧匹亚人的战事……①

> 在本地有底比斯·宙斯的神殿或是住在底比斯诺姆的埃及人是不用手摸绵羊,而只用山羊作牺牲的。因为除了伊西司和他们说相当于狄俄尼索斯的奥西里斯以外,全部埃及人并不都是崇拜同样的一些神的。恰恰相反,那些有着孟迭司神神殿的人们,或是属于孟迭司诺姆的人们却不去触山羊,而是用绵羊为牺牲。底比斯人以及在本身行动上模仿他们,也不用手摸羊的人们,是这样来解释这一风俗的起源的。他们说,海拉克列斯(关于海拉克列斯,他是十二神之一——原注)希望不管怎么样都要看到宙斯,但是宙斯不愿意自己被他看到。结果,既然海拉克列斯坚持请求,宙斯便想出一个办法:他剥了一只牡羊的皮,而在他把它的头割掉以后,便把它的头举在自己的前面,而身上则披着剥下来的羊皮。他便在这样的伪装之下使海拉克列斯看到自己。因此,埃及人就给宙斯神的神像安上了一个牡羊的头,而这个做法又从

---

① 希罗多德:《历史》(上册),王以铸译,商务印书馆1959年版,第121—122页。

埃及人传到阿蒙人那里去……①

上面我已经提到，埃及人是不用公山羊或是母山羊作牺牲的，理由是这样：称为孟迭司人的埃及人认为潘恩是十二神之先的八神之一。在埃及，画家和雕刻家所表现的潘恩神和在希腊一样，这位神长着山羊的面孔和山羊的腿。但是他们不相信他就真是这个样子或以为他与其他的神均有所不同，他们所以把他表现成这种形状的理由我想还是不说为好。孟迭司人崇拜一切山羊，对牡山羊比对牝山羊更尊崇，特别是尊崇山羊的牧人。有一只牡山羊被认为是比所有其他的牡山羊都更要受到尊崇，当这只山羊死掉的时候，在整个孟迭司诺姆都规定要举行大规模的哀悼。在埃及语里，公山羊和潘恩都叫作孟迭斯。在我当时，在这个诺姆里所发生了一件奇怪的事情，一个妇女和牡山羊公然性交。这件事是大家都已经知道了的。

……

狄俄尼索斯的这个祭日的庆祝是几乎和希腊人的狄俄尼索斯的祭日完全相同的，所不同的只是埃及人没有伴以合唱的舞蹈。他们发明了另外一种东西来代替男性生殖器，这是大约有一佩巨斯高的人像，这个人像在小绳的操纵下可以活动，它给妇女们带着到各个村庄去转。这些人像的男性生殖器，和人像本身差不多大小，也会动。一个吹笛的人走在前面，妇女们在后面跟着，嘴里唱着狄俄尼索斯的赞美诗。至于为什么人像的生殖器部分那样大，为什么又只有那一部分动，他们是有宗教上的理由的。

然而，我以为，阿米铁昂的儿子美拉姆波司是不会不知道这个仪式的，而且我以为，他毋宁可以说是很精通这个仪式的。美拉姆波司就是把狄俄尼索斯的名字，他的崇拜仪式及带着男性生殖器的行列介绍给希腊人的人。然而我并不是确

---

① 希罗多德：《历史》（上册），王以铸译，商务印书馆1959年版，第128—129页。

切地说他什么全都懂得,因此他还不能毫无遗漏地把一切教仪介绍过来,不过从他那时以来,许多智者却已经把他的教仪补充得更加完善了。但无论如何希腊人是从他那里学会在奉祀狄俄尼索斯时,举办带着男性生殖器的游行行列的,而他们现在所做的事也是他教给的。因此,我认为,智慧的并且懂得预言术的美拉姆波司,既然由于他在埃及得到的许多知识之外还精通狄俄尼索斯的祭仪,他便把它加以少许的改变而介绍到希腊来;当然,同时他一定还介绍了其他事物。因为我不能同意,认为希腊的狄俄尼索斯祭和埃及的同样祭典之十分近似,这只是一种偶合;如果是那样的话,希腊的祭仪便一定是希腊性质的,也不会是最近才给介绍过来的了。我还不能同意,这些风俗习惯或任何其他的事物是埃及人从希腊人那里学来的。我自己的看法是美拉姆波司主要地是从推罗人卡得莫斯以及从卡得莫斯自腓尼基带到现在称为贝奥提亚的地方来的那些人们那里学到了有关狄俄尼索斯祭典的事情。

可以说,几乎所有神的名字都是从埃及传入希腊的。①

他们(阿拉伯人——笔者注)在神当中只相信有狄俄尼索斯和乌拉尼阿。……在他们的语言里,狄俄尼索斯是叫作欧洛塔尔特(即"上帝之火"的意思——原注)。②

埃及的统治者是神,他们和人类共同生活在大地上,在每一代其中必定有一位神掌握着最高主权。他们之中最后统治埃及的是奥西里斯的儿子欧洛司,希腊人称之为阿波罗;他废黜了杜彭(杜彭是埃及的毁灭之神赛特——原注)而成了埃及最后一代的神圣国王。奥西里斯在希腊语中则称之为狄俄尼索斯。

---

① 希罗多德:《历史》(上册),王以铸译,商务印书馆1959年版,第131—133页。
② 希罗多德:《历史》(上册),王以铸译,商务印书馆1959年版,第195页。

在希腊人当中,海拉克列斯、狄俄尼索斯和潘恩被认为是诸神当中最年轻的。但在埃及,潘恩(埃及的凯姆——原注)被认为是诸神中最古老的,并且据说是最初存在的八神之一,海拉克列斯是第二代的所谓十二神之一,而狄俄尼索斯则被认为是属于十二神之后的第三代的神……

关于潘恩和狄俄尼索斯这两个神,人们可以相信任何一个他认为是可信的说法;但是在这里我要说一下我自己关于他们的意见:如果赛美列的儿子狄俄尼索斯和佩奈洛佩的儿子潘恩在希腊很有名,并像阿姆披特利昂的儿子海拉克列斯那样一直在那里住到老年的话,那就可以说,他们和海拉克列斯一样,也不过是普通人,只是用比他们更古老得多的神潘恩和狄俄尼索斯的名字来命名罢了。但虽然如此,希腊的故事却说,宙斯刚刚把他缝在自己的股内并把他带到埃及之外埃西欧区亚的尼撒去的时候,狄俄尼索斯便降生了;至于潘恩,则希腊人便不知道他降生后的情况如何了。因此,在我看来,很清楚的是希腊人在诸神的名字当中是最后才知道了这两个神的名字的,他们把这两个神的起源一直回溯到他们知道它们的时候去。①

如果仅就狄俄尼索斯这样一个神话个性下定义的话,似乎他只是简单的酒神和陶醉的情态。但事实上,酒神狄俄尼索斯的经历经验、与之发生关系的神话以及围绕在他身边的人和事却十分复杂深邃,从中所焕发出来的可解读的象征隐喻极为丰富。酒神远非只是物质性的酒精成分和由这种成分所致的"酒疯"。依照希腊语的疯狂 Mania 并不只表示某种酩酊大醉的身体形态,从词源上考,它与 menos 相属,指人的内部心理能量释放的经历。因此,狄俄尼索斯的醉境迷狂并非专指在他本人身上所获得的这种状态,而指一种民众的情绪。它像一种"病毒"具有迅速传播的能力。这也是为什么在酒神的周围总围绕着那么多男男女女浪醉狂荡的信徒。这

---

① 希罗多德:《历史》(上册),王以铸译,商务印书馆1959年版,第175—176页。

些信徒必须彻底放弃他们日常生活中的所有规矩和事务,进入一种疯狂的情绪和状态,使自己处于介乎神性和人性的模棱两可情境。其外在的器物媒体为面具。如此便可达到一种交织着神性与信众界限的冰释,发生了超越传统规矩和界限的变形。在希腊宗教里面,这种情况被称作巴克斯①。

在某些狄俄尼索斯祭祀活动中,制度性现象在神学的意义上变得充满了异象。比如酒神巴克斯的女祭司生吃活撕的牲畜。这是祭祀价值的倒错。但是人们可以通过消除人与牲畜的界限,超越祭祀建立的一切区别,在低处颠覆祭祀实现一种完全一致的状态,它是回到黄金时代所有造物主之间的温暖亲情,还是在原始状态的混沌之中的堕落——在这两种情况下,关键是要或通过个体的苦行或通过集体的迷狂,建立与神的关系类型,而官方祭祀各种手段对之加以排斥和禁止。② 作为疯迷(mania)之神,狄俄尼索斯凭借那些集体附魔等超自然经验施以魔力,这种经验与官方崇拜并不相同,甚至许多方面是对立的。而早期的狄俄尼索斯祭仪看起来更像秘密祭仪,崇拜包含两种基本的内容:秘传教义和秘密仪式。③ 这昭示着酒神祭仪曾经有过的几种原始意义:与官方对立的民间性、与正统对立的野俗性以及与主体认同对立的"异文化"性。以此看来,酒神祭祀所代表的正好是原始和民间的力量。

说起酒神狄俄尼索斯的身世,单单他的出生就有让人丈二和尚摸不着头脑的感觉。按照所有狄俄尼索斯的材料,他显然是后来才进入奥林匹亚神系的神祇。关于此,希罗多德在上面讲得很清楚:"奥西里斯在希腊语中则称之为狄俄尼索斯。在希腊人当中,狄俄尼索斯和潘恩被认为是诸神当中最年轻的。但在埃及,潘恩(埃及的凯姆——原注)被认为是诸神中最古老的,并且据说是最初存在的八神之一……而狄俄尼索斯则被认为是

---

① 巴克斯既是酒神的异名,也可以指某种形体迷醉变形状态。
② 让-皮埃尔·韦尔南:《古希腊的神话与宗教》,杜小真译,生活·读书·新知三联书店2001年版,第64—65页。
③ 让-皮埃尔·韦尔南:《古希腊的神话与宗教》,杜小真译,生活·读书·新知三联书店2001年版,第64—65、72页。

属于十二神之后的第三代的神。"① 还有一个直接的理由,荷马显然很熟悉他却很少提到他。从酒神仪式的渊源考察,现有的材料似乎不能早于公元前7世纪,但从他身上可以看到更早的神话类型的痕迹,他显然是一个外来神,因为在他的身上黏附着外来因素。②

按照神话传说,狄俄尼索斯经由宙斯的足股二度降生出来的。说是主神宙斯爱上了卡德摩斯(Kadmos)的女儿塞墨勒(Semele),便以霹雳的变形与之交合。塞墨勒在生产的时候遭受天后赫拉迫害而毙命。宙斯遂将怀孕的胎儿取出缝在自己的足股上。这样,宙斯的股部也就成了子宫,酒神狄俄尼索斯就这样在父亲宙斯的大腿上继续生长着,并第二次从宙斯的足股间降生。出生后的小酒神仍不断受到天后赫拉的追逐迫害,宙斯就让赫尔梅斯把小酒神带走,寄养在森林女神宁芙处,陪伴他成长的还有潘恩、萨提尔、西勒诺斯等等。酒神在远离尘嚣的大自然当中长大,过着普通百姓的生活,后来他才重新获得神的能力。

很显然,狄俄尼索斯的坎坷身世隐藏着许多值得重新解读和诠释的历史文化信息。至少有几项较为外在的隐喻值得玩味:一,主神宙斯将小酒神缝在自己的足股上,走起路来一颠一簸,仿佛喝酒醉的状态。醉境在主神宙斯身上的显现,从美学发生的角度看,似可说明古代希腊人对理性"零度状态"的认识。二,据考证,大股受伤——切开后再缝合——象征着阉割和死亡的双重寓意,具有重新开始新的生命的语境铺垫③,也包含对性别做"边缘冲击"的意味。阉割的文化含义,更多地还是对来自生物性别做逆向认识和重新评估。这一点在以后的狄俄尼索斯祭祀仪式里面得到了进一步张扬。三,狄俄尼索斯经由二次降生,因而他有二次获得生命的能力。事实上,在酒神以后的生命旅程中,他曾经多次演绎了"死而复生"的生命循环主题。四,文化主题上,酒神狄俄尼索斯从降生伊始就存

---

① 希罗多德:《历史》(上册),王以铸译,商务印书馆1959年版,第175页。
② H. J. Rose, *Gods and Heroes of the Greeks: An Introduction to Greek Mythology*, New York: Meridian Book, Inc., 1960, pp.23-24.
③ W. Burkert, *Greek Religion: Archaic and Classical*, Translated by Raffan, J., Basil Blackwell Ltd. and Harvard University Press, 1985, p.165.

在着身份认同的重要抉择问题。他成为主神之后,却无实际"正名"。因为他一身充满了野蛮的外来气息。他被放逐荒野,回归自然,失却了神性,隐隐地透露出了他的边缘形态:外来的、迁徙的、异域的、乡土的、淳朴的、自然的等等,与其他主神有着重大差别。

在一般人的观念里,酒神狄俄尼索斯属于希腊神话系统中的一个神祇,当然也属于希腊本土之神。又因为尼采在《悲剧的诞生》中将狄俄尼索斯和阿波罗并列放在一个哲学美学范畴,可能导致人们的一些误解,认为他俩同出一个家世谱系。其实,酒神与日神在身世上并没有什么关系。许多人甚至有一个误解,阿波罗的形象英姿勃发,代表着春天、青春、俊秀、诗情、凯旋、胜利等等,是年轻的代表;而酒神代表冬天、萧条、迷失、病态、癫狂、放纵等等,以为他代表着衰老。其实从神话的形象和神话的缘生形态来看,恰恰相反,酒神狄俄尼索斯是一个年轻英俊的后生。他永远被常春藤和葡萄藤装饰着,被赋予生命和青春的气息。他从特雷斯(Thrace)前往希腊携带着一种进取的开拓精神。如果将奥林匹亚神祇系统视作一种本位性族群的世系族谱,那么狄俄尼索斯却是迁徙而来的,属于移民的新生代的代表。所以,综观奥林匹亚神话系统,狄俄尼索斯架势最缺乏"皇胄之势"和"贵族之气",原因就在于他是年轻之神、外来之神、边缘之神、自然之神,甚至是野蛮之神。有的学者注意到了酒神狄俄尼索斯的迁移经历,却并不认同他的真正"祖籍"的重要性。重要的是,他首先是一个显灵之神,代表着一种外来文化的悟性。最新的资料证明,与酒神祭祀有更早的历史联系的安特斯特利亚节(Anthesteria),也被称作"更古老的狄俄尼西亚"(the Older Dionysia),在其迁徙之前就已经融合了古老的"米诺斯-迈锡尼文明"(Minoan-Mycenaean)缘生形态中的诸多因素。① 因此,在酒神狄俄尼索斯的基本特质中间,其中有一项就是来自海洋。一幅古希腊彩陶画闻名遐迩,即狄俄尼索斯乘着带轮子的舟楫从外域而来,船上有葡萄藤挂起的"风帆"。它似可表明以一个伟大的仪式性场面确认帝国时代,同

---

① W. Burkert, *Greek Religion*: *Archaic and Classical*, Translated by J. Raffan, Basil Blackwell Ltd. and Harvard University Press, 1985, p. 162.

时也追忆着那个拓殖的辉煌。

酒神狄俄尼索斯的名字符号也像一个谜团长时间地迷惑着学者。从 Dionysos 这个词的谐音，人们很容易发现另一个名字的关系序列 Deunysos, Zonnysos——必定为宙斯的名字，Dios Dionysos 也就成了"宙斯的儿子狄俄尼索斯"（Zeus' son Dionysos）。当然，这仍属一家之言，未达成共识。其中有一个明显的缺陷，就是将酒神的家族谱系一律放在拉丁语系来考察。可是谁都很清楚，狄俄尼索斯并非希腊土生土长的本地神仙，仅在拉丁语系里面训诂摸索怕不保险。狄俄尼索斯身上充满了大量非希腊因素和异族情调，已属公认和不争的事实。于是，另有一说放弃了"父子连名"的企图，独辟蹊径，尝试着从酒神母系这一线去寻找。人们在他母亲塞墨勒身世中发现了非希腊因素：狄俄尼索斯、巴克斯的母亲有一个替代性的称谓 thysos，以及与之相伴随的女司祭的神秘器物——松果状魔杖中 thriambos 和 dithyrambos，这些非希腊的神秘的仪式和器具带有婚姻祭仪的性质。以希腊的历史传统去追查，这种仪式与腓尼基（Phrygia）、利底亚（Lydia）和小亚细亚王国于公元 6 世纪到 8 世纪之间极为盛行有关，它们对希腊产生影响完全可以肯定。而在利底亚语言里面，baki 在语音即与巴克斯 Bacchus——狄俄尼索斯的异名所指一样。而 Thyrsos 正好与那里的酒神 Ugarit 和醉境 tirsu 联系在了一起，也与晚些时候的赫梯语（Hittite）中的 tuwarsa 葡萄发生关系。当然，除此之外，可能与这个神符发生渊源连带的还有埃及、叙利亚、以色列等，迄今无有定说。① 但是，有一点却绝对可以定说：它与东方文明脱不了干系。

无论酒神祭祷的历史背景有多么复杂，文化积淀有多么深厚，话语系统有多么庞杂，却还是可以从中梳理出四个基本的叙述类型，或曰四条基本线索：一，在酒神祭祀的节日活动中，必须狂饮纵乐。比如在爱奥尼亚－雅典（Ionic-Attic）地区所盛行的安特斯特利亚庆典节日有狂饮酒的习惯。二，祭祀仪式中的女信徒们癫狂无比，她们通常还要围着象征男性生殖

---

① W. Burkert, *Greek Religion*: *Archaic and Classical*, Translated by J. Raffan, Basil Blackwell Ltd. and Harvard University Press, 1985, pp. 162-163.

器——顶上带有松果状的神杖——放荡不羁,六亲不认,藐视伦常。三,乡村的狄俄尼西亚(rural Dionysia)专门为酒神举行牺牲祭典,同时还有其他丰富多彩的节目。① 狄俄尼西亚指古希腊为纪念和祭祷狄俄尼索斯而举行的仪式庆典。它与喜剧和悲剧有着密切的关联。据说古希腊诗人特斯庇斯(Thespis)是戏剧的首创者。他从艾卡利亚来到雅典,在原来庆典节目的歌队形式中加入了"演员",由他来带领整个歌队。公元前534年雅典举行的第一次戏剧竞赛,他获得了大奖。② 在特斯庇斯的影响下,狄俄尼西亚仪式庆典包括了酒神颂以及神秘的缔婚仪式(ceremorial hymn),最重要的酒神节庆典被称为伟大的狄俄尼西亚,每年3月到4月在雅典进行。③ 四,狄俄尼索斯由海洋而来,表明酒神来自东方。他曾经有着浪迹天涯的非凡经历,也暗示着古代爱琴海地区海洋商贸的繁荣。

　　古代希腊神话叙事作为一种现实生活的映像,从某种意义上说,非常深刻、准确地反映着现实。特别是在19世纪70年代德国考古学家谢里曼以荷马史诗和神话传说为线索将特洛伊和迈锡尼给挖掘了出来。这一伟大的考古发现,将神话与历史的关系拉得更近。不过,有一个现象倒很特别,整部荷马史诗罕有对酒神狄俄尼索斯的记录,至多在言及许门(Hymn)的残碎记录中带过。这说明在荷马时代,酒神并非希腊人民生活中的重要角色。事实上,荷马史诗倒是留下了大量的战争与饮酒的场面,还有对饮酒的器具有过巨细无遗的描述,其中最为著名者当属英雄内斯托(Nestor)所用的"鸽子酒杯":

　　……她开始摆设那张光亮无比、四只脚还镶着搪瓷的桌子。
　　她把铜制的盘子放在上面,盘子里装着一些洋葱作为配酒的料;

---

① 关于此,作者曾经于2001年3月间专门到希腊做过一次调查,还找到了位于雅典郊区的狄俄尼索斯祭仪遗址,它可能与"乡村的狄俄尼西亚"有关。(彭兆荣:《永远的"乡仪之神"》,载《读书》2001年第9期)
② P. Hartnoll & P. Founel(ed.),*The Concise Oxford Companion to the Theatre*, Oxford University Press, p.506.
③ P. Hartnoll & P. Founel(ed.),*The Concise Oxford Companion to the Theatre*, Oxford University Press, p.126.

此外还有黄色的蜜,和神圣的大麦膳食。在这些物品的旁边有一个饰在金耳扣的大酒杯。它是老人从家乡带来的。它有四只把手,每一个都由两只腿支架着,形成对角态势;每一双上面还有两只金鸽子喂饮的造型。这只酒杯在盛满酒的时候,一般的人移动不了它,唯内斯托移之轻而易举。这只酒杯盛着伴有波拉尼安酒(Pramnian wine)的浓汤,还要加上一些山羊奶酪,然后再撒一些大麦在上面。一切完成以后,她就请他们开始饮用。

《伊利亚特》卷Ⅱ

更令人啧啧称奇的是,谢里曼居然在古代迈锡尼遗址的考古挖掘当中把荷马笔下的那对"鸽子酒杯"给刨掘出来。

图9 希腊国家考古博物馆内的"鸽子酒杯"实物图

展现于我们面前的这一个"鸽子酒杯"正是德国考古学家谢里曼根据荷马史诗中的线索,在迈锡尼遗址四号墓坑里挖掘出现的。比较史诗的文本记录和挖掘的考古实物,总体上十分相像,唯独在细节上有些差异:文本上记录的为四只扶手,实物只有两只扶手。另外,文本上说如果这只酒杯盛满酒的时候,一般人都移不动,只有内斯托能将其托举。而实物似乎并不像有那么重。当然,更为重要的是实物所证明的时间和文本所记录的时间有些许不吻合。编年史的一些数据如下所述(大约时间):

1600—1500 BC	酒杯制造年代
1500 BC	入葬封闭的时间
1300 BC	内斯托最早可能出生的时间
1250 BC	特洛伊战争,内斯托饮用此杯
725 BC	荷马完成史诗的时间

从这一组数据的参照中,人们可能会发现"鸽子酒杯"实物比内斯托饮用的时间大约早了300年左右。① 以此类推,谢里曼在迈锡尼所挖掘出来的另一件更为著名的物件"阿伽门农面具"也存在大约300年的时间差。正是由于这时间差异,人们在这一陈述中也加上了个修饰词:"谢里曼假定"。不过迄今为止还没有人找到新的证据推翻这一假定的"事实"部分,或去掉"假定"二字。至关重要的是,谢里曼考古挖掘的依据就是荷马史诗中的神话叙述。而且,考古实物与文本描绘大同小异。

不论这只"鸽子酒杯"是否同指一樽,至少说明荷马时代的希腊人已经嗜酒成风。那么,怎不见诗人对酒神做进一步描述呢?单从这一点线索已经说明:第一,酒神狄俄尼索斯确实具有浓厚的东方因素,他进入希腊有一个历史性的被接受过程。相反,他身上的希腊本土因素并不特别深厚。第二,酒神祭祀以及狄俄尼西亚仪式庆典的普遍社会化接受应在荷马时代之后。第三,如果按照亚里士多德的悲剧界说和定义,则希腊悲剧也是晚于荷马史诗的一种艺术品类,至少它晚于史诗。人们或许可以认为荷马史诗的记录存在着重要的缺失。不过,如果这样可能更危险,即整个西方的历史都将面临改写,因为荷马史诗被公认为古代希腊社会的"百科全书",被看作西方文明的最原始的"圣经"版本。接着上面的推述,酒神狄俄尼索斯祭仪和崇拜更可能是远古合唱抒情诗推衍的一个结果。因为在古代抒情诗歌里面,酒神颂歌 Dithyrambos 正是最为基本的一种类型。更为重要的,酒神颂歌正好成为悲剧的来源。这样,Dithyrambos 不仅是酒神狄俄尼索斯祭祀仪式和盛大的狄俄尼西亚节日庆典的原始形态,而且它也反映

---

① J. Purkis, *Greek Civilization*, Linconwood: Teach Yourself Books, 1999, pp.39-40.

了希腊古典悲剧的原始形貌。在希腊悲剧当中,最为精彩、影响最大的酒神形象当数欧里庇得斯的《巴克斯》,而这一出悲剧上演的时间已经到了大约公元4世纪。①

作为酒神,狄俄尼索斯充分体现出了他时时处处的矛盾化身:他不愧为快乐的施予者。只要有酒神的地方就充满了快乐、饮酒、纵情、歌舞。同时,他却代表着病痛、死亡和恐惧。他具有转喻不祥预兆的能力。这与人们对酒和药的交错认识有着密切的关系。传说狄俄尼索斯第一个将葡萄种植技术和酿酒艺术教给一位雅典的农民艾卡尼奥(Ikarios),不幸的是,艾卡尼奥后来被其他农民杀死,原因是当地农民认为他用毒药毒害人们。为了寻找父亲的尸体,艾卡尼奥的女儿艾利戈尼(Erigone)经过努力,终于发现父亲的尸体浸泡在泉水里。于是女儿也跟着上吊自杀。人们相信,父亲和女儿转变成了狄俄尼索斯的牺牲祭献。所以在安特斯特利亚原始的酒神祭祀节日和庆典活动中,饮酒与死亡的阴影总相伴相随。这可能与人类在古时候将死亡与流血的发生,以及血的颜色与葡萄酒的颜色神秘地交感有关。酒被描述为葡萄和血,在古代文化表述中相当常见。

顺着酒神的这一原始主题,还有一个更为直接的神话同时讲述着酒神原型。提修斯从克里特诱拐了阿里亚涅(Ariadne),可他却没能为姑娘带来快乐。一次酒神祭祀的仪式,阿里亚涅睡着了。根据一个神话版本,就在她睡觉的时候阿尔忒弥斯将她杀死。而根据另一个版本的叙述,提修斯在酒神祭祀仪式举行的时候,不知出于自己的原因还是神谕所致,他把阿里亚涅留在了那克索斯(Naxos)。后来酒神狄俄尼索斯出现,看到孤独忧郁的姑娘可怜兮兮的,遂娶了阿里亚涅为妻。这里还涉及一个非常古老的神话,它甚至可以与克里特文明类型联系起来讲。其中的线索可以简约地梳理如次:因为是克里特文明,因为是米诺斯迷宫,因为有半牛半人的巨怪,因为有了提修斯进迷宫杀怪兽,因为有了阿里亚涅的帮助(牵线),因为后来又被提修斯遗弃,因为成了狄俄尼索斯的妻子,因为狄俄尼索斯还有一个绰号叫作牛神,种种皆暗示了牛与狄俄尼索斯有着神秘的关系……

---

① W. Burkert, *Greek Religion: Archaic and Classical*, Translated by Raffan, J., Basil Blackwell Ltd. and Harvard University Press, 1985, p. 163.

众所周知,克里特文明的一个传说性标志为米诺斯迷宫。米诺斯是克里特的国王。他的妻子被一头公牛诱惑并生下一只怪物——半牛半人巨兽,时时守在迷宫内。说起这头牛,坎贝尔娓娓诉说着这样一个神话故事:伟大的米诺斯是克里特岛帝国的国王。在他做国王的时期正是克里特商业称霸的繁荣时期。为了赢得和控制海上商务航道,他夜以继日地工作。由于忙于商务,疏于内务,导致了他的妻子——克里特王国的王后被一头洁白如雪、生自大海的巨牛诱奸,生下了一个半牛半人的巨怪帕西法恩(Pasiphae)。为了遮羞,也为了藏怪,国王米诺斯遂请著名的巫术大师代达罗斯(Daedalus)为他建造一个迷宫,以关押怪物帕西法恩。对于王后与巨牛私通,生下孽兽,国王米诺斯没有任何其他更严厉的处置办法。他甚至将这件事情视为带有神谕性质的后果。因为米诺斯王本人的母亲欧罗巴(Europa)正是被一头公牛诱拐到克里特岛来的。那头公牛不是别的,正是众神之王宙斯。而与王后发生关系的那只白海牛据信却是宙斯的兄弟波塞冬派遣来的"异体"。①

图10　古埃及奥西里斯"牛王"交通图,转引自《千面英雄》

---

① J. Campbell, *The Hero with a Thousand Faces*, London: Fontana Press, 1993, pp. 13-14.

这里涉及了一个非常有意思的原始宗教问题:米诺斯本人具有牛的半壁血统,他的妻子又与白海牛私通,生下帕西法恩这样一个半人半兽的怪物。而米诺斯王与王后生下的女儿阿里亚涅后来嫁给了酒神狄俄尼索斯。恰恰狄俄尼索斯有一个异称叫作牛王。① 推得再远一些,狄俄尼索斯的原型——古埃及的奥西里斯的一种代表性的形体也是一头公牛。而且它是将神的崇拜者转送到地狱的交通工具。

它甚至还与酒神祭仪和悲剧之间有着性质上的连带。我们知道,古希腊的悲剧英雄有一个非常明显的特征,即英雄的悲剧力量并不是来自与对手(包括敌人、恶势力、竞争者等)的较量,最终因不敌而不可避免地趋于死亡,而是来自自身与命运神谕之间的拼搏和冲突。它的最后结果每每表现为命运与个人意志的角力之后占据上风。这才是最为原始的悲剧意义:与其说来自外部事件的抗拒和角力,还不如说潜匿于人类内心对神秘异力的恐惧和威慑的心理对抗。其实,正是在这一悲剧的原点上,亚里士多德看到了人类在酒神狄俄尼索斯祭祀仪式中的巨大悲剧价值和所能引起的怜悯、同情、狂狷、迷醉以及治疗的悲剧美学意义。按照亚里士多德对悲剧的看法,宣泄能够达到净化作用。② 它事实上是一种治病,源自对人类因遗憾和错误的经历和情感经验所引起和带来的悲剧事件。据说也与一种更为原始的净化性治疗的所谓"卡萨尔西斯祭仪"(katharsis)相联系,这种治疗仪式可以起到清除和洁净以往因传染或毒药——一种古老神秘的传染性巫技的作用。这种仪式的具体的功能行为就是在酒神祭仪中撕碎牛神——狄俄尼索斯的神秘戏剧——一个深含意味的仪式。甚至其中还隐喻着"诗"(文学的统称)poetry 与药毒 poison 之间神秘性巫术仪式上的关系。诗一如毒草,"致病"而"治病"。这就是真正的酒神神秘祭仪和希腊悲剧的精神。是为后话。

回到牛的主题上。米诺斯不能杀死帕西法恩,仿佛神谕,只得将它关

---

① J. Campbell, *The Hero with a Thousand Faces*, London:Fontana Press,1993,p. 26.
② Aristotel, *On the Art of Poetry*, Translated by Ingram Bywater, Oxford University Press,1920, pp. 14-16.

在迷宫内。唯怪兽定期要让雅典国王提供七位年轻的男女为供品让其消受。雅典国王之子提修斯自愿作为贡品之一前去刺杀。后来,提修斯也正是在米诺斯公主阿里亚涅的帮助下杀死巨怪顺利地从迷宫中走出,并由此留下了著名的"阿里亚涅之线"典故。可是,提修斯完成使命带着米诺斯公主返回的时候,却将可怜的阿里亚涅遗弃。在早期的安特斯特斯酒神祭仪里面还有巴西里娜(Basilinna)——酒神的新嫁娘。这样的节目和意涵,表述提修斯将新娘祭献给神这样神秘的祭仪。从酒神的神秘婚姻祭仪的意义来看,其中不乏凝重的悲凉阴影。如果我们照搬根纳普的通过仪式程式,我们会发现,在酒神祭仪当中,传统的缔婚喜庆的另一面被突出和强化。这个时候当我们再一次重温"婚姻是通往死亡的坟墓"已经决然不是一名民俗谚语,在酒神祭仪的原始母题中早就沉淀下来了。所以"与狄俄尼索斯的婚姻代表着一个死亡的阴影——酩醉代表一个更为深层的意义"①。

  缔婚对于女性来说尤其不幸。这一点在已经完全彻底的父权制社会里面,不啻为公理。希腊神话为人们展示了一个发育完全的父权制社会。财产、继嗣、分配、名分、角色、法理等一切的一切都属于规范内的公理。事实上,狄俄尼索斯祭仪还依稀透露着婚姻的线索,人们可以看到其与天后赫拉的潜在牵连。赫拉在奥林匹亚波利斯王国(polis)所起的作用非常独特,她代表着正常秩序的变化尺度。换句话说,如果赫拉的情绪处在平和、平静的状态的时候,波利斯王国的秩序便处于正常状态;如果她处在暴怒的情况下,波利斯王国即处于非正常状态。就此一点,宙斯甚至都无法控制。因为赫拉的震怒经常正好是宙斯挑起来的。酒神狄俄尼索斯的疯狂态度和醉境状态恰恰又与赫拉发生直接关系。它们之间的关系便成了一种互为的变通:赫拉的震怒使得波利斯王国的政治秩序处于非正常态,而这种非正常态的国家政治正好又在狄俄尼索斯的疯狂和迷醉之中实现着真正的自然本色。

---

① W. Burkert, *Greek Religion*: *Archaic and Classical*, Translated by J. Raffan, Basil Blackwell Ltd. and Harvard University Press, 1985, p. 164.

值得注意的是,希腊神话更倾向于将女性置于自然和本能化的符号来处置;相反,男性虽然在波利斯的公共空间里面占据着绝对重要的地位,如上所述,因为希腊神话所反映的社会形态已经完全父权制。女性作为男性的附属和私产返回到了"闺房"。同时,也把她们带回到了更接近于本能化的雌性动物的性别叙事范式。我们无妨回顾一下与酒神有关系的所有的神话,女性基本上丧失了其社会文化色彩的所谓"社会性别"(gender),而表现出了赤裸裸的"自然性别"(sex)。她们都属于痴迷的"雌类"。围绕着传统的阿戈利奥尼亚(Agrionia)仪典,狄俄尼索斯的能力和魔法更是原始而巨大。这是一则有关迈亚斯(Minyas)的三个女儿 Leukippe、Arsippe 和 Alkithoe 的故事。三位丽人在酒神祭祷的仪式庆典期间拒绝参加狄俄尼索斯舞蹈,而在家里忙于自己的织布,准备参加另一项雅典娜厄尔加涅(Athena Ergane)①的庆典活动。这使酒神非常气愤。于是酒神趁三位姑娘专心致志工作的时候,突然将常春藤和葡萄藤搅在织机和梭子上面,变成一只大蛇蜷缩在装羊毛的篮子里,同时还从屋顶上渗下酒和奶。这时姑娘们赶快放下手上的工作,用大水坛子盛了很多的酒和奶。她们豪饮酒神为她们准备的佳液,以致酩酊大醉,失了常性。姐姐 Leukippe 更是疯狂无比,在其他两位妹妹的帮助下,杀死了自己的亲生儿子 Hippsasos,并将其撕成碎片。三姐妹从此加入了酒神的女信徒行列,向着山巅攀去。这便是酒神的魔力。在酒神魔力的作用下,女性的母亲角色瞬间可以从它的一面转化到反面。迈亚斯三姐妹的狂怒主题在希腊神话里面并不是一个偶然的例子。女性两极化转变:社会与自然、伦理与本能、母性与野性、平静与狂暴、爱与恨几乎只在一纸之隔。像 Leukippe 这样亲手杀死自己骨肉的母亲不胜枚举:美狄亚、彭透斯的母亲、夜莺与燕子的故事等等,都是母亲亲手杀死自己的孩子,甚至仍嫌不够,还要"撕成肉片""剁成肉泥""烹煮成食"等等。怨不得在特内多斯(Tenedos)地方,狄俄尼索斯有一个绰号叫"人性杀手"或者"人的毁灭者"(man-destroyed-Anthroporraistes)。在另一

---

① 厄尔加涅为雅典娜的别称,有着城市手工业守护神的形象。

个地方雷斯波(Lesbos),狄俄尼索斯甚至被称作"生肉食者"(Omestes)。①这说明酒神狄俄尼索斯具有如此大的魔力,能够轻易地把人的某一面自然本能淋漓尽致地激发出来。

在希腊文化和戏剧的缘生形态里面,我们可以清楚地看出,酒神狄俄尼索斯所代表的精神和文化本质属于乡村的、边缘的、非理性的、否思的、自然的、本能的等等。相对于希腊城邦制度的模型,狄俄尼索斯代表乡土。雅典卫城阿科罗波利斯和底尔菲太阳神殿遗址的狄俄尼索斯圆形剧场的地理分布都处在边缘。作为酒神系统的"社会关系",如潘恩、萨提尔、塞勒尼斯、宁芙等酒神侍从、森林女神、女祭司一路尽属乡俗野类。比如,潘恩老家巴赛(也是酒神少年寄养的地方)地理上是这样一幅风景画:它地处希腊南部多山地区阿卡迪亚的最偏远地区。希腊人把阿卡迪亚看成是一片荒野之地。那里芳草茵茵,森林繁茂,地气氤氲,原野宁静。大自然支配着一切。那正是潘恩出没之地,也是狄俄尼索斯逃避赫拉迫害,借以寄生和成长的地方。

潘恩与狄俄尼索斯有着许多共同之处。总的来说,他与酒、性和欲望联系在一起,属于"世俗之神"(popular god)、"乡土之神"(rural god)。"潘恩也是由地方性的神祇变成狄俄尼索斯的从神之一。"②虽然他永远没有机会进入伟大的奥林匹亚神圣的主神殿堂,却从不因此放弃他那享受乡土生活的信念和永远快乐的性情。他的形象不雅,顶着山羊角,蓄着山羊须,蹬着山羊蹄。他所代表的是人类的自然本性——动物性。以下是一首荷马时代潘恩的赞美诗:

> 请告诉我关于赫尔梅斯儿子一些事情吧,
> 缪斯。
> 他头顶着两个羊角,

---

① W. Burkert, *Greek Religion*: *Archaic and Classical*, Translated by J. Raffan, Basil Blackwell Ltd. and Harvard University Press, 1985, pp. 164-165.

② 鲍特文尼克、科甘、帕宾诺维奇等编著:《神话辞典》,黄鸿森、温乃铮译,商务印书馆1985年版,第234页。

足蹬着羊蹄,
热爱喧闹,
徜徉在丰沃的草地。
和舞姿翩翩的林地仙女一道,
徒手攀缘在山崖上,
到达山羊无以企及的巅峰。
哦,潘恩,
乡村里的牧羊神,
披着零乱的、醒目的须发,
沿着碎石叠嶂的山间小路,
抵达那白雪皑皑的险端,
造访群山的边缘。
……①

图11 现存于巴黎奥赛博物馆的雕塑:潘恩的羊人形象被刻画成天真无邪的少年与两只小熊嬉戏玩耍,情态可掬

---

① D. A. Leeming, *The World of Myth*, Oxford University Press, 1990, p. 188.

弥尔顿在他的著名诗作《失乐园》里就有：

> 宇宙的潘神和"美"、"时"诸女神
> 携手舞蹈，领导着永恒的春。

诗人赋予潘恩与美神、时序之神永恒的价值①，并非潘恩具有绝对的美，只是他代表着与原始自然和秩序的和谐。

维柯注意到了潘恩形象所寓言的深厚的文化含义："林神潘恩以同样的方式（魔术的方式——笔者注）试图抓住以唱歌著名的仙女塞壬克斯（Syrinx），发现自己只是拥抱着芦苇；类似的有伊克什安（Ixion），他钟情于天后朱诺，即掌正式婚姻的女神，想拥抱她，发现抱在怀里的只是一片云。这里芦苇意指自然婚姻的轻佻，云意指自然婚姻的空虚。……潘恩拥抱的芦苇（实指自然婚姻）把它揭露出来了；正如罗马元老们要让平民们看出自己全是怪物，因为他们实行的是野兽般的交媾……"②在其他一些传说中，珀涅罗珀却和求婚者奸淫过（意指正式结婚要推广到平民），生下了林神潘恩，就是一种半人半兽的怪物……③在《新科学》之"诗性的物理"中，维柯甚至在潘恩身上看到了自然物质的原始构成："这种混沌后来被物理学家们看成自然事物的原始物质。这种原始物质本身是无形式的，就贪求形式，就吞噬一切形式。不过诗人们却给它一个丑怪的形式，就成了潘恩，他是一切林神的主神，林神们不住在城里而住在森林里。潘恩这种人物性格代表一切不敬神的流浪汉。"④

悲剧和喜剧诗人们是在下列两种年代极限内走完了他们的过程。特斯庇斯在希腊的一部分，而安菲翁在希腊的另一部分，在收葡萄造酒季节创造了林神歌或林神剧这种雏形悲剧，用林神为角色。在当时简陋的情况下，他们理应首先创造出原始的面具或伪装，用随手带的山羊皮来掩盖脚

---

① 弥尔顿：《失乐园》，朱维之译，上海译文出版社1984年版，第140页。
② 《奥德修纪》18，第1—107、239—242页。
③ 维柯：《新科学》，朱光潜译，人民文学出版社1987年版，第336—337页。
④ 维柯：《新科学》，朱光潜译，人民文学出版社1987年版，第357页。

和大小腿,用酒糟来涂抹胸部和面部,在前额安上角[或许因此今天收葡萄造酒的人还叫作"头上长角的人"(cornuti)]。在这个意义上,埃斯库罗斯受酒神之命写悲剧的传说也许是真实的。这一切都符合当时情况,当时英雄们都声称平民是半人半羊的人兽两性混合的怪物。由此可见,有充足的根据来揣测悲剧来源于林神剧的合唱队。悲剧这个名称来自上文所描绘的面具,而不是来自用山羊来酬劳这种诗竞赛中的锦标手(贺拉斯在《诗艺》中看到后一种可能,却没有看出它的意义,只说山羊微不足道)。接着埃斯库罗斯就造成了由旧悲剧,即林神剧到中期悲剧的过渡,办法是运用人类面具,把安菲翁的原来由林神合唱队演出改为由一群人的合唱队演出,而中期悲剧理应是旧喜剧的来源,其中描绘一些大人物,所以用合唱队是适合的。后来索福克勒斯和欧里庇得斯相继出现,替我们留下了悲剧的最后形式。旧喜剧在阿里斯托芬手里告终,因为它使苏格拉底获得了坏名声。①

对于酒神以及酒神系统的众形象,由于其外在的体质和生理性特征非常突出,成了艺术家们喜爱的对象,历史上也因此留下了大量的艺术作品。笔者在欧洲留学和访学期间,流连于博物馆的艺术品和古董堆里,有了一个发现:但凡狄俄尼索斯系的神、半人半兽、女祭司、酒神信徒无不快乐,这类摆设物中充满轻松的情调,有些甚至让人忍俊不禁。希腊国家博物馆、雅典卫城博物馆、底尔菲考古博物馆、巴黎奥赛博物馆、罗浮宫以及各类博物馆皆然。比如,希腊考古博物馆里的浮雕"潘恩与宁芙",酒神侍从潘恩在森林中与仙女们饮酒调情,憨态可掬。大理石雕塑"萨提尔与美神",丑陋羊人萨提尔调戏美神阿芙洛狄忒,美神右手持其左拖鞋准备掌他,小爱神抓着萨提尔的羊角戏耍。整个一"猪八戒戏嫦娥"的爱琴版本。酒神系统的形态与权力斗争、政治角力、武力较量、商场狡诈、拓殖冒险等政治经济主题都远,所代表的是生物本能、原始情调、乡土本色、色情肉欲等自然主题。在奥林匹亚山巅神圣殿堂主神系列里,狄俄尼索斯有一个逐渐显其重要的历史变迁。

---

① 维柯:《新科学》,朱光潜译,人民文学出版社1987年版,第453—455页。希腊文的"悲剧"意思是山羊之歌,因此对悲剧的起源有种种揣测。——中译注

在早先的主神系统里没有酒神席位,他是后来才入座的。他的入选事实上是乡土力量的展示。政治形态上,狄俄尼索斯所体现的永远属于边缘。权力分配方面,狄俄尼索斯所代表的力量也永远是被借用的。

图12　现存于希腊国家博物馆内的"潘恩戏美神"的大理石雕像

第三节　戏剧的缘生形貌

一、酒神的颂歌

横亘于酒神狄俄尼索斯与原始戏剧之间,祭祷仪式成了一个不言自明的中介。那么,仪式与神祇的关系是肇始性的呢还是后续性的?显然,并非所有神祇都必然或必须伴生着一个祭祀仪式。至少,回眸往昔历史的传统遗产,人们没有看到一神一祭的结果。纵然假设所有的神祇在其原初都伴有祭仪,那么,为什么在历史的发展过程中,有些神祇的祭仪消失了,有些却存活了下来呢?酒神祭祀仪式与戏剧的发生之间有没有必然性?"戏剧的模仿"为什么独钟情于疯疯癫癫的狄俄尼索斯而不是其他?这一切,前辈们并没有给出一个清楚的答案,有些问题甚至尚未直面。

欲解答这些问题,"酒神颂歌"(Dithyramb)无疑为一个关键词。Dithyramb一词今已无考,但由于它与酒神祭祀、酒神的身世和戏剧来源的关系密切,因此,厘清个中纠缠,必须对它有一个大致的认识。

希罗多德对此有过考释:"阿利昂这个人在当时是举世无双的竖琴手,而据我们所知道的,是他第一个创作了狄图拉姆波司歌(祭祀酒神狄俄尼索斯时所唱的颂歌——原注),给这种歌起了这样的名字,后来并在科林斯传授这种歌。"①

有一种说法认为,它最先出现于Archilochus,人们把它称作"酒神狄俄尼索斯的颂歌"。在酒的作用下,引导人们歌唱并伴有激烈的舞蹈。这种形式传说来自科林斯。大约在公元前600年的庇里安德(Periander)暴政统治时期,酒神颂歌系由当时的合唱形式演变而来,先时并无确定的主题。酒神颂歌后来被一位伟大的音乐革新者"赫米欧的拉色斯"(Lasus of Hermione)②从科林斯带到了雅典。自公元前509—前508年开始,遂渐渐演变成了具有明确主题的、盛大的、有组织的酒神节竞赛活动。

另有一种说法认为,在庇里安德暴政时期,克雷斯色勒的西锡昂(Sicyon in Cleisthenes)和雅典的庇西特拉图(Pisistratus in Athens)试图利用流行于民间的酒神秘密祭仪,借助这种特殊的神秘祭祀活动中的原始形式和民众基础,在民众中间形成一股力量以推翻暴政统治。在这样的情况下,狄俄尼索斯渐渐地成了一种新的国家宗教,而原先酒神祭仪的乡土性、民间性特征也逐渐上升到了国家形态。酒神祭祀仪式在雅典的实践过程也可以看到这样一个明显的"崇高化"(ennobled)过程。不过,早先从雅典城邦的影响范围到后来整个希腊酒神颂歌的扩大,似乎并没有明显指示出与戏剧发生学上的内在关联和并生逻辑。

最初表演酒神颂歌在狄俄尼西亚城(the city Dionysia),具体日期定在悲剧举行的前一天。来自雅典各部落的歌队进行循环表演,故称为"循环歌队"。其中有男人歌队和小孩歌队,他们都不戴面具,围绕于祭坛周围

---

① 希罗多德:《历史》(上册),王以铸译,商务印书馆1959年版,第10—11页。
② "赫米欧的拉色斯"大约出生在公元前548—前545年之间。

祈求跳舞。胜利者可以获得悲剧比赛活动的一个礼物——由诗人或组织者颁发。第一次举行这样的活动就是公元前509—前508年。之后,这项活动愈来愈大,吸引了众多的诗人参加。到了公元前470年,酒神颂歌已经成为悲剧表演活动中的一个重要组成部分,且日益神圣化。然而,早期的酒神颂歌仪式并没有明显的特别突出的所谓"酒神精神"。其中还有一个重要的因素,即多利昂(Dorian)的酒神颂扬传统,它深受当地民间英雄祭祀仪式的影响,同时包含了神话英雄的民间化作用,在多重因素的交织中形成了酒神颂歌的形式。[1]

    酒神颂歌在狄俄尼索斯节日庆典仪式中,主要的表现形式为舞蹈,即古代所说的"合唱圆舞"(circular chorus)。现代学者对酒神颂歌的兴趣主要来自亚里士多德有关悲剧来源于酒神颂歌的著名陈述。然而,在古风时代,毕竟酒神颂歌这样的形式还只占据着整个五天表演活动的第一天。不过,第一天的歌舞节目却占据了整个酒神祭祀节日仪式歌舞活动的四分之三,而且参与到这一活动中去的当地公民表演者达1000人之多。[2] 虽然我们仍然可以听到现代学者对亚里士多德关于悲剧来源于对酒神祭祀仪式中酒神颂歌的模仿这一著名论断的质疑,却没有发现更加具有说服力的理论替代之。其中症结与其说是对亚里士多德理论的全面挑战,还不如说对古代狄俄尼索斯祭祀仪式的深厚文化底蕴尚未得到全面认识和评价。单就酒神颂这样的古代祭祀仪式中的一个活动项目与戏剧从概念到形式的认识或许不能达到足够资料求证和理论性革命,要从根本上否定亚里士多德的悲剧发生理论就成了空中楼阁。就像达尔文的进化论自问世以来,出现了无数的质询、质疑、质问,也有不少试图替代的理论,却仍不足以从根本上否定它。只不过,由酒神祭祀仪式所延续下来的相关历史和文化方面的意涵不及在戏剧艺术阈域来得集中和突出。很明显,酒神原型与治疗的研究(包括身体和心理方面的),葡萄的种植和酿酒技艺的移植,东西方在

---

[1] C. A. Trypanis, *Greek Poetry: From Homer to Seferis*, London & Boston: Faber and Faber, 1981, pp. 121-129.

[2] D. Wiles, *Tragedy in Athens: Performance Space and Theatrical Meaning*, Cambridge University Press, 1997, p. 49.

货物方面的商贸和交往等等都没有达到它与戏剧关系层面的深度研究。当然,把不同领域的研究成果进行整合更显得薄弱。这样的结果,使得酒神祭祀仪式中的酒神颂歌与戏剧的历史关联难免有些"专美",这样的历史和文化表述上的"突兀"引起人们对亚氏理论的怀疑也就在所难免。

也有学者认为,希腊的悲剧直接来源于酒神颂歌,即 dithyramb 或 unison hymn。其形式是一种抒情诗形式——专门赞颂狄俄尼索斯的颂歌。它与神话传说以及中世纪欧洲关于基督的出生、生活、殉难以及所衍化出来的圣餐剧相似。古希腊的酒神祭歌不仅包括了狄俄尼索斯的神话传说,而且还与神、半神、英雄的划分体制有关。他们中的有些人被认为是希腊人和他们在地中海邻邦们的先祖……在这些复合因素的交织和冲突之中,希腊悲剧往往并不是必须有一个不幸的结局,所有希腊悲剧的故事情节告诉观众,它们属于宗教的行为和文化的传统,其中不少来自荷马时代。从酒神颂歌到希腊悲剧,人们更多看到的是他们载歌载舞,至于他们的不幸,观众则知之甚少。① 也可以这么说,希腊悲剧虽然与酒神颂歌存在着原型上的牵连,这可能视作一个历史事实。然而,这种历史的关联未必从一开始就在功能上体现不幸的悲剧过程和结果,也未必一定能引起"恐惧"。它与悲剧的真正关系完全与今天人们所认识的悲剧不一样,如同人们因酒醉迷痴表现得或大悲或大喜,可以与戏剧类型上的"悲剧"和"喜剧"等量齐观吗?哈里森精心搜索了"酒神颂歌"的一些说法,发现其中存在着细微的差别:根据柏拉图的意见,Dithyramb 指狄俄尼索斯的生日颂歌。可是在 Bacchae 祭祀仪式里,Dithrambos 却反映了再生的意象。② 这是十分耐人寻味的。笔者偏向于认为:毕竟酒神颂歌与悲剧有着剪不断的线索,毕竟悲剧与酒神颂歌的原始形貌已经有了巨大差别,酒神祭祀仪式所给予戏剧的原始作用更多还是体现在历史的发生关系中,而与作为艺术类型的戏剧已经有了重大的变故。所以,今天如果有人要彻底颠覆二者的原始作为

---

① V. W. Turner, *From Ritual to Theatre*, New York: PAJ Publications, 1982, p.103.
② J. E. Harrison, *THEMIS: A Study of Social Origins of Greek Religion*, London: Merlin Press, 1963.

几乎是不可能的。

二、"仪式戏剧"假说？

如上所述，为悲剧做经典的历史诠释和权威的界定者还是亚里士多德。在亚氏对戏剧的界定中，有一个基本的命意，即戏剧来自对酒神狄俄尼索斯祭祀仪式的模仿。其中的关系非常清楚，这里出现了几种可能变化的理解，至少它存在着"四度"可能性：将仪式与戏剧视为"零度"或者"元语言"，即内含着丰富结合因子的基原。将其认同为"一"，把戏剧与仪式当作完整的一体完全具有历史的逻辑性。将仪式与戏剧视为"二"，如此最为接近亚氏的字面语义。这样，仪式为"本"，戏剧为"末"；仪式为"原本"，戏剧为"复制"；仪式为"原作"，戏剧为"临摹"。将仪式与戏剧视为"三"，即仪式与戏剧作为同一性的二元关系以及在二元关系上的派生和演绎，从而产生了"三度"的创新和理解。其中道理类似于"上帝—亚当—亚当/夏娃"的原型和衍生关系。"上帝"为"元"，亚当为上帝形体的模仿创造，夏娃为亚当身上的一根肋骨而来，却构造了新的二元对峙，进而开创了一个具有不同性质、不同维度的空间——失乐园。所以，依据亚里士多德的界定，酒神祭祀仪式与戏剧的互相关系，无论零度、一度、二度、三度还是多维度，仪式都是戏剧的本源。这一点至关重要。如果试图推翻这一个命题，不仅要从亚里士多德的命题开始，更为重要的是要从亚里士多德所建构的仪式戏剧的缘生性逻辑关系入手。理论上应该如此。除非，新的考古资料直截了当、无可争议地推翻了"仪式戏剧"说，否则，便不足采信。当然，依据对原始基型的理解和解释权力的维护原则，人们也有权力把"仪式戏剧"学说仍视为假说。就像达尔文进化论，许多人仍认为人类经由"进化"而来的学说是一种"假说"。我们维护持这种观点的"权力"，但要推翻它，必须拿出直接的、无可争议的事实和依据。否则，在持有进化论为假说的权力与任何新学说的假定性方面具有同样的效力。从另一个方面说，后者还只是提出一个在原型性"假说"基础上的新假说，可能正好证明原型性假定的历史和学术价值。

戏剧的仪式起源说之所以长时间地被视为希腊戏剧发生学解释的经典之说，大致有以下几个方面的原因：第一，亚里士多德对于诗学的奠基性的工作。事实上,作为一种专门化的知识分类、归纳和边界限定,即现代西方许多的所谓"学科"都与这位知识分类的开拓者有关。既然如此,欲建立新的学科框架,需从原型开始,是谓"不破不立"。西方戏剧作为诗学范畴的一个表演门类,所有的概念、范式、时空关系、人物、器具等等都归于那种门类之中。所以,若要改变戏剧的仪式起源说,首先面临着一个风险:用既承的"工具"为武器,事实上是在一个旧舞台上出演新剧目,旧瓶子里盛新酒,并没能在认知价值与知识分类上出现根本性的创新。第二,亚里士多德在年代上与戏剧的肇始时代更为接近,相信亚氏用于确定戏剧与仪式关系的依据和资料比后人更为丰富,而且其中有些资料,甚至可以是关健性的已经遗失散轶。当然,也可能出现我们今天可资的材料亚氏却不能,这得倚仗考古成就。不过,这样的机会显然不及前者。这是不言而喻的。简言之,我们相信,亚里士多德这样界说的依据和材料比起我们来说更多更为确凿。第三,事实上,戏剧的仪式起源说在漫长的历史累积和检验过程中不但没有被证伪,反而几乎成了公理。它被写进了教科书。所以,在很大的程度上说古希腊戏剧的缘生比起其他许多民族和地区来说更令人信服,因为在爱琴文明的废墟上留下了大量的狄俄尼索斯剧场遗址和物证。要推翻它已经完全超过了在哲学美学上另立一个命题,然后沿着不同的方向去搜证的问题。首先要将原先所有的证明要么使之成为新说的证据,要么推倒重来,要么要证伪。四,许多戏剧学家、艺术理论家、考古人类学家、古典学家等经过多方面的研究继续使这一命题获得稳固的地位。比如早在一百多年前,即1903年,就有一位女学者简·爱伦·哈里森做了一个较为绝对的"复述":希腊戏剧起源于酒神"迷狂的宗教仪式"。[1] 我们之所以特别强调哈里森的"复述",主要原因是在以后对这一命题的讨论经常从所谓"哈里森仪式假定"(Harrison's ritual hypothesis)下手。比如《狄俄尼索斯写戏:古希腊戏剧之发现》(2000)便开宗明义,对"哈里森仪式假

---

[1] J. E. Harrison, *Prolegomena to the Study of Greek Religion*, Princeton University Press, 1991, p. 568.

定"发难。① 所以,对酒神之于古希腊戏剧之间的关系仍为学界所感兴趣。

怀斯认为,哈里森的仪式假定事实上是一种关于戏剧的出现乃作为一种故事讲述的类型,即神话类型的历史遗忘的映像。在这方面,尼采则更准确地认识到,古代戏剧根植于狄俄尼索斯仪式的悲剧和喜剧的文学表述类型,从而使得个中关系模糊不清。怀斯认为,希腊戏剧的起源与仪式无涉,而来自字母系统的文字技术的出现和应用。"我的观点是:如果没有适合于诗的作文、史诗的朗诵技术的出现,从而使得故事的讲述形式得以保留其精致,那么,戏剧的产生也就没有可能。如果缺乏了书写技术,如此高的'戏剧性'也就无以产生。"②持这种观点的学者其实并非绝无仅有。比如德科克霍夫(de Kerckhov)认为希腊戏剧是语音字母发展的一项结果。③ 持类似观点的学者们大都从戏剧的文字形态入手,认为古希腊戏剧最原始的记录始于6世纪,而按照希罗多德的追索可到公元前600年。按照欧格的见解,古希腊早在公元前800年就已经开始用文字写录诗文了。④希腊戏剧至早以文字记录据信在公元前500年。换句话说,希腊戏剧的出现已经进入了读和写的阶段,即戏剧的形体类型已经依赖于文字化的字母形态。所以从这一角度透视,原始戏剧的一个根本性的发生动力在于用语音文字技术记录更为原始的口传故事和史诗。怀斯除了在这本新书中强调和突显语音字母系统的技术才是真正希腊戏剧诞生的根本原因以外,还借引中国的象形文字系统与西方的语音字母系统所创造出来的形象特征相互无法取代为例,认为关键原因在于西方的语音字母系统为抽象的、分析的,字母之间"单位"是孤立的;而中国的象形文字系统则是实践性的、应用性的,它直接与具体的事务以及等级社会一整套刻板统治相联系。⑤

---

① J. Wise, *Dionysus Writes: the Invention of Theatre in Ancient Greece*, Cornell University Press, 2000, p.1.
② J. Wise, *Dionysus Writes: the Invention of Theatre in Ancient Greece*, Cornell University Press, 2000, p.13.
③ J. Wise, *Dionysus Writes: the Invention of Theatre in Ancient Greece*, Cornell University Press, 2000, p.4.
④ W. J. Ong, *Interface of the World*, Cornell University Press, 1977, p.72.
⑤ G. E. R. Lloyd, *Demystifying Mentalities*, Cambridge University Press, 1990, p.11.

这个一箭双雕的论证,一方面用比较的方法旁证性地说明文学艺术的产生与社会发展到一个相应的技术层次才具备物质和技术上的基础。另一方面,也旨在说明,西方的语音字母系统只能产生西方式的戏剧,东方(比如中国)的社会形态和字母系统的象形形态必然为那些个特定社会的产物。① 这是否意味着东西方文化没有本质性互通相融的影响,甚至欣赏和分析都会牛头不对马嘴了呢?

持这种观点的学者(美国学者尤其突出)令人们联想到人类学的"新进化论"理论。新进化论派有一个基本的主张,认为在人类社会的发展过程中新技术的出现会给文化带来创新和质变,而新的技术革命因此成为社会和文化变迁的动力。许多美国学者的研究充满了创新因素和创造力,而且他们非常习惯地、几乎是本能地将美国社会那种新兴的科学技术的因素和成分带入文化和历史的研究。这本无可厚非,因为技术和科学原本确是历史演化和社会诉求。而且,文明的定义中包含着人类对待自然的态度和对自然适应改造的过程。把人类文明史归入人类对物质的发现、发明及应用的程度性标志进行确认亦相当通行。美国早期的人类学家摩尔根的进化论三段论式:蒙昧时代、野蛮时代和文明时代都以某一种技术在物质上的改造和成就为标志的。赫西俄德在《工作与时日》中所创用的"四时代说"——黄金—白银—青铜—黑铁——就是以物质和器件加以确认。事实上,即使是希腊现代考古学,仍沿用"青铜/黑铁"的断代概念。时段为公元前1900—前700年之间。② 不过,这一切并不意味着器物革命和某一种技术性的发现和发明,就可以改变和改造事物本身的根本性质;它也未必能够作为衡量和判断一切历史和文化的标志。特别是某一种技术的出现往往可以对人类以往既承性认识能够产生大幅的推进,对人类社会经验的累积可能产生一种前所未有的提升,会对某一种行业的实际效益产生明显的改善。但是,它并不能因此对已经存在的认知分类和关系产生任何的改

---

① J. Wise, *Dionysus Writes: the Invention of Theatre in Ancient Greece*, Cornell University Press, 2000, p.9.

② J. Purkis, *Greek Civilization*, Linconwood: Teach Yourself Books, 1999, p.20.

变。换言之,任何一项技术革命都无法改变历史的、原初的、滥觞的、原逻辑的、经验的认识过程和事实。这样,我们的结论也因此跟着出来:古代希腊的语音字母系统作为一种技术的出现,相信会给人类智慧积累方式,艺术的交流范围、速度、方式等都会产生重要的影响,但是,戏剧与仪式的"前戏剧形态"、原始形貌和肇初关系并不能因此而改变。理由是:"戏剧起源于仪式"之说就时态说,它是前技术的。就关系说,它是原初的。就实践方式说,它是先口传而后文字的行为和行动。就叙事传统说,它是传袭的和过程的。所以,所谓"语音字母技术的戏剧起源说"大有"中断历史过程"之嫌。

再者,戏剧的原始面貌并非我们今天所认识的那种舞台化、人物性格的非个体化和戏剧的艺术门类化。显然"技术起源"说从一开始就把戏剧概念现代化,放在艺术门类化的层面来看待。这种认识上的断裂感相当明显。其实,原始的仪式/戏剧关系远比现代的戏剧概念复杂得多。大致上说,仪式是人类祖先神话思维的观念形态的行为诉诸。以这一个层次分析,神话为观念性的、口传性的叙事,仪式则是行为性的实践性叙事。它们可能、可以讲述同一桩事情。也正是出于这一原因,古典的人类学进化学派就倾向于把二者互注,认为神话为口传的,仪式为行为的,二者讲述的却是同一码事。仪式/戏剧雏态还远未及将艺术门类进行性质的驳离和边界的划定。史诗、音乐、神话、故事、宗教、技术、物质等相互交织在一起。尤其是古代希腊戏剧由于其属于海洋文明范畴,爱琴海文明同时属于东西方文明的聚集地带,商业、殖民、迁移、交流、借用、族群等因素无不参差浸透。事实上,仪式戏剧的发生形态实为大杂烩。任何单一力量和单位因子都可以在其中存在并获得"发现"的机会。这也正是为什么酒神狄俄尼索斯祭祷仪式会不断地吸引着人们的眼光和兴趣,而且人们总能够不停地在其中发现新的东西。

据词源考察,悲剧 Tragoidia 一词,原意为山羊之歌,系模仿酒神狄俄尼索斯的侍从萨提诺斯、西勒诺斯,故有"萨提诺斯剧"(羊人剧)之称。萨提诺斯,又叫萨提尔,是酒神狄俄尼索斯的侍从之一,半人半羊,故称之为"羊人"。西勒诺斯系狄俄尼索斯的另一个侍从,半人半马,故称之为"马人"。最初的萨提诺斯剧即为一种笑剧,剧中歌队由羊人或马人组成。因此,原则上,萨提诺斯既可以称为羊人剧也可以称为马人剧。所以,一般认为,悲剧与萨提诺斯剧在渊源上有着承继关系。尽管亚历山大时期的学者们曾否认悲剧从萨提诺斯剧发展而来,但这不妨碍亚里士多德本人对这一陈说的支持和沿用。如果这一观点今天仍然适用的话,我们看到的原始戏剧与神话形象半人半神、半人半兽相仿,处于同一个阶段。复归其"前戏剧形态"更为恰当。以后续的技术因素理解它显然值得商榷。

三、仪式戏剧"原生要素"

由于在酒神狄俄尼索斯身上集结和交织的因素太多、太悠久、太复杂,它多元、跨域、跨族群,使得人们要非常真切地勾勒出狄俄尼索斯的全貌和酒神祭祀的全部原始内涵变得相当困难。不过,这并没有妨碍人们对它的基本特征和文化品质做出判断。对于诗学而言,人们最为关心的当然是酒神祭仪与戏剧的关系。穆雷曾经非常明确地对所有那些试图另辟诠释路径,将戏剧的起源带入"非狄俄尼索斯"的方向持不屑态度。他坚定地认为,悲剧起源于酒神祭祀的前提是毋庸置疑的。他的索考路线为:悲剧起源于与狄俄尼索斯祭祀有关的舞蹈仪式,叫作萨色卢德(Sacer Ludus),即通常表现的 Aition。这种舞蹈来源于酒神祭仪完全以狄俄尼索斯祭典为中心,在祭司的操纵和组织下的一种表演。在这种情况下,酒神与一个名叫艾尼亚奥托 - 代蒙(Eniautos-Daimon)神相联系,就像阿都尼斯、奥西里斯一样,也是生殖和丰产之神。它代表着世界和大地上的生命循环:生—死—再生。[①] 这种祭仪在原始部落时代大量存在,其原始目的不外是为着这块土地上部落本身。这种原始祭祷仪式之清晰演变契合着喜剧和悲剧在一年中不同阶段的生命形态和形象:喜剧引导着婚礼的仪典,悲剧则诉说着死亡的悲怆。有的学者因此认为,生命的循环仪式和与四季交错的迹象远不止于酒神祭仪,在古希腊悲剧产生的爱琴海文明的背景里面,类似的神话仪式还有很多。这是事实。同样事实还包括亚里士多德的权威性

---

① G. Murray,"Excursus on the Ritual Forms Preserved in Greek Tragedy," see R. A. Segal, (ed.), *The Myth and Ritual Theory*, Malden: Blackwell Publishers, 1998, p. 96.

界定,大量的狄俄尼索斯剧场遗址,古希腊戏剧中的"狄俄尼索斯因素",等等。于是,学者集中把焦点放在解答以下问题上:为什么狄俄尼索斯的"命运"如此隐蔽?它究竟是什么?这或许对于古希腊悲剧来说确乎至为重要,因为,希腊的悲剧被称为"命运悲剧"。

命运悲剧的最原始形态与其说是戏剧,还莫如说是相当意象化的生命通过礼仪,所在的通过仪式也都是人类祖先对于生命认识的模仿和企盼。由于生命的通过仪式包含了人类生命形态的深邃内涵,交织在命运中的复杂因素也变得合情入理。穆雷发现,复合性的狄俄尼索斯仪典作为戏剧的框架结构潜匿着几个神话叙事层面,其中明确包含了五个因素,即 Agon, Pathos, Messenger, Thronos, Theophany。它们的缘生意义分别为:

Agon,"年"——时光的对峙结构因素:光明/黑暗,夏天/冬天。

Pathos,仪式的一个构成部分,通常表现为对死亡的祭献仪典。

Messenger,死亡的预兆和信息作为表演并非直接出现在观众的眼皮底下。这个道理并不艰涩,作为戏剧形态,英雄的"死亡"在时间上的演变不能由他自己宣布,而只是一个演员。这个角色携带着一个功能:"信息发布者"。信使和天使既是信息符号"他者",又是喻义的传送者。英雄作为"我者"相对"他者"是被动的。

Thronos,指交织着情感冲突的特殊性格。比如老者之死同时也代表着新生者的胜利。

Theophany,与之相关相似的神话类型和因素还有 Anagnorisis 等,代表着对生命奇迹的重新发现和顿悟。它以欢乐作为终结,透露出对生命生生不息的礼赞。①

---

① G. Murray,"Excursus on the Ritual Forms Preserved in Greek Tragedy," see R. A. Segal (ed.), *The Myth and Ritual Theory*, Malden: Blackwell Publishers, 1998, p.99.

这一自上而下的层次推进仿佛一份从悲哀到欢乐的生命演绎的合同条款。当然,从生命的循环轨迹来看,"由悲哀到欢乐"并不容易以一种绝对的程式来看待,而"由欢乐到悲哀"就生命循环圈形态看,却并无根本差异。但是,穆雷坚持认为"由悲哀到欢乐"在悲剧中的生命体验和体现是从酒神祭仪和希腊悲剧的四联剧形式完型(tetralogy),即三个悲剧和一个萨提尔剧得到的启示。"萨提尔剧置于四联剧之尾,代表着狄俄尼索斯复活到来的欢乐。同时,它也正是 Sacer Ludus 祭祷的结尾部分。"①

这样,萨提尔剧便因此成为一个值得考究的类型了。颇有意思的是,在现存的希腊诗中,萨提尔剧剩下的唯一的形式——一种混杂着各类人物的粗鲁的滑稽剧。萨提尔剧中虽然存在着半合唱形式,但远未达到大众化的程度。而且,它比一般的悲剧显得短小得多,甚至有时不到一般悲剧一半的长度。这种戏剧结构带有轻松的气息,充其量也只是悲剧的一个场次。所以,萨提尔剧未能成为独立的戏剧剧种。② 但是,作为悲剧的结尾部分,萨提尔剧与愚蠢的米德斯(Midas)有着历史上的渊源关系,它更多的形象的表述意味与其说"欢乐",还不如说"愚蠢"。③ 这当然要看萨提尔剧的本体意义和在四联剧形式意义的所指如何。倘若做哲学的诠解,二者也不是完全没有互换和互注的可能。虽然有的学者并不赞同萨提尔剧与希腊悲剧之间在原始形态上存在着直接的关系,而认为与特斯庇斯相关。但穆雷则坚持认为:"狄俄尼索斯仪式在戏剧上分化出了两种戏剧形式:一是普拉提那斯(Pratinas)的萨提尔剧;另一个就是特斯庇斯悲剧。"④

希腊悲剧的原貌本身包含着不同的结构因素和叙事层面,萨提尔剧作为人们认识和确认完整的悲剧形式之基本要素,不能轻易地将它从悲剧中

---

① G. Murray,"Excursus on the Ritual Forms Preserved in Greek Tragedy," see R. A. Segal(ed.),*The Myth and Ritual Theory*,Malden:Blackwell Publishers,1998,p. 99.

② C. A. Trypanis,*Greek Poetry*:*From Homer to Seferis*,London & Boston:Faber and Faber,1981,pp. 128-129.

③ A. Cotterell,*The Pimlico Dictionary of Classical Mythologies*,Pimlico:Random House(Pty)Limited,2000,p. 216.

④ G. Murray,"Excursus on the Ritual Forms Preserved in Greek Tragedy," see R. A. Segal(ed.),*The Myth and Ritual Theory*,Malden:Blackwell Publishers,1998,p. 99.

剔除出去，否则就根除了悲剧本身的原始形貌。再者，悲剧的肇基地与萨提尔的缘生地属于同一文明类型，而且它们事实上都在悲剧形式中获得了整合。这才是根本性的。由此可以看出，希腊戏剧的产生以及客观存在与狄俄尼索斯祭仪的互动关系并非只体现在戏剧的形式，也体现在戏剧原始功能的基础性规定上。而且，无论是悲剧还是喜剧，所造化的原始材料和借鉴模式都不是单一的。可能在今天看来的非逻辑的、非符合常理的、悖理的，却可以互相渗透。否则，悲剧与喜剧在本质上、精神上原本并不见容，却没有妨碍它们同时在一个基原，即酒神祭仪中生成出来。

关于悲剧发生的时间问题，据学者们考据，任何试图追溯悲剧的起源都无法早于公元前15世纪，再往前就变得模糊不清。现代学者们借助人类学、民族学的材料对悲剧的起源做了大量研究，都不能摆脱其与酒神祭祀的历史关系。亚历山大时期的学者们曾经拒绝接受"悲剧"这个词，而以"山羊祭歌"或"山羊大赛之歌"冠之。[①] 他们努力要把酒神祭仪这样的形式非哲学化、非诗性化、非神圣化、非正统化，还其民间仪式的本来面目：一种来自乡野的、原始的、淳朴的、狂放的、无礼的自然神态。

令人费解的是，尽管悲剧这种形式与酒神祭祀的关系彼此相关，狄俄尼索斯的悲剧主题却往往并非酒神祭祀仪式，悲剧的主角亦罕见狄俄尼索斯。只有《李库伽斯》(*Lycurgus*)、《彭透斯》(*Pentheus*) 中有所涉及，酒神充其量也只是个配角。相对于酒神祭仪和悲剧的密切的缘生背景而言，如此情形有悖情理。按照最简单的道理，既然悲剧系酒神仪式的模仿，那么，最原始的悲剧应该出现大量酒神祭仪形式和狄俄尼索斯形象。非常遗憾，事实却并非如此。像这样缺乏了历史关联的空洞往往是后人无法修补的，而只是在推知的逻辑中去寻求一种解释。一如戏剧本身，戏剧中的行为与行为的关联、场景与场景的变换、人物性格的演变发展、戏剧本身阶段性的本体规则等等，经常将观众置于思维自主放任的境地，即根据已知条件做属于个体的判断。可以说，迄今为止，在酒神祭礼与戏剧的发生之间尚有

---

① C. A. Trypanis, *Greek Poetry: From Homer to Seferis*, London & Boston: Faber and Faber, 1981, p. 124.

许多隙裂未能衔接。根据悲剧的历史化进程,崇高化一直是一个主旋律,它的一项具体的要求就是对"主角—英雄"化的涵化过程(acculturation)。简言之,悲剧的"文化中心化"进程必然要对所有悲剧的中心人物进行符合社会价值的改造以使之符合既定社会结构的人物形象。结果是狄俄尼索斯作为神格的历史情结与崇高化的中心角色的要求越来越远,以致在真正堪称代表性的古希腊悲剧中就再也看不见酒神作为主角的身影了。它符合"欧洲中心"的话语策略,将古代希腊文明中的"异质"(东方因子)通过崇高化改造悄悄地剥离掉了,以至于最终达到彻底置换其本义的目的。

相对而言,语言能够较多地保留原始面貌。就像人们使用语言一样,要改变原始乡音不容易。弗洛伊德注意到了语言的这种特性。他认为,语言保留了儿童游戏和诗歌创作之间的这种关系。(在德语中)充满想象力的创作形式叫作 Spiel,即游戏,这些创作形式与可接触的事物联系起来,它们就得到了表现。在语言中有 Lustspiel 或者 Trauerspiel,即喜剧或者悲剧,照字面讲,就是快乐的游戏或者悲伤的游戏;把那些从事表演的人称作 Schauspieler,即演员,照字义讲,就是做游戏的人……孩子的游戏是由愿望决定的,事实上是唯一的一个愿望——它在他的成长过程中起很大的作用——希望长大成人。他总装扮成"成年人",在游戏时,模仿他所知道的比他年长的人的生活。① 正是由于这个原因,现代语言学作为"先锋学科"不独就其成就而论,它还经常有助于历史复原。

其实,戏剧就是一种社会语言范畴内的通过仪式,即通过一系列的动作、语言、器具等的结合完成一个形式上的仪礼性过渡,这种过渡既可以实现如弗洛伊德所说的那种将人们潜意识中的梦幻传导、宣泄的功能,也可以达到作为戏剧效果所要达到的引起恐惧和怜悯并且起到净化情感的作用,还可以完成人物(戏剧角色)由一种社会状态到达另一种社会状态、一种社会身份转入另一种社会身份、一种人物性格替换成另外一种人物性格的媒介和"代理"。在这个意义上,仪式与戏剧具有相同的功能,只是真正

---

① 西格蒙德·弗洛伊德:《弗洛伊德论美文选》,张唤民、陈伟奇译,知识出版社 1987 年版,第 29—31 页。

的仪式行为的转换和代理的中间层次更为简单一些。首先,无论是在仪式抑或是戏剧当中,所有的亲历者都不是"真正的人"(real person),这里的"真正的人"当然不是指的所谓"非人"和"不是人",而是指失去某一个具体的个性化的、特征性、活生生的人,因为所有的人的个性在仪式和戏剧背景下都被那种语境要求和转换为符合规范的一类人。比如圣餐仪式,每一个个体都在同一种教义和教规下被认定为"受难者"(victim),这是作为信徒参加这一宗教仪式的前提。否则便没有机会获得真正按教规的资格要求的仪式参加者。但是在仪式的进行当中,入仪者又从不是"真正的人"变成了按规范和要求参加的"行动者"(actor)。作为"受难者"的宗教背景,他必须向他所背对的那个"社会"(society)负责和对应;作为"行动者",他则向仪式场合、教会机构和仪式组织"公理会"(congregation)负责和对应。所以实际的角色和身份之间的关系演变为:

[受难者]————▶行动者::公理会◀————[社会]

在这个仪式里面,还需要一个类型的角色参与,即牧师。他的身份很特别,他既是公理会宗教机构的授权者,又成为仪式这一特殊形式的交流媒介。同时他还是耶稣形象的"选代者"(elevates)。① 这个仪式关系对应使我们确实看不到某一个具体的张三李四。这就是酒神祭仪的特殊功能性效果。也就是为什么在狄俄尼索斯酒神庆典和节日期间,某一个女信徒的名称、血统、社会地位一律都失去意义,甚至"母亲/孩子"的具体关系都湮灭。彭透斯便是在酒神祭祀仪式里面被他的母亲处死、撕碎。

　　戏剧与仪式的关系如此密切,其中的转换和代理关系自不待说。如果说戏剧与仪式有什么区别的话,那就是戏剧需要根据场景出现"演员"(actor)。有意思的是,actor 可以解释为"演员",也可以解释为"行动者",就"参与者"而言,二者并无差别。如果戏剧被看成是仪式在发展过程中的

---

① R. Schechner, *The Future of Ritual*: Writing on Culture and Performance, London & New York: Routledge, 1995, p. 235.

独立化、精致化、专业化、类型化,这种程度上的变化在专业上也就跟着对那些"参与者"不仅要是"行动者"而且还是"演员",他必须满足戏剧中人物性格的要求。换言之,他得要向所装扮的"性格"负责。于是,在戏剧表演的诸因素关系背景下,与一般的仪式略为复杂一些:

[受难者]→戏剧性格→演员::观众←[社会]

在这样的程式底下,戏剧演员不得不进行两度移位(twice-removed)。[①] 其实,许多原始仪式,特别是兼有祭师、酋长或国王等身份的复杂仪式,很多场合也并不缺少仪式"参与者"的多重身份和角色的多度转换。酒神祭仪的狄俄尼索斯的历史语言符码甚至远比一般的情节剧复杂得多。

---

① R. Schechner, *The Future of Ritual: Writing on Culture and Performance*, London & New York: Routledge, 1995, p. 234.

第五章　符号话语的美学谱系

第一节　酒神的美学原则

一、悲剧的喜剧特征

　　酒神的美学原则是什么？这是一个颇令人头痛的命题。其中的困难主要并非来自对这种远古艺术和美学内涵缺乏认识和定义的能力，更多或许还是出自人们对所谓美学的现代观念和认知程度的惯力而事实上将它当成了"另一种定义"。这可能会导致作者所得出来的见解被误以为是故作惊人之语。为什么会出现还不及开口就担心开口便被反诘的窘境？尼采可为"前车之鉴"。其中主要原因乃现代美学的范畴已经深深地融入了现代人的认知体制和审美伦理，即以现代社会中的道德理性和伦理秩序作为检查美学范畴的工具性概念。换言之，只有那些符合现代社会的美学观念和知识形态所期待、所需要的才被接受和确认。现代美学，归根到底，作为一种知识性学科门类也受制约于话语中的权力规则和作用。就像一个筛子，对于任何历史的叙事，它不仅在做筛选历史的事件性、事实性等工作，同时也做观念性、思维性的"审核"工作。从这个意义上说，"文化记忆"不能背离"策略性选择"的前提。

我们姑且不论人类美学形态从发生到演变过程的巨大沟壑所带给人们的变迁感,以及人们对"客观美""美的事实"的感受距离等作为美学本体性问题,单单因为意识形态和政治权力下的社会机制对传统文化形态的不断检查、规约、淘汰,就必然使得所有建筑在意识形态上的文艺——从内容到形式无不发生重大的变故。诚如福柯所说的"区分和排斥"原则一样,所有的知识类型无一不在权力之下进行重新的评估,被区分、被接受或拒绝接受。[①] 我们相信,酒神祭祀中的美学原初意义也必定在这样的历史政治的权力规则之下被迫性地选择了其遗留下来的"可接受部分"。仿佛酒神本身在戏剧艺术发展中的变异一样,随着戏剧,特别是悲剧的崇高化过程,狄俄尼索斯在不断地适应崇高化规则的选择和被选择中慢慢地在悲剧中脱化,渐渐成为一个独立的神话角色进而确定其个性化神祇性格。仪式的美学价值原本在创造和建构一个"神圣/世俗"的知识性认同机制,而狄俄尼索斯作为个性化的独立神祇由于其与众不同的特性,表象上与神圣完全相悖,从而与现代宗教意义上的神圣原则产生了越来越大的距离。所以,在这里,作者所要做的,就是尽可能地展示出酒神原始本色的美学发生学原理。

如果说现代美学已经到了以人类理性作为圭臬的美学追求的话,那么,我们几乎无法在酒神及其祭祀仪式中洞见哪怕很少一部分的美学因子,因为它与现代理性和伦理基本上相悖离,即野性、欲望、放纵、癫狂、迷醉、原始、淳朴等等。然而,它是基原的,来自乡土的,造化于自然的,遵从于本能的,等等。有史料证明,远在史前的米诺斯-迈锡尼时代(The Minoan-Mycenaean Age),与众神之母(Divine Mother)同时出现的就有最伟大的感觉与激情之神狄俄尼索斯了。在历史上的某些时期和语境中,酒神似乎缺乏被认可的足够信度,这或许也是为什么人们在索考狄俄尼索斯谱系和酒神身世中总呈现一些晦暗不清、暧昧不明的原因。一方面,当然是由于它的身世与东方文化有着千丝万缕的缠绕,漫长的历史、多维度的文

---

① H. Adams, *The Critical Theories Since* 1965, Florida University Press, 1986, p. 149.

化交流和地中海文明圈内部复杂的族群关系都在它身上积淀了极为复杂又非常罕见的文明底蕴。另一方面,也正是由于酒神与其他神祇在品性上迥异,以至于每一个时代一经社会价值相对确定之后都必须对它进行重新的检查和确认。这种因社会伦理特别的"检查制度",使得它不像其他神祇一样能够保持着相对稳定的历史评价。比如在奥林匹亚神谱系统里,狄俄尼索斯是后面才进入十二大神系的。① 它一开始就与酒建立了密不可分的关系,但是宗教史学家们大都认为,酒作为一种物品,在狄俄尼索斯祭仪中只占据着次要的因素。②

酒神狄俄尼索斯无论从它的奉祭仪式还是它的身世、生性所表现出来的美学价值都非常特别。那么,为什么从狄俄尼索斯祭仪,而不是从其他神话仪式中能够产生出强烈的悲剧感受,迄今为止仍未解释清楚。如果说,酒神的祭祀崇拜能够延伸出某种类似于喜剧的效果——古希腊的喜剧亦与酒神祭仪有着基础上的关联,这似乎很容易得到解释和理解。事实上,考古学家已经发现了史前时代的部落仪式和祭典仪式舞蹈的残迹;人类学家通过与其他部落的比较研究和对文化遗迹的考察,已复原了原始人的宗教祭礼。③ 关于酒神祭祀仪式所能引导出来的戏剧本体意义或者是戏剧模仿客体意义都与喜剧有着不解之缘。换言之,所谓的戏剧"悲剧"与"喜剧"的概念完全属于后续者。勒维对此有过专门讨论:

> 在最早的文献中很少提及酒神。赫希俄德在《神谱》(940—947)中将他描绘为塞墨勒与宙斯的"光辉的"、"快乐的"儿子……

---

① 奥林匹亚山十二大主神依次排列顺序为:宙斯(Zeus)、赫拉(Hera)、波塞冬(Poseidon)、雅典娜(Athena)、阿波罗(Apollo)、阿尔忒弥斯(Artemis)、阿芙洛狄忒(Aphrodite)、赫尔梅斯(Hermes)、得墨忒耳(Demeter)、狄俄尼索斯(Dionysos)、赫菲斯托斯(Hephaistos)、亚雷斯(Ares)。也有的记录将酒神排列在末席。笔者推测,两种不同的排列方式所遵循的原则并不相同:一种以重要性为准则;一种以进入时间为准则。
② W. Burkert, *Greek Religion: Archaic and Classical*, Translated by J. Raffan, Basil Blackwell Ltd. and Harvard University Press, 1985, p. 45.
③ 凯瑟琳·勒维:《古希腊喜剧艺术》,傅正明译,北京大学出版社1988年版,引言第1页。

在我们看来,狄俄尼索斯似乎已怯懦到不像一个神的地步,但这与他的性格却是相符的。他是一个天性敏感、极易冲动的欢乐之神,自然受不住一个意想不到的凶残的人向着他挥鞭抽打和高声呼号。这位欢乐之神对妇女特别富于诱惑力。……

在这些传说中,酒神扮演了两个迥然不同却又密切相连的角色。作为巴克斯,他使人们如痴如狂。这种狂醉是与酒神相灵交而来的极乐狂喜,也是酒神崇拜的真髓所在。在那黑黝黝的山麓下,由于酒酣气振、歌舞激扬而极度兴奋的崇拜者,失去了自我而分享神性。作为狄俄尼索斯·吕西俄斯,他又可以将他的崇拜者们从他自己使他们陷入那种如痴如狂的状态中解脱出来,因此他同时也是"解救者"。与神灵交的极乐狂喜是不能与酒神用来打击他的仇敌的疯狂混为一谈的。前者只是一种"迷狂"(ate),痴狂或幻觉,后者是"傲慢"(hybris),是妄自尊大,是招致毁灭的邪恶行为,可以导致死亡。

从这种宗教信仰中能够产生出戏剧是不难理解的。处于宗教热忱中的酒神崇拜者的这种自我丧失感与演员的情形极其相似。演员要成功地表演出一位剧中人的个性特征,也必须体验这种自我丧失感。因此,模仿既是宗教的基础,也是戏剧的基础。我们进而可以说,无论喜剧还是悲剧,都很自然地起源于酒神崇拜。酒神给他的崇拜者带来了狂热的自我解脱和欢乐,这种自我解脱和欢乐对喜剧的人生观来说是至关重要的;对于那些反对他的人,酒神则因为他们的不恭而带来了惩罚和痛苦,带来了导致他们走向毁灭的悲剧性弱点。因此,酒神完全可以被看作希腊戏剧的精神根源和心理基础。①

以往人们经常根据古希腊残存下来的戏剧文本和戏剧作家的解释去规范戏剧的类型:以埃斯库罗斯、欧里庇得斯、索福克勒斯三大悲剧作家代表着希腊悲剧,而以阿里斯托芬和他的作品代表喜剧。这种以经院知识和

---

① 凯瑟琳·勒维:《古希腊喜剧艺术》,傅正明译,北京大学出版社1988年版,第11—13页。

历史文献为依据的划分,非常易于做历史分类和学术考察,却毕竟属于"后果性归纳",属于知识分类之必然。但它未必能陈诉戏剧发生的原始情形。而且,有的时候正好由于"历史的分类"和"学术的便利"破坏了戏剧美学的原始形貌。比如,在我们今天看来,"悲剧/喜剧""神圣/世俗"等都无例外地被搁置于二元对峙的范畴,但作为自然崇拜和原始宗教的仪式行为,酒神祭仪所透露、显现出来的悲剧与喜剧因素并没有被截然分开,而是互为你我、互文互疏的包容。这可视作一种原始"戏剧生态"中的发生学雏态。

如果问酒神狄俄尼索斯与奥林匹亚神谱中的其他神祇有什么明确的差别,从形象和品质全面观察,一个明显的差别在于他身上的"神圣性"看上去与其他神祇完全不同:表现在酒神以及所属系统的"非庄重感"。弗莱认为,悲剧故事,当它们应用于神的时候,可称为狄俄尼索斯的故事,即希腊神话中的酒神故事。这些故事讲的是神的死亡的事,像穿着涂了毒的衬衣,用柴堆烧死的赫克利斯,被酒神巴克斯的狂女撕成碎片的俄耳浦斯等。还有在十字架上死去的基督临终前说:"你为什么遗弃了我?"这话表现了他身为一位神却被排拒于三位一体的神的社会之外的心情。① 如果说,"死"对于酒神来说具有世俗品性的话,那么,抗拒死亡的"悲剧性"与嬉笑怒骂、放荡不羁的"喜剧性"正好在同一个仪式中得到完整的聚合。从狄俄尼索斯神话和酒神祭祀仪式来看,无论酒神本身还是他的老师、侍从、信徒所表现出来的生命体征和戏剧特征都属于喜剧的范畴。将它与幽默、讽刺等社会行为和表述形式放在一起,似乎比较容易为人们所接受。当然,作为一种美学形态和表述类型,它们都有着各自确认的属性,比如疯癫。当代思想家福柯曾经做过精彩的论述,他引用帕斯卡(Pascal)②的话说:"人类必然会疯癫到这种地步,即不疯癫也只是另一种形式的疯癫。"古希腊人与他们称之为"张狂"的东西有某种关系。这种关系并不仅仅是

---

① 诺斯洛普·弗莱:《批评的剖析》,陈慧、袁宪军、吴伟仁译,百花文艺出版社1998年版,第8页。
② 帕斯卡(1623—1662),法国思想家。

一种谴责关系。① 狄俄尼索斯以及与之相关的仪式都在"疯疯癫癫"之中进行。这种方式虽然也可以认为是一种认识社会的态度和知识获得的独特途径,却毕竟罕见。疯癫确实具有某种力量,但它并不蛊惑人。它统治着世上一切轻松愉快乃至轻浮放浪的事情。正是疯癫、愚蠢使人变得"好动而欢乐",正如它曾使"保护神、美神、酒神、森林之神和文雅的花园护神"去寻欢作乐一样。毫无疑问,疯癫同获得知识的奇异途径有某种关系。②

文学天才的资质总是引人思索。早在希腊时代,天才就被认为与迷狂有关。柏拉图的《伊安篇》讨论诗的灵感引用了酒神的迷狂状态:"凡是高明的诗人,无论在史诗或抒情诗方面,都不是凭技艺来做成他们的优美的诗歌,而是因为他们得到灵感,有神力凭附着。科里班特巫师们在舞蹈时,心理都受一种迷狂支配;抒情诗人们在作诗时也是如此。他们一旦受到音乐和韵节力量的支配,就感到酒神的狂欢,由于这种灵感的影响,他们正如酒神的女信徒们受酒神凭附,可以从河水中汲取乳蜜,这是她们在神智清醒时所不能做的事。"③古希腊的悲剧精神与柏拉图的"迷狂",亦演变为尼采的酒神精神。尼采认为,西方艺术源于希腊,希腊艺术源于希腊悲剧,而希腊悲剧最终源于希腊酒神祭祀仪式。尼采写了《悲剧的诞生》,认为具有宗教迷狂的酒神精神是诗的根本,现代艺术的唯一的出路就是恢复这种酒神精神,在迷狂中狂欢醉舞,忘却一切。④

诗人是"心神迷乱的":他或多或少不同于其他人,并且他无意识地讲出的言辞,也会被人认为既是下理性的(sub-rational),又是超理性的(super-rational)。⑤ 在美学范畴以内,与"疯狂"相属的表现形态应该被放

---

① 米歇尔·福柯:《疯癫与文明:理性时代的疯癫史》,刘北成、杨远婴译,生活·读书·新知三联书店1999年版,前言第3页。
② 米歇尔·福柯:《疯癫与文明:理性时代的疯癫史》,刘北成、杨远婴译,生活·读书·新知三联书店1999年版,第21页。
③ 柏拉图:《文艺对话集》,朱光潜译,人民文学出版社1980年版,第8页。科里班特巫师们掌酒神祭,祭时击鼓狂舞。——原注
④ 曹顺庆:《中外比较文论史(上古时期)》,山东教育出版社1998年版,第298—299页。
⑤ 雷·韦勒克、奥·沃伦:《文学理论》,刘象愚、邢培明、陈圣生等译,生活·读书·新知三联书店1984年版,第75页。

到一种超越生理和伦理的范围来定义更为合适。事实上它经常与崇高、神圣等同构,共同展示诗性美学。疯癫不失为一种表述和认知方式,它与理性构成一种既对立又递进的关系。首先,疯癫作为理性对立者,它组成了美学上完全相反的社会知识体制。然而,如果将理性作为一个具体角色的承受者和表现者,却往往是有限度的、有条件的"通过形态"。一旦超越了剧情所规定的人物性格的限度,理性可能就走到了疯癫。理性并非一种固定不变的东西,超过了它的限度,就可能走到了它的反面。如此才具有逻辑依据。因此,也可以做这样的理解:疯癫与理性同被一个基本的限度所框囿,二者并不总处于对立,在限度的极限两端可能仅差一步之遥。

醉酒与解酒、迷醉与清醒的关系可以这样,醉而复饮酒可醒。如曰:"一饮一斛,五斗解醒。""初意醉酒而复饮酒以醒酒","后为酒人口实"。它可以类像于以毒攻毒、以痛治痛、物极必反等等。① 同时它还引出一种认知:醉迷与清醒可以在同一种事物上获得体验。醉因酒,醒亦因酒。《说文解字》解"醒"为:"醉解也,从酉"。这说明中国古代对于酒的认识具相当深的认识。通常人们只将酒、酒神视为一种致人迷糊、狂醉的媒介和媒神,殊不知,酒和酒神同样可以使人清醒,而且可能是超乎寻常的清醒。于是,我们终于明白,为什么古希腊人在讨论最重大的事件通常在饮酒正酣时,而第二天清醒时再做一次商讨。相反,清醒时做的讨论需在酒醉时重核。② 只有这样,他们才觉得所做的决定万无一失。

我们不妨也可以换一种透视角度:疯癫正好是理性和智慧的非凡状态,宛如中国一句成语——大智若愚。其实,社会历史的发展也具有类似的特征。"理性通过一次预先为它安排好的对狂暴的疯癫的胜利,实行着绝对的统治。这样,疯癫就被从想象的自由王国中强行拖出。它曾凭借想象的自由在文艺复兴的地平线上显赫一时。不久前,它还在光天化日之下——在《李尔王》和《唐·吉诃德》中——跟跄挣扎。"③"疯癫只能存在于社会之中。它不会存在于分离出它的感受形式之外,既排斥它又俘获它

---

① 钱锺书:《管锥编》,中华书局1979年版,第985—988页。
② 希罗多德:《历史》(上册),王以铸译,商务印书馆1959年版,第69页。
③ 米歇尔·福柯:《疯癫与文明:理性时代的疯癫史》,刘北成、杨远婴译,生活·读书·新知三联书店1999年版,第57—58页。

的反感形式之外。因此,我们可以说,从中世纪到文艺复兴,疯癫是作为一种美学现象或日常现象出现在社会领域中;17世纪,由于禁闭,疯癫经历了一个沉默和被排斥的时期。它丧失了在莎士比亚和塞万提斯的时代曾经具有的展现和揭示的功能(例如,麦克白夫人变疯时开始说出真理)。"①福柯为我们揭示了每一个历史时态其实也具有各自的时代特征。其中既有对立性质,也有递进和转换性质。它揭示出这样一种道理:神圣与世俗并非永远对立;悲剧与喜剧也可能具有同一种美学感受。昆德拉在"亵渎神圣"的命题之下讲述了这样一个道理:"历史地、心理地探讨神话、圣文,这意味着:使它们变为世俗化。世俗来自拉丁文 profanum;圣殿之前的地带,以圣殿之外。世俗化即指将神圣移之于圣殿之外,在宗教之外的领域。如果说在小说的空气里,笑被无形地散布,小说的世俗化便是世俗化中最恶劣的一种。因为宗教与幽默是不能相容的。"②但是,我们绝不应该忘记,"圣殿"与"圣殿之外"只差距一步。"李尔"从国王到"流浪汉"的转换仅仅诉之于一场"暴风雨"。

有一个史实同样不可忽视,即早期的酒神祭祷仪式大都与酒的节日同时举行,比如安特斯特里亚的酒节日,它有可能是克厄斯(Keos)庙殿祭仪的延续。祭仪开始之后,妇女们纵酒狂舞,等待着神的出现。在雅典,也曾有过妇女们戴着面具,在神的面前喝酒跳舞的情形。据普鲁塔赫记载,在古希腊的祭酒神仪式和酒神节过程中,女信徒们醉态如狂,她们狂怒地扑向被看作男性植物的常春藤,并把它撕得粉碎,借以达到某种性的排泄。③尼采的"酒神型"的内涵被认为是"打破生存的通常束缚和限制"而寻求生存的价值。他寻求达到所谓最有价值的时候,逃出五种感官所强加在他身上的那些界限,以破格获得另一种层次的体验。在个人体验中或仪式上,酒神型的人的愿望是要竭力使自身达到某种心理状态,即出格(excess)状态。对他所寻求的情绪最为接近的类比就是沉醉了,他看重迷狂的启

---

① 米歇尔·福柯:《疯癫与文明:理性时代的疯癫史》,刘北成、杨远婴译,生活·读书·新知三联书店1999年版,第273页。
② 米兰·昆德拉:《被背叛的遗嘱》,孟湄译,牛津大学出版社、上海人民出版社1995年版,第7页。
③ 谢苗诺夫:《婚姻和家庭的起源》,蔡俊生译,中国社会科学出版社1983年版,第157页。

迪。① 有的学者据此认为,在米诺斯宗教里,妇女享有崇高的地位。在克诺索斯,酒神祭祀的祭司还是女性。而在整个古希腊时期,是父系制度专断时期,难怪荷马时代的宙斯为"众神之父",却被亚里士多德说成是"父系继承制的一个国王"(a patriarchal king)。亚里士多德是有道理的。在荷马同时代的许多作家眼里,宙斯甚至只不过为一个父系制度下具有生物特征的角色。赫西俄德的《工作与时日》,告诉了希腊神谱的一些线索:一些人是由宙斯创造的,另一些人则由比宙斯更早的神,即克洛罗斯(Chronos)时代的神创造的。到了希波克拉底时代(Hippocratean Period)就已经出现了用达尔文的进化眼光看待动物王国了。② 那就是适者生存,物竞天成。历史地看,男人、女人的社会关系和社会地位,也贯彻着这一规律。妇女在酒神祭仪中的角色和地位与其说是仪式的必备人物和场景,还不如说以一种弱势性别加剧对酒神的原始品质和品格的某种强调:理性的背叛性文化表述。很自然地,酒神祭仪的美学结构也就出现了以下情形:

圣殿内→酒神祭仪和酒神节←圣殿外
神圣→二元对峙结构性质←世俗
神祇/父性→酒神仪式社会伦理←凡人/女性
崇高/理性→酒神仪式美学叙事←滑稽/感性

不过,酒神及其祭仪并非处在二元因素的中间起着中介作用,也非做泾渭分明的切割。更多地,它的作为体现于双向的存储和释放。狄俄尼索斯是神,却正好有神的"特别";他具备了神性,却每每又颠覆着神圣;他肇始了悲剧,也同时将喜剧引入了艺术的殿堂;他是父系社会的"男性",信徒一律都是女祭司;等等。如此的悖像提示着人们,现代的美学理论值得重新反思。

二、酒神祭仪中的时间与空间

对于酒神祭祀的模仿以及对戏剧发生学原理的理解和解释,时间和空

---

① 鲁思·本尼迪克特:《文化模式》,张燕、傅铿译,浙江人民出版社1987年版,第76页。
② C. Kluckhohn, *Anthropology and the Classics*, Rhode Island: Brown University Press, 1961, p. 32.

间问题都势必在学者们的视线中出现。尤其是空间问题,更是学者们不能不给予足够重视的部分,因为从某一个角度说,戏剧实际上可以被理解为一种"空间实践"(spatical practices)的艺术。循着同一视野,仪式也可以被理解为人群共同体特殊的空间实践。

近来西方有学者在对希腊古典学进行研究时发现,柏拉图的理想国原本旨在描绘人类在失去部分神性之前的那个黄金时代理想城邦的蓝图。他所构拟的理想"波里斯"(Polis)[①]仿佛人体的缩影,形同"人类"概念,由两个部分、两种性质构成。头为人的灵魂居所,因而处于政治权力的中心位置[②]。柏拉图进而认为,身体的"波里斯"形状为矩形并由格子状隔开的不同渠道所组成。在相互的关系之中,权力就像一个圆形的岛屿,被两个环状如陆洲一样的周围环绕,与外界的交流与交往则需要通过海洋来完成。他还认为,所谓的"共和"(The Republic)其实就是提供一个空间来容纳诸神所发表的意见。与这样的空间模型相仿,依据他的世界空间格局的模型,神只负责"头脑"和"灵魂"部分,处于权力的中心控制枢纽。仪式的祭祷行为其实也就符合这样的双重对应关系。因此,在这个意义上,宗教与政治从一开始便具有同等的社会功能。[③] 既然古希腊的戏剧与酒神祭祀仪式有着不解之缘,那么,戏剧发生形态的空间概念亦须遵循相应的原则。于是,戏剧被理解为一种特殊的空间实践的艺术也就合情合理。

但是,学者注意到了一个现象,即柏拉图所建构的理想国的空间秩序完全系波塞冬式的而非雅典娜式的。因为,作为雅典的庇护神,雅典娜神圣的政治权力中心按照几何逻辑的区位划分与波塞冬的不一致,其圆周和格子的方向相反。[④] 我们无意在此将老柏拉图苦思冥想的城邦制地理空间图绘制出来,那带有明显唯心主义的政治观念所想象出来的模型委实也很难图画。威尔斯曾经根据柏拉图理想国的空间构造画过一张图,不值为训。人们站在那样一张图面前,愈发会觉得柏拉图的唯心主义如果仅仅停

---

① 古希腊的城邦国家。
② 很明显,politics——政治学,与所谓的"波里斯"在词语上有着脉络上的相通。
③ D. Wiles, *Tragedy in Athens: Performance Space and Theatrical Meaning*, Cambridge University Press,1997,pp. 1-2.
④ D. Wiles, *Tragedy in Athens: Performance Space and Theatrical Meaning*, Cambridge University Press,1997,p. 2.

留在概念的层面似乎还有可以引导出人们的一些感悟的价值,然而,一旦将所谓的"理念"形体化或者具象化,其荒谬便足以令人瞠目。当然,我们如果仅从这样一种角度去看待和认识柏拉图的美学价值则把自己推入到了务实与教条的窠臼。美学的价值和意义绝非都可以用几何图式来表现。至少,在柏拉图理想国的模型中,我们同时可以体会到一种非常有意义的指示,即"城邦-国家"(city-state)也好,政治权力格局也好,宗教祭祀仪式也好,戏剧表演也好,其原始雏形都有一个极其重要的方位和空间的要素和设置。它与社会行为的实践所需要的基本要素有关。有学者通过对"神圣"的拉丁语词进行溯源,发现神以及与之相符的品性从一开始就由空间来界定,即"神/神圣/全知全能"由确定的"殿宇/方位/仪式"的空间制度加以表述。① 事实上,柏拉图在建构他的理想国蓝图时,一个关键性理由就是为了把他对"城邦-国家"的各种社会分层和统领关系梳理清楚,形成一个在核心权力之下的各种统治理念。而社会中各种各样的人(与职业相关)被放置于理想国的各个部位。作家(职业)的创作行为(创作劳动)也照样被放置在同一个结构之中。根据所谓的"理念"要置于理想国中心权力位置的原则,作家的作品依此轮廓就自然而然界定在了"第三级品"的位置上,即他所说的"影子的影子"——理念为第一级品;具体实物是理念的影子,为第二级品;作家的作品来自对现实生活具体的模仿,故为影子之影子,也就成了第三级品。如此,作家在理想国的地位当然极低,甚至要被他驱逐出理想国。同理演绎,柏拉图自然不会将自己视为"作家",而是将自己视作掌控理念的哲学家、政治家,负责制作"第一级品"的等级。

我们虽然不赞同老柏拉图所建造的理想国模型,但并不妨碍我们在讨论许多美学问题的时候经常从他开始。除去他在诗学范畴具有"先祖"的意义外,还有一个至为重要的道理,就是他在美学范畴对几何空间的致力。他那"城邦-国家"的唯心主义政治理念并不掩盖他将生活中的时空维度和秩序伦理的结构模型移植于美学发生学上的价值。以这样的空间概念和模式观照仪式,比如,柏拉图为海神的祭祀仪式提供了一个御驾性的比

---

① C. Colpe, *The Sacred and the Profane in Encyclopedia of Religion*, Vol. II, Micea Eliade (ed.), New York: Mac Millan Publishing Co., 1987, pp. 511-513.

赛形象,马神被看成是十个神的嫡传后裔。而在雅典,古时就有十个部族的代表进行比赛,地点位于城郊,围绕在狄俄尼索斯神圣中心跳舞的祭祷仪礼。柏拉图描绘了十个理想国的国王(the ten kings of Atlantis)如何将十头公牛驱放于领土的周围,并将它们作为牺牲祭献于中心的一块镌刻了法律条文的石头前,在宣布法律和护照法令施行公正之前举行祭仪,同时举行盛大的宴会。这种祭祀仪式与狄俄尼西亚的酒神祭仪相类似:十个部族的代表以公牛为牺牲,在进行盛大的悲剧表演之前进行祭献活动并伴有宴会。悲剧或许正是以这样的形式把痛苦的公正施于民众,依此符号结构重新确认社区的某一个既定的神系结构。① 如果说柏拉图为后来的戏剧研究开拓了一个空间领域的话,那么,酒神狄俄尼索斯祭祀仪式的空间实践便不言而喻地成为一个分析要件。也正是在这个意义上,当我们再去品味布鲁克的一段著名的话的时候,才获得更为真切的理解:"我可以占据任何'空无的空间'(empty space),把它当作显露的舞台。当一个人通过这个空无的空间而另外一个人看着他的时候,它也就成了戏剧行为规范所需要的全部。"② 也就是说,戏剧的空间可以用物理的场域和范围来衡量,也存在一种"空无的空间":观念与关系。作为西方戏剧的"始祖神",酒神及其祭祀仪式之于戏剧学、美学的发生潜在于丰富的元语言。因此,空间要素时时不能被忘却:它是戏剧的元素,也是仪式的元素。

作为一种特殊的表演艺术,戏剧必须首先建立地理方位上的空间范畴。从希腊戏剧发生的时空和连带因素来分析,学者们相信它与希腊城邦制度建立时的城市格局有着密切的关系,也与城邦政治、与市民兴趣相辅相成。在现存的希腊悲剧中,大部分都是为雅典的狄俄尼索斯埃洛色勒斯(Eleutherus)而写。③ 关于这一点,早在15世纪的考古成就已经证明了。④

---

① D. Wiles, T*ragedy in Athens*: *Performance Space and Theatrical Meaning*, Cambridge University Press, 1997, p. 3.
② P. Brook, "The Empty Space," see D. Wiles(ed.), *Tragedy in Athens*: *Performance Space and Theatrical Meaning*, Cambridge University Press, 1968, p. 9.
③ N. Robertson, *Festivals and Legends*: *the Formation of Greek Cities in the Light of Public Ritual*, Buffalo: University of Toronto Press, 1992, p. 12.
④ D. Wiles, T*ragedy in Athens*: *Performance Space and Theatrical Meaning*, Cambridge University Press, 1997, p. 23.

因此,考古学家们争论的方向已不再集中其"是否存在"这样一类的问题,而是集中在诸如观众在观赏悲剧的时候所围观的实际空间有多大,是圆形的还是不规则的四边形;表演的空间地带是圆形的还是矩形的;如果是圆形的,那么它究竟有多大;表演的时候在场地上有没有一个戏台;等等。简言之,这些问题无一例外都涉及戏剧的空间——原初性的空间制度。它不仅关乎空间的物理性质,也直接对希腊戏剧美学的空间实践提出证明。在我看来,它还可以对希腊早期城邦国家的政治边界做出形态上的解释。

西方有学者注意到了戏剧的原型与早期的希腊城区格局之间的互动与觞滥,包括我们所说的悲剧、喜剧和酒神颂歌。根据考证,早先的城区和戏剧并置一畴、融于一体的称作"城剧"(deme theatres)①。尽管大部分关于悲剧表演的证据来自公元4世纪,但人们相信它的起源比这个时间要早很多。而"乡村的狄俄尼西亚"看起来与戏剧的起源应有更为原始的背景联系,而且它们也有所谓的"城剧"的历史遗迹。即使在雅典最北部的、孤立的罗慕洛斯(Rhamnous)小城也有"城剧"隐蔽在城门的下方。② 料想当时那些观众就坐在城墙上观看城剧。如果希腊戏剧的原始面貌果真如此,换句话说,如果罗慕洛斯城剧个案的确有着普遍价值,那么,戏剧从一开始就具备着"公共空间"的人群集体活动形式。难怪有的学者从另外一个角度来诠注戏剧的发生学原理,认为希腊戏剧其实与广场的原始指称有关。③

以此类推,古希腊狄俄尼索斯的祭祀仪式与戏剧的空间关系必然相辅相成。没有舞台的空间,表演便失去最为基本的能指范畴——物质符号的容纳场所。虽然人们对于远古时期的戏剧原始形态的观念和态度已经很难彻底复原,但有幸的是,大量的与酒神祭祀仪式相关的祭殿、圆形剧场的遗址保留了下来。像罗慕洛斯的城剧便是一个活生生的实物鉴定。它的空间

---

① deme,指古希腊 Attica 的市区,系希腊城邦制度下的一个特殊的行政区划。
② J. Pouilloux,"La Forteresse de Rhamnonte," see D. Wiles, *Tragedy in Athens*: *Performance Space and Theatrical Meaning*, Cambridge University Press,1997,pp. 72-78.
③ R. E. Wycherley,"How the Greeks Built their Cities," see D. Wiles, *Tragedy in Athens*: *Performance Space and Theatrical Meaning*, Cambridge University Press,1997,p. 163.

既可以作为戏剧美学的概念,更可以进行实际丈量。学者们根据大量戏剧表演的实物,描绘出酒神祭仪与戏剧表演的空间格局。① 它强调着戏剧与民众的公共意识、早期国家民主政治的具体行为和表现形式的背景关系。同时,我们可以从这个图中很清楚地看到,民众的空间意识、戏剧的表演活动、城市的建筑格局和宗教的祭祀崇拜都融洽在一起。这一切复合的因素全部都通过某一个族群确认的仪式性展示和参与性实践被整合了起来。

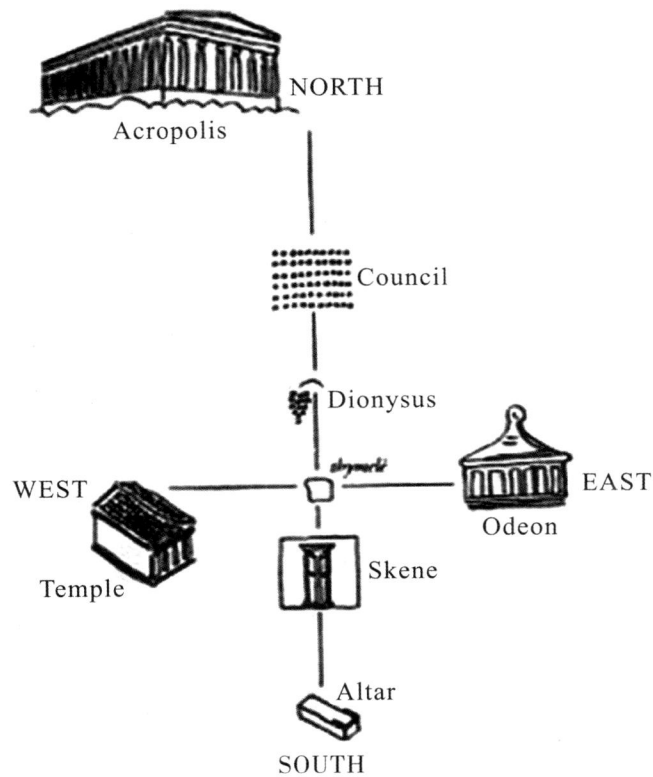

图13 戏剧表演空间的相关领域图[Acropolis(城邦主殿),Council(议会场所),Dionysus(酒神剧场),Temple(祭祀庙宇),Odeon(音乐会堂),Skene(祭堂之门),Altar(神圣祭堂)]

---

① D. Wiles, *Tragedy in Athens: Performance Space and Theatrical Meaning*, Cambridge University Press, 1997, p.57.

罗慕洛斯的例子以及上面这幅图为我们理解古代希腊戏剧提供了以下基本思路：

第一，戏剧与广场空间的指喻。希腊的广场首先是政治集会和宗教活动的中心，其次才是商贸中心。这便告诉人们一个事实：戏剧从一开始就超出了纯粹的艺术类别的门槛，打上了历史和政治的烙印。它不仅在雏形中渗透着政治权力的象征指喻，而且成为表现手段之一。具体地说，任何政治派系、显要人物在发表他们的政治观点的时候，都必须借助戏剧场所，也或多或少地使自己的言行"戏剧化"，比如政治演讲、雄辩、论争、招揽观众和听众等都变得不可缺少。甚至今天西方的许多政要的"作秀"（show）都与戏剧的渊源背景有瓜葛。无怪乎特纳非常看重仪式中的"社会剧"（social drama）性质。戏剧与宗教的结合更不是历史的偶然。仪式若从根本上定义，它更接近于宗教行为，只不过在自然宗教的历史时段里，宗教中的人文精神时常经由它的对立面表现出来，即以人的理念、需求，甚至人体形态本身附会于一种超自然的"神话"系统来完成对自然威慑的一种对抗，只不过这种结果最终导致出了异化现象。"神"经由人类"创造"出来以后又成了人类的"精神顽主"。从这个角度来分析，仪式中的人文精神更加错综复杂。它表现出了多重力量：存在的和不存在的，可感的和不可感的，想象的和现实的，肉体的和灵魂的等通通掺和在一起。如果我们循着"戏剧是一种仪式性表演"的认知层面往下走，戏剧变成今天如此纯粹的一个艺术种类反而是人文精神的一种悲哀，因为与戏剧的原始形貌相比，今天的戏剧显然已经失去了厚重的历史积淀和多彩的人文景观。依照希腊戏剧的模式，政治和宗教行为必然具备戏剧的色彩，否则便不可能称得上成功的政治家和宗教祭司。这是不言而喻的。仿佛一场戏剧，没有观众与演员的交流和默契，没有观众和听众的喝彩和呼应，还谈得上什么戏剧效果。因此，从这个意义上说，希腊戏剧的缘初性式徽与"城邦－国家"民主政治相统一。再者，广场的基本功能之一是用于民众的货物交换。广场可以容纳各式各样的人物和货物。人们利用这样的时间和空间接受演出的可能性相对大。在中国，社戏的根由与此有着异曲同工之妙。而城市的出现必定会应其需求产生或培养出一批专务于商业贸易的商业阶层，同时也产生出以城市居民为主的市民阶层,戏剧的发展和演变与市民消费和市民意识天然建立了重要的干系。希腊的城剧说明了这一点。它与中国宋元时期,随着市民兴趣和市民消费特点的突出,戏剧出现了重要的发展有类似之处。

第二,公共空间的戏剧仪式功能。由于仪式性的戏剧表演与政治、宗教仪式的严肃性和庄严性相同相共,戏剧成为凸显政治和宗教权势、荣耀感的实现形式。众所周知,仪式具有宗教性功能。同时它具备了一个非常神奇的"定力",即可以通过时间、空间、程式、人物、器具等的规定,创造出"神圣"来。反过来也可以这么说,倘若政治和宗教上的权力、权势、权威不经过仪式行为的帮助是无法达到的。因此,仪式的戏剧化其实在很大程度上正通过强化对某个等级、某个人物、某个形象、某个位置、某个身份等的特别关注、强调和突出,最终托举出所谓"伟大""神圣"的东西。着眼于这一技术性功能,仪式和戏剧一样,都可以成为政治权力、观念价值、民族主义等"炒作"的操控手段和配置资源。仪式与戏剧有一点完全一样,即预先设计出时间、地点、气氛、主次等的差别,在一个特别的社会公共场合里面,某一个"位置"、某一截时间、某一种道具在某一个空间领域被提示、表现出来,凭附其上的便可能是一个公众认可的伟人,一种公众认同的崇高,一桩公众认识的事件,等等。在这个意义上,戏剧所展示的是"帝国的权力""荣耀的获得""政治的内涵"等巨大符号系统的象征性。①

第三,原始戏剧空间的边缘形态。狄俄尼索斯祭祀仪式的戏剧性表演从其早先的形态上看虽然与政治权力、帝国荣耀、民主制度都可以搭上边,但却明显具有边缘性。这在表象上似乎有悖情理:既然政治权力、帝国荣耀、民主制度等都属于城邦国家的中心、核心和权力范畴,怎么戏剧的肇端却边缘化呢?此不是矛盾的吗?其实一点也不矛盾。我们说希腊悲剧的边缘性至少可以从以下几个层面加以确认:1. 从地理空间和位置来判断,许多考古发掘的资料表明和推断,现在所发现的狄俄尼索斯祭祷仪式和希

---

① D. Wiles, *Tragedy in Athens: Performance Space and Theatrical Meaning*, Cambridge University Press, 1997, pp. 25-26.

腊的圆形剧场遗墟都不在城市的中心位置,无论是雅典卫城的酒神剧场,还是底尔菲太阳神遗址中的狄俄尼索斯剧场,抑或是狄俄尼西亚酒神祭仪的旧址都证明了这一点。笔者曾经就此问题亲赴希腊进行过调查,证明所有的酒神剧场的遗址或地处城市的郊区,或卫城的边缘,或祭祀遗墟的角落。2. 以酒神狄俄尼索斯同名典出的"乡村的狄俄尼西亚"一直作为一个专属性指谓,说明在戏剧起源相关的知识系统中它被放在与城市相对应,与中心相对立的空间位置上来定位。3. 从"城邦－国家"的政治体制和与之发生关系的酒神祭祀活动的组成形式来看,戏剧表演并非头等重要的事宜。据考证,在与广场相伴的系列活动中,戏剧的位置是殿后的。即使在"乡村的狄俄尼西亚"广场活动里面,戏剧表演亦为附加节目。① 简言之,如果把希腊城邦制国家的广场政治、宗教祭献和商贸活动组成知识系统来看待,戏剧只是其中的一项且处在次要的位置上。四,如果就古希腊帝国政治的权力制度来考量,将奥林匹亚山巅作为一个同样符号化政治叙事来比况(其实,奥林匹亚山神祇谱系就是一个不折不扣的城邦制国家既"民主"又"帝国"的符号象征系统),酒神无论就其地位还是就其身世都属于边缘角色。而酒神的随从和信徒们也都属于一些非社会正统所认同的"异类"和叛逆者。"迷狂""疯癫"等的文化阐释绝对应当划入"反叛"范畴而不能是其他。

    由此可知,希腊戏剧的起源并非单一形态、单一因素所引导。我们相信,戏剧的发生远远超出了今天我们从单一形态上,即从戏剧艺术这一门类来观察和认识它。这是"分析时代"所带来的不可避免的片面和弊病。我们或许没有能力超越这种片面,但至少我们可以明智地辨别出那些来自思维形态上的问题。对于古希腊戏剧的发生学美学原理的认识前提首先必定是全观性的,即包容着多层社会关系和城邦制国家特殊的因子。所以,与其说把它置于戏剧美学的范畴合适,还不如将它放在社会历史美学的范畴更贴切。

---

① D. Whitehead, *The Demes of Attica* 510-250 BC., Princeton University Press, 1986, p.213.

第二节　变形原则

"变形"几乎是整个人文社会科学所面临的问题,它涉及哲学、伦理学、人类学、民族学、历史学、神话学、宗教学、文学艺术等诸多领域。在西方,用来解释变形的主要有以下几种学说:1. 毕达哥拉斯的"灵魂转移"说。这一观点认为构成事物的最基本的东西为"单子",它独立存在并构成灵魂和神的核心。一俟人死后,"单子"可以游离于人体之外或凭附在其他人和动物的身上。① 后来,在斯宾塞、泰勒那里演变成了"万物有灵论",相信灵魂可以从人的肉体里"位移"出来。2. 鲁克莱图斯的"一切都在变"说。这种观点体现了古代朴素唯物主义对客观事物变化的经验性认知。自然界的各种生物种类随着时间和空间的变迁发生了形体上的改变,它为人类先民观察和认识客观事物提供着最为直觉性的观照依据。3. 模仿说。它产生于古希腊,集大成者即亚里士多德。在模仿说那里,人/神、主体/客体都出现了清晰的界限。于是,"(艺术的——笔者注)原始的情感问题也将是'它像吗?'的问题。对于原物来说,外形意味着一个可资纪念的符号或暗示,这应该是首先要考虑的事情"。② 4. 拜物教说。它凭借原始社会中的图腾崇拜、自然崇拜等社会、文化和宗教现象,相信"万物同情","人神同形"。5. 进化论学说,即以达尔文物种起源说为基本的学理基础和解释工具。

变形——metamorphosis,原意指由巫术、魔术而产生的形变。其形态区分大致有以下三种:1. 人形物性,即在人的身上附有某种动物、植物、自然现象的特征。宙斯、波塞冬、阿波罗等均属于此类。2. 物形人性,即在某些物类身上赋予人性的特征。酒、葡萄、常春藤、牛、羊等被赋予人的某种特征和能力。3. 半人半物,即无论在形态上还是在性质上都交织兼容着人类和其他物类的特征和性质。著名的斯芬克斯即为典型。毫无疑问,变形的原因不能与特定的历史条件相分离。当人类与自然界以及其他物种尚

---

① T. Bulfinch, *The Age of Fable*, New York: Airmont Publishing Company, 1965, p. 235.
② 转引自朱狄:《艺术的起源》,中国社会科学出版社1982年版,第99页。

未在理性思维的层面分离的时候,自然界力威慑着人们,自然界的其他物类尤其是动物便经常与人类"同情化"。"动物是人不可缺少的、必要的东西;人之所以为人要依靠动物;而人的生命和存在所依靠的东西,对于人来说就是神。"①

涂尔干和莫斯认为,神话和仪式叙事中的变形甚至早于人类的分类原则。② 虽然,二者可能在此有一个明显的疵点,即变形本身就具备了分类的含义,正如尼达姆所批评的那样。③ 但是,这并不妨碍涂尔干和莫斯慧眼识得变形之于神话仪式和知识体系中的意义和价值。仪式理论和仪式的实践都有一个非常重要的原则,即变形。也可以这样说,作为美学的基本原理和实践性工具,神话仪式完整地贯彻着变形——既可以视之为一种精神,亦可以视之为操作性工具和技艺。没有变形,所有的神话叙事都无法得以传承;没有变形,仪式的阈限也就无法变通和转换;没有变形,文化的理解、翻译、交流、借鉴也不可能得以顺利进行。在某种意义上说,社会文化人类学所产生的学理依据来自达尔文的进化理论;自然物种的演变进化在人类的生物性方面可以在本质和表象上达到相对一致的逻辑比况,无论是归纳还是演绎。人类的生物性都可以直接作为案例加以实验。然而人类的社会性,尤其是足以与其他低级动物相区分的品性"文化",从逻辑起点上就是伴随着自然的律动:和着生命的节奏,创造性地展开对动物的驯化、对植物的耕作改造,并将这样的认知、观照作为人类经验的积累和对自身进步的肯定一并交织。它的基本规律正是变动、变迁和变形。所以,从根本上说,社会文化人类学是一门专事讲述文化变迁的学问。神话仪式,毫无疑问,也就是文化变形中的族群/区域、时间/空间、功能/结构相互作用下的实践原则和美学范式。差别仅仅在于,在不同的学科里面,其学

---

① 《费尔巴哈哲学著作选集》(下卷),荣震华、王太庆、刘磊译,生活·读书·新知三联书店1962年版,第438—439页。
② 爱弥尔·涂尔干、马塞尔·莫斯:《原始分类》,汲喆译,上海人民出版社2000年版,第5页。
③ 爱弥尔·涂尔干、马塞尔·莫斯:《原始分类》,汲喆译,上海人民出版社2000年版,第100页。

术规范和概念色彩略微不同而已。

古代希腊罗马的诗学中有一个重要特征,也就是变形。它成了西方文学的叙事基础。诗人奥维德曾经留下了一部经典之作《变形记》,通篇讲述的都是变形,它几乎囊括了整个希腊神话系统。在他的眼里,这种变形贯穿于整个"诗"的历史叙述,不独故事本身充满了变幻的曲折,更为关键的是它引入了一种哲学美学的原则。"诗人不仅通过叙述的技巧使全诗成为有机体,而且所有的故事都有一个共同的点——变形。这些传说中的人物最后不是变成兽类,便是变成鸟形,或树木,或花草顽石。变形的哲学基础就是罗马哲学家鲁克莱提乌斯(Lucretius)朴素的唯物思想;一切都在变易。但是诗人写故事的目的并不在说明变易之理,有许多故事本身具有极强的吸引力,变易的结尾往往属于次要地位,诗人把它加上或则因为原来传说即是如此,或则因为要符合全诗体例。"①

我们在诗学叙事变形的原则里面同时可以清晰地感受到逻各斯(Logos)的力量。语言学训诂告诉我们,逻各斯的原始语义并非理性的叙事能力,而是指语词,同时意指语言的能力和理性的能力。柏拉图、苏格拉底等哲学家早就在语词的叙事中发现了基本的对话功能,而且这种功能能够使得交流和叙事获得伟大力量的能力。柏拉图同时也发现,"语词－逻各斯"双位一体的机制,即同时意指语言的能力和理性的能力是一种大成问题的和暧昧不明的内涵。就人们使用语词来看,它或许可以成为真理的源泉,或许是幻象的源泉。"语词－逻各斯"的正确和合理的使用,在柏拉图看来,是从苏格拉底的"对话－逻各斯"中才真正显露出来。② 维柯对此有过更为充分的考述,在《新科学》第二卷第二部分"诗性逻辑"中他做了这样的介绍:

  Logic(逻辑)这个词来自逻各斯(logos),它的最初的本义是

---

① 奥维德:《变形记》,杨周翰译,人民文学出版社1984年版,译本序第5页。
② 恩斯特·卡西尔:《符号·神话·文化》,李小兵译,东方出版社1988年版,第90页。Logos同大写的Word,在西文中都有逻各斯义。卡西尔文中又用了小写的word表示"逻各斯"与"语词"的关联。——原书译注

寓言故事(fabula)，派生出意大利文(favella)，就是说唱文(类似中国的平话)。在希腊文寓言故事也叫作 mythos，即神话故事，从这个词派生出拉丁文的 mutus，mute(缄默或哑口无言)，因为语言在初产生的时代，原是哑口无声的，它原是在心目中默想的或用作符号的语言。斯特拉博(Strabo)在一段名言中说，这种语言存在于有声语言之前。在宗教时代天神理应做出这样的安排，因为当时人们按宗教的特性要把默想看作比说话更重要。因此，最初的民族在哑口无言的时代所用的语言必然是从符号开始，用姿势或用实物，与所要表达的意思有某种联系。因此，逻各斯(logos，即词)对希伯来人来说，也可以指事迹，对希腊人来说，也可以指实物。同理，mythos 原来在意大利文里的定义是"实物，真事，或真话的语言"，也就是首先由柏拉图，接着由扬姆布里球斯(Iamblichus)都认为在世界上有一个时期曾用过一种自然语言，但是这只是他们两个人的一种揣测，所以柏拉图在《克拉提路斯》("Cratylus")的对话录里想找到这种自然语言的企图终属徒劳，遭到了亚里士多德和嘉伦(Galen)的批驳。因为神学诗人们所说的那种最初的语言并不是一种符合所指事物的自然本性的语言(像当初由亚当所创造的那种神圣的语言，上帝曾赋予亚当以神圣的命名功能，即按照每件事物的自然本性来给事物命名的功能)，而是一种幻想的语言，运用具有生命的物体的实体，而且大部分是被想象为神圣的。①

维柯就逻各斯的词源考证正是要努力证明"'词源'这个词本身的意义是 veriloquium(真话)，正如寓言故事的定义是'真实的叙述'(vera narration)一样"②。这样，"在把个别事物提升成共相，或把某部分和形成总体的其他部分结合在一起时，替换就发展成为隐喻(metaphor)……诗的奇形怪物

---

① 维柯:《新科学》，朱光潜译，人民文学出版社 1987 年版，第 177—178 页。
② 维柯:《新科学》，朱光潜译，人民文学出版社 1987 年版，第 179 页。

(monsters)和变形(metamorphoses)起于这种原始人性中的一种必要,即没有把形式或特性从主体中抽象出来的能力"①。维柯娓娓道明了诗学原始形态中变形的渊源关系和作为一种"真实叙述"的原始面貌。

文学的叙事将变形的基本要理完整地传承了下来。以变形的叙事原则去观照文学创作,变形显然更为丰富:叙述故事的变形,人物性格的内部逻辑变形,叙事的中介性变形价值,等等。基拉尔发现小说中存在着一种他称之为"中介"②的东西,类似于传统小说中所说的"主体/客体"。介体的作用在于制造和产生"距离"。"衡量中介和欲望主体之间距离的当然不是物理空间。地理上的远近固然是一个因素,但是距离首先是精神概念。"③基拉尔的发现给了人们一个重要的启示,即文学的叙事过程并非完全按照一个既定的程序发展,否则就失去了"悬念"。我们知道在文学的叙事之中,变形原则一直贯彻其中,却未必了解其中的奥妙。至少基拉尔给了我们一种解释,就是在主体和客体之间因为总是存在着某种"距离",这样,由一端到达另一端就可能完全产生意想不到的变化。而在所谓的"距离"中间,任何由原因导致的结果或结果回溯到原因都提供了巨大的场域和空间。其中涉及的角色越多、因素越多,变化也就越大、越复杂。叙事因此具有无穷的吸引力。

狄俄尼索斯的神话传说和酒神祭祀仪式当然不能例外,变形原则一路贯彻。不仅如此,它还是一个不可多得的范例。由于其包含着不同民族和地区的文化基因,跨越了长时段的历史演变,交织了社会结构和道德秩序的基本要素,传达了人类无论作为生物范例抑或是社会角色所具备的完整的素质要求等等,人们可以从他身上看到各种各样的人类基因,无论是生理上的还是社会性的,挖掘出各式各样的隐喻意图和变化模式。这也就是

---

① 维柯:《新科学》,朱光潜译,人民文学出版社1987年版,第182—183页。
② 有内中介和外中介之分。
③ 勒内·基拉尔:《浪漫的谎言与小说的真实》,罗芃译,生活·读书·新知三联书店1998年版,第9页。介体与主体各居中心的两个能量场的距离大,彼此不接触,称为外中介。比如桑丘就是唐·吉诃德的"外中介",而"欲望"则可视为于连的"内中介"。它们都属于"他者"范畴。

为什么那么多的学者不知疲倦地不断求索的原因。线向上,变异也体现了某种复归的意义。狄俄尼索斯个性当中本身就包含着返璞归真的指示。希腊悲剧的结构并不复杂,但是悲剧一开始,酒神便登场,他的独白意义是强调神性,以迷狂、纵舞、姿情、醉态等方式建立教仪以证明其为一位天神。① 这一过程同时旨在证明他与其他神祇的神圣性大相径庭:对原始和自然特性的复归。这样的异变表态与其说是抽象的,还不如说是具象的。

  与其他含有丰富的哲学美学命意的神话原型一样,酒神狄俄尼索斯的神圣性、神秘性与超凡性首先表现在对时间制度实践的非凡上面,特别是"生—死—再生"的变形和变幻,将人类祖先对生命时间的态度附丽于神话与仪式之中。在这一点上,酒神仪式体现得更加富有哲理,也反映出酒神仪式的神奇特性。综观狄俄尼索斯的生平和生命体征,无论其原来埃及的奥西里斯还是其他原型,都有一个共同的特征,即经历过不同形式的"生""死",然后"再生",而不仅仅旨在讲述一个神祇的神奇经历。我们毋宁将其视为人类先辈对于"生命时间"的矛盾和期待。人类学家利奇曾经非常精巧地分析过死亡与时间的双重意义和关系制度。就宗教的意识形态而言,承诺"再生"事实上是在物理时间上否定"死"的阈限。他认为,时间的概念本身包含着两重性,我们承认"生"之后要"死",就像白天过后是夜晚一样。然而,这只是一个方面。因为时间的分类具备两种完全不同的经历:一是作为可重复的时间;二是作为不可逆的时间。事实上,我们总是把时间的二重性质搅拌在一起。生活当中,人们把时间给弄得混淆不清有的时候是为了避免以承认时间的不可逆性质来否定时间的重复性质。结果,时间在生命上的实践变成了"生的出现是追随着死,一如死跟在生的后头那样"。这便是宗教时间的价值和仪式行为的功能。显而易见,如果没有宗教上的时间制度,人们就无法将时间的这两种性质囊括在一个概念分类之中。"毕竟,时间的重复性和非重复性在逻辑上并不是一码事情。"利奇进而认为,诸如节日庆典可以使我们"创造时间"(create time),

---

① 李咏吟:《原初智慧形态:希腊神学的两大话语系统及其历史转换》,上海人民出版社1999年版,第244页。

原因是在那样的活动当中,有着不同的时间标志出现,而每一个时间单位却是相区分的。"我们所说的时间的计量,好像时间就是一个具体的事情等着被计量那样;然而,事实上在社会生活中,我们以制造不同间隙的方式在'创造时间'。"① 最为直截了当的联系,生命与时间可以作为基本的认知原则。很清楚,在时间制度和对时间制度的理解和期待上,如果在社会秩序的表现总体上为永存的话,生命的个体性和在时间表述上的不可重复性之间的问题势必被超越。这个问题在丧葬仪式上表现得尤为突出,人们以在时间上拒绝死亡的方式获得再生,以满足时间的重复性质。这样才能达到时间在生命上的永恒性和社会秩序上的稳定性。② 或者,以某一个个人的生命完结来换取和获得整个族群"生命"的延续。关于此,我们在弗雷泽《金枝》中看到大量"杀老"仪式,所预期者正是如此。人们明确地感受到两种时间制度在一个仪式实践里同时产生作用。

以这样的时间概念和时间制度来观照酒神祭祀仪式,我们似可发现更为多样的时间概念、时间制度和时间关系。首先,狄俄尼索斯作为一个神化了的生命个体,不能排除"死亡"这样一个基本的时间命题,而且非常具体生动。也就是说,它必须具有一种人的生命表象和实践价值,否则人们会失去对它的热情,也不会产生"模仿"和交流的兴趣。事实上,酒神狄俄尼索斯的一个最为基本的生命表态就是"死"。在这一点上,时间的物理性,时间的不可重复性得到了贯彻。如此,他才有机会与人们建立起码的亲和力。其次,酒神狄俄尼索斯的每一次死都必定伴随着"新生"。特别是他与生命的时间重复,季节轮回的动物、植物等相属,"一岁一枯荣",生命的重复景象非常完美地聚现在他的身上。其中妙谛在于,酒神祭祀仪式不单在于"送死",而且还在"迎生"。人们可以在酒神的生命树等母题中非常清楚地洞见。因此,酒神仪式与其他的宗教仪式庆典一样,完全体现

---

① E. R. Leach, "Two Essays Concerning the Symbolic Representation of time," see *Re-Thinking Anthropology*, London School of Economics Monorgragh No. 22, London: Athlone Press, 1961, p. 135.

② M. Bloch & J. Parry (ed.), *Death and the Regeneration*, Cambridge University Press, 1994, p. 15.

出了利奇所说的"创造时间"这样一种新奇的时间制度,即"死"的生命时间上的不可逆转和"再生"的生命时间的可重复一起编排到了同一个仪式庆典的程序中去了。再次,如果酒神祭祷仪式仅仅表现出与其他任何神话和宗教仪式相同的一面的话,那么,它也就失去作为狄俄尼索斯独树一帜的特色和价值了。酒神仪式还有另外一个唯其独具的品质,这就是迷狂与醉境的心理时间。其意义表述为抗拒时间。它的形态特征为破除时间秩序,凝聚时态感受,是酒神在时间概念和对待时间制度上最为独到之处。

  酒神狄俄尼索斯所有的神奇功能同样无不由变形实现。据记载,酒神出世伊始就被天后赫拉不停地追杀。天后唆使泰坦巨人(Titanes)把狄俄尼索斯撕成碎片并放置于一口大锅内烹煮。他的鲜血生长出了一棵石榴树。从这棵树上,瑞亚(Rhea)给狄俄尼索斯带来了新的生命。为了照料孩子,赫尔梅斯把他交给阿特马斯(Athamas)和他的妻子伊诺(Ino),在他们那里,小狄俄尼索斯被装扮成一个小姑娘抚养。赫拉在追杀之中将他的监护人和养父母逼疯并且残忍地杀害他们的孩子,狄俄尼索斯却被误认为是一只小牡鹿而免遭毒手。宙斯为了防患于未然,遂把他变成一只小山羊,经由赫尔梅斯把他转送给宁萨(Nysa)的森林女神宁芙照料。

  我们只需要从非常简约的酒神神话故事的线索追踪,便可以瞥见其中这样一种奇特的、无所不在的东西:变幻。首先,鲜血中长出了石榴树;石榴的果实鲜红鲜红,石榴的果籽在人类经验对果实的记忆和确认中含有多子意象;生命的生生不息图象形神兼具。其次,为了躲避天后的追逐,他被送走,却以小姑娘的另类性别和形态继续表演着生存的"生命戏剧"。狄俄尼索斯的"双面英雄"形象潜藏着非常深邃的意义和复杂交错的指示,大致有:自然与人文同构;人类与动物同台;东西方精髓同济;肉体与灵魂同化;理性与野性同在;雄性与雌性同体;彼时与此时同时;前世与今生同聚……当赫拉逼疯他的看护双亲并杀害他们的孩子时,狄俄尼索斯竟然摇身一变成为一只小牡鹿,居然模糊了天后的眼睛而免除了劫难。连性别都可以变化,可见酒神精神中对人类两性并存、并置关系给予了生理和生物上的肯定。再次,他的父亲宙斯为解救危急,又把小酒神变化为一只小山羊,送到森林中去。狄俄尼索斯作为奥林匹亚神谱中的正统神祇之一,兴许也是最具有野性和自然本性的一位神怪。来自自然,复归自然的主题在他身上表现得也是最为分明。酒神的形体曾经有着多种的动物种类:山羊、公牛、狮子、蛇、熊、海豚等等;植物种类:石榴树、无花果、橡树、葡萄藤、松树、鲜花等等。人类文明的进程如果以创新变化为基本特性,酒神便很像一个"孙行者",总在不停地变形。

作为一种变形原则,特别到了古希腊神话叙事阶段,人类已经在认识上将自己视作高于其他动物一畴的生命体,因此,贬低动物性体征在许多变形记里也有明显的表现,它具三种美学特征:

1. 黑格尔认为:"一般地说,我们可以把变形看作和埃及人对动物的看法以及对动物的崇拜是相反的,因为从精神伦理方面来看,变形对自然抱否定态度的,它们把动物和其他无机物看成由人沦落而成的形象。因此,如果埃及人把一些自然原素的神提高到动物,使它们获得生命,变形的情况就恰恰相反……自然事物形状被看作人所遭受的变形,为着惩罚他的某种或轻或重的过错或罪行;这种变形被看作一种剥夺神性的灾难的痛苦的生存,在这生存中人就不能再保持人形。所以这种变形不能指矣及所理解的灵魂轮回,因为这种灵魂轮回是一种不涉及罪孽的变形,人变成兽,反而被看成一种提高。"①

2. 关于其他一些神和人变形为动物的著名事例,如索尔色(Circe)能使人变成兽,被变形者固然不是直接由于犯了什么罪过,但是处在动物的情况至少仍然显得是一种灾祸和屈辱,连为私图而造成这种变形的主体也不能因此获得荣誉。②

3. 最后还有些人兽同体的杂种,也没有被希腊艺术抛弃掉,不过动物性的部分被看作缺乏精神性的和由堕落来的。例如在埃及,牡山羊孟德斯

---

① 黑格尔:《美学》(第二卷),朱光潜译,商务印书馆1979年版,第183页。
② 黑格尔:《美学》(第二卷),朱光潜译,商务印书馆1979年版,第188页。希腊神话:索尔色,日神的女儿,住在啊呀岛上,俄底修斯在特洛伊战争结束后,乘船回希腊,路过啊呀岛,他的旅伴们饮用了索尔色的药酒,都变成了猪,交通神送给俄底修斯一种草药根,解了药酒的魔力,索尔色被迫使他们还原为人,并且和俄底修斯结了婚,见荷马史诗《奥德赛》。——原注

是被崇敬为神的。根据雅布伦斯基的意见,它象征大自然的生殖力,特别是太阳的生殖力。人们崇拜这种牡山羊达到了淫秽的程度,据诗人品达说,连女人们也献身给这些动物。在希腊,畜牧神潘恩却是令人见到就恐惧的神;后来在一些山神、林神和畜牧神身上,牡山羊的形状只以次要的形式出现在脚上,而在最美的标本上面,只有两个尖耳朵和两个小角才保存着牡山羊的形状,其余各部分都是按照人形而构成的,而兽形的部分则缩成微不足道的遗痕。尽管如此,林神在希腊并不是一种高级神,不代表什么精神力量,他们的性格特征总是淫逸、放荡、快活。他们固然也有时表现出较深刻的意蕴,例如慕尼黑所藏的一座林神雕像描绘出林神把幼小的酒神抱在怀里,带着深情厚爱的微笑看着他。他并不是酒神的父亲,只是酒神的照管人,他对婴儿的天真纯洁所表现的喜悦类似圣玛利对基督的爱,这在浪漫型艺术里却被提高到具有高度的精神性。①

第三节　符号与隐喻

　　人类文化表述的本质属性究竟是什么?人类与其他种类的根本差别在哪里?这些问题曾经一直苦恼着人类自身。尽管历史上的学术理念见仁见智,但有一种观点却显得很有代表性:象征符号的使用。人类学家怀特据此认为,所有人类行为起源于象征的使用。正是象征,它把我们类人猿的祖先转变为人类,并使他们具有人的特点。只是由于使用了象征,所有的文明才被创造出来并得以永存。正是象征,它把人类的一个婴儿变成一个人,不使用象征而长大的聋哑人算不得人。所有的人类行为都由象征的使用所组成,或有赖于象征的使用。人类的行为是象征的行为,象征的

---

① 黑格尔:《美学》(第二卷),朱光潜译,商务印务书馆1979年版,第188—189页。潘恩(Pan),希腊的山林畜牧神,人身羊脚,和埃及的孟德斯相当,据说他爱恶作剧,常突然出现在过路人面前,引起他们恐惧。山神(Faun)和林神(Satyr)都和畜牧神潘恩同类的,在文艺作品中代表喜剧方面的精神。——原注

行为是人类的行为。象征是人类的宇宙。① 虽然,怀特只被看作新进化论的代表,他的观点亦给人以过于绝对的感觉,但是人类创造、解读、交流符号象征委实为一个与其他生物种类相区别的最具代表性的系统。作为一种唯人独具的叙事系统,解读其中符码,诠释个中隐喻便成了人文性的一个重要指示。

仍以酒神为例,尽管狄俄尼索斯在希腊神谱系里面并不占据最为显赫的位置,时序上他是后入神殿者,排位顺序上位于十二大主神之第十二位。② 而且他的身世多舛,本性桀骜不驯,缺乏"皇室"风范。然而,就文明价值的发生论而言,狄俄尼索斯当为所有神祇中最具历史底蕴者之一。他具有丰富的自然内涵和文化隐喻,是最具有平民意识和反叛精神的代表性神话个性。我们只需要就与他相关的姓名、别名、绰号、地名、物名、品名、剧名、仪式等做一个简单的集合,无不为他所兼纳名目繁多、语义复杂、指示交错的"符号簇"(symbolic cluster)而惊叹。希腊神话中其他神祇很难就此与之相比,原因就在于其他的神不具备如此复杂的符号簇。不妨让我们对这一复杂的神话符号簇进行逐一的剥离和层次的辨析。

作为名称的表述符号,酒神的异名可谓洋洋大观,足以令人瞠目。索福克勒斯曾以艾克索斯(Iakchos)替代狄俄尼索斯。③ 在此,艾克索斯只不过是酒神的众多别名中的一个。浓诺斯(Nonnos)的《狄俄尼西克翁》中却将狄俄尼索斯称作扎格诺斯(Zagreous)——酒神的另一个别名。作为神祇,酒神在希腊传统中占据着重要的位置,他的正名可能来自狄俄斯-尼俄斯(Dios-nyos)。④ 据学者考据,公元前13世纪就已经有关于酒神狄俄尼索斯的记录了。⑤ 而狄俄尼索斯为避免利克格斯(Lykourgos)的追逐而

---

① 怀特:《象征》,见庄锡昌、顾晓鸣、顾云深等编:《多维视野中的文化理论》,浙江人民出版社1987年版,第241页。
② J. Purkis, *Greek Givilization*, Linconwood: Teach Yourself Books, 1999, pp.55-57.
③ 见《安提戈涅》:1.1119。
④ G.S. Olmsted, *The Gods of the Celts and the Indo-Europeans*, Innsbruck University Press, 1994, p.276.
⑤ W. Burkert, *Greek Religion: Archaic and Classical*, Translated by J. Raffan, Basil Blackwell Ltd. and Harvard University Press, 1985, p.45.

跳入海中的故事情节也已经出现在《伊利亚特》(Ⅵ:134—143)之中。① 虽然,酒神进入希腊圣贤寺(Greek Pantheon),或者进入主神系统稍晚,可他的出现却远远早得多,而且经常以不同的异名出现,比如巴克斯。这些不同的别名为我们提供了一个了解神祇缘生状态和自然习性的框架。当然,更为直接的层面,它让人们感受到酒神除了作为一个独立的神话个性特征的历史魅力之外,它在不同地域、族群、国家中一直处于变迁状态和"文化边界"漂移的历史过程。对它的了解可以清楚地看出文化交流、借用的互动关系和共生性质。仅此一点,足见欧洲中心论"我者"的历史知识基础是多么脆弱,因为地中海文明的一个最外在的历史表述就是文化互渗中的共生性。以"民族-国家"的"想象共同体"②所建构出来的近代国家文明事实上正是对缘生性的地中海文明的一个阉割,或曰"历史的制造"(the making of history)。③ 任何文明形态,特别是欧洲文明无法专美,除非他是个瞎子或另有图谋。

神话学家为我们例举了一些酒神的别名并且对其中的一些别名进行了解释,其中每一个别名都与某些特殊的指称相联系,比如作为生命树和植物就不断地出现在他的异名中,"菲力皮之树"(tree at Philippi)即为一例。此外,他另有一个与树相关的别名:普里诺弗诺斯或德里欧弗诺斯"橡树布里基"(The Bringer of Oaks)。有关狄俄尼索斯在外云游的陶瓷图案中所乘舟船的桅杆即为橡木桅杆。在卡内提斯,他则是以达西里奥斯(Dasyllios)的所谓灌木杂丛之神为人们所熟知。与树相关的异名还有诸如达德里特斯(Dendrites)和安德罗斯(Endendros)居住在丛林中的人,惕罗菲罗斯(Thyllophoros)即果实累累的树枝,菲罗伊欧斯(Phloios)即树皮之神。同时酒神与无花果树有关,当然也就与无花果无法分开。他的一个

---

① A. T. Murray, *Homer: The Iliad*, in Loeb Classical Library, Vols. 170-171, Cambridge University Press, 1924, Ⅱ, pp. 272-273.
② 班纳迪克·安德森:《想象的共同体:民族主义的起源与散布》,吴睿人译,时报文化出版企业股份有限公司 2000 年版。
③ 克斯汀·海斯翠普:《他者的历史:社会人类学与历史制作》,贾士蘅译,麦田出版社 1998 年版,第 14 页。

另称叫作希基提(Sykites),即无花果之神。他还是水果树神,负责水果树的开花结果。安提诺斯(Anthinos)就是花果盛开之神,普罗拉斯大林托斯(Problastos)为生长之神,卡皮欧斯(Karpios)即果实累累。众所周知,狄俄尼索斯与常春藤相伴,与之相关的别名有两个:基索斯(Kissos)即常春藤之神,庇里基诺斯(Perikionos)即常春藤柱。①

图14 一位酒神女祭司手持一根常春藤花环的权杖,正在神志恍惚地跳舞

这一连串的别名、异名触及了我们今天所认识的酒神狄俄尼索斯最原始的隐喻:"生命树"母题。与之共同表述的意义自然有丰产和生殖意象。弗内尔因此认为,狄俄尼索斯最初并非以酒神开始他的生涯,而是以植物

---

① G. S. Olmsted, *The Gods of the Celts and the Indo-Europeans*, Innsbruck University Press, 1994, p. 277.

神,尤其是树的生命来表现他的荣耀。① 与树种的联系之中又以橡树和无花果树为常见。而狄俄尼索斯以植物的文化隐喻和符号表达最贴近者则为常春藤类植物。五谷粮食的意义是后来衍生出来的。因此,在"生命树"原型里,几个重要的隐喻便呼之欲出:

第一,酒神植物符号最为直接的象征性内涵,表现为人类在植物的生长中感受生命的存在、体验生命的变动、企盼生命的永久。"生命之树常青"几乎是全人类同一性的生命符号演绎。"生命树"中自然包含着生殖和生产的意象。

第二,我们在酒神祭祀仪式里面发现有一个非常特别的物质化符号器具,就是刻有男性生殖器的树杖。那个男性器的果球状很容易被人与无花果的形态相联系,也被作为男性超越女性性别权力的特殊符号话语来对待。酒神奉祭仪式有一个专属性仪式程序,即所有女信徒围绕着果球状饮酒跳舞,放荡不羁,将女性的生命感知提升到极致。控制符号只有一个,就是那个代表男性器的符号。很明显,酒神祭仪里饱含着生殖崇拜的意义已经成为酒神原型中的基本母题和意义。不过,在父系制社会里,男人性别的生命价值必然要在男性生殖崇拜中扮演一个更为抢眼的角色。

第三,"生命树"原型中不仅明显挥发出生命的气息,而且作为对生命的缘生性理解和解释,生命一如自然四季的更迭交替,"一岁一枯荣"。生命的完整演绎传递着"生—死—再生"这样一个基本的循环圈喻义。而吊死在"树"上,便进入了生命的阶段性程序。看一下耶稣吊在"木"制的十字架上,人们仿佛突然明白了生命永恒的意义。其实,酒神狄俄尼索斯的一个重要的形象正是"吊(死)在树上"的形象。欧里庇得斯在他的悲剧《巴克斯》里面,讲述了忒拜国王彭透斯被以他的母亲为首的酒神祭司、酒神女信徒们活活撕成碎片,而他正是从树上被逮下来。弗纳尔就坚持认为欧里庇得斯描绘的彭透斯所代表的就是酒神狄俄尼索斯本人。他被庄严地引入女性聚集的地方,为女信众们所疯狂,而他自己最后又被这些疯狂

---

① L. R. Farnell, *The Cults of the Greek States*, 5 vols., Oxford University Press, 1909, V, p. 118.

的女人们吊在树上攻击,仿佛酒神狄俄尼索斯被吊在树上的形象一般。①从这里我们分明看到一个完整的仪式阈限的过渡程序:

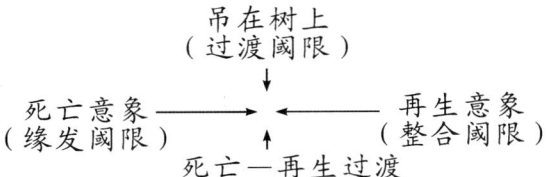

通常,神或者英雄的死亡要承受一个残酷的、痛苦的生命折磨,这里的美学价值正如拉奥孔(Laocoon)那样,以自己承受人世间最大的苦难,身心最大的苦楚来完成他的"责任",履行他的"使命"。②"吊死在树上"的意象与"十字架"母题相吻。无论如何,吊死在"树"上便可以保证生命的再生。

第四,"生命树"无论作为表象上的功能性指示还是纯粹作为生命的循环、再生等的隐喻性符号,都必须经过从符号的能指向符号的所指的过渡和转变。酒神神话的符号簇系统并不依据逻辑思维的规章——按照事物的"类象"(根据事物表面上的相同或相似)或"本相"(根据事物本质上的相同或相似)等原则进行归类,而是直接观照自然现象的生命理解和附丽。酒神狄俄尼索斯的经历以及与他发生过重要关系的神祇或者英雄,他们身上大都出现过多种多样的与植物有关的符号,包括木本植物、藤科植物、草类植物。符号的能指上(此指名目)大相径庭,却在本质上始终贯彻了生命从生到死、复又再生这样一个自然循环。经过再生后的生命形式大都以另外一种树木出现。这意味着,酒神的原型最基本的是生命的经验性意义还不是哲学上的意义。彭透斯的奇异经历与狄俄尼索斯有着千丝万

---

① L. R. Farnell, *The Cults of the Greek States*, 5 vols., Oxford University Press, 1909, V, pp. 167-168.
② 拉奥孔,特洛伊的大英雄,阿波罗的祭司。对于希腊人留下来的礼物"木马"将给特洛伊带来劫难预知无遗。可叹天神已经决定毁灭特洛伊城,拉奥孔的预知和责任只能为他自己带来毁灭。天神派遣两条巨蟒把他和他的两个儿子勒死,铸成了同一个悲剧命运的主题:试图拯救特洛伊城邦,每一个去死的神必须携带着一个凡人或者英雄,甚至是神都无法完成的责任和使命,因为它的代价正好是以自己的"痛苦的死"来换取、转变、交换"民众的生",替代人民去赎罪等等。

缕的联系。彭透斯是伟大城邦忒拜的国王。他的死显然与弗雷泽所总结的"杀老"仪式并不同类。一个国王死亡以后,他所管辖的城池是否繁荣依然并不在彭透斯的神话里交代,更为重要的是,他的死亡必须凭借着另一个符号使生命复活。他的死与酒神的象征符号松树有关,死后又与橄榄树有关。难怪他的死被视为一种"对偶性死亡"(a doublet of the death)。① "对偶性死亡"讲的不是死,正好相反,是生。它是"二度的死亡"——对死亡的否定。

第五,与植物的"生命树"意向再往下延伸,就是为人们所共知的葡萄神了。狄俄尼索斯的一个最重要的符号称谓奥姆发基特斯(Omphakites),意为葡萄之神,而波特利斯(Botrys)、斯达菲利特斯(Staphylites)和欧斯达菲罗斯(Eustaphylos)都是葡萄丛之神的意思。他也被称作雷勒斯(Leneus)——榨酒之神,而梅利切奥斯(Meilichios)又是甜酒神。此外尚有啤酒神、奠祭酒之神等不一而足。在这一层次的符号簇里,符号和指意之间的距离同样也非常大。首先,葡萄(树、藤)成为狄俄尼索斯最基础的表述"生命树",它的"树干"的隐喻指示也开始朝植物以外的器物符号转换,这与葡萄这种非常特殊的植物发生了密切的关系。它也成了从"植物/生命树"的象征符号向外延续的契机,即它的变革性的物质是酒:不仅可以导致同一类物质在功能上迥异,即葡萄与葡萄酒,而且它在生命的意象上有了进一步的契合。狄俄尼索斯作为专用名,其符号的第一语义为酒神。毋庸置疑,最原始的酒的类别是指葡萄酒。其次,当葡萄经过技术处理,即葡萄酒的酿制,物质上转变为液体——一种非常具有魔性与魅力的液体。它致醉。作为物理现象,醉态已经足够神奇,更何况它在人类心理、精神领域所引导出来的感受和品性更是其他物质所永远无法达到的境界。

第六,及至葡萄酒作为"水-液体"的指喻层面,酒神的语词性指示愈发显得丰富起来。菲西中斯(Physizoos)意味着生命的源泉,奥尔松斯(Orthos)指繁荣昌盛,阿克陶斯(Aktaios)即海滨之神,哈里欧斯(Halieus)干脆

---

① G. S. Olmsted, *The Gods of the Celts and the Indo-Europeans*, Innsbruck University Press, 1994, p. 282.

就叫海人,皮拉吉奥(Pelagios)是海之物……狄俄尼索斯还特别与水和水的精神联系在一起。有的学者甚至把他称作河溪之神。① 追溯酒神狄俄尼索斯的身世,他的确与海洋有着千丝万缕的关联,比如长有公牛形态的酒神就是从水里冒出来的,而且还带着吹着的号角。他被吕柯尔戈斯(Lykourgos)②追赶得最为紧迫的时候,就跳进海里;他还被珀耳修斯(Perseus)扔进过河里;甚至传说他后来还到海里的"黑暗"里旅游(象征死亡)而后又从海里再生。总之,他与水结下了不解之缘。不过,单是水的语义在酒神原型里面就充满了极为多样的意义,归纳起来至少可以有以下几种指喻:1.与生命树的隐喻相通,指生命之源泉。在这一层意思里,包含着明确生殖的因素。③ 它与酒神崇拜里面的生命—生产—丰饶等义相吻合。但狄俄尼索斯祭仪蕴含着更为直接的意象:精液。它与酒神祭祀中的男性生殖器崇拜具备行为上的贯通。2.它携带出来的进一步结果是婴儿。我们知道许多民族的原始神话都有圣婴崇拜。其实,酒神崇拜也有婴儿崇拜的价值,他甚至也还有婴儿神的一个名称叫赫本(Hebon),隐喻为朝气蓬勃、欣欣向荣。当然,它还与母亲怀孕时的羊水——生命的滋养、生命生产行为统纳进来。3.进一步演绎,我们可以从狄俄尼索斯生平与海、河、溪、池、水等的遭遇,清楚地发现水中再生的意味。比如有一则神话就把牛形的狄俄尼索斯扔到了海底,后来他从海里腾空而起,吹着响亮的号角。它的意义是唤醒死者和沉睡的神。如果说水作为创生元素能够鼓起人的生命力或者唤起死者对再生的动力,人类古代的哲学和神话叙事都不乏见,可这种奇迹赋予狄俄尼索斯足见酒神的命意之深。更有甚者,后来还遗留下来一个他与河水相属的仪式。弗内尔曾经试图索解和分析这个仪式:

---

① L. R. Farnell, *The Cults of the Greek States*, 5 vols., Oxford University Press, 1909, V, p. 124.
② 吕柯尔戈斯,亦写为 Lycurgus,色雷西亚国王德律柯斯的儿子。他视狄俄尼索斯为最大的敌人,一直追赶其出境。这显示出酒神宗教在传播过程中与不同族群背景下的交流、接受、融合的艰巨性。传说吕柯尔戈斯对狄俄尼索斯的不懈追逐惹恼了宙斯。宙斯遂弄瞎了吕柯尔戈斯的双眼,并缩短其寿命。
③ G. S. Olmsted, *The Gods of the Celts and the Indo-Europeans*, Innsbruck University Press, 1994, p. 277.

我们可以相信这个遗留下来的关于将酒神扔进水里置之于死地的神话意象及其仪式活动所要表明的是狄俄尼索斯进入了一个更低的世界并成为灵魂的主人。同时我们也相信,后来他吹着号角在冥神哈德斯掌管的地府门前徘徊,在提供一只羊羔之后浮出水面,这个意象表达了狄俄尼索斯从底层上升,色梅勒同他一起回到了阳界。因此,我们可以认定,这个仪式所要传达的是生命在春天中复苏。①

这个神话仪式留给我们的解释空间无论有多大,"水"与生命的联结纽带必然存在。4. 作为与这样的神话传说和仪式叙事相一致,狄俄尼索斯还有一系列与"下地狱"经历相符的异名。所以,酒神也被形容为地下之神。菲尼基人(Phrygians)相信狄俄尼索斯在漫长的冬季滞留阴间是休憩,为的是在夏天醒来。普鲁塔斯(Plutarchus)也曾提及狄俄尼索斯在春天来临的时候醒来。与之相属还有一个在酒神进入"死-睡"的葬礼仪式卡图那斯诺(kateunasnoi)和酒神复活醒来的仪式阿内结尔赛(anegerseis)。按照克雷蒙斯(Clemens)的意见,底比斯人甚至展示他们认为的狄俄尼索斯墓冢,在他们的观念里,神的死去构成自然和生命延续过程的真实而必要的事件。② 它与雷内亚(Lenaia)关于在仲冬时节疯狂的妇女们参加酒神节庆的指喻接近。而与阿提斯的仪式意义却有所不同,因为阿提斯在死后三天便宣告复活。酒神的死去与苏醒在这里更接近于自然节气和嬗变节奏,也与生物在四节交替中枯荣变迁的自然形态更为融洽。因此,死亡、睡眠、休息、地下、黑暗、冬季都是再生、苏醒、活动、地上、光明、春季的必要的程序化过程。比如,尼克特里奥(Nyktelios)是黑夜的主人,梅兰地德斯(Melanthides)为黑暗之神,梅拉莱吉斯(Melanaigis)即黑暗天使,等等。这与酒神

---

① L. R. Farnell, *The Cult of the Greek States*, 5 vols., Oxford University Press, 1909, V, pp. 183-184.
② G.S. Olmsted, *The Gods of the Celts and the Indo-Europeans*, Innsbruck University Press, 1994, p. 279.

的母亲也多少有些干系,比如在菲尼基,酒神的母亲有一个雅号"地下极乐",说明色梅勒具有土地女神的特点。

狄俄尼索斯在通过地狱之门的时候,作为一项必需的仪式性献祭,羊羔成了另一种交换的物品,另一种"替罪羔羊"。这一切都是为了使生命获得一种新生。换一个角度,也就是通过自己的牺牲以求赎罪,最终让生命到达新的状态。在这一层符号和隐喻中,宛若基督重现,耶稣复临。同一方面的别称表现在酒神身上同样不少:艾索代德斯(Isodaites)是圣宴之神,西欧尼德(Thyonidas)是圣餐提供之神,沙欧德斯(Saotes)是解救者……我们从这里清楚地看到多重符号的集结和多层隐喻的交错。"死"是"生"的一种仪式性通过程序。狄俄尼索斯先入水而为死神,然而,他却不是地狱之神哈德斯,因为地狱之神永远掌管着阴曹地府,所代表的只是冥界。狄俄尼索斯的"死"——死神、黑暗之神等不过是作为赢得他再生的一个阈限,符合人类的原初性理解,生命的变动需要由这样几个必要的阶段展示。但是,由死而再生,从水底而浮现,需要带入相应的过程和代价。那么,主人公(在此,耶稣和狄俄尼索斯一样)以自己的苦难实践和以自己为牺牲(圣餐),而"羔羊"只是为了让主人公在"赎罪"之后的生命得以解脱出来(复活)而剩下的一个物质性交换符号。以如此方式进行解读,仪式的过程和阈限便非常简明而清晰。

符号系统:	水	牺牲/羔羊	再生
隐喻系统:	死	实践/赎罪	解救
仪式系统:	必备阈限	必需阈限	必然阈限

把酒神扔到海里、湖里的神话意象令人们想起爱尔兰的一个关于多恩(Donn)的神话传说,他走进了克鲁阿出(Cruachu)河。更有甚者,与底尔菲的狄俄尼索斯和阿波罗的祭典有关,也出现爱尔兰福雷切(Fraech)(相当于阿波罗)被溺毙,爱尔兰公牛也同时出现,即在春天的头一天的类似传说情节。正因为此,祭典中以公牛为牺牲,或用公牛的血为浸礼的必备

程序的仪式在罗马的西比勒(Cybele)①和阿提斯、爱尔兰的福雷切等祭祀仪式都遗存着鲜明的意义。

既是酒神,哪怕在他身上所焕发出来的最为表象者也具备着酒文化的双重品质:生理上的和心理上的——"酒的自我"。这方面的别名同样也有,比如地阿罗斯(Dyalos)意为胡闹者、疯子,克发兰(Kephalen)是丢失了脑子,等等。酒致醉,醉而致行为失范,失范而为人类心理积郁的必然。重要的是,它属于人类生物性的组成部分。事实上,随着人类理性不断成功地与道德伦理联手营造起扼制人类野性放纵的樊篱,人类那种原始古朴的自然性、生物性、动物性被文明驱逐到了一个时时刻刻受到监管的"流放地"。由人类自身设计、建造的这种管制机制越是森严,来自人类本身的那部分野性张力也就越大,冲突便不断,甚至导致疯狂、精神病之类。弗洛伊德的精神分析理论和临床案例早已经风靡全球,长时间不衰,足以明示。但是这仅仅能够说明一个方面。另一方面,也可以视为生命渴望辉煌的正当要求。期间存在着一个非常有意思的生命医疗和宗教现象,即"病与非病""常与非常"②的二元悖论和圆满。

野性的释放、醉境的狂乱同时兼顾病态和治疗。它既是病态的表象、病态的表现、病态的表演,又有治疗的功能、治疗的行为和治疗的效果。换句话说,狄俄尼索斯在这个意义上说,他是一名致病以治病的"职业医师"。他甚至还有许多这方面的绰号:拜奥尼欧(Paionios)指明他是一个专门为人治病的医治创伤的神;提斯特斯(Ktistes)是复原大师;而艾阿特罗斯(Iatros)则干脆直接唤作医生。这里出现了一个非常有意思的现象,姑且也可以称为二律背反。狄俄尼索斯的酒神性质决定了他自己在人类

---

① 西比勒,古代小亚细亚人民所尊崇的自然女神。
② "常与非常"参见台湾学者李丰懋关于汉人庙宇成醮仪式中与西方"神圣/世俗"的一组概念,他试图说明,人的生活就是由常与非常所衔接和组成的。"当人由常进入非常,就仿如返回生命之根(归根复始)、力量之源(混沌),因而是生命因净化而获得再生、新生;不过它也是一种反面的状态,具有颠覆性、逆反性,由于常态所压抑、累积的恒久之力至此一缺口迸射、激发而出,成为一种破坏的叛逆的力量。"李丰懋:《台湾庆成醮与民间庙会文化——一个非常观狂文化的休闲论》,见《寺庙与民间文化研讨会论文集》(上册),台北,文建会,1995年,第43页。

的生理性、自然性、动物性方面是个彻底实践者和体现者。而且，酒性本身对人类理性、道德伦理体系无疑是一个对立、反叛和颠覆。酒神不啻为理性的"逆子"，是文明的"病患"。他需要治疗。然而，酒神恰恰又是理疗高手、治疗大师、"华佗再世"，神功无匹。狄俄尼索斯并没有自治自疗的记录。他是病患，又是医生，二者如何并置统一？这也是酒神非常特别的地方。美学上，他破除了简单的主观和客观的因素分析的工具性和机械主义。所以，与其说酒神崇拜祭祀是一个可以加以分析的仪式性符号，还不如说它同时更是一种元语言。所有的要素、语码、符号能指都还处在混沌未开的状态。以如此视角透视"悲剧—喜剧"（"致病—治病"？）的原始语义，我们可以发现两种基本的艺术门类中更为丰富多彩的社会生命和身体符码。现代医学有一个发现，它与法国思想家福柯的知识考古学有些许关系，即传统医学——"物种医学"（medicine of the species），也就是通常人们认知的对疾病分类、诊断、治疗等一体化的医疗体系。这一发现提示了疾病远未必只是物种性的，它还有一个重要的表现领域，即"社会空间医学"（medicine of social spaces）。[1] 它所强调的自然是人的身体与疾病的发生及治疗与社会关系、社会场景、社会空间所建立起来的密切性质。薄伽丘的《十日谈》其实也表明社会公共卫生系统出了问题带给人们对疾病的恐惧，而"故事喜剧"事实上可以视为一种疗法。

狄俄尼索斯从他未出生起一直到整个生长过程就不断地受迫害、受折磨、被追杀、被置之死地而后生。这样的身世和境遇从他一出生起（甚至还未出生时就被缝在宙斯的腿上颠沛流离）就注定成为一个流浪之神。为了躲避赫拉的迫害，他不得不远游，足迹遍及埃及、叙利亚（Syrian）、特雷斯（Thrace）和印度。这样的身世也使得他积累了多民族、多地域、多文化的烙印，并具备非同寻常的潜在性喻义。以他的身世，作者甚至怀疑在这些神话叙事里是否存在着类似于小说叙事中的"倒叙"，即在时间上由于主人公的地位被确认以后，一切的故事陈述都以它为中心开始。这种类似小说的叙事完全可能打破时间一维的物理性质对它的制约。其基本原

---

[1] 威廉·科克汉姆：《医学社会学》，杨辉、张拓红等译，华夏出版社2000年版，第4页。

则完全以主人公的性格与事件的关系来决定。神话叙事也可以有着相同的情形。比如在酒神狄俄尼索斯的身上，我们分明看到了许许多多的非希腊文化的因素，有不少甚至远远早于荷马时代，即使连神祇的形象都有一个明显的"东方形象的西化过程"。只要稍有一些西方绘画历史常识的人都能察觉到绘画、雕塑等艺术在演变中的人物（特别是头部）的人种变化痕迹。然而，由于人们所认识、所讨论的酒神及其祭祷仪式都是从希腊神话文化中引出来的，狄俄尼索斯的"正统本位"大都集结于奥林匹亚山巅的云蒸霞蔚里，造成了事实上以酒神为主角的叙事也就从那里开始。这种神话叙事上的功能虽然在围绕中心角色的故事讲述上有着天然的好处，可是，它也存在着颠倒事实或者倒错时空制度的极大危险性。如果对狄俄尼索斯的流浪母题进行溯源，它的源头显然必须到埃及、小亚细亚甚至印度的历史中去寻找，到诸如奥西里斯的远古神话仪式的遗留中去找，这才符合历史的逻辑。就像社会人类学的族谱研究，时间成了族群或者家族等传承和记录的依据。时间、脉络、辈分、身份、地位等都大致依此而衍出。"爷爷"和"孙子"不能发生倒错。可惜，希腊神话在讲述神祇身世的时候，由于后来的欧洲中心的价值作用，出现了一些完全倒错了的"小说化叙事"。酒神流浪的母题使我们看得非常清楚，狄俄尼索斯背井离乡的主要原因是他受到天后赫拉的追逐而不得不出走。这便意味着，酒神原型中的全部文明基础、文化价值、精神家园是希腊，是欧洲。他到东方去流浪可以理解为他是福祉传递者，文化的传播者。而事实恰恰相反。因此，在这里，神话的叙事与历史的叙事必须严格地分离开来。但是，神话与一般小说不同，它有着非常浓厚的历史主义趋向，所以也就很容易在这里出现历史和文化上的冤假错案。我们要格外加以强调，狄俄尼索斯的移民、殖民、旅游、流浪等行为主线必然是由东向西，简言之"东学西渐"。这与希腊神话故事的线索方向相反。

第四节　酒神的精神

仪式中的美学价值在现代人文科学中越来越受到瞩目,因为它比常规的研究更为直接地深究仪式的表达层面。① 换言之,人们越来越在仪式之中超越简单工具符号上的形式主义,发现其内含丰富的人文性和美学哲学。特别对于深藏美学发生价值表面却好像是一种原始形态的仪式类型,其内部的人文多样性表达更为丰富复杂。酒神仪式正是这样的例子。

尼采曾经对酒神的精神品质做过论述:"我们就瞥见了酒神的本质,把它比拟为醉乃是最贴切的。或者由于所有原始人群和民族的颂诗里都说到的那种麻醉饮料的威力,或者在春日熠熠照临万物欣欣向荣的季节,酒神的激情就苏醒了,随着这激情的高涨,主观逐渐化入浑然忘我之境。"②从哲学和美学的角度来看,今天罕有人将狄俄尼索斯与理性、公民意识、政治化伦理同日而语,而偏向于将它作为这些社会意识形态和价值观念的反面。但事实上,酒神身上并不缺少这一方面的东西。在哲学美学范畴,我们已经习惯于把酒神和日神看作两个完全不同的文明类型和文化模式来对待。而且已经有许多哲学家、美学家、人类学家对日神与酒神进行了经典的论述。不过,任何对立起来的文化模式或许有助于人类在欣赏、观察、分析事物的时候习惯性地将表象上具有鲜明对立化的特征提取出来进行参照,以强化在巨大差异下的认知体验的效果。因此,表象上日神与酒神的强烈差别被学者们提取了出来并加以类型化、模式化。与此同时,二者之间的共相和同质也可能被缩小了、淡漠了。其实,在古希腊神话的叙事中,狄俄尼索斯和阿波罗有时也被当作一个"一体人"或者"同位人"(united men)。③ 换言之,酒神和日神就仿佛连体婴儿,互为你我。我成为你存在的前提,你成为我解释的依据,彼此分享养分,二元一体。更有

---

① 乔治·E. 马尔库斯、米开尔·M. J. 费彻尔:《作为文化批评的人类学:一个人文学科的实验时代》,王铭铭、蓝达居译,生活·读书·新知三联书店1998年版,第96页。
② 尼采:《悲剧的诞生——尼采美学文选》,周国平译,生活·读书·新知三联书店1986年版,第5页。
③ G. S. Olmsted, *The Gods of the Celts and the Indo-Europeans*, Innsbruck University Press, 1994, p. 277.

意思的是,二者同体所做的符号阐发和意义价值并不是将原先二者所有的独特品质简单相加,生硬相兼,而是在二者独立个体的相互交通过程中产生出新的素质,并带有很浓厚的社会政治气息和社会秩序方面的结构意涵。

因此,酒神在这种情况下反而有了民主、公民、公众代表的社会品格。据说狄俄尼索斯还有一个别名叫德莫特里斯(Demoteles),意即民主、公众,德莫索伊斯(Demosios)即公民,甚至还是艾西姆内特斯(Aisymnetes)——公正之神。同时,他又是移民、殖民的领导者,卡色吉蒙(Kathegemon)便是这方面酒神的专谓。很显然,通过"酒神/日神"的双面体我们更多地还不是理会作为人类个体的综合品质,而是人类作为抽象概念的全部精髓。但是,狄俄尼索斯恰恰又是最为个性化的神话人物,这正是酒神的魅力所在。无论狄俄尼索斯有多少别名、异名,也不论他有多少以前鲜为人知的特点集合于一身,人们都不会将他视作一个"具有综合素质"的神话人物。如果这样,笔者认为恰恰违背了酒神的本体个性和独立的人格品质。所以,在这层意义之中,他所要表达的事实上是古希腊的社会制度和道德理想。我们从这一特殊的双面体中可以洞悉古代希腊城邦制度的民主基型和社会秩序。古希腊的社会结构和社会秩序透露出的社会模式大致以一个确定的"城市(城邦)"为基础的联合单位。每一个独立的城市各自享受着同一个地域共同体的民主。关于这,只要稍微有一些荷马史诗的知识,其便不成为问题。之于如此的社会制度和城市格局,每一个独立的"地方城邦"仿佛社会有机体的细胞:各自独立却又彼此相关。狄俄尼索斯竟然还有一个他称叫作卡利多尼奥斯(Kalydonios),意即地方城邦。更有甚者,今天这个以他的别名冠名的城市仍然实行着祭祀牺牲和仪式活动。面对如此政治化的符号话语,要是我们勉强将其当作某个具体的神祇,还不如把它看作一个社会制度和公民价值。

底尔菲的阿波罗祭祀遗址迄今为止仍然为人们索考和复原人类早期文明类型、宗教本义的一个不可多得的实物模型。

图 15　底尔菲遗址：狄俄尼索斯圆形剧场位于阿波罗祭殿遗址的最高位置，下面长方形遗墟为太阳神祭祀的正殿

　　从底尔菲太阳神祭祀遗址的整体构造和仪式活动来看，它首先建立在一个对宇宙空间和秩序的整体性结构思索之上。也就是说，它不是一个地方性单纯的宗教祭祷仪式的遗留。底尔菲的地方性也不是一个偶然的选择。任何一个到访者在被那巨大的宗教祭仪遗墟和建筑艺术上的伟大成就震撼不已的同时，大概都会提出一个相关的问题：为什么古希腊人要在底尔菲那样一个险峻的山崖下建造那么无与伦比的奇迹？底尔菲考古博物馆里的一块"脐石"——希腊语为欧姆发罗斯（omphalos），意即中心——解开了这一个谜结：原来那里是世界的中心位置。伴随它的还有一个神话传说：上帝为了确定世界的中心位置，派了两个天使按照两个完全相反的方向飞行寻找，最后他们在底尔菲会面。那个会合点即世界的中心位置，并在那个会合点上打造了一块脐石。太阳神阿波罗的祭祷殿堂也就因此确立在那里。底尔菲的太阳神祭堂修建于公元前 6 世纪，它的文明形态属于古代迈锡尼文明，而古代迈锡尼文明深受古代埃及文明的影响，这已经成为学界的共识。大量人种学、考古学、民族学、地理学、建筑学、语言学、宗教学等资料都已经证明。早期人类学的传播学派中就有一种理论认为，世界文明经由传播而来，而传播源，或曰中心，正是古代埃及。它就像太阳一样辐射四方，而古埃及的文明形态也是太阳崇拜的原型。作为一个附件，底尔菲太阳神遗墟上有一尊巨大的、高耸的狮身人面的斯芬克斯雕塑仍基本完好。由此可以断定，这个最宏伟的早期人类对太阳神崇拜祭祀工程渗透着非洲、小亚细亚地区的深远影响实属不争。

苏联的大百科全书中对这一历史神秘工程有过权威的解释：底尔菲之所以成为太阳神祭祀的中心，古希腊人奉祭最著名的地方，与地方性的祭司势力有着密不可分的关系。祭祀仪式又强化着这种宗教意识。据学者们考证，由于底尔菲祭司权势的增长，阿波罗的崇拜具有重大的意义。稍后，农神狄俄尼索斯（巴古斯）的崇拜传播起来。在荷马的诗篇里，狄俄尼索斯还不属于奥林匹斯群神之列，但到后来，狄俄尼索斯的崇拜（与得墨忒耳和珀尔塞福涅的崇拜一道）跟厄琉西斯和底尔菲的宗教仪式联系起来。这也引起了整套整套的神话。到公元前 7 世纪末至前 6 世纪初，部落合并得更厉害，各部落的差别削平了，这又渐渐导向创立古希腊许多地区对于神灵的共同信仰。各种祭神仪式，一部分名词和形容词的字源，都证明神话有最初的说法，又有后来改变了的种种不同的说法。①

人类原始文化的遗迹中大量出现对太阳的崇拜，已为无数学者所证明，这里不做重复工作。但是，与底尔菲太阳神祭祀仪式并行并置者却是一个相对于太阳神来说非同类重要的神祇狄俄尼索斯崇拜和祭祀现象，倒为古希腊文明类型之特殊，当然包括对其有着根源性影响的古埃及和古代小亚细亚地区。从今天的历史遗墟的实地考察，狄俄尼索斯祭祷仪式以及酒神剧场成了无可争议的实物：它静静卧躺在阿波罗神殿的旁边，其地势甚至建筑在整个巨大工程的最高处。因此，有学者估计，在太阳神殿的毗邻存在着另外一个酒神神殿。在一块 6 世纪的祭祀铭文中，人们发现给神祇祭献的礼物同时向两个神提供，他们是狄俄尼索斯和皮善的阿波罗。②又，根据底尔菲地方的祭祀仪式行为的解释，崇拜日神阿波罗和崇拜酒神狄俄尼索斯必然为并行的行为，因为阿波罗主持着夏季六个月时段（实指

---

① 《古希腊》（苏联大百科全书选译），生活·读书·新知三联书店 1957 年版，第 59 页。
② D. Wiles, *Tragedy in Athens: Performance Space and Theatrical Meaning*, Cambridge University Press, 1997, p. 27.

春夏两季),而狄俄尼索斯主管冬天时节(实指秋冬两季)。两个神祇共同完成一年四季的完整轮回。而酒神所主持的冬季时节被称作"乡村的狄俄尼西亚时间"(the time of the rural Dionysia)①。酒神的身份似乎可以给我们一个非常明确的认识:他与太阳神并置为一个完整的象征体系和制度。所要表达的与其说是一种神话的叙事,还不如说要建构一个世界范围内的秩序规范。自然界的演变所传递给人类的原则恰恰并不是由某一种神话力量、某一个单一性质的神祇力所能及,而必须通过多元力量的整合并且不断发生变革来实现宇宙的根本性质。在这些推动性变革的因素中,最为基本的矛盾因素正是哲学美学范畴内的二元对峙关系的不断平衡与破坏,进而再平衡,如此循环往复。日神与酒神在哲学美学上组合为一个互为彼此的二元组合关系。它们是对立的平衡,分析的综合,物质的精神,破坏的和平,疾病的治疗,城市的乡村,中心的边缘,结构的解构,等等。总之,二者共同讲述着人类祖先认识和理解自然界的人文本质。

如果我们把酒神精神完全归属于理念和抽象就大错特错,酒神(仪式之神)、戏剧之神(行动之神)的所有文化底蕴都有赖于具体的处所和器物,遍及整个爱琴海周边国家和地区的大量圆形剧场的遗迹都与之有关。而且,这些戏剧场地和器物都有助于加强"仪式-戏剧"的成就和互动,也有助于在仪式的戏剧化过程中增进人与神、人与人——演员与观众的交流与对话。从公元前7世纪起,酒神的祭仪便流行于许多城市。在雅典,从庇士特拉图的时代起,国家便开始举办小酒神祭(乡祭)和大酒神祭(城祭)的各类活动,渐渐地,酒神和农神的崇拜便成为国家的崇拜。这个变迁过程也使得酒神仪式随之发生了某些变化。比如原先歌队所唱的祭祀酒神的颂歌并不见得十分复杂,既没有音乐性的变化,也没有艺术性。自从合唱队中增加一个表演的人员,即后来被称为演员者,使得仪式的戏剧化向前跨进一大步。演员朗诵关于酒神的神话,跟合唱队对答台词。演员与合唱队之间既有了交谈——对白,那就构成了戏剧表演的基础。正如希腊的戏剧那样,希腊的剧场也是跟酒神崇拜及酒神祭礼分不开的。在举行

---

① L. R. Farnell, *The Cults of the Greek States*, 5 vols., Oxford University Press, 1909, V, p. 106.

祭献和附带的神秘仪式之际,参祭者往往在靠着祭坛的附近山坡上环立,排成一个圆剧场的样子。这就是希腊剧场的起源。圆剧场的原则一直保留到后世。希腊剧场的历史始终是圆剧场,倚山坡而筑,露天,没有屋顶,没有台幕,是一片自由宽阔的场所,作半圆形(所以有"圆剧场"之称)。希腊剧场的设计已经含有民主的原则。既然不为屏障的设备所局限,希腊剧场就可能规模极大,可以容纳大量的民众。例如,雅典的狄俄尼索斯剧场可以容纳三万观众,但是这一剧场还远非我们所知道的古希腊剧场中最巨大的一个呢。后来,在希腊文化传播时期(希腊主义时代),还建筑了好些剧场,可以容纳五万、十万,甚至十万以上的观众。剧场的主要部分如下:1. 观众场;2. 歌队场,初时也是演员所在的地方;3. 前台,悬挂剧场装饰的地方,后来是演员上演的地方。装饰富丽的酒神狄俄尼索斯的祭坛,设有歌队场院的中央。演剧只在酒神狄俄尼索斯祭的节日,初时只是祭仪的附属品。后来剧场才逐渐取得社会意义,成为政治的论坛,休息与娱乐之地。① 根据古希腊戏剧遗墟,酒神的祭祀仪式场所与圆形剧场完全表现为一个整体。

祭祀仪式的规模,宗教崇拜的持续都与原始的参祭场所的大小,戏剧活动的延续有着密切的关联。今天我们仍然可以看到,在众多的古代希腊遗址上的圆形剧场当中最为完整和壮观的是埃庇多罗斯剧场(Epidauros)。它虽然并非为酒神设置的祭祀场所,却与酒神精神一脉相承。它建于公元320—330年②,无数的现代人都将它作为古典希腊戏剧的象征和可视性范例,特别是在剧场建筑成就方面,它可以视为一个迄今为止都无有来者的奇迹。它可以容纳多达14 000个观众。其建筑空间的格局以及在自然空旷中的剧场规模,特别是演出的自然音响效果等方面都为人们津津乐道,而且有些原理迄今为止尚未被人类破译,比如它的共鸣和声响效果等原理。实验表明:把一个硬币掉落到剧场的中心,从地面上所发出的声

---

① B. C. 塞尔格叶夫:《古希腊史》,缪灵珠译,高等教育出版社1955年版,第316—319页。
② 参见《雅典英国学派年鉴》(*Annual of the British School at Athens*)61(1966)。

音在顶上的最后一排观众都可以听得一清二楚。① 这些谜语还得留给数学家、物理学家、地理学家们去考释。但是,与其他酒神戏剧遗址所不同的是,埃庇多罗斯剧场坐落在阿斯克勒庇勒斯(Asclepius)祭祀地范围内,而阿斯克勒庇勒斯在希腊神话中是医生的始祖②,他与酒神祭祀仪式以及希腊悲剧之间的关系具有艰涩的心理背景。如上所述,"酒神－日神"具有放置在同一领域言说的许多背景依据。阿斯克勒庇勒斯与狄俄尼索斯有着非常相似的经历和经验。医疗与酒神文化母题中的癫狂、迷醉、宣泄、治疗可以互疏。医疗与巫术行为被混为一谈曾经是人类长时段的经验。人类学家的大量田野调查和民族志足以证明这一点。而且,即使在今天许多民族和族群习俗里仍有非常多的遗留。

从埃庇多罗斯剧场遗址(这座剧场后来经过不断修复,今天仍可作为露天剧场的演出场地)的实际考察看,它完全与酒神狄俄尼索斯剧场一脉相承并使圆形剧场的建筑工艺达到空前。我们相信,在同一条古代迈锡尼文明的范围和类型的历史纽带中,希腊戏剧的酒神型原始关系没有任何断裂的迹象。作为太阳神阿波罗的儿子,"医疗圣手"的文化语符从一个侧面正好与酒神精神"迷狂/宣泄"明确的医疗特征相吻合。阿斯克勒庇勒斯的祭仪也与狄俄尼索斯祭仪及悲剧有着可以稽查的历史线索。有资料表明,公元5世纪(准确地说是公元5世纪20年代),雅典的戏剧里面就有阿斯克勒庇勒斯祭祀仪式的痕迹,因为医神的圣祠就建在酒神剧场的旁边。由此可证,医神和酒神祭祀仪式不仅在空间上,而且在时间的延续上都互相关联。有意思的是,医神的仪式性节日和宴饮与"普罗阿共"——狄俄尼索斯酒神节的开初节目完全偶合。索福克勒斯据说还成了阿斯克勒庇勒斯的祭司,而他的最后两部悲剧都与医疗的思想有关。这些剧目呈

---

① D. Willett, etc., *Greece*, Lonely Planet Publication, 1997, pp. 246-247.
② 根据希腊传说,阿斯克勒庇勒斯是太阳神阿波罗和克洛尼斯(Coronis)的儿子。克洛尼斯在生产的时候遭遇雷击而死。阿波罗遂带他的儿子阿斯克勒庇勒斯到皮里昂山(Mt Pelion),在那里师从医圣锡伦(Chiron)学习医疗艺术。早在迈锡尼和古典时代,阿波罗是埃庇多罗斯地区的主要崇拜神。然而,到了公元前4世纪的时候,这种崇拜就被他的儿子阿斯克勒庇勒斯替代,而埃庇多罗斯成了医神的出生地。从此,在埃庇多罗斯地区举行阿斯克勒庇勒斯的祭祀仪式,并以此为中心向四周扩散。

现出了一个戏剧演变的历史痕迹,即由较为单一的运动和地方性特色趋向整合性的、宗教性意涵阶段。在这一方面,埃庇多罗斯戏剧正是一个很好包容的例子。① 在这方面,尼采那著名的"日神－酒神"的悲剧美学二分论对理解希腊戏剧的内部结构和功能价值是颇具慧眼的。

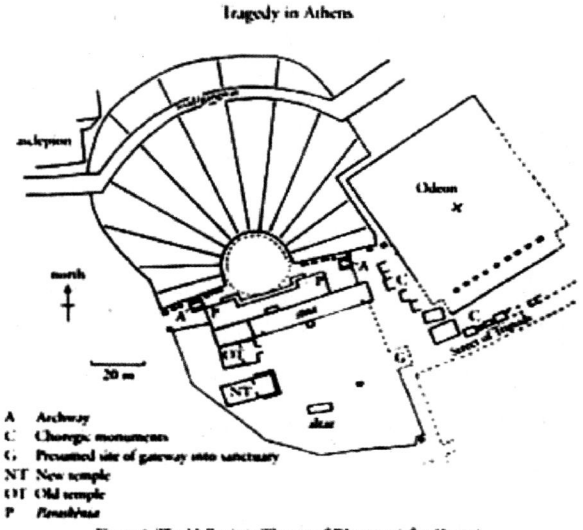

图 16　根据柯勒斯绘制的雅典狄俄尼索斯剧场模型图,其中符号代表:A——拱门,C——形体雕像群,G——(推测性)祭祀场地大门,NT——新庙宇,OT——旧庙宇,P——祭堂侧门②

酒神精神所意欲表达者或许并不像我们今天把"物质/精神"截然两分的"形而上/形而下",恰恰相反,酒神精神的表述往往为物质化的——通过仪式－戏剧的场所、空间、程序、交通、对话、放纵、释然、解脱等等,获得一种临界于精神/物质、心理/生理之间的特殊体验与体悟。与其说将它们二元对峙,还不如将它们二元化一。这便是酒神仪式的妙谛所在。狄俄

---

① D. Wiles, *Tragedy in Athens: Performance Space and Theatrical Meaning*, Cambridge University Press, 1997, p. 43.
② D. Wiles, *Tragedy in Athens: Performance Space and Theatrical Meaning*, Cambridge University Press, 1997, p. 56.

尼索斯祭仪的来源很可能与古老的酒神祭祷类型和颂歌有关联。巴赛为原型的酒神祭祀和节日仪典,与雅典的悲剧中的狄俄尼索斯的缘生构成了直接的关联。而在这些最早的悲剧里,酒神都成了或是真正的主角,或是戏剧的精神所在。很显然,狄俄尼索斯以及他的生平构成了最为古老的悲剧素材。据说最早的悲剧诗人泰斯庇斯就曾写过一部题为《彭透斯》(Pentheus)的悲剧。埃斯库罗斯也曾写过有关他的悲剧。① 此外还有四五部悲剧都是以狄俄尼索斯为主人公的,现在唯一流传下来的,以酒神为主要人物的悲剧是欧里庇得斯的《酒神的伴侣》。虽然我们无法确知狂热的酒神崇拜是什么时候始于希腊的,然而,古希腊悲剧诗人热衷于把酒神作为其作品的主人公,并使得他倍受当时希腊人民的欣赏和喜爱却是不争的事实。这足以证明,酒神的悲剧主题"不仅反映了当时人们的生活,也反映了社会的普遍情绪"。"狄俄尼索斯属于一种否思的、生理欢娱的、本能的集体化个性,一种反理性的能量。"②

这里涉及一个当代人文科学热点问题——"解释的科学限度性"问题。很显然,我们今天在进行类似的评说的时候,事先已经在逻辑思维的形式主义武装下做了工具和技术上的革新。这自然也就意味着,对我们的先辈行为和古风传统带着一种不可避免或者不自觉的现代知识系统中的"现代评点"。人类学研究试图以他们身体力行的实地勘验、通过经由来自田野的亲身体验尽可能地使民族志更加接近研究对象的发生形态。但是,纵使如此,民族志的最终撰写者还是人类学家个体,所有的体验也不可避免地要通过一个个性化的人物传达出来。因此,尽可能的客观性的努力与事实上主观性的存在和限制,使得人类学民族志的本体特征——离客观事实到底有多远成了传统民族志与当代民族志的分歧焦点。传统的民族志在很长的时间里面一直坚信,经过人类学家亲身实地调查来的资料是客观的,因而通过他们记录下来的也就是科学的。甚至在很长的时间内,社

---

① 甚至埃斯库罗斯写悲剧的初衷据传都是酒神在他的梦中授意他写的。
② M. Grant, *Myths of the Greeks and Romans*, New York: New American Library, 1962, pp. 249-251.

会人类学也被作为自然科学的一个分支来对待。在经过人类学学科的自身发展和对人类学进行反思的现代学理背景下,传统的民族志被重新提出来进行讨论,特别是它所传达的、描述的东西与客观事实究竟有没有距离,距离有多远?当这样的诘问与人类学家作为独立个体和解释权力放置一畴的时候,类似的问题也就变得不言而喻了。那么,既然人类学家最终并不能百分之百地做到客观,还不如公开站出来宣布,"某"民族志是"某"人类学家写出来的。于是实验民族志便在这样的人类学反思的背景下出笼。而对于像古希腊这样在时间和空间上都留下了作为学者个人永远无法弥补的时空物理、思维形态和知识体制等的空白,除了在民族志方式上的革新之外,知识分类或许是一个重要的补充和补偿。至少,它有助我们从另外一个角度对研究的对象进行透视。

其实如果我们从知识体制的角度看,原始的酒神崇拜祭祀并不是一个可以完全进行逐一分析或分解的民间知识体系。比如我们今天已经习惯了从某一个知识分类或者艺术门类去看待一个问题或者一种文化事象。这一方面说明现代人的思维更加充分和细致化;另一方面,也说明我们用这样一套工具和学术门类进入研究的时候,我们本身就已经对传统文化进行了一个类似于画地为牢的工作,即把原始发生形态中的整体化的文化事象进行分层、分裂、分化进而分析。毋庸讳言,这是逻辑思维和现代知识结构的成就,同时也是弊端。所以现代学术界号召的所谓"交叉研究""学科整合"等也可以理解为现代知识分类下的一种科学的学术努力。落实在此,我们可以说戏剧与宗教祭祀仪式不可分割。可是如果我们换一个学科门类,具体地说,从舞蹈艺术的角度来看酒神祭仪,我们会从中发现一个非常有意思的现象。至少,我们会因此得到仪式与原始戏剧、原始舞蹈也有着密切的关系的印象。舞蹈不啻为人类最为原始的情绪呈示。在很多民族生活里面,舞蹈本身构成了生活的一部分。诚如格罗塞所说:"现代的舞蹈不过是一种退步了的审美的和社会的遗物罢了,原始的舞蹈才真是原始的审美感情的最直率、最完美,却又最有力的表现。"[①]我们知道,当代人

---

① 格罗塞:《艺术的起源》,蔡慕晖译,商务印书馆1984年版,第156页。

们对狄俄尼索斯狭隘的品质认识中,抒情诗之神(Dithyrambos)、学习之神(Paideios)及音乐节庆之神(Parapaizon)也都可以作为酒神的冠名来使用。这说明它们与戏剧、歌剧、舞蹈等艺术门类觞滥与共,相得益彰,已为传统知识所必备。简言之,与其说酒神精神是一种哲学理念和美学原则,毋宁说是一种原始的知识体制。

一般认为,古希腊最先出现的舞蹈就是合唱舞(the choral dance)。荷马曾经描述过流行于英雄时代的这种舞蹈:青年男女们相聚而舞表达"欢乐"(choreia)。而希腊人相信,这种形式和意义来源于chara,即欢乐:

> 光荣的跛神(the glorious lame god)也设计了一种舞蹈,就像曾经在狂野的克诺索斯的代达罗斯(Knossos Daidalos)那样,为了可爱的林神阿里阿德尼(Ariadne)而疯狂跳舞。少女们手挽着手欢呼雀跃,青年人载歌载舞,沉浸于狂热源之中……
>
> 《伊利亚特》XVIII

这种舞蹈显然与克里特文化和迈锡尼文化有关,甚至有学者将它与古代中国一种丧葬仪式中的"鹤舞"放在一起。传说公元前500年,吴国的公主去世,吴王为之举行盛大的葬礼。吴王下令在地下修了一条通往墓地的甬道,令许多童男童女殉葬。葬仪上少男少女们舞起所谓的鹤舞,与公主一同前往西去的路。这与中国民间迄今为止依然在"白喜"仪式中沿袭的所谓驾鹤西归之类的民俗挽词和意象有关。而中国的这种鹤舞与古希腊的合唱舞形式相似,都属于一种圆舞的形式。据说是一种包含着祈求下雨、丰产和再生意义的仪式。①

以舞蹈的眼光来看,在原始的古风时期有一种神秘的疯狂氛围弥漫并控制着希腊的女性。她们被一种迷幻之音所呼唤,纷纷离开自己的家,不停地向着被大雪覆盖的山顶攀登,歇斯底里地、日夜不停地咆哮着。她们

---

① C. Sachs, *World History of the Dance*, Translated by Bessie Schonberg, London: George Allen & Unwin Ltd., 1957, pp.237-239.

就是所谓的"疯女人"。我们可以在许多古董瓷器装饰图案里看到这样的场面。这种狂野的举动慢慢地发生变化,最后成了戏剧的一部分。古典的作家们也曾经为我们展示雅典的疯女人的形象和这些疯女人在酒神崇拜祭祀仪式所进行的疯狂舞蹈,而这一切在雅典和底尔菲都成了惯例性的活动。酒神祭祀作为葡萄丰收的节日本身是允许男人参加的,可是在酒神祭仪中的男侍从却成了像萨提尔这样蓄着山羊胡须、足蹬羊蹄并带有男性生殖器饰物,他们与那些戴着面具的疯女人一起沉浸在酩酊大醉的宣泄情态之中。如果我们把戴面具跳舞这样的记录放到历时性的记忆之中,即在石器时代和罗马帝国的巴克那尼亚时代(Bacchanalia)的卢珀卡尼亚(Lupercalia)①已经为我们在酒神祭祀舞蹈和现代狂欢节之间维系起了一条线索。狂欢节(carnival)这一语符与 carruus navalis 之间的渊源关系令人一目了然。它的完整意思是:一艘带有轮子的大船,满载着前往参加酒神节的信徒——一群狂歌纵舞者。这也就是公元前 534 年狂欢节的写照。著名的歌舞手特斯庇斯以其特有的狂欢形式来回答陪西斯特拉特斯(Peisistratus)邀请他到雅典参加酒神祭,而此种独特的戴着山羊面具的载歌载舞形式就是所谓的山羊之歌,即 tragodia(悲剧)。

  这些历史事件和事物之间的关联可能还不够十分清晰,然而,我们在这里所言及的合唱歌舞——酒神祭祀歌舞确指从 6 世纪前半叶开始。它的起源是狄俄尼索斯祭仪中的圆舞,当然在其他一些神祇祭仪中也可以偶尔看到它的痕迹。在这些歌舞形式中有一种更为特别的,名称叫作泰尔巴西亚(tyrbasia),它的意思就是疯狂运动。这种舞蹈的原初充满悲剧色彩:处于中心的领舞者就是狄俄尼索斯,他从大地生命的开始,到经受磨难,生病,死去;后在一个确定的时间又苏醒,新生。他的生命的运动过程就像埃及的奥西里斯和小亚细亚的阿提斯-阿都尼斯。围绕着他的五十个歌舞者分担着他的命运,诠释着他的意义,承受着他的苦难,分享着他的欢乐。这

---

① 古罗马的牧神节,即纪念畜牧神的祭祀节日。

种酒神祭仪歌舞的遗迹在撒丁岛尚有保留。①

对酒神颂歌舞蹈形式的简单训诂,我们看到了另外一种有助于对狄俄尼索斯神秘祭仪进行揭示的佐证材料,而且这种材料具有形体上的直观性。它在一个侧面说明悲剧为什么直接起源于仪式——一种形体上的运动形态,它在今天经常被归类到舞蹈和体育项目来对待。如果人们终于在"舞蹈—酒神—仪式—悲剧"和"体育—祭祀—牺牲—奥林匹亚"等这样的原初性历史情结中看到一种整体中的之间性和互动性,那肯定会对酒神精神有更深入的认识。弗雷泽在《垂死之神》(The Dying God)一书中对"祭祀仪式—体育竞技—舞蹈运动"的缘生纽带有过考述,迄今为止,几乎人们无所不知世界上有一盛大的体育竞技节日,即奥林匹克竞技节(the Olympic festival)。可是,对于它的形成却鲜为人知。其实,它起源于丧葬仪式。古希腊最有代表性的四大竞技节日——奥林匹克、尼米亚(the Nemean)、科林斯、皮西厄(the Pythian)②都无例外地起源于丧葬仪式。"竞技节日原本是生者对死者表示敬意和缅怀的方式。奥林匹克竞技据信是为了纪念庇罗甫斯(Pelops)。"③传说庇罗甫斯在奥林匹亚有一神圣的属地,为了祭奉奥林匹亚的英雄,他设立了一年一度以羊为牺牲的祭献仪典。后来他死了,葬在奥林匹亚,所有伯罗奔尼撒的小伙子们都把自己捆绑着来到他的墓前,以他们的血祭奠死去的英雄。④

古代希腊的祭献仪式中的因素是复杂的,文化背景纵横交错,人物性格特征也表现得多样性。因此,单纯从一个角度的解释就确认其品质不免片面偏颇。比如,"就酒神在神话和传说中的个性而论,他是一个'无论从外表抑或是精神特性'(in both mental and physical characteristics)来说都显得柔弱的人……然而,在酒神祭祀仪式过程中,妇女们(那些酒神崇拜的狂徒们),却在对酒神的确认中寻找到了一种类似于原始性的宗教激情,

---

① C. Sachs, *World History of the Dance*, Translated by Bessie Schonberg, London: George Allen & Unwin Ltd., 1957, pp. 241-243.
② 均出自古希腊四个地名。
③ J. G. Frazer, *The Dying God*, London: Macmillan Publishing Company, 1898, p. 92.
④ J. G. Frazer, *The Dying God*, London: Macmillan Publishing Company, 1898, pp. 92-95.

并在这股激情的引导下,将以往对那些愤恨和耻辱用狂乱的方式宣泄出来"①。换言之,"柔弱"与"疯狂"并非构成绝对的矛盾律。尤其当酒神精神附在了女性身上的时候,经常为表象的反面提供了媒介。就像悲剧与喜剧很难截然分开一样。悲剧是暴力和喋喋不休的程式化的辩论的奇怪混合。它们所表演的故事以骇人听闻的行为和痛苦为中心。悲剧文本是在雅典古城的特定制度环境下的产物,尽管它们有不断复苏的生命力,但必须按此来理解。在情节大纲范围以内发生的自然界与文化的矛盾重现在剧本演出的环境之中。因为这些悲剧是在酒神狄俄尼索斯的节日首次演出的,而这是一个令人难以捉摸的狂饮烂醉、放纵无度的神。这分明又在营造一种喜剧的氛围。但是在这里,在国家规定的节日里,它被带到了城市的区域之内,组成了有秩序的社会生活的一部分。可以想象,雅典的市民井然有序地集合在一起,坐在帕特农神庙下面卫城上的狄俄尼索斯剧场观看最狂放的戏剧演出。

图17 图的右上端为耸立于山顶的古希腊城邦 Acropolis,帕特农神殿赫然屹立。狄俄尼索斯剧场却位于城下端的丛林里

这里,狂野的神,全能的宙斯和底比斯人母亲生的儿子,主持着这场幻觉,俄狄浦斯的悲剧城市底比斯,雅典的这个宿敌,在他们眼前四分五裂。

---

① C. J. Bulliet, *Venus Castina: famous female impersonators celestial and human*, New York: Covici Friede Publishers, 1928, p. 47.

戏剧对雅典有特殊的意义,它是公元前5世纪后期这个民主的城市固有的关键体制。韦尔南认为,酒神狄俄尼索斯具有两种截然相反的性格特征,正如欧里庇得斯在《巴克斯的女祭司》中称他同时是"最可怕的和最温柔的"。为了使酒神这个怪异神温柔地显示祥和——他的难以压抑的奔放感情和放荡的热情似乎威胁着公民宗教的平衡——必须是城邦接纳狄俄尼索斯,把他视为城邦的一员,保证他在其他神的旁边占有一席之地。① 从这个意义上说,因为狄俄尼索斯及其祭典仪式在文化意义上同时具备着两个对立却可以化解的性格性力量,起到公民社会的平衡作用:他是神,代表着的却经常是神的对立面。所以,它也就可以起到与其他神祇所不能的作用。

戏剧为这样的综合体提供了一个完美的形式。传统的宗教仪式游行、祭祀、祈祷在剧场中揭开戏剧的序幕。然后是一系列事先选好的表演,演出为该节日特别设计和写作的剧本,经费则强制由有钱的公民资助,作为向城市的捐献。整个事情采取了竞赛形式,由专门的裁判为参加悲剧竞赛的悲剧演出发奖。② 人们仿佛看到在酒神精神中"悲剧/喜剧""中心/边缘""城市/乡村""崇高/滑稽""柔弱/强悍""雄性/雌性""理性/感性""神圣/世俗"等都还没来得及建构起泾渭分明的隔绝体系。宛若尼采诗一般的概括:"希腊剧场的构造使人想起一个寂静的山谷,舞台建筑有如一片灿烂的云景,聚集在山上的酒神顶礼者从高处俯视它,宛如绚丽的框架,酒神的形象就在其中向他们显现。"③这便是酒神的"形而上学"。

---

① 让-皮埃尔·韦尔南:《古希腊的神话与宗教》,杜小真译,生活·读书·新知三联书店2001年版,第28页。
② 玛丽·比尔德、约翰·汉德森:《当代学术入门:古典学》,董乐山译,辽宁教育出版社、牛津大学出版社1998年版,第80—82页。
③ 尼采:《悲剧的诞生——尼采美学文选》,周国平译,生活·读书·新知三联书店1986年版,第31页。

第六章　文学叙事的原型谱系

第一节　文学叙事内部的"功能－结构"

叙事经常被简单地等同于故事的讲述,这没有什么问题。其实,人总介入故事。理查德森认为,人类的本质有多种表现形式,除了人的"生物存在和经济存在"之外,还有一个基本的属性:"故事的讲述者"(storyteller)。① 它表明,社会人总脱离不了社会和历史的情境。从这个意义上说,人都在故事之中,同时故事又确认着人的讲述时态:历时性的过程。人是故事的制造者,故事又使人变得更为丰富;人是故事的主角,故事又使得人更富有传奇色彩;人是故事讲述者,故事又使人变得充满了想象的虚构。在这里,叙事本身具有自身的功能－结构性质,"人的讲述"也具有历史语境之下的功能－结构价值。

其实,就功能分析,叙事的结构必然存在着一种绝对的冲突与平衡的关系,否则叙事便失缺了推进和发展的可能性。自古以来,戏剧理论就一

---

① M. Richardson,"Point of View in Anthropological Discourse," see I. Brady(ed.),*Anthropological Poetics*,Maryland:Rowman & Littlefield Publisher, Inc.,1991,p. 207.

直重视它的治疗作用。这里的治疗与其说是一种医疗上的治病,还不如说是平复人类心理上的本我与自我的矛盾。如果将来自人类本能的本我的"本能性盲目"与自我的"理智性洞见"之间的矛盾与冲突进行一种依据习惯的叙事,并由此引出了一种戏剧的心理学上的冲突和治疗连锁关系:由于人类永远存在着对来自本我的盲视,而人类的自我又同时具有理解它的洞见,这两种冲突和矛盾永远存在于现实的表演之中,因此病症/治疗也就一直成为一个基本的戏剧主题。① 它构成了叙事理论常规性的结构要素。但是,作为仪式性叙事,这种冲突和平衡并非以抽象的方式体现,相反,它一直以各种各样的变体方式加以默许。

仪式叙事的两种功能同时显现:对文化原型的重复、强调和对同一个原型的叙述变体。它既反映在形式上也反映在内容上。正如弗莱所说,原型"是一种仪式",是对作为整体的人类行为的模仿,而不是被看成对某一个别行为的模仿。② 仪式的文学叙事一直遵从这一个原则。它也与神话和仪式的关系颇多相似。康纳顿对此有过一段说明:

> 西方文化中一些原始神话被重塑、重释的方式,明显表现了结构差异。以戏剧形式改写神话以及对这样一种事业可能作的限定……可以想象一个重要的创造性变体,它甚至超乎于此,不再适合从前的一系列最终被确定的解释所取代的图式……《俄瑞斯忒斯-厄勒克特拉》和这样的模式不兼容;此处,三位伟大的希腊悲剧作家都对同样的神话素材和同样基本的悲剧情境,进行了戏剧上的重构;然后,所有现代剧作家中最伟大者,又以《哈姆雷特》的现代形式,对它进行了重构。在这里,同样的神话素材具有几种不同的戏剧表现形式,它们彼此之间存在相当大的差异……所以,埃斯库罗斯和索福克勒斯对此神话的戏剧重写,由

---

① 马克·爱德蒙森:《文学对抗哲学——从柏拉图到德里达》,王柏华、马晓冬译,中央编译出版社2000年版,第48页。
② 叶舒宪选编:《神话-原型批评》,陕西师范大学出版社1987年版,第159页。

同样的素材产生了根本不同的意义。①

同一个神话传说,同一个弑母原型,同样的戏剧形式,同样的仪式叙事,由于被诠释和再诠释作用,使其产生相对的变体和异述。不过,变体和异述是有限度的,不可任意。好比一场激烈的篮球赛,过程、球员、攻防和结果都表现为巨大的变数和未知性,但这种变数和未知性绝对不可以超越公认的篮球规则的确定:时间、空间、范围、数量、裁判、规矩、形式等。

关于文学的叙事结构,表面上看是一个文学表述构造和方式的问题,其实,它首先还是一个哲学美学的问题。在人类甫过的整个20世纪之中,文学的叙事范式仍然可以由一个基本的概念组合来检讨,这就是"日神型/酒神型"。尼采的"日神/酒神"作为美学概念的"缘生性组合"(primordial unity)②"是现当代西方文学反理性主义的一个关键因素"。③ 特别是酒神狄俄尼索斯,无论作为单一神话中一个神祇,抑或作为一个美学概念都在20世纪人类历史上扮演着重要的角色。狄俄尼索斯的迷狂形象不仅仅在于美学作为个人原则的丧失和对缘生性本能的摧毁,同时也表达了人类自我认知的程度和对本能生产释放的控制。④ 也可以这么说,酒神狄俄尼索斯一方面与日神阿波罗同构出一个人类生命表述中的两个最为本质的命题:感性与理性、生物与社会的和谐与冲突。另一方面,由于狄俄尼索斯本身充满了完整的结构组合因素,因此,它所展演出来的文化意义已经具备着自我生成、自我表述、自我诠释的能力。它大抵也就是托马斯·曼对尼采的这一概念的总评价:"一个单一的全观性表述的思想"(one single

---

① 保罗·康纳顿:《社会如何记忆》,纳日碧力戈译,上海人民出版社2000年版,第62—63页。

② F. Nietzsche, *The Birth of Tragedy and the Case of Wagner*, Translated by Walter Kaufmann, New York: Vintage Books, 1967, p. 136.

③ L. Feder, "Mythical Symbol of the Dissolution and Reconstitution of the Self in Twentieth-Century Literature," see M. A. Wendell & M. K. Theodore (ed.), *Classical Mythology in Twentieth-Century Thought and Literature*, Taxes Tech Press, 1980, p. 68.

④ L. Feder, "Mythical Symbol of the Dissolution and Reconstitution of the Self in Twentieth-Century Literature," see M. A. Wendell & M. K. Theodore (ed.), *Classical Mythology in Twentieth-Century Thought and Literature*, Taxes Tech Press, 1980, p. 68.

omni-present thought)①。为什么人类在20世纪竟然会在酒神身上觅到"一个单一的全观性表述的思想"呢?这远远不只是指在酒神狄俄尼索斯缘生性仪式中发轫出来的远古戏剧形态和美学思想,它几乎还成了一种检索和反思人类现代历程中所出现的矛盾和冲突的尺码。更有甚者,"那个狄俄尼西亚怪物所衍生出来的扎拉图斯特拉(Zarathustra)之名还激发出了纳粹的超人欲念"②。事实上,人们之所以对远古时代的一个并非最重要的神祇如此情有独钟,主要原因在于经过漫长的历史和文明的演变,人们终于发现狄俄尼索斯在现代文明的表述之中是最为深刻、最为复杂,同时又最具吊诡、最富哲理的精神构造。

　　酒神精神源于对古代神秘祭仪的理解和整合。酒神精神里面潜伏着人类生命之中永远无解的心灵痛苦。一方面,酒神所代表的正好是人类生命当中最为放任不羁的本我原欲。这种生命物质构成中的不稳定因素必须充分地表达,否则它就违背了人类生物体的正常表述。另一方面,这种人类本我的原欲在社会关系里面必须遵循基本的社会秩序和伦理规约。个人作为一个表述单位应该如此,现代国家的基本形式"民族-国家"亦复如此。希特勒的致命性症结就在于他把这一悖论命题扩大到了"民族-国家"的层面。世界的灾难也就随之而来。在狄俄尼索斯的生命情结里面,本我与快乐原则永远同构出无解之解。这里,它与弗洛伊德的精神分析理论相连接,形成了一条20世纪文学叙事中对生命现象理解的主线:"叔本华—尼采—弗洛伊德"。③不论是人类本能的权力释放,还是这种快乐原则受到抑制转而变成另外一种潜意识的表述,作为现代西方文学的基本主题委实成为人类试图寻找和解决的问题。可惜,它是一个永远无解的

---

① T. Mann, "Nietzsche's Philosophy in the Light of Contemporary Events," see R. C. Solomon (ed.), *Nietzsche: A Collection of Critical Essays*, New York: Anchor Books, 1973, p. 359.

② L. Feder, "Mythical Symbol of the Dissolution and Reconstitution of the Self in Twentieth-Century Literature," see M. A. Wendell & M. K. Theodore (ed.), *Classical Mythology in Twentieth-Century Thought and Literature*, Taxes Tech Press, 1980, p. 69.

③ L. Feder, "Mythical Symbol of the Dissolution and Reconstitution of the Self in Twentieth-Century Literature," see M. A. Wendell & M. K. Theodore (ed.), *Classical Mythology in Twentieth-Century Thought and Literature*, Taxes Tech Press, 1980, p. 68.

悖论。

尼采非常精致地将"狄俄尼索斯型"与"阿波罗型"并置,正是试图解决这一人类生命的悖论命题,并把这一组缘生性的基本概念与艺术表现形式和门类规范起来。作为"两个对立原则"①,双方成了互为彼此的关系存在。阿波罗属于理性的、意识的;狄俄尼索斯则相反,是感性的和无意识的。这样的二元对峙也就相应地融化在了20世纪西方文学的叙事范式里面。没有人怀疑尼采这精美概念组合的对称性,但是,人们很快就发现,这一个基本的单位概念指示系统矛盾重重②,它主要并不是因为20世纪的几件灾难性事件,尤其是两次世界大战,令人类对于自我的"光荣的神圣形象阿波罗式的个人主义原则"③理想大厦彻底坍塌;同时,人们骤然在狄俄尼索斯的情结里面瞥见自为一体的二元对峙原则。它经历了这样一种生命礼赞式过程:对生命本能的放纵所带来的苦痛和压抑,以迷醉和狂狷的态度化解和宣泄渠道,经过人类对以死亡为意象的生命本能的迷失进行反思,最后达到生命的再一次诞生。这与其说是一种美学思索,毋宁说是一个通过仪式——每一种状态和表述都构为一个完整生命体验的必备阈限,也更符合狄俄尼索斯在20世纪文学叙事范式中基本的二元组合要领。与"日神－酒神"漂亮的组合不同,它不追求表面和形式上的矛盾/平衡关系,而讲求对人类生命的理解、演绎以及表述中的过程性。这样认识或许更为接近当今批评理论的所谓话语本义:矛盾和悖论的互文过程、互疏过程和互动过程。这一切在酒神精神的"宴席"当中已经备齐。

文学的人类学研究取向,重要的还是希望通过对叙事范式的革新达到对批评的创新。这种范式革命不啻在仪式之中找到了一个归依处和着陆

---

① F. Nietzsche, *The Birth of Tragedy and the Case of Wagner*, Translated by Walter Kaufmann, New York: Vintage Books, 1967, p.47.

② L. Feder, "Mythical Symbol of the Dissolution and Reconstitution of the Self in Twentieth-Century Literature," see M. A. Wendell & M. K. Theodore (ed.), *Classical Mythology in Twentieth-Century Thought and Literature*, Taxes Tech Press, 1980, pp.70-72.

③ F. Nietzsche, *The Birth of Tragedy and the Case of Wagner*, Translated by Walter Kaufmann, New York: Vintage Books, 1967, p.36.

点。首先,叙事范式可以理解为一种物化结构。列维-斯特劳斯的结构主义有一个基本的原则:二元对峙,即在文化叙事结构中,两种对立的因素总是存在并成为结构主义的基础性结构素。后来的不少批评者喜欢把结构主义说成是机械的教条主义。其实,就是斯特劳斯本人也并不总把这种结构关系绝对化。但是,他倒是固执地认为,只是在仪式当中绝对存在,具有"排他的一致性"(undifferentiated immediacy)。文学的叙事颇似仪式,存在着一个范式的内部结构。比如莎士比亚戏剧,总体上看,也有一个文化的结构,本质上说它与现代的结构主义并无不同。但它只是其中的一部分。对于这一部分,莎士比亚本人并未表现出特别的重视。因为他与现代结构主义者一样,都知道文化叙事的内部秩序并不总存在于结构的关系链本身,因而不可能不朽。① 换句话说,仪式本身具备着叙事话语中的双重指示:一,它首先可以理解为某种文化文本的物质和形式载体,有着可以量化的存在性因素:人物、时间、地点、场景、器具、程序等等。它具备着叙事结构的物质条件。这些条件的实现和不同的关系组合,使得仪式结构的叙事话语有了基本的依附。二,在仪式的叙事范式中间,结构要素是限制性的,意义却正好是非限制性的。因为它同时受到作者、叙事者和诠释者等变动因素的不断组合。从这一点上说,意义在叙事结构中相当开放。好像有一块地,随着不同的季节,下不同的种子,用不同的方法,以不同的栽培技术,同一块土地上能生长不同的植物、开不同的花、结不同的果实一样。

至于文学叙事的内部结构因素,它总免不了存在着二元对峙律的"双位制"(doubles)悖论。存在就是悖论的。在古典文学当中处处可见。仪式化叙事也就特别突出。莎士比亚戏剧也是如此。悲剧之所以可以界定,首先因为它带进了一组不能相容、无法调和的二元对峙关系。就概念而言,这是带有通则性的,也是悲剧不可或缺的基本结构要素。否则悲剧就无从定义。但是,二元对峙因素并非绝对地不含有一致性和所谓的"排他的一致性"所结构起来的双位制。反过来说,二元对峙因素也包含着一致

---

① R. Girard, "Shakespeare's Theory of Mythology," in *Proceedings of the Comparative Literature Symposium* 11, 1980, p. 111.

性。这样的结局往往更具有悲剧效果。莎士比亚的悲剧英雄并不总是相互杀死对方,是因为他们之间的对峙性的双位制度。如果以这样的方式解决矛盾,则就失去了对峙因素中的同一性。此种结构关系在原始的宗教仪式中普遍存在。神话当中也普遍存在。① 莎剧中也普遍存在。所以,莎士比亚悲剧的仪式化叙事非常有特点。我们只要看一下《哈姆雷特》就能明白。哈姆雷特之所以在"忧郁"中徘徊,就是因为在最简单的他和叔叔的二元对峙关系中不能构成简单的"排中律"。他和叔叔同时并置着"对峙/一致"的双位制度。"杀死"对手不能造成悲剧最为震撼人心的力量,反之,杀死对手正好是"自己的处决"才显得最为悲苦,也符合逻辑。简单的使命性行为只能让行为涂上一些悲壮的色彩,延宕性的仪式性"通过"不能行动而不得不行动方造化出悲剧的仪式魅力。

对于莎士比亚戏剧中的仪式化叙事,早在古典人类学兴盛时期,学者们就注意到了其中的神话仪式内涵,不独在形式上的"形似"而且在内容上的"神似"都可以为范本。重要的是,这样的研究并不是简单的比较性类同,而是试图在莎剧中找到与仪式之间在发生形态上的基型叙事。这也就是为什么古典人类学家、文学批评家们都不约而同地将他们的研究视角放置于古典学领域的一个重要原因。穆雷在1927年发表了《诗歌中的古典传统》直接把古希腊戏剧与莎士比亚戏剧进行比较。他在比较中发现了莎剧与古希腊戏剧之中的仪式性基型的叙事内涵,即都有与祭祀仪典中以通过牺牲的祭献达到人类对生命认知的恐惧积郁和疏导净化方面的表述。这样的矛盾冲突事实上是人类祖先在自然威慑力之下的痛苦与无奈,以至于创造出另外一种超自然力量的"神族"系统以取得对自然力的制约。人类创造神话系统,由于在同一个知识体系中建构起来,即人类思维的产物,人在与"神"的沟通上就显得方便得多。仪式便成了人类与神祇进行交流与沟通的话语表述:它不仅仅是一种简单的形式,仪式本身也可以理解为人类理念与行为的整体单位。莎士比亚戏剧无疑达到了戏剧仪

---

① R. Girard, "Shakespeare's Theory of Mythology," in *Proceedings of the Comparative Literature Symposium* 11, 1980, p. 112.

式的完美整合。因为人们在莎剧中间非常容易看到、找到、体会到人类在仪式性行为中的角色、符号和意义。有些时候,有的地方,莎士比亚戏剧在演出时几乎演得像宗教仪式一样。即使在他的浪漫喜剧中也有明确提示,例如《爱的徒劳》《第十二夜》以歌唱收场,就是一种程式;《仲夏夜之梦》的结尾有舞蹈,有游行,都是一种仪式。① 这样的研究态势在第二次世界大战之后更加热烈。维辛格(H. Weisinger)、弗莱、沃特(H. Watts)、弗格森(F. Fergusson)、赖特(G. W. Knight)等人纷纷著书立说,讲述欧洲中世纪戏剧、文艺复兴时期的戏剧,尤其是莎剧都与仪式有着血脉上的关系。特别是赖特,作为新批评的提倡者,深入地发展了莎士比亚戏剧中的符号分析。②

文学叙事通常将对情节自然发展的根源搁置于形象符合故事情节走势的行为和行动之中,而不能对其做归纳或推断。文学批评则可以揭示它。但是,由于文学批评的知识惯力使之难以胜任属于文学批语范畴以外的评说。文学的人类学有助于在批评中做到对知识欠缺的弥补。更为重要的是,它可以将批评的方向引导到更为宽广的领域。举一个例子,比如当人们以文学人类学视野去重读《罗密欧与朱丽叶》的时候,便会开始注意到卡普利(Capulets)家族和蒙太古(Montagues)家族是《罗密欧与朱丽叶》中两大对立的家族。这两大家族的世仇构成罗密欧与朱丽叶爱情悲剧的根源。那么,引入一些家族世系关系的知识便有必要。或许人们并不需要进一步对两大家族的族谱做英国式社会人类学家族研究般的精细考究,那是职业社会人类学家们做的事情。至少,这样的视野会帮助人们在阅读和理解作品的时候具有一个历史实在感的体认。戏剧文学的仪式化使得这种形式保留了大量超越作者个体的历史贮存信息,表面上它们大都符号化,却并不妨碍人们依然可以借助人类学的知识系统和视野对之进行

---

① 威尔逊·奈特:《莎士比亚与宗教仪式》,见杨周翰编选:《莎士比亚评论汇编》(下),中国社会科学出版社1981年版,第413页。
② E. M. Meletinsky, *The Poetics of Myth*, Translated by G. Lanoue & A. Sadetsky, New York & London: Garland Publishing, Inc. ,1998, p.75.

研究。

人类学对家族谱系的符号系统的开掘为重新阐释文学作品提供了一个新的方法。其实,对卡普利家族与蒙太古家族之间的关系研究可能正好就是《罗密欧与朱丽叶》解读的一把钥匙。哈姆雷特无疑是一个相当陈旧的故事,因莎士比亚的悲剧《哈姆雷特》取材于古老的民间传说,与浮士德一样,它们也为人类学家们所熟稔。"特别是文学的人类学家。他们探究哈姆雷特传说的来源,从莎士比亚以前的戏剧追溯到撒克逊文学,从撒克逊文学追溯到有关自然界的神话传说,却没有因此远离莎士比亚;相反,他愈来愈接近莎士比亚所创造的那个原型的形式。"① 对哈姆雷特王子的"忧郁性格"的分析和解释,人类学家的知识能使他们另辟蹊径。1966 年,人类学家劳拉·勃恩若在西非的特夫(Tiv)进行调查的时候,就以莎士比亚悲剧《哈姆雷特》中的亲属制度为例,向当地土著首领说明欧洲亲属制度的古老传统,她试图通过亲属制度来解释为什么王子会变得烦恼和忧郁,根本原因乃是因为他母亲在父亲死后很快就嫁给了他的叔叔;而根据传统,女人只能在丈夫死后两年方可再嫁。人类学家的观点当即遭到土著人的激烈反对:"两年太长了,在她没有丈夫期间谁来为她锄地呢?"② 这一段学术轶事为我们提供了从另一个角度解读同一个历史、文学文本的范例。

学者们的研究尽管都有着自己的角度和切入点,却有一个共同的特征,即从仪式的神话叙事入手去探索莎剧的仪式表述。弗格森认为莎士比亚戏剧就像仪式一样,目的在于获得一种净化状态,以达到人与自然的和谐。③ 戏剧与仪式的关系或许并非我们今天所理解的亚里士多德定义中的模仿概念,即停留于对一种形式上的仿效。其实,无论是仪式本身抑或是戏剧的雏形仍处在人类思维与行为并未达到彻底的"两位制"状态,即思考与行为并非两个层面的东西。比如神话思维,卡西尔讲得很清楚,是

---

① 伍蠡甫主编:《现代西方文论选》,上海译文出版社 1983 年版,第 343—344 页。
② M. C. Howard, *Contemporary Cultural Anthropology*, London & New York: Little, Brown Publishing Company, 1986, p. 184.
③ F. Fergusson, "The Idea of a Theatre," see R. A. Segal(ed.), *The Myth and Ritual Theory*, Blackwell Publishers, 1998, p. 184.

人类与其他生物种类被当作同一层面的关系的相处对待,仿佛"图腾"与"他的亲族"的族群关系。在布留尔那里,所在的生物种类都进行着"互渗"(participation)。神话和仪式作为人类远古时期的"随生物",同样将人类那个时期的前逻辑思想的特征表现并传袭下来。从这个意义上说,仪式与原始戏剧本身就是人类生命体验的过程,在这个过程当中,形式与内容并无截然区分。事实上,真正将仪式与戏剧区分开来的时候,就是"做戏"(作秀)的开始。换言之,前戏剧形态(即仪式)与戏剧形态的差别在于:前戏剧形态是人类生命和生活的本真行为;戏剧形态是模仿行为,是做戏、演出行为——对本真行为的夸张、变形和剧场化。虽然戏剧可以被重新认识为一种原型,然而,就其意义和形式两方面来看,在戏剧美学上却缺乏共识。弗格森曾经以索福克勒斯著名的《俄狄浦斯》为例,认定希腊悲剧更接近于以弗雷泽、哈里森、穆雷等人为代表的人类学神话 - 仪式学派所规定的意义。因为,神话和仪式通过古代希腊戏剧的方式代表了人类的经验,而这一切之于现代艺术、科学和哲学都是最为基本的。[①]

如果这样的陈述可以成立,那么,戏剧在对仪式的模仿态度和情感表现的类型做了理性的选择和挑剔,并使之在戏剧表演上类型化。悲剧、喜剧,以后还有正剧种种。从某种意义上说,戏剧类型上的区别也可以认为是对前戏剧(仪式)行为中的情感、表述等进行类分。在这方面值得一提的是沃特,他对戏剧与神话仪式的关系方面的见解颇为独特。他认为,喜剧是再生神话和仪式的戏剧,而悲剧则更接近于神话和仪式生命态度本身。在神话和仪式之中,生命的延续存在着一个循环的程序。这个生命圈的演讲是圆形的,具有重复的意象。这也就是为什么意大利诗人但丁在他的名篇巨著之前冠以喜剧的原因。因为他看到社会的发展与变化含有某种普世性和重复性。然而,悲剧的生命历程却是线性的,现实生活中生命的运动沿着时间的一维性一贯而下,不可改变,无可挽回,也不能重新选择

---

① F. Fergusson,"The Idea of a Theatre," see R. A. Segal(ed.), *The Myth and Ritual Theory*, Blackwell Publishers,1998,p.246.

过去。① 这也正是人类学家们在"循环的"（cyclic）和"线向的"（linear）两种时间概念的形态中所要寻找的生命现象。

但是，戏剧与仪式的分离之所以成为必然，除了上面我们讨论的思维形态在时间和空间上的差异以外，还在于通常仪式的行为是被动的。这种被动或许并非指人们在参加仪式的时候丧失了任何的主动性，而是指在具体的仪式当中，从信仰、人与神的关系、仪式程序规定等方面，人的仪式性角色的被动和被规定。戏剧则有所不同，尤其是悲剧，它的行为表现出了主动的意义。特别是悲剧的英雄人物，他们总不可避免地要挑战神意和神谕。他们不愿意按照循环的重复性套路生活，他们甚至不愿意屈服于神对他们生活和命运的安排。他们要走自己的路，尽管是一条"不归路"亦毫不犹豫、义无反顾，从而隔阂出人类理想与现实的巨大差距。从这个意义上说，悲剧人物是创新的、主动的和勇敢的。就形式而言，戏剧对仪式的模仿并不要求对行为本身的移植和全盘"抄袭"，如果那样的话，戏剧就永远停留于仪式的层面了。所以，我们说戏剧与仪式的关系大致上可以理解为：戏剧来源于对仪式的模仿与变通。从前一层次上说，戏剧就是仪式。与此同时，戏剧在对仪式模仿的基础上达到了创新。从后一层次上说，戏剧已经不是仪式了。回到我们开头对戏剧的一个见解：戏剧是仪式的延伸和变形，脉理上相通。莎士比亚戏剧中的"仪式化基因和原型"栩栩如生，迄今为止仍可视为典范：它既保持仪式缘生性品质，又在戏剧的创新价值方面达到了和谐。

文学叙事结构也与结构主义对结构的规定一样，由基本的符号指示性功能所组成。由于文学叙事必须依靠语言作为物质化工具来传递思想，符号作为叙事结构的基础性功能也就格外地受到作家们的重视，特别是诗歌形式。诗歌通常缺乏情节的历时性引携，其含意完全要依据作者将语言文字的功能性组合加以表现和诠释，而语言文本的内部储存的基本容量与读者在阅读和诠释背景下的伸张空间范围的尺度全凭叙事本身的内部物质

---

① E. M. Meletinsky, *The Poetics of Myth*, Translated by G. Lanoue & A. Sadetsky, New York & London：Garland Publishing, Inc., 1998, p.76.

材料和结构范式所规定。从这个意义上说,仪式非常类似于文学的叙事:一方面,仪式就是由一系列的物质形态所构成,甚至许多组合"材料"可以加以量化,如时间、空间、场景、道具等等。另一方面,和语言文字的物质化功能相似,在特定的文字叙事的范式当中,这些物质化的"材料"除了其原来所具有可感性的质地,它还具有很大的语境构成的隐喻性"结构语义"。"隐喻本身就是一系列复杂单位综合于一体的确认形象,借以表达一种复杂的意义。"① 在狄俄尼索斯的祭祀仪式里面,酒作为符号已经超越了一般日常生活的酒精液化物质的饮料。在那个仪式性场合里面,由于它建构出了一个大大超出日常生活中的可延伸语义和意图,使之获得了非同寻常的创造性意义。它的物质化符号的文化价值蕴藏量也随着那一个特殊场景的结构出现而骤然飙升。比如在日常生活当中,酩酊大醉下的行为大致上被社会规范所限制,最简单的规矩:喝了酒不能开车。喝酒开车出了交通事故比一般情况下的交通事故严重得多,惩罚也因之严厉得多。这种情况下的行为计量今天甚至进入了仪器指示的时代。可是,同样的酒神的祭祀仪式里面,酒作为物质性的酒精液体,它所挥发出来的单位结构性语义就大得多。

同理,在文学的结构叙事的制度之内,符号的能指与所指不独具备着基本的互动关系,而且它还可以随着结构叙事的特殊要求达到比通常更为丰富的意义显示。仪式的叙事非常独特,因为在形式上它具有相对明确的物化形态,因此经常被人们简单地视为神话和宗教意义的显示工具和形式。事实上,人类文明的远古叙事范式从来不曾,也从来不能将神话、仪式、自然、宗教、巫术、行动、形象等分离开来。仪式就是一种神话的语言,就是一种宗教的叙述。它们同属于神话思维的符号表述形象和符号表述形式。就像语言和神话一样,虽然具备着不同的符号表述方式,却都来自并属于同一个"祖本",源自于同一个符号体制的动力。② 它们共同来自一

---

① H. E. Read, *English Prose Style*, Boston: Beacon Press, 1952, p. 23.
② E. Cassirer, *Language and Myth*, Translated by S. K. Langer, New York and London: Harper & Brothers, 1946, p. 88.

个思维形态,却以不同的称号想象方式趋向于完全不同的方向、不同的语言世界:神话的形象是一个个体意义的浓缩,负载着意义的表达延伸到它们广阔的原始文本之中;而语言则是作为个体的交流媒介可以起到将个体价值与整体连接在一起的能力。[①] 仪式如果在这个层面上也同时被视为一种符号表述,则与卡西尔的神话的形象表述同属于一个范畴,即都是神话思维的称号叙事。"神话领域和宗教历史里面有着丰富的和几乎无可比拟的物质材料。"[②]卡西尔的符号叙事体系自有其严格的表述程序:世界的象征形式根植于图像的表达,之间通过语言的媒体传递,达到知识形态的构拟,进而诉诸实践的方式。在所谓的神话思维体系里面,形象的、语言的、知识的、实践的符号表述一并被纳入其中,洋洋大观。

西方文学,特别是诗歌,就经常将其叙事仪式化、神话化:母题的神话化、神秘化与形式的仪式化,从而获得超出常量的意义容量和解读空间。批评家们很早就注意到了叙事结构的符号化表述给文学本身所带来的巨大的伸展能力。波德金(M. Bodkin)的《诗歌中的原型类型》在这方面做出了重要的贡献。她将诗歌的叙事结构视为开启诗歌文本通往丰富蕴含的物质门户,注意到了诗歌符号的仪式化效应。她将文学中的原型直接放到了人类心理存在这样一个基本背景之下,沿着荣格理论,继续了穆雷、罗伯特等人的观点,认为像莎士比亚的戏剧,如《哈姆雷特》所表现的并非代表着一个可以理解的戏剧,也不是直接从原始人类的心理情节中展示一种英雄的心理焦虑,也不是刻意表现人们紧张感的心理经历,而是展示了一个整体——传统的批评所缺乏探索的领域。[③] 她援引弥尔顿的《失乐园》为例,认为诗歌中间的带有情感化的符号表示与作者本人的宗教信仰并不相同。而维吉尔、但丁和弥尔顿在他们的诗歌文本里面所塑造的符号化形象

---

① J. Habermas, *The Liberating Power of Symbols*, Translated by Peter Dews, New York: Polity Press, 2001, p. 9.
② E. Cassirer, *The Philosophy of Symbolic Forms Volume Two: Mythical Thought*, Translated by R. Manheim, Yale University Press, 1955, p. xviii.
③ M. Bodkin, "Archetypal Patterns in Tragic Poetry," see D. Burrows, F. R. Lapides & J. T. Shawcross (ed.), *Myths & Motifs in Literature*, New York: The Free Press, 1973, p. 12.

与作者本人的宗教信念,依据荣格的原型的心理分析理论来说是有分离的,甚至相悖的。比如女性情欲特性,波德金认为,作为一个单一化的妇女形象化符号类型,在诗歌的叙事结构里面表现为不同形式的爱欲的类型。就女性的生物与社会化的符号形象而言,贝亚特丽采(《神曲》)、狄多(《爱尼亚德》Aeneid)、葛蕾丝(《浮士德》)三个女性形象的符号语义便全然不同:有代表天堂的终极性的爱,如贝亚特丽采;有在社会生活和常伦羁绊之下的暴风骤雨般的激情释放的爱,如狄多;也有纯粹而全部的爱,如葛蕾丝。

波德金还以同样的原型符号结构的方式对戏剧英雄进行分析。她认为,英雄其实就是在神和魔鬼之间摇摆不定的原型性形象。"摇摆"(oscillation)成了她用于分析文学叙事的英雄形象的一个原则。她认为在弥尔顿的背后隐蔽着对撒旦形象的原型意图。对于撒旦(亚魔)原型的理解,首先要结构出一个代表人类最高理想的"乐园"和一个代表作为个性化的欲望的"失乐园",即非天堂化的二元建构。只有首先建立了这样的社会伦理和价值系统,进而把撒旦式的形象作为一种对立、背叛"乐园"的形象来处理。由于有了人类这样"恶"的基因,英雄事实便成了两种基因的混杂而使之不停地在两极中间摇摆,悲剧因此不可避免。莎士比亚悲剧《奥赛罗》便是一个标准的范例。波德金认为,恶魔伊阿古在《奥赛罗》悲剧中完全充当了荣格心理原型结构的"影子",他其实是英雄奥赛罗无意识层面的"阿尼玛"(anima)。[①] 两种原型中的"真实存在"在悲剧叙事结构的二元对峙关系里面不断地挣扎:爱/恨、崇高/卑贱等不可解的符号叙事化构造,难以避免地将英雄带往悲剧的道路上去。这不由得使我们想起著名人类学家利奇的"钟摇"原则,他对缅甸高地克钦人(Kachin)的社会政治组织结构中的三种基本人群的组合关系以及相互间的变动规律与波德金的所谓英雄原型的"摇摆"原则何其相似。[②] 我们无意求证二者之间是否

---

① E. M. Meletinsky, *The Poetics of Myth*, Translated by G. Lanoue & A. Sadetsky, New York & London: Garland Publishing, Inc., 1998, p. 80.

② E. R. Leach, *Political System of Highland Burma*, London: Athlone, 1954.

存在着影响关系,不过,无论是人类学仪式研究中对社会组织结构方面的重视还是文学叙事结构中主人公(英雄)原型内部所存在的二元关系,毫无疑问,都与仪式理论理脉上相通。

弗莱对波德金的二元建制认同时有创新。对于个中道理,弗莱可以说深谙其要。其中大多环绕这一叙事结构的基本组合单位。在弗莱的原型结构里面,涉及了多种分类概念,这些不同的分类与各种不同的艺术门类的叙事特征息息相关。比如传奇(罗曼司)的叙事分类颇似神祇的影像,其意义必然与洁净无邪相属。男英雄英勇无畏,女英雄美丽纯洁。他们身边围绕着忠诚的家宠,园圃内盛开着美丽的花卉,池塘波光粼粼,泉水纷涌不息。然而在现实的表述分类之中,结构模式被分成了两类,即形态上的"高"与"低"的二元对峙。比如在动物王国,"高"的形式表现可能用狮子、鹰或什么的;"低"的形式表现却可能变成了供人嘲弄的符号,比如猴或什么的。"高"的模式在建筑上可以是华丽的宫闱,"低"的形象却可能成了草堂茅屋。①

弗莱对原型结构的文学叙事有着独特的看法。他继承了荣格的原型理论的旨意:"原型是无数个人相似的经验中共通部分,由此可以说是人类共通的潜意识的一部分,并且影响了每个个人的经验。"②他认为神话是原型的纯粹的形式。毫无疑问,原型,就文化符号的叙事原则与仪式在广泛的意义上可以搁置在一起来看待。荣格曾就原型的"原"做过原则性的注释:"Archaic 这个词的意思是原始的、根本的……但在事实上,我们已将我们的主题扩大了,因为并不是只有原始人的心灵运行程序才能称为是古代的。今天的文明人也同样有这种特性。而且,用现代社会生活的准则来说,这些特性的出现也不仅仅是间歇性的'返祖现象'。相反,每个文明人,不管他的意识的进展如何,在他心灵深处仍然保留着古代人的特

---

① E. M. Meletinsky, *The Poetics of Myth*, Translated by G. Lanoue & A. Sadetsky, New York & London: Garland Publishing, Inc., 1998, p.85.

② C. Jung, *Psychology and Religion*, Yale University Press, 1978.

性。"① 仪式作为一种文化的贮存器和记忆的识别物自然内存和积淀了大量的原型要素,差别只在于仪式的表现更加具有实践行为的特征,而原型的叙事则更加文学化而已。所以,文学的生死母题原本与仪式生死主题并无二致,它们都来自人类早期对于自然律动的互渗和理解。

在这个原型结构的内在叙事方面,神祇和恶魔构成了这一个独特结构的两个相反的隐喻,而这两个完全相反的结构性隐喻又与人类生命存在形式的欲望与平和相通缀。用在经典式的象征主义和古典神话学之中,这也就成了"文学原型叙事之文法"。② 在处理文学叙事的原型结构的内部要素的时候,弗莱非常注意在同一个原型叙事里面,母题所包含着的二元对峙的结构。但他并没有停滞在对原型结构内部的分析和诠释上,而是将它放在一个运动和变通的背景之上。也就是说,任何英雄的神话命运叙述都只是命运的本身形式而已。在这类文学的神话仪式和原型符号的系统里,文学的结构原则看上去是孤立的,因为对于文学叙事而言,结构并不易当作一个凝固的框架,相反,它必须随着主人公在历史性的情节演进过程中突出某一个关键性的因素。所以,结构的隐喻相当纯粹。但这并不意味着原型的结构叙事可以破坏二元关系的基本组成单位内的知识构造和逻辑思维。只是它的表述方式不尽相同。换言之,原型的内部结构叙事的表现形式不是非常完美的"对子"或隐喻,也经常采取类推的方式。从此可以看出,弗莱的原型理论不仅深受弗雷泽"神话-仪式"的人类学研究态度的影响,甚至《金枝》中的巫术的两种方式——接触律、感染律等具体的形态构成都或隐或现地出现在了原型批评里。依据原型的叙事结构逻辑,文学的神话仪式表现不需要首先去确认符号和隐喻的话语关系、分类知识与认知准备,却刻意在叙事中获得与陈述关系最近者(包括平行的和递进的)替换,或以不同的方式加以取代。这样的结果避免了生硬的隐喻对衬的先决条件的设置,而是在一种特殊的氛围之中对隐喻的叙述做回应。比

---

① C. G. 荣格:《探索心灵奥秘的现代人》,黄奇铭译,社会科学文献出版社 1987 年版,第 118—119 页。
② N. Frye, *The Great Code: The Bible and Literature*, London: Routledge, 1982.

如一般的神话故事的陈述:沙漠盛开鲜花是由于神的生殖力的奇迹。原型性神话叙事则可以如此:在一则传说中,英雄杀死巨龙救出老国王的女儿。①

原型的批评家非常关心仪式中的心理因素。他们深受人类学家和现代心理学成果的影响,特别是弗雷泽在《金枝》中以朴素的戏剧仪式为基础所做的研究,当然还有荣格和荣格学派中的集体无意识理论。但是人们对于人类学、心理学和文学批评三门学科还未能清楚地加以区分。对于文学批评家来说,仪式是戏剧行动的内容,不是它的来源或根源。从文学批评的观点看,《金枝》是关于朴素戏剧的仪式性内容的论著,即它重构了原型的仪式,从中可以逻辑地而不是编年史般地得出戏剧的结构和普通的原则。对文学批评家来说,这样一种仪式是否在历史上存在是没有关系的。很可能的是,弗雷泽假设的仪式与实际的仪式具有许多惊人的类似之处,收集这种类似点是他论述的一部分。但是一种类似物不见得是一种来源、一种影响、一种原因,或是一种胚胎的形式,更不是全然一致。仪式与戏剧的文学关系,像人的行动的任何其他方面与戏剧的关系一样,只是内容与形式的关系,不是来源与派生的关系。追随弗雷泽的古典派的学者们,他们提出了一种关于希腊戏剧的场景的或仪式的内容的基本理论。如果在剧作中有那种仪式的定式——这是事实,不是意见,例如《伊菲格涅亚在陶罗人里》②的主题之一是人的牺牲——批评家不需要在关于希腊的仪式来源这个非常不相连的历史争议中采取某种立场。因而仪式,作为行动的内容,更为特别的是作为戏剧行动的内容,是某种在词不达意语序列中继续潜在的东西,是非常独立于直接影响之外的。③ 弗莱很清楚地识别了作为文学批评的原型理论与人类学对仪式的研究有着各自不同的目标和关怀的内容。原型理论只不过是在人类学仪式理论和研究成果之中去获得

---

① 在神话里面,龙和老国王一致,即如果英雄不是国王的女婿而是王子,而所救的妇人是英雄的母亲,则这则神话就自然转为俄狄浦斯悲剧了。
② 古希腊悲剧诗人欧里庇得斯的一部悲剧。
③ 诺斯洛普·弗莱:《批评的剖析》,陈慧、袁宪军、吴伟仁译,百花文艺出版社 1998 年版,第 112—113 页。

某种属于文学批评范畴所规定和需要的东西,而不是越俎代庖地去做属于其他学科的工作。

第二节 "仪式-原型"之生死母题

一、生死—再生的循环形态

首先,生死是一种自然现象。酒神崇拜之所以成为一种最为重要的现象,根本原因是与生死母题紧紧地联系在一起的。仪式经常成为表现生死冲突的母题性形式。"在任何情况下仪式都与社会性生死冲突联系在一起,所以,它必然会演变成为一种神圣性祭祀仪礼。"① 荷马在《奥德修纪》中对二者有过精细的描述。尼采断言:"荷马式人物的真正悲痛在于和生存分离,尤其是过早分离。因此,关于这些人物,现在人们可以逆西勒诺斯的智慧而断言:'对于他们,最坏的是立即要死,其次坏是迟早要死'。"② 于是,忘却死的烦恼或希冀死后再生也就成了人们的"心理情结"。酒神不独可以制造出醉境和迷狂,而且酒神与再生母题直接联系。无论是酒神狄俄尼索斯抑或是他在埃及、小亚细亚的复本奥西里斯、杜穆兹(Dumuzi)都有死而再生的能力。"狄俄尼索斯的神话有许多形式。有一种说,狄俄尼索斯是宙斯和波息丰的儿子;他还是小孩子的时候就被巨人族撕碎,他们吃光了他的肉,只剩下他的心。有人说,宙斯把这颗心给了西弥斯,另外有人说,宙斯吞掉了这颗心。无论哪一种说法,都形成了狄俄尼索斯第二次诞生的起源。"③ 所以,古老的酒神祭祀仪式中有一奇特的仪式:"一个想象的上帝生殖器被伟大的母亲祭司簇拥着,信徒们(多为女性)疯狂迷醉,放荡不羁。把想象中的神圣小灵物(即生殖器)撕碎后吞食,这样便把神性注入自己,从而获得了巨大的再生能力。"④

---

① F. Edwards, *Ritual and Drama*, London: Lutterworth Press Guildford, 1976, p. 11.
② 尼采:《悲剧的诞生——尼采美学文选》,周国平译,生活·读书·新知三联书店1986年版,第12页。
③ 罗素:《西方哲学史》(上卷),何兆武、李约瑟译,商务印书馆1976年版,第41页。
④ D. A. Leeming, *Mythology*, New York: Newsweek Books, 1977, p. 13.

远古时期,人类的生死母题与自然界各种物类的演变有着直观的参照,直接的参与和直觉的认知。人类学家布朗甚至将来自自然的变化因素放到社会结构中来考察。他说:"自然现象诸如白天、黑夜的轮替,月亮的形态变化,季节的行进,变幻的气候,无不对社会产生作用……人类的这些自然的生命循环表现特征之于社会的存在具有非常重要的意义。"[①]诚如布朗所说,人类生命的社会现象的背景依据来自生命的自然演绎。在原型研究领域里,母题一直是一个体现原型价值的具体单位叙事。换言之,所谓原型——"缘生类型"或"原始类型"的本来意义是对具有明确文化倾向的主题的类型化演绎和表述。而母题正是原型的具体化。有的学者甚至将二者相互替换。弗莱的原型批评理论的基础性工作是在自然的四季节律、生物种类的生命形态、人类的心理诉求、神话仪式的母题以及诗学门类的叙事特征等置于人类文化两种根本的知性和知识交通的方式上:知识的传统承袭和人类心理的积郁。这就是原型理论。依照这样的理念与设置,弗莱做了如下的整理与归纳:

1. 黎明,春天,出生。英雄的出生仪颂。大地的生物复苏,再生,生命战胜了黑暗、冬季与死亡的神话。它的复合形象是父亲和母亲。原型的哲学与美学形态特质表现为极致的狂喜,与之相配合的艺术叙事门类为酒神颂歌和传奇。

2. 正午,夏天,婚礼。英雄的胜利仪赞。神圣的荣耀,光辉普照,通往天堂道路的美丽神话。它的复合形象是在未婚妻的相伴下,英雄走在胜利的旅途中。原型的哲学美学形态特质表现为神圣的庄严,与之相配合的艺术门类为喜剧、牧歌、田园诗和小说。

3. 黄昏,秋天,死亡。英雄的死亡仪礼。毁灭的命运,垂死的英雄,野蛮的弑戮,祭献与牺牲,孤独的英雄神话。它的复合形象是叛徒、出卖者和诱拐者。原型的哲学美学形态特质表现为悲壮的苦难,与之相配合的艺术门类为悲剧和挽歌。

---

① A. R. Radcliffe-Brown, *Andaman Islanders*, Cambridge University Press, 1933, pp. 380-381.

4. 夜晚,冬天,颓绝。英雄的苦楚仪殇。理性的坍塌,命运的苦斗,人类的毁灭与复归于混沌神话。它的复合形象为巨人与巫师。原型的哲学美学形态特质表现为拼搏与抗争,与之相配合的艺术门类为讽刺。

这个完美的组合体系透着弗莱的苦心经营,也很形象和精巧地把诗学的哲理、艺术的门类、神话的叙事、仪式的展演、心理的情结、文化的类型都揉在了一起,仿佛是生命的诗性演绎:春天的神话与传奇对应;夏天的神话与喜剧对应;秋天的神话与悲剧对应;冬天的神话与讽刺对应。① 诗学与人类学的整合在原型批评的话语表述中已经水到渠成,蔚为大观。为了达到起死回生的目的所举行的仪式大体上是对自然进程的戏剧性表演,"他们希望借表演能使自然运行得更为顺利。这里所体现出的是一种类似于巫术的信条,即仅仅通过模仿便可以产生任何期望的效果。由于他们现在用神的结婚、死亡、再生或复活来解释自然的生长与衰败、诞生与死亡的交替循环,所以他们的宗教,或者说是巫术性戏剧,也就在很大程度上转向了这些主题"②。

从另一角度来看,如此堂皇的整合程序让人看到生命在自然律动过程中的通过仪式,好像是根纳普通过礼仪的个案之上的美学概括。与此同时,所有类归化的精神陈诉在酒神狄俄尼索斯神话和仪式中都可以找到相应的逻辑表达。其中所有的哲学美学的发生性原理在酒神祭祷之中都有透露。酒神可以被视为混沌之神——狄俄尼索斯为原型的元语言叙述——生与死只不过为生命永恒的表象和形式罢了。在人类的生命仪式里,生死母题无疑最为攸关。根纳普通过仪式的阈限理论对人类生命演进过程中的生死以"通过"时态加以附注,多半亦讲授生死母题,只是讲得很独到而已。但是,传统的文学研究对生死母题的看法和态度经常寓于两极

---

① E. M. Meletinsky, *The Poetics of Myth*, Translated by G. Lanoue & A. Sadetsky, New York & London: Garland Publishing, Inc., 1998, p. 83.
② 弗雷泽:《阿都尼斯的神话与仪式》,见叶舒宪选编:《神话-原型批评》,陕西师范大学出版社 1987 年版,第 49 页。

而论。仿佛莎士比亚《哈姆雷特》中的不朽提问:"生抑或死,这是个根本问题"(To be or not to be, that is a question)。对这样一个简单的句子,理解和翻译有所不同,基点却无大异:生/死问题。同时,它亦给了一个文学研究中对生死母题的传统观照,在人类的生和死的两极状态的"极限"给予了充分的关注。从某种意义上,它符合文学的内部特性和叙事规律:在生命的日常表现中提取最具有边缘形态的特点,降生与死亡,毫无疑问是最具有人生戏剧的高潮表演。传统文学作为一种对日常生活的提升和浓缩,在文学理论中可与典型化类同,将平凡的生命进程中的最惊心动魄的"边缘表述"——生或死格外地突出,完全体现了文学作为一种艺术门类的规律,也可以说是文学的自我定义。诚如柏拉图对诗的规定:"影子的影子"。老柏拉图的问题可能不出在他对诗的门类理解和勾勒,而出在他接着所做出的价值判断:理念(高级)—现实(中级)—诗(低级)。正是由于文学的精致性的门庭台阶较高,因此它对生命的表现自有其偏向,生死母题便成为第一问题,而表现生死母题则又以两极化的生命表征为基本。

二、垂死的中间形态

文学的人类学研究在对待生死母题上与传统的文学有所不同,它体现出人类学对生命的平凡和日常的细末给予了直接而充分的关注。人类学的田野作业也将对具体族群、社区这样有单位边界的人群共同体进行身体力行的参与观察(participation and observation),以及对至少两个民族或族群以上的现实进行参照和体验等,这些来自学科和学理上的特质决定了人类学在对待生死母题上除了关注生死两极化状态外,对人的生死的之间性——生命的延续过程、生命的中间状态,生死的阈限转换等都表现出了叙事上的学科特性。比如在观察某一具体族群的丧葬仪式的时候,某个人由"生者"至"死者"的死亡过程和丧葬仪式上"生者"与"死者"的交代仪式必须有一个完整的观察和体验。人类学研究对"过程性"的讲究自然而然地使他们不至于放弃对"生—死"之间过程形态的悉心关注。具体在生死母题上,人类学对"垂死"(Dying)状态以及仪式对这一生命的中间时态给予了特别的重视。

事实上,神话叙事往往并不缺乏对生命中间形态的浓墨重彩。从某种意义上看,希腊悲剧的命运主题所要讲述的可以理解为:人的生命(包括英雄)"必死的命运"与神谕其"何时何地如何死"之间的抗争。垂死母题与希腊神话中的"伟大的神祇"有关。在这个母题中,英雄或者"神王"(god-king)的死去,即他不能再回到人世间来。这样的结果必须换一种再生方式。学者们普遍认为,这个神话母题源于中东的农事丰产神的循环意象:神的死亡变成了在地母身上的植物种子。它有时还与吊在树上的形象联系在一起,如阿提斯(Attis)、奥丁(Odin)以及耶稣等;或者干脆就以树的神性表露,如阿都尼斯、奥西里斯和狄俄尼索斯等。这样的神话意象来自农事和植物的生长以及生命演变迹象的照相。① 但是,这并不意味着再生的喜悦就可以置换临死的痛苦,而是相反,它加剧了痛苦的程度。酒每每起到催化作用。比如在《奥德修斯》XI 有这样的记述,厄尔珀诺(Elpenor)②向奥德修斯诉说:

> ……
> 奥德修斯,水手和士兵的主人,
> 厄运笼罩着我,没有仁慈的力量,
> 我喝了无以计量的酒,
> 带着沉醉走向卑贱的死亡。
> ……

而伴随着厄尔珀诺与奥德修斯的对话,却是奥德修斯以及他的水手、士兵们在茫茫大海中面对彻底无助,面对死亡威胁时的内心表白。③

---

① Leeming, D. A., *The World of Myth*, Oxford University Press, 1990, p. 146.
② 厄尔珀诺,奥德修斯的伙伴。在女巫喀耳克(Kirke)那里逗留期间,厄尔珀诺在奥德修斯下地府前喝醉了酒,躺在宫殿顶上睡觉,跌下摔死。奥德修斯在冥府遇见厄尔珀诺的鬼魂,答应安葬他的尸体。奥德修斯回到喀耳岛后,办理了他的后事。
③ *The Noron Anthology of World Masterpieces*, New/London: W. W. North & Company, 1979, p. 281.

弗雷泽的《金枝》也有大量的"生—死"的中间形态:垂死、正在死或处于半生半死的中间状态等。垂死的类型与某一个特定的部落中的祭祀仪式共生并置。在这一类的仪式中,国王或者部族首领必须作为牺牲献祭才能够使本部族的生命获得"新生"。如受难替罪(耶稣)、英雄死亡变成一束美丽的鲜花(阿都尼斯)或者成为死的国王(奥西里斯)等。垂死的母题已经成为"后神话作家"(postmythological writer)在隐喻资源中使用频率最高的母题。因为这种隐喻能够唤起心理上、精神上和情感上的再生或缺失。弥尔顿的《露西达斯》(*Lycidas*)和艾略特的《荒原》两个诗作都采用了这个原型。以小说的叙事层面,人物的"死"未必一定是生命形式的完结,它可以仅仅是一个符号,也可以通过仪式化程序获得转机。其实,现代作家中的许多内容正是借助了宗教仪式的这些形式和所赋予的含义。有的学者以乔伊斯的诗作"死者"(The Dead)为例,认为其中并非真正描写一个新年舞会,而是一个葬礼仪式,以塑造一个"死亡之舞"。其形态整个就是根纳普的通过仪礼的诗歌叙事。①

人们肯定已经注意到,这个原型所传达出来的生命迹象与正统的奥林匹亚希腊神话系统中的神性与神格有着重大的差异。尽管酒神狄俄尼索斯属于奥林匹亚十二大神祇之列,但他是作为后续者,而且是身份独特者入选的。众所周知,奥林匹亚的神谱系统,主要神的属性是不死的,具有永生的能力。因此,他们并没有死亡的恐惧之虞。在处理生命母题的生死界限时,希腊神话的基本格局是分为三种状况与三种生命形式:

	神话的神性类型	生命的形式类型
第一类:	神祇(具有纯粹神性和神格)	生命的超验性质,永生
第二类:	英雄(神人后裔的半神半人)	生命的超常性质,有致命弱点
第三类:	凡人(相对神界而存在俗界)	生命的常规性质,时刻面临死亡

---

① R. F. Hardin, "Ritual in Recent Criticism: The Elusive Sense of Community," see R. A. Segal(ed.), *The Myth and Ritual Theory*, Malden: Blackwell Publishers, 1998, p. 179.

很显然,如果依据这样的生命规定和划分,基本上不存在垂死之神的概念,因为只要涉及死亡便与神无关。看得出,这样的神话类型其实已经属于逻辑思维的产品了。就此我们可以断言,以奥林匹亚神谱为代表的希腊神话在时间上已经进入了稳固的等级和父权制社会,与神话发生时期的原始品质已经产生了巨大的变异。

如果这个基本判断大致可以确立的话,那么,神话原型中垂死之神的仪式积淀和情结应该在时间上要远古得多。那么,接下的推断就是它来源于东方。这样的认识甚至可以从古希腊的经典作家那里直接获得。比如,赫西俄德的《神谱》看上去虽然是一部诗体性的叙事作品,但它涉及了古老的创生神话的原始形貌和叙事类型。它与古老东方的创生神话和生命仪式密不可分,而创生类型建立在仪式之上。众所周知,创生神话更平易的表述就是专门解释生命起源的神话。赫西俄德的《神谱》中有三种基本的内容:1. 神祇谱系,也就是诸神产生和演变的世系关系。2. 宇宙起源,阐发人类生命形式和世界的物质形态。3. 奥林匹亚,宙斯与众神的关系和奥林匹亚格局以及它的神话传说。[①]《神谱》的三个内容虽然满足了诗体叙事的整齐划一的要求,却很明白地通过神的世系关系将所有的创生类型表现得栩栩如生。另外,人们虽然可以从辉煌灿烂的奥林匹亚神系中感受到神祇谱系的超生命模式,同时也可以清晰地在东方生命的创生类型中找到生命源泉和缘生性精髓。

上述凡举之例要么出自具有比希腊文明更为悠久的东方文明类型,要么出自仍然处于原始、封闭、无文字的族群和部落。总之,垂死神的生命意向明确地将生命在自然界的生命形式,包括动物、植物等可以经过人的体会和直觉所产生的对生命表象与大自然四季交替、枯荣的循环相附会,按照所谓的神话思维的逻辑和理会,它们无不属于图腾化生命形式。神就是这种生命形式的代表。也只有在这样的逻辑前提下,才会出现将氏族、部落的生命与部落首领或者祭司这样的"人神"(man-god)互渗。"人神"可

---

① F. M. Cornford, "A Ritual Basis for Hesiod's Theogony," see R. A. Segal(ed.), *The Myth and Ritual Theory*, Malden: Blackwell Publishers, 1998, pp. 119-120.

以视为原始神话形态中图腾化的异述。也只有具备这样的原始文化生态，"垂死"母题才更贴近本来和本真。于是，氏族部落的"生命"是否旺盛，便取决于那个图腾化的形象。而他的"垂死"所导致的"弑老"（"垂死态"）仪式正好符合那样的社会对生命的感受和认知。因此，通过社会类型的比附，可以做出另一个推断：它源自远古，至少比古典希腊更加远古。

结构主义人类学代表列维-斯特劳斯在他的普世性文法的追求中刻意强调作为结构的基本构置单位的二元对峙原理。一般认为在他的结构要素当中，不能出现第三种生命态度，因为它破坏了二元对峙律。其实这是一种误解。结构主义文法与结构方法的应用是灵活和务实的。恰恰正是列维-斯特劳斯在一篇题为《四个温内伯果（Winnebago）神话：一个神话的图略》一文中做过这样的论述：我可以"总结神话的意思如下：如果有人要得到全生，那么，他同时也就得到了全死；如果他宣告生，也就在走向死"。他在这些部落神话里发现了别的东西：在神话叙事里，有人增加部落兄弟们的生，甚至保障自己处于一种半生半死的状态，这样就出现了一个三角形系统：

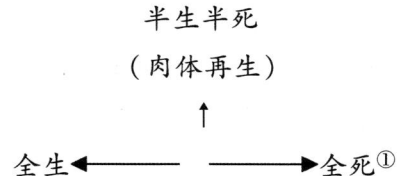

生命在这样的三角系统里显得更为丰富多彩。"半生半死"与"垂死"相比又有微妙差别。"半生半死"还是被斯特劳斯放置在"结构"里面，它显然具有生命的动态意象，却不及"垂死"来得更有生命气息一些。不过，有一个共同点，这就是在神话仪式的生死母题中还存在着第三态，而且它经常显然更具有生命力，更有生命的平凡意义。

---

① C. Levi-Strauss, "Four Winnebago Myths: A Structural Sketch," see J. Middleton (ed.), *Myth and Cosmos: Reading in Mythology and Symbolism*, Texas Press Sourcebooks in Anthropology, 1989, p. 18.

三、"替罪羊"的置换形态

在神话仪式的生命原型里面,还有一种很有意思的表现形态,即"替罪羊"形态——在生与死的排中律面前强行地加入一个生命的"转换形态"——对神谕的曲折抗拒。在这里,神谕为"命运"的物理规则赢得了一个心理期许。人类智慧的狡猾在此"原形毕露"。原来,人类在某些时候、某种情况下也可以不必十分遵循命运的法则,"替罪羊"成了横亘在生与死命运中间的替代物。

西方现代文学中的仪式理论之所以被作家们不厌其烦地融会贯通于创作,除了仪式这一种叙事形式具有神奇般的转换机制以外,更为直接的原因在于他们并不会放弃对仪式的缘生性的与神话和宗教彼此互文的性质。因为,神话和宗教的叙事经常借助仪式的形式来讲述"神话"——神的话语。而神话和宗教中的母题自然也与仪式同构,并使得意义更加复杂且有着相应的变通性。比如生死母题,它虽然是人类最为切肤、最为关切,也最为恐惧的母题,但是人类在神话和宗教的仪式中总能看到某种缓解、转机的希望。"替罪羊"即是从生死母题中派生出来的典型的仪式性延伸和转机。威克利就曾经分析过几位作家作品中"替罪羊"仪式的形式性力量。① 对于英雄来说,至少"替罪羊"的仪式使得小说的叙事因此获得了一种更丰富的生命价值和英雄叙事。在人类社会生活当中,原始的杀戮作为一种处罚性行为对人们互相所组成的共同体生活是一个威胁和不安的手段。在继承弗洛伊德《图腾与禁忌》基本理论的基础上,吉哈进尔认为,"替罪羊"仪式是为了避免人们社会生活中因怨愤而产生的暴力。"替罪羊"作为人类的牺牲替代品缓和了人类意识深层中的某种暴力倾向。在人类的相互关系里面,吉哈发现了三个采用互为关联的"效仿欲望"(mimetic desire)过程:主观意愿、竞争欲望和物质存在。从逻辑性上讲,"主观

---

① J. B. Vickery, "Scapegoat in Literature: Some Kinds and Uses," see W. Marjorie (ed.), *The Binding of Proteus: Perspectives on Myth and the Literary Process*, Bucknell University Press, 1980, pp. 264-278.

获得物质的欲望变成了竞争的欲望"①。莎士比亚的《特洛伊罗斯与克雷西达》(Troilus and Cressida)即是一个例证。作品围绕着这样一个逻辑关系:希腊人欲把海伦要回来,因为特洛伊人把她给掳走了;而特洛伊人坚持要把海伦留下来,是因为希腊人欲把她要回去。这就是所谓"莎士比亚理论"(Shakespeare's Theory)②。如此,"替罪羊"仪式在时间的紧迫性、空间的可缩性、心理的紧张感和文化上的原罪感等方面都起到一个缓和、润滑、开脱、释放等作用。总而言之,"替罪羊"仪式就现代文学的创作而言,提升生命物质形式的哲学和美学喻义被视为更为重要的理念。这或许正是现代文学与传统的现实主义文学、自然主义文学在追求上所不同的地方。

"替罪羊"原型自古希腊戏剧出现便一直成为表现的主题。比如著名的俄狄浦斯王的神话故事。弗格森认为,索福克勒斯的《俄狄浦斯》中的俄狄浦斯王所代表的其实是一种"替罪羊"原型。很显然,悲剧伊始就为人们展示出一派萧条的景象,忒拜城处于巨大危机之中:所有的植物和牲畜,甚至城邦的女人们都不生长和生育,等等。整个城邦国家笼罩于绝望的阴影之下,这一切都为仪式的神奇功能提供了展演的契机。接下来的铺垫就显然愈发明白了。而且,弗格森提醒我们对希腊悲剧的历史做必需的"复原"并提供了令人信服的证据:"索福克勒斯时代的观众(城市的全体人民)他们早早就集中到露开的剧场,并在那里待上一整天。那里有排着半圆形的歌队,有祭司的宝座和祭坛,后面就是舞台……演员都是非专业性的,他们由一个宗教机构从公民中遴选出来,索福克勒斯本人就参与了对他们和歌队的训练。"③盛大的庆典活动有许多的节目,包括我们今天所说的体育项目和音乐喜剧等。悲剧《俄狄浦斯》也只是其中的一项活动,即庆典仪式的组成部分。作为仪式的一种活动形式,"俄狄浦斯只是一个

---

① R. Girard, *Violence and the Sacred*, Translated by P. Gregory, John Hopkins University Press, 1977, p. 146.
② R. Girard, "Shakespeare's Theory of Mythology," in *Proceedings of the Comparative Literature Symposium* 11, 1980, p. 113.
③ F. Fergusson, "The Idea of a Theatre," see R. A. Segal(ed.), *The Myth and Ritual Theory*, Blackwell Publishers, 1998, p. 256.

替罪羊,那是首要和必要的部分"①。它使得忒拜城中的"俄狄浦斯之殿"(Oedipus' palace)具有实际的功效。历史的细节无言地做着解释:戏剧从远古的仪式里走出。

现代西方文学叙事传统存在着大量的生命和命运的转换与转机,"替罪羊"也因此经常成为现代作家们所青睐的母题。威廉·特洛依曾经专门以"替罪羊"母题对法国作家司汤达和巴尔扎克的作品进行悉心的分析。在作品中间,作家经常为了维护社会伦理,保护社会应有的秩序,主人公不得不成为牺牲品——替罪羊。这样的处理有的时候并非作者有意为之,而是在某种类似于潜意识之下对主人公的命运处理。比如《红与黑》的主人公于连,他聪敏而富有朝气,具才华而不乏浪漫。然而他在社会既成事实的等级面前,所有的理想都化为泡影。"红"(将军)与"黑"(教士)的理想与于连的努力、才气之间永远成了无法衔接的两条平行轨道,美好的理想永远不会关照像他这样有才气、富有激情却没有背景的青年人。他愈发努力,愈追求上进,就愈把自己放在了社会的大祭坛上面,也使自己愈来愈像个"替罪羊"。结果很清楚,越是那样的社会也就越需要像于连这样的祭祀品。社会也才更加显现出其悲剧价值。作者并不忌讳要让主人公代表着社会上的一类积极的、向上的英雄类型。不幸的是,社会的发展和历史的现实宛若一个大筛子,总在进行着区分与排斥。这个过程可以理解为一个社会的"通过仪式"。对于那样一个特殊的社会背景,有能力的人必须承受牺牲。于连最终带着双重罪孽——社会的和个人的——走向刑场,走向祭坛。他是社会"通过仪式"进程中的一个受难者和"替罪羊"。同样的道理,巴尔扎克笔下的吕西安等人,也可以被视为典型的牺牲品。作为诗人、艺术家,他不得不为他的敏感备受折磨。他在道德和宗教上的良知与他的能力才华使他成为真正具有宗教意义上的"罪在"(sin of existence),他与社会互相实现、互相推动:社会唆使他、教会他罪恶;他仿佛成了社会罪孽的聚像。这恰好与巴尔扎克作品所做的"宗教再生化"追求的

---

① F. Fergusson, "The Idea of a Theatre," see R. A. Segal(ed.), *The Myth and Ritual Theory*, Blackwell Publishers, 1998, p. 257.

隐喻相一致。他借用了前辈但丁《神曲》的同一个象征符号,却达到了宗教理想的社会化效果:《人间喜剧》。不幸的是,"人间喜剧"必须以许多于连、吕西安成为祭坛上的"替罪羊"为代价。①

四、仪式之"生/死"

文学的叙事经常并不刻意于人类生命过程生与死的自然演变和生理表征,却着力于这种自然的生理和生命现象之于仪式的完成。换言之,在平凡的生命里面,一个人的生与死总是在完成以后或者在进行时中被一个特定的族群价值伦理附加于仪式的程序。仪式成为伴随过程和"面对面的社群"②的有边界范围的族群行为和生命解释。但是,文学的仪式表述并不像人类学的田野作业那样做巨细无遗的"民族志笔录"(ethnograghical note),而是突出人物在情节语境中的个性特质,唤起人们对文学性格的"同情"(sympatheric)。这里的"同情"表现为双位性质:在具体的仪式程式里面,一方面经常被解读为交感,即生者与死者的通缀。它可以在巫术层面做神秘的交通。③ 另一方面,以仪式的形式向族群内部的所有人们昭示着传统的理法。文学的仪式叙事之"同情"同样具有二度指示:一是恪守仪式所规定的程序;二是由文学性格的仪式过程所产生出来的喜、怒、哀、乐的情绪、情感与观众、读者的共鸣、共享。虽然,文学的仪式叙事与真正展现于生活中的仪式有着极大的差异。但是,两种仪式的表述却共同遵守着生命的"仪式性程规"——自然的和生理的生死演变所附于历史文化上的要求。莎士比亚戏剧在表现人类生命的生死仪式方面可为典范。比如在《哈姆雷特》中的"老国王—死"与"叔叔(年轻的继承人)—谋杀(执行死者)—继位—娶遗后"的关系与弗雷泽《金枝》中的"弑君"(the killing of the divine king)仪式在形式上、意涵上如出一辙。④

弗雷泽《金枝》开宗明义,讲述了发生在意大利尼米湖畔的一个古老

---

① W. Troy, *On Rereading Balzac*, New Brunswick: Rutgers University Press, 1967.
② 费孝通:《乡土中国 生育制度》,北京大学出版社1998年版,第14页。
③ J. G. Frazer, *The Golden Bough*, London: Macmillan Publishing Company, 1947, p. Ⅲ.
④ J. G. Frazer, *The Golden Bough*, London: Macmillan Publishing Company, 1947, pp. 264-283.

的仪式,在丛林之中有一个祭司守护着森林女神,他也因此成了"森林之王"。他的位置时时为更为强壮或更为狡猾的人所觊觎,杀死他并获得他的王位便成为这一仪式的关键。弗雷泽同时发现,这样的仪式含意和形式在世界上的许多民族和族群中不乏其例。重要的是,这一仪式所包括的象征指示远远超出了对某一"国王—祭司—酋长"等首领杀戮的简单的"弑君"行为,而是包括了人类对生命在自然律动中的直观性理解,并与国家社稷的长治久安,部落族群的繁衍壮大,黎民百姓的安养生息,万物的丰产收获维系在一起。因此,一旦首领出现了老态,就要随之伴着对"老国王"执行死仪式,并由更为年轻健壮的后人替代之。是为自然法则,亦为生命法则。莎士比亚显然将这样的弑君执行死仪式搬上了舞台。他的四大悲剧都有着生命的仪式化表现。比如《哈姆雷特》中克劳迪斯杀死老国王的情况,与弗雷泽所述的"杀老"仪式极为相似:《金枝》阿里奇亚丛林古老仪式的变异形式。为了国家的安全,国王在初露衰弱或年老的迹象时就被处死,以避免国王意外死去。处死国王的诸多办法之一是,当国王午睡时,在他脸上蒙一块白布,然后杀死他。人们注意到,《哈姆雷特》剧中克劳迪亚杀死老国王时,不仅是在一个风景秀丽的林区(花园),而且正是在他中午"睡觉"的时辰。① 更有意思的是,王子曾经向霍拉旭追问老国王形象特征:

哈:他的脸色是惨白的还是红红的?
霍:非常惨白。
……
哈:他的胡须是斑白的吗?
霍:是白的,正像我们在他生前看见的那样,深褐色的胡须里有些已变成银白色。

(第一幕,第二场。朱生豪译本)

---

① 袁宪军:《〈哈姆雷特〉与阿里奇亚丛林中的仪式》,载《外国文学评论》1998年第3期。

这样的追问仿佛是弗雷泽所述"杀老"仪式的范本。很显然,整个悲剧的核心事实上集中在"哈姆雷特"三个符号角色身上:

老国王老哈姆雷特
(王位的原先拥有者)
↑
老国王之弟哈姆雷特
(弑君并篡夺王位者)
↓
年轻的王子哈姆雷特
(王位的法定继承者)

悲剧发生的仪式性出现了几个不可或缺的因素:第一,王位继承的宗族关系。悲剧无论如何演变,王位都掌控在哈姆雷特姓氏的亲属系统之内,不至于旁落。这种王位(包括财产)在宗法制度之内传承和流通符合封建制度亲属关系的基本继承法则。因此,杀老也好,弑君也好,继承也好,首先都要保证在一个"氏族(原始社会形态)/家族(封建社会形态)"内部进行。关于这,维柯曾经做过分析,英雄们的荣誉,fama(英雄们首先由于实行上述凭才德的英雄制度的两个组成部分)和世俗荣誉(希腊人叫作荣耀,kleos;拉丁人叫作荣名,fama;希腊人也叫作 phēmē),从上述那些字源,这些逃难者才获得 famuli(家人或家奴)的称号,氏族 families 这个名称主要就从 famuli 派生来的。① 这其实也是"国家"之"国"与"家"的缘生性质。第二,保证王位在同一个氏族/家族中进行传承的前提之下,同时存在着一个时代转型的潜在因素。原始的氏族部落时期,王位的交替经常要通过武力和杀戮来完成,其衡量的依据比较接近于自然法则:强者为王。因此,年轻的、壮硕的、力量大的、脸色"红红的"、性欲极强(表示繁殖力

---

① 维柯:《新科学》,朱光潜译,人民文学出版社 1987 年版,第 272 页。维柯在此指实行婚姻的三种最终极的好品质,即光荣、利益和愉快。

强)的族内后生通过武力(动物界的通行规则)夺取"王位"。我们相信,氏族部落内部的"执行死/杀老"仪式已经成为更远古形式——武力夺取的一种变故。《哈姆雷特》悲剧也暗含着同一仪式的转型痕迹:老国王的弟弟克劳迪亚所采取的方式更接近于仪式远古的"曾经形态",即国王老了,年轻的族内成员以强力谋取之。可是《哈姆雷特》悲剧所讲述的历史故事具有断代性质,即让戏剧的开场恍若一把利刃,将历史截断,从而将"老国王"的王位假定为"合理的"(其实,人们完全有理由假设,老国王的王位也以同样的"弑老"方式获得)。由于戏剧特殊的时空制度,人们并不习惯在时间上再往前推,也不做历史的"拷问":老哈姆雷特的王位是怎么获得的?是通过杀戮获得的吗?观众不做"知识考古"不要紧,却把克劳迪亚的"个性行为"推上了被告席。哈姆雷特王子比较幸运,在文艺复兴的背景下,他作为新的社会秩序的代表人物,虽然在他身上集聚了新的时代因素,年轻、有知识、朝气蓬勃等等,却在传统的社会转型中付出了生命的代价。这是历史发展走势所不可避免的。从这个意义上说,我们与其将"王子的忧郁"当作个性悲剧,还不如视之为社会转型的牺牲者。第三,以往的学者注意到了王子复仇的"荣誉"问题,是不言而喻的。我们更应该看到,这里的"荣誉"绝非简单的家族荣誉,而是家族荣誉与社会荣誉的冲突。就前者论,王位并未被其他家族所篡夺,毕竟它发生在同一家族之中,至多是出现了僭越。而如果王子施以报复,他自己也同样沦为了"僭越者"。这甚至比古希腊阿伽门农王被妻子谋杀,其子再杀母亲的著名案例更为离谱。因为以父系社会的传承规则,"女方/妻子"不属于正统的氏族传袭人员。所以,阿伽门农之子杀死母亲(非同一家庭的计算单位)为"合法"。事实上,在后来的奥林匹亚法庭上获得胜诉所依循的规则正是凭着这一条款。然而,如果将克劳迪亚视作传统社会的仪式代表,代表原始氏族社会的规矩,那么,他杀死老国王并取而代之有其依据可本。可是,如果将哈姆雷特王子视为新型社会的代表人物,那么,他便找不到任何向叔父复仇的社会规则和法理条款。除非他也寻求叔父谋杀父亲的同一个理由,将自己降格为传统的社会代表。问题的关键在于,他不是。莎翁也不能将他塑造成与其叔叔同样的角色。所以,悲剧以同归于尽为结果,其实为最佳的终结办法。及此,我们也无妨把悲剧里面的生命仪式看作"旧壶装新酒"——一个不断"通过"的自然演示。

西方现代文学引入有关原型性绞杀仪式内涵的例子很多。艾略特在《荒原》中使用了"绞杀男人"(the hanged man)的意象,完全是一幅"执行死仪式"的变体。此外还有阿提斯、阿都尼斯、奥西里斯等神话。如果有人认为现代派文学对神话叙事的兴趣仅仅是一种范式变革的需要,这样的认识显然不甚周全。从神话发生学的角度来理解,神话的叙述与仪式的展演从来很难分离开来。尽管对于二者的关系历史上见仁见智者不少,但是,以功能的层面看待,神话和仪式共同凝聚和传承着文化原型。就宗教而言,神话必须通过仪式方可产生教义。"神话不是原始宗教的基本部分,它没有神秘的戒律,也没有对崇拜的盲目力量,它只对仪式进行阐释。"[①]引人注目是仪式毕露的原型之光,它映衬着人类集体行为的基本部分和心理陈诉。相对而言,以语言作为主要叙述特征的神话比较容易产生变异,在与时间的推进过程中也比较容易发生变化甚至丧失对原义的贯彻。然而,当一个神话通过对仪式化传承以后,其中基本的叙事内容相对就固定了下来。这样,原型的价值也就弥足珍惜。弗莱正是捉住了仪式的这一个最重要的特征。由于原型与人类生命本体中最基本的诉求、担忧、恐惧、希冀凝结在一起,所以,文学对于原型性仪式的引用也自然而然地与人类的生命价值和意义联结在了一起。在莎士比亚剧中,"宗教仪式是一种赋予生命的力量"[②]。

文学中"生/死/再生"的原型意象在仪式中具有明显的通过仪式中的阈限程序。比如《李尔王》悲剧里面最为重要的性格特征就是所谓的"两个李尔"。那么,这"两个李尔"做如何转变?"第一个李尔"的"死亡"与"第二个李尔"的"再生"并非通过形态上的"执行死仪式"来达到,而是以一种文学场景的设计使之通过规定的阈限,完成对另一个李尔的"再造"

---

① K. K. Ruthven, *Myth*, Cambridge University Press, 1979, p.35.
② 威尔逊·奈特:《莎士比亚与宗教仪式》,见杨周翰编选:《莎士比亚评论汇编》(下),中国社会科学出版社1981年版,第423页。

过程。注释家喜爱将李尔比作耶稣,耶稣戴荆棘扎成的王冠,李尔戴野草编的王冠。这种类比是很自然的,因为《新约》本身就极富戏剧性。《新约》也可以说是某种形式的悲剧,具有独一无二的力量和现实性。李尔说:"我的上帝,我的上帝,你为何抛弃我?"这种崇高的完成感或结束感包含着全部悲剧的牺牲性质,包含着积极的冲刺和创造性。从十字架联系到天堂,最后的"交付到你手里",尤其是后来的复活,这一切都同晚期剧里的复活、团圆相吻合。① 观众被悲剧的仪式性场景所吸引,最为重要的当然要数"暴风雨"场景。虽然它与一般国王的仪式性宏大场面有着重大的差异,却恰好体现了由一个"国王的李尔"向另一个"人的李尔"的转变,也是"第一个李尔的死"与"第二个李尔的生"的契机与交融。在这里,原型的意义和仪式性的通过阈限共同造就了李尔"不朽生命"的妙谛。

第三节 性灵之间

一、自然之性的悲剧母题

爱德华·B. 泰勒曾引用莎士比亚《哈姆雷特》戏剧中的"鬼魂"为例进行过分析:"如果我们将这种极端发展的万物有灵论和文明国度中依然流行的看法——无论是对鬼魂还是对关系到鬼魂的人类灵魂的性质的看法相比较,那么未开化的哲学看起来的确毫不逊色。哈姆雷特的父亲的幽灵出现时全副武装,'他英姿勃发地穿戴上盔甲,这是他雄赳赳地征服挪威时所穿戴的'。幽灵出现时穿戴整齐,而且多是穿戴死者生前的著名装束,这是文明社会幽灵故事的习惯特征,也是未开化社会幽灵故事的习惯特征。人们的耳听目见也可以为物体有幽灵提供证据:在描述幽灵幻象的文学作品里,幽灵的锁链铿锵作响,幽灵的服饰瑟瑟有声。现在看来,未开化人所说的鬼魂及其服装同样显得主观和充满想象,但这种理论却合乎情理地说明了鬼魂出现的理解。现代的普遍大众否认事物具有精灵,同时却

---

① 威尔逊·奈特:《莎士比亚与宗教仪式》,见杨周翰编选:《莎士比亚评论汇编》(下),中国社会科学出版社1981年版,第423页。

认为人有精灵,他们实际上堕入了一种混乱的思想状态中,既缺乏未开化人的逻辑,也缺乏文明哲学家的逻辑。"① 泰勒把鬼魂和幽灵之类通通归入"未开化人的逻辑",显然有失简单化。其实,这些现象与逻辑并非绝无关系,因为在所谓的现代文明社会一点也不缺少鬼魂论。它与人类的心理和精神方面有着相互解读的广阔余地。而且,像"鬼魂和幽灵"在很多的情况下并不一定非得指喻有悖于客观现实的印象,它可以成为对生活"他类表述"的形式。也就是说,以一种非正常的现象来反映生活的丰富性,并使之成为一种训诫性的记忆。因此,它更多地还属于知识系统规约下有边界的族群和地域表述。

尼采曾在《道德谱系》(*The Genealogy of Morals*)中说过,唯有伤害将铭刻于记忆。福柯在《精神病与心理学》(*Mental Illness and Psychology*)中也认为:"可以这么说,所有的知识都与残酷的基本形式有关联。"在这里,灵与肉已经彻底超越了作为个体生命中理性与欲望之间的简单关系,而将人的身体这一最为重要的符号指示置于社会的背景之下。经过这一深刻的转换之后,社会的规矩和个人的欲望所建立的关系便可以理解和转换成为痛苦和快乐关系。② 这样,人的身体也就逻辑性地成了实践、平衡、协调这一矛盾对立的"符号王国"。在这个主题范畴内涉及一种不可化约的矛盾冲突:由法律规范核检等社会外部约制和由人的生理身体所操控的内部欲望动力之间的关系。如此紧张的关系冲突必然衍化出暴力和暴力冲突。法律规范的准则是服从和遵守,依此为据便是"合法的"。反之就是"不合法的"。然而,法律的规章和条款决定着它对社会控制的有效性方面的局限。易言之,它只能对人的暴力行为所造成的伤害进行惩罚。而人类身体"符号王国"的欲力和暴力倾向在更多情况下只表现在道德范畴之内。从表现形式来看,法律是作为物质生活的构成要件,以工具性符号来传达权

---

① 史宗主编:《20世纪西方宗教人类学文选》(上卷),金泽、宋立道、徐大建等译,上海三联书店1995年版,第39页。
② C. Stanley, "Signs of the Flesh: Law, Violence and Inscription upon the Body," see J. R. Lindgren & J. Knaak(ed.), *Ritual and Semiotics*, New York: Peter Lang Publishing, Inc., 1997, pp. 145-146.

力的威慑。道德构成却未必凭借法律,它经常并非以器物性符号表述,而是用想象性符号来表述。在道德范畴中所发生的矛盾冲突,来自人的身体欲望的本能,即"色情化权力"(eroticization of power)。① 类似与痛苦的身体"符号王国"之间的冲突永远不能停歇,永远将演绎下去。酒神狄俄尼索斯祭仪和由此所延伸出来的痛苦的宣泄也将世世代代地递推下去。因为人类的身体本身就是一个灵与肉的符号载体。从这个意义上说,尼采和福柯慧眼独具。

毫无疑问,之于狄俄尼索斯以及整个酒神祭祀的最原始和最本质的特性,是从自然之性这样的角度加以确认。早在古典希腊时期,苏格拉底就将狄俄尼索斯"深渊"视作"非常诡谲的非理性的东西,充满没有结果的原因和似乎没有原因的结果",对敏感而善良的心灵可能是一种危险的"火种",因此,苏格拉底试图以理性的虚假去压制它。② 这说明,酒神的基本特征被放在理性的对立面来认识。甚至于所有与狄俄尼索斯发生关系的东西——酒神的异形巴克斯,潘恩、西勒诺斯和他的森林侍从,放荡不羁的女信徒们,以及酒神的庆典活动等无一不在自然之性方面进行淋漓尽致的展露。它们常与自然的、原始物质的产生相联系。简言之,酒神系统内的所属关系,特别是潘恩、萨提尔、西勒诺斯、森林女神等通通都成为原始自然形态的元素和构成形式。从哲学上看,它也因此具备着混沌、开始、原动力的符号意义。

维柯认为,这种混沌后来被物理学家们看成自然事物的原始物质。这种原始物质本身是无形式的,就贪求形式,就吞噬一切形式。不过诗人们却给它一个丑怪的形式,就是潘恩,他是一切林神的主神,林神们不住在城市里面,住在森林里。潘恩这种人物性格代表一切不敬神的流浪汉,在地上的森林里流流,有人的外貌,但是具有野兽的可恶的习性。后来的哲学

---

① C. Stanley, "Signs of the Flesh: Law, Violence and Inscription upon the Body," see J. R. Lindgren & J. Knaak(ed.), *Ritual and Semiotics*, New York: Peter Lang Publishing, Inc., 1997, p. 163.

② 马克·爱德蒙森:《文学对抗哲学——从柏拉图到德里达》,王柏华、马晓冬译,中央编译出版社2000年版,第11页。

家们被 Pan(一切事物,"凡")这个名称误引上错路,把潘恩看作是象征已形成的宇宙。学者们还认为潘恩就是诗人们在海上老人普罗图斯(Proteus)寓言里所说的原始物质。① 自然之性与人类的生命形式仿佛有了原初的背景交代。除此之外,它还被当作人类的自然和动物的生命特征和生活状态。比如潘恩,拉丁语 Faunu's,阿卡狄亚山区的牧羊神,"恐惧"即源于该神。他长着山羊的脚和角,象征洞穴和草地的生活。在希腊语中,潘恩的名字还含有"所有的"的意思,于是这个牧羊神身上便体现各种各样的品质。② 它们所代表的力量应该被视为"本来"才更加符合历史发展的情境。尼采非常精辟地对萨提尔进行过分析:"萨提尔和近代牧歌中的牧人一样,两者都是怀恋原始因素和自然因素的产物。然而,希腊人多么坚定果敢地拥抱他们的林中人,而现代人却多么羞涩怯懦地调戏一个温情脉脉的吹笛牧人的谄媚形象!希腊人在萨提尔身上所看到的,是知识尚未制作、文化之门尚未开启的自然。因此,对希腊人来说,萨提尔与猿人不可相提并论。恰好相反,它是人的本真形象,人的最高最强冲动的表达,是因为靠近神灵而兴高采烈的醉心者,是与神灵共患难的难友,是宣告自然至深胸怀中的智慧的先知,是自然界中性的万能力量的象征。希腊人对这种力量每每心怀敬畏,惊诧注目。"③

若就酒神狄俄尼索斯的历史渊源来考查,它与古代埃及的奥西里斯神话原型有着不解之缘。而古代埃及人对于奥西里斯的认识同样也是从自然之性的神秘特性加以崇拜。埃及历史和考古学家弗里克对此做过探究:奥西里斯到底是什么?对他的崇拜具有什么性质?埃及人没有遗留给我们任何一篇关于奥西里斯传说的完整记载。我们所有的、唯一的、连贯的记载是当埃及古代史末期,普卢塔克访问埃及所写的关于埃西斯和奥西里斯的书籍。我们可以设想,在那么多世纪的过程中,这个故事曾做了不少

---

① 维柯:《新科学》,朱光潜译,人民文学出版社 1987 年版,第 357 页。
② 汉斯·比德曼:《世界文化象征辞典》,刘玉红、谢世坚、蔡马兰译,漓江出版社 2000 年版,第 249—250 页。
③ 尼采:《悲剧的诞生——尼采美学文选》,周国平译,生活·读书·新知三联书店 1986 年版,第 29 页。

修改,同时它已包含了罗马人许多的幻想和美化。但我们也可以说,它的很多主要方面确是符合于我们从古代陵墓中所得知的情节的。埃及曾有一个正义的国王叫奥西里斯,他是一个关怀人民福利的开明统治者,他的姐妹和爱妻埃西斯帮助他,并在他出国时照料政务。她也同样受到人民的爱戴。他们有一个兄弟叫塞托,妒忌奥西里斯并阴谋排挤他。塞托把奥西里斯诱入一个金柜里,并把他投入尼罗河。金柜从尼罗河流入地中海,并最后漂到俾布罗斯的海岸上。他的妻子找到了丈夫的尸体,神听到她的恸哭,于是使奥西里斯复活。有意思的是,在这唯一记录下来关于奥西里斯神话传说的文本之中,还有一段专门讲述在奥西里斯被谋害之后,他的妻子埃西斯寻找丈夫遗体的经过。当她找到丈夫的尸体的时候,丈夫的生殖器已经被尼罗河里的一条鱼给吃掉了。她俯身在丈夫的身体上,与丈夫的灵魂交媾而孕,生下了王子荷拉斯,王子长大后杀死了叔叔,夺回了王位。而奥西里斯的生殖器由于被尼罗河的鱼吃了,使尼罗河具有了养育埃及文明的自然之性。他的死而复生象征在埃及发生的自然现象,人民也把它与尼罗河和植物的生长规律相联系。奥西里斯的庙宇遍布全国。① 所以,对于奥西里斯,它的基本特征是掌管生死和生殖丰产。② 从这个传说中,我们不但看到了酒神原型的自然和生物本性的一面,也依稀看到《哈姆雷特》的某种原型叙事的痕迹。

有一个难解之谜长时间地困扰着学术界,这就是为什么对酒神的崇拜和对酒神仪式祭典的模仿会产生悲剧?它似乎缺少了一个必备的逻辑推理前提和周延条件,其假定为:

> 酒神及其祭祀仪式具有悲剧性
> 戏剧来源于对酒神祭仪的模仿
> 所以模仿酒神祭仪就有悲剧性

---

① 阿·弗克里:《埃及古代史》,高望之等译,商务印书馆1973年版,第51—53页。
② G. Hart, *A Dictionary of Egyptian Gods and Goddesses*, New York: Routledge & Kegan Paul Inc., 1986, pp.151-155.

这样的逻辑关系总让人觉得勉强。但是,依照传统的说法和亚里士多德对悲剧的定义,希腊悲剧确实应该是这样的。同时,任何一个人在检讨这个逻辑关系的时候必须首先就其前提进行核实,即酒神及其祭祀具有悲剧性。可惜的是,"迄今尚未找到一个能使所有悲剧史家感到满意的答案"①。由于对这一个前提的周延性产生怀疑,那么,对模仿酒神仪式能够产生悲剧自然也就受到了怀疑。众所周知,在古希腊的"诗"中,史诗和悲剧算得是正宗门类。尽管古希腊人认为"最早的文学是俄耳浦斯、黎那斯(Linus)、慕修斯(Museus)的歌集,然而,即使在那时,也没有关于了解这些作品的信息"②。因此,它们的存在显然是要存疑的。就目前可资为据,并公认为最早的文学,是与盲诗人荷马的名字连在一起的两大史诗《伊利亚特》和《奥德修纪》。而整个荷马史诗就弥漫着"悲"的气息,贯穿着"悲"的精神。以《伊利亚特》为例,荷马曾明言,这是个"阿喀琉斯愤怒"的故事。其原因在于:尽管在这位海神之子的身上集合了伟大、勇敢、英俊于一身,可是"命运对于他却只能是死——这是最能体现英雄时代观念"的主题。正因为如此,荷马才让他成为其不朽之作的主人公。③ 希腊悲剧的主要特征为命运悲剧。按照上述推理关系,它必须与酒神有关的缘生纽带相吻合。对这一点的考索,不少学者曾经做过努力,比如格雷特就认为"狄俄尼索斯以及他的生平构成了最古老的悲剧素材"④。甚至酒神的悲剧主题"不仅反映了当时的个人生活,也反映了社会的普遍情绪"⑤。人们当然也不会对这样的论述产生怀疑,可是问题依然没有解决,即为什么悲剧只产生于对酒神的模仿而不是其他?这里必然还涉及一个基本的假设:英雄的命运是被神所决定,任何对命运的抗拒都无济于事。希腊悲剧中有一种类型,即越是抗拒命运,其结局越是可悲。《俄狄浦斯》就是一个例子。既然抗拒命运是徒劳的,就致醉吧。那么,喝酒与此有没有什么必然的关系

---

① 凯瑟琳·勒维:《古希腊喜剧艺术》,傅正明译,北京大学出版社1988年版,第16页。
② M. Bowra, *Ancient Greek Literature*, Oxford University Press, 1959, p. 19.
③ M. Bowra, *Ancient Greek Literature*, Oxford University Press, 1959, p. 22.
④ M. Grant, *Myths of the Greeks and Romans*, New York: New American Library, 1962, p. 245.
⑤ M. Grant, *Myths of the Greeks and Romans*, New York: New American Library, 1962, p. 248.

呢？希罗多德在他的《历史》中多有论及，兹撷取几例于此：

例一，吕底亚人在向米利都人进攻时，所有将士都尽情地饮酒狂欢。

例二，希腊人通常是在饮酒正酣的时候才谈论重大的事件的。而在第二天当他们清醒的时候，他们聚议所在的那家主人便把前夜所做的决定在他们面前提出来；如果这个决定仍得到同意，他们就采用……。他们在清醒的时候谈的事情，却总是在酒酣时才重新加以考察。

例三，阿拉克赛河地区的人闻到在果实烧着时所发出的烟雾的香味，便立刻陶醉了，就和酒对希腊人所发生的作用一样。①

以上例子说明，在希腊人的眼里，酒不仅是饮料，更重要的是它还有一种神秘的功能：它可以使人忘却或者淡漠生死攸关的和对人本身有直接威胁的事情，而这一切正孕育着巨大的悲剧母题。尼采对此也有过论述："希腊人知道并且感觉到生存的恐怖和可怕，为了能够活下去，他们必须在它面前安排奥林匹斯众神的光辉梦境之诞生。"②

毫无疑问，人对自己性命的关注是切肤的，悲剧形式不过是人们沉淀在内心深处苦楚的表象转移。在现实生活中，最好的宣泄痛苦的方式莫过于饮酒。酒神正好有一个功能——迷狂。酒和迷狂的功能在悲剧意义上是统一的。酒在这里不仅仅表现为一种物态，更是一种特殊的文化载体。据说狄俄尼索斯生前发明了种植葡萄和酿酒，后来他被巨人泰坦所杀，并将他的尸体像榨葡萄制酒一样来对待。因而后来的狂醉被认为是一种"后世生活"的象征。③ 对于希腊人来说，酒醉得迷狂，醉得忘乎所以，便是对生死恐惧的最好的解脱方式。其中旨趣颇似鲁迅先生在《魏晋风度及文章与药酒之关系》中的剖析："这大概是因为吃药和吃酒之分的缘故：吃药可以成仙，仙是可以骄视俗人的；饮酒不会成仙，所以敷衍了事……刘

---

① 希罗多德：《历史》（上册），王以铸译，商务印书馆1959年版，第10、69、101页。
② 尼采：《悲剧的诞生——尼采美学文选》，周国平译，生活·读书·新知三联书店1986年版，第11页。
③ J. G. Frazer, *The Illustrated Golden Bough*, London: Macmillan and co., Limited, 1978, p.136.

伶——他曾做过一篇《酒德颂》,谁都知道——他是不承认世界上从前规定的道理的……既然一切都是虚无,所以他便沉湎于酒了。"①人类在酒神、酒神祭祀仪式和通过酒醉的迷狂中达到了对生命自然之性的理解。难怪利明说:"酒神狄俄尼索斯和耶稣基督一样都达到了实现人类更充分地认识自我能力的奇迹。"②

二、社会之性的悲剧母题

在酒神祭祀和酒神的文化母题中,性别一直是一个非常重要的历史话题。尽管它并非在逻辑思维的现代生活伦常范围全面地表现出来,但是其中最为基本的,无论是属于性别的自然范畴,即"自然性别"(sex),还是社会范畴,即所谓的"社会性别"(gender),都有深度的包容。甚至有些内涵可能连我们今天简单地以这样的"自然性别/社会性别"概念或工具加以区别和分析都显得不足容纳。特别是自从 20 世纪 80 年代福柯的两卷本《性史》出版以来,"社会之性"成为人类文明发展的一个重要的知识检索。以性别学的眼光审视古代世界不独可以为人类历史提供曾经存在着的关于社会性别、族群性别方面的传统特征,而且也能为人们展示一种以往人们误以为是"羞耻"的但却是人类社会基本的信息和重要的部分。对西方文明的了解和认识,都有必要对古代希腊罗马的性别社会意识形态进行研究。③ 社会性别侧重于表现性别的社会化趋向。自然性别则由自然选择。可是自然的性别放到某一个具体的社会里面,就跟着有一个社会选择的问题。因此,也就成了一个"涂上了'文化'的性别染色体"。

我们所熟知的古希腊罗马社会的性别文化表述基本特征为绝对倾斜,表现为绝对的父权制度。之于文学的叙事,两性不平等主要表现为掠夺、战争、争斗和追逐。这样的背景因此产生出了另外一种特色叙事,即恐惧

---

① 鲁迅:《魏晋风度及文章与药及酒之关系》,见厦门大学中文系编:《鲁迅论中国古典文学》,福建人民出版社 1979 年版,第 206 页。

② D. A. Leeming, *Mythology*, New York: Newsweek Books, 1977, p. 102.

③ H. King, "Sowing the Field: Greek and Roman Sexology," see R. Porter & M. Teich (ed.), *Sexual Knowledge, Sexual Science: A History of Attitudes to Sexuality*, Cambridge University Press, 1984, pp. 29-33.

被认为会使女性更具吸引力——以男性的社会统治衍生出的一种社会认识和评价。在早期的罗马帝国时期表现得尤为鲜明。武力成了游戏规则的一部分。奥维德曾如是说:"她挣扎着,就像一个女性不想取得胜利那样。"① 既然使用武力对于男性来说天经地义,既然武力能够使女性就范、驯服,那么女性最终只能说:"我怕不平等、不公平。"虽然女性在男女双方的社会性别关系中处于被动的地位,甚至经常成为暴力的牺牲品,但这恰恰时常成了女性逆反行为的一种社会理由。这样,当我们再回过头去面对狄俄尼索斯及其祭祷仪式中的那些女祭司和女信众们的放任不羁、无法无天的宣泄行为的时候,仿佛看到了一个在社会性别不平等的天平之下来自女性的一种自然反叛的抉择理由。

把性别的社会化作为历史文化分层和分析视野,对于古代希腊神话仪式更具有实践性。在一些情况下,男性之间的活动被认为正常,但必须保持在社会参数确定的范围之内。这在仪式中表现得更为明显,比如古代雅典,同性别、同年龄层的年轻人的入社仪式。② 有一个很有意思的历史性隐喻在罗马的生活语汇里时常出现:男性之间的关系被视为"希腊式的"。希腊神话的第一性别原则,毫无疑问,是男性原则。它不仅表现出父权制社会以男性为中心,并在其继嗣制度赋予男性特殊优势和权力,而这些特征无不融入父权制度作为一般性社会表述的基本特征里面。同样,也映衬出在特定的历史背景下以城邦制为基本行政单位和区域关系。商贸和殖民在地中海文明的类型里面,男性并非简单地像农业社会伦理所具备的一般性特点,比如像中国这样具备封建农业传统的文明古国,男人仅仅成为"农民/卫兵",即男性作为农民基本的性别角色,只有在特定的情况下去执行兵役制度。而且纵使是戍边从戎,也属于农业文明范畴内的守护性质,相对缺乏拓殖和侵略的意味。是为农业伦理所做出的基本的历史规定。这一切主要由人与土地的"捆绑关系"(earth-bounded)所决定,也是

---

① Ovid, *The Erotic Poems*, Harmondsworth: Penguin Books, 1982, p. 143.
② E. C. Keuls, *The Reign of the Phallus: Sexual Politics in Ancient Athens*, New York: Harper & Row, 1985, pp. 276-277.

"国家"的原初性定义。在我看来,"社"与"祖"这两个字是解读中国封建农业伦理的钥匙。前者诉说着人与土地的关系,后者呈示着稳定的传袭纽带。正因为如此,我们在中国上古神话中所看到的神祇几乎一律为农业社会的"英雄叙事范式"。希腊神话中男性性别"英雄价值"则完全建立在海洋拓殖、征战、掠夺、冒险、商贸、移民等"武功"之上。这一切活动对于男性的性别要求和由此带来的观念伦理与农业文明就不一样。男性在同一事业中所需要规范的社会行为大量增加。我们只要看一看荷马史诗就会明白,男性的全部生命价值历史地被具体的社会规矩所限定,同时也由那样的历史行为所引导。相反,女性则经常成为某种物化的象征。在希腊神话里面,第一个女性角色潘多拉系男人创造出来的。因此,她首先表现为男人的一份"礼物"(苹果),接着成了"争斗"的"祸根"。海伦的故事所演绎的不仅是"第一美女",更多的却是"纷争的根源"(An Apple of Discord)。她对人类(实指男性世界)正好是一个灾难。

在酒神的许许多多的形态之中,女性倾向很值得注意。其中包括三种基本的意义:

第一,酒神的性别意义。有的神话学者根据他的生平传奇,发现了一个现象,有些时候狄俄尼索斯并不是以他本来的男性性别形态出现,而是以女性形态出现。比如他被寄养在阿特马斯和伊诺夫妇那里的时候,曾经被赫拉追杀,险遭毒手。帮助他逃脱险境的正是他把自己变成了一只小牡鹿而迷惑住了天后。在阿罗波多罗斯(Apollodoros)的藏书目录中多次提到赫尔梅斯有一个小孩狄俄尼索斯长得活像个小女孩。① 而且,酒神祭仪中的狄俄尼索斯形象也非常具有女性的阴柔特点,纤纤弱弱的。反倒是那些酒神女祭司、女信众们疯狂如野兽,全没有女人"水性"的品位。简言之,酒神神话在性别的表述上非常暧昧。有一点已经成为酒神祭祀仪式含义确认上的相对共识,即狄俄尼索斯及其祭仪完全是文化的另类形态——

---

① G. S. Olmsted, *The Gods of the Celts and the Indo-Europeans*, Innsbruck University Press, 1994, p. 282.

野性形态。这种野性与动物公牛、山羊等性别特征非常突出,表现为雄性欲望尤其旺盛。酒神仪式中还有所谓的雄性生殖崇拜的明显迹象。可是,同样令人吃惊的是,酒神狄俄尼索斯本人并没有性欲超常的非凡表现,亦无奸淫、强暴等"劣迹",更无"越轨后果"。这在奥林匹亚神话系统实属罕见。至少,与宙斯、阿波罗、哈德斯、波塞冬,甚至阿芙洛狄忒等相比,狄俄尼索斯可算是一位在男女关系上没有明显"污点"的神祇。从生物的角度看,狄俄尼索斯的隐喻象征委实为男性欲望,与之相协同,公牛、山羊等也都性欲旺盛,甚至有纵欲狂的延伸语义。以社会道德伦理角度看,狄俄尼索斯在这方面可以说完全符合规范。这就给了我们一种重要的启示:在酒神崇拜和酒神祭祷中的性别和性欲认知形态完全异乎寻常。而且,其中的性别判断和根据可能带有神秘和先验的色彩。归根结底,酒神的品性多半并非成就于西方社会。我们相信在酒神身上潜匿着大量"非西方社会"的性别隐喻。所以,以西方社会的性别伦理进行评价,必然要生出许多异质。

第二,性别的类型意义。酒神祭祀仪式虽然曾经被正统规定为希腊的"国教"仪式,但是,如果我们真正从原始的东方酒神基因和酒神仪典的实践形式来看,它最早偏向于属于女性化的秘密仪式。人类学大量的民族志材料证明,在人类发展的某一时期,强化女性的生殖和生产的特殊性,恣肆夸张女人生殖功能为人类许多民族的共同证据。遗留在仪式中的"女性主导"的意象也非常之多。人类学家格鲁克曼在对祖鲁人的仪式进行研究时发现一个非常有趣的现象:当庄稼开始生长的时候,所有祖鲁人聚集的地方都要举行盛大的仪式,仪式中女性被赋予崇高的地位。相反,男人却完全处在屈从的地位。[①] 特纳在其重要的著作《仪式的进程》里面有一节名为"性别、地位倒置及社群",对类似现象有过专门讨论。他还例举了班图(Bantu)社会所举行的相同仪式,姑娘们都要穿上男人们的服装。特纳对发生在仪式里诸如此类的现象的解释为,之于既定的社会结构,男性

---

① M. Gluckman, *Rituals of Rebellion in South-East Africa*, Manchester: Manchester University Press, 1954.

作为主要角色在有些情况下会使得神祇和祖先不开心,为了使这种情势有一种补偿和替代,便会在仪式中出现类似现象,所有这些都是为了达到在被破坏的社会和自然不正常的秩序之间获得一种平衡。

我们同样也可以在酒神崇拜和祭祀仪式里看到这样一种"平衡的力量"。除了传统的祭司为女性以外,信徒们也由女性所组成。男人们经常只有远远地站着瞧的份。而在酒神祭祀中出现的男性角色——酒神更是享誉着女王的声望,其他的男性要么必须身着女性服装,要么就是山林动物萨提尔之类。最著名的就是忒拜国王彭透斯"身着女人的服装",一身女性的打扮参加酒神祭,结果被以他母亲为首的酒神女祭司们识破而遭到毁灭的命运。与男性的装饰正好相反,参加酒神祭祷的"疯狂女"们却戴上可怖的面具,身披兽皮,肆无忌惮,狂野放浪。如此"男性的女性化"与"女性的男性化"同时并存于一个祭仪,所透露出来的文化因子值得寻索和反思。首先,就人类的生物性能而言,究竟性别本身在物理上具有多么大的分歧?世界许多民族的神话传说都流行过类似的双性神、阴阳同体、血缘夫妻、兄妹婚、洪水遗孤等等。虽然其中的主旨有所不同,但淡化性别或者人类两性同体的原始意向令人一目了然。事实上,人类学对家庭婚姻研究的历史线索或分析指标表明:1.以男女性别所组成的家庭制度、婚姻制度、继嗣制度无例外地将男女性别双方作为人类生物繁衍的共同的生物功能。2.以性别系统为主线的社会制度,如母系制度、父系制度、双系制度等。3.以由家庭细胞生长出来的社会组织和社会结构所带来的男女两性的社会地位、社会角色的社会规约等。它们无不将男女两性明确地做泾渭分明的分离。但酒神的祭祀仪式却为我们提出了一个非常重要的反省课题:难道人类在性别上的生物区别足以推导出如此丰富的、如此严格的社会性别界限和藩篱?或者说,"单一"的性别单位果真具备那么明显的自我规定的能力吗?男性可以只依靠男性来规定自己、界定自己、确定自己吗?当然不行,反之亦然。柏拉图曾经秉承神谕道出了一个基本的看法:上帝造人,初为两性共体,因惧人类强大而分裂之。从此,男女双方都将寻找自己的另一半作为毕生的追求。狄俄尼索斯为人类设置了神话社会的一幅图画,荒诞却真实。更值此得推敲的是,酒神崇拜和酒神祭祀里面的两性之间横亘着另一种性别形态：亚类性别。

$$\text{雄性性态} \longleftrightarrow \text{亚性性态} \longleftrightarrow \text{雌性性态}$$
$$(\text{中性形态})$$

亚性性态指在可以分辨的雄性/雌性、男性/女性之外经常出现的无明确性态、两性性别界限模糊、故事角色在事件发展过程中的变态情况等，或者在某一个确认的性别表征上表演出的却是其相反性别的属性。

第三，酒神祭仪中的社会性别意义。酒神的文化意涵，最为外在、直接的体验便是对所有既承价值、伦理规范、父权等级等的全面和彻底的否定，虽然它必须借助于仪式的形式方得以实现。就此可以看出，仪式的功能之一正好是悖论的、随机的。所谓悖论，指在仪式实践之中经常同时包括自我肯定和自我否定的两种力量。我们知道，仪式可以以自己特殊的方式将传统社会的某些规矩确定下来，传承下来。因此，它具有凝聚传统的一方面功效。另一方面，由于仪式的神奇特点，有些仪式在既定的时间和空间范围内可以暂时破坏现实中的社会格局和道德约定。也就是说，它具有颠覆传统的另一面。酒神祭祀仪式可以说在这方面表现得最为淋漓尽致。迄今为止，与它发生些许文化脉络关系的，诸如狂欢节、化装舞会、面具等都具有类似的功能。那么，酒神仪式的这种非常突出而奇特的氛围甚至把性别的体质规定、社会规定和文化规定等界限都给打破了，超越了。性别界限的淡化从根本上把人类文化的物质性、物理性、生理性暂时消解。我们几乎可以轻而易举地从酒神崇拜及祭仪的原型中找出几对背离因素，其中有一条就是社会伦理、道德与原始本能的冲突。但是这一对冲突并不是根深蒂固，而是积淀下来的。很清楚，酒神崇拜的根由可以深植至人类远古与自然观照、冲突的一种历史脉络。自然在缘初形态中不会出现所谓阶级的、社会的性别关系和道德规范。酒神原型中的此类故事大都为后来附会上去的。比如，赫拉因其夫宙斯与塞墨勒私通遂由妒忌生邪恶，置狄俄尼索斯母亲于死地而后快，甚至还迁怒于酒神。酒神甫降尘世便开始逃避天后的追杀。死而复生，劫后余生，大难不死，背井离乡……几乎尝遍神圣界、英雄界、凡俗界的酸甜苦辣。这一连串事件的骨架都来自等级社会性别伦理的翻版。

　　精神分析学说曾经给予社会性别的分析以革命性的冲破。将心理分析引入神话的仪式批评是弗洛伊德的一大功劳。他于1897年提出所谓的"内心理神话"（Endopsychic myth）①，他认为神话的仪式性属于人类无意识中的积淀，神话仪式是人们"内部心理的反射"（reflection of our inner-psyche），而著名的俄狄浦斯情结便是弗氏从中提取出来的心理核心——孩子对母亲性恋的潜意识——恋母情结。在《图腾与禁忌》一书中，弗洛伊德从图腾这一仪式性符号上透视出儿童与父亲在母亲身上所折射出来自性本能的对峙心理。父亲成了孩童恋母的心理障碍——图腾。"这使得人们把熟悉的父亲情结和对上帝的信仰联系在了一起。"②神话不过是"一个存放着性梦幻（sexual fantasies）无意识的贮藏室"，只是这种意识"人们无法自觉地感知而已"。③ 事实上，我们从酒神祭祀和酒神的文化母题中都不难看到精神分析家们所挖掘出来的性别类型的"原版"。

　　毫无疑问，神话的性别社会化母题也会通过文学化叙事表现出来。弗洛伊德在《释梦》的第五章第四节中对索福克勒斯的《俄狄浦斯王》和莎士比亚的《哈姆雷特》有过专门的分析："如果《俄狄浦斯王》感动一位现代观众不亚于当时的一位希腊观众，那么唯一的解释只能是这样：它的效果并不在于命运与人类意志的冲突，而在于表现这一冲突的题材的特征。""正是在俄狄浦斯王身上，我们童年时代的最初愿望实现了。这时，我们靠着全部压抑力在罪恶面前退缩了。靠着全部压抑力，我们的愿望被压抑下去。"在《俄狄浦斯王》结尾的合唱里使用了这样一个对照：

　　　　请看，这就是俄狄浦斯，他道破了隐秘的谜，
　　　　他是最显贵最聪明的胜利者。

---

① 在与 Wilhelm Fliss 的一次谈话中提及。
② H. Kung, *Freud and the Problem of God*, Yale University Press, 1979, pp. 40-41.
③ K. K. Ruthven, *Myth*, Cambridge University Press, 1979, p. 19.

他那令人嫉妒的命运像一颗星,光芒四射。

现在,他沉入苦海,淹没在狂怒的潮水之下……

莎士比亚的《哈姆雷特》与《俄狄浦斯王》来自同一根源……在《哈姆雷特》中,幻想被压抑着,正如神经病症状一样,我们只能从幻想被压抑的情况中得知它的存在。……是什么阻碍他去完成父亲的鬼魂吩咐给他的任务呢?答案再一次说明,这个任务有一个特殊的性质。哈姆雷特可以做任何事情,就是不能对杀死他父亲、篡夺王位并娶了他母亲的人进行报复,这个人向他展示了他自己童年时代被压抑的愿望的实现。……哈姆雷特与奥菲丽雅谈话时所表现出的性冷淡,正好符合这一情况:同样的性冷淡注定在此后的年月里越来越强地侵蚀了诗人莎士比亚的精神……《哈姆雷特》写于莎士比亚的父亲死后不久(1601),也就是说,在他居丧的直接影响下写成的……大家也知道,莎士比亚那早夭的儿子被取名为哈姆奈特(Hamnet),与哈姆雷特(Hamlet)读音十分相近。①

莎士比亚戏剧有一个非常重要的特征,就是将戏剧的性别角色和社会性别角色放在一起来考察。两种性别角色的属性并不相同。这样便引出了无法化解的冲突:作为戏剧的性别角色,它首先要考虑到这一性格自我成长的逻辑定位和定性。莎剧中的主角个个有血有肉,性情独特。他们分别只负责关照这一角色的性格和性别特点,即满足角色本身的要求。但同时这些角色往往都是社会精英,如果他们只满足于角色的自我逻辑,就不会成为社会的教益。因此,它必须关照社会性格,以及由此衍化出来的社会性别要求。关键在于,两种性格和性别角色经常冲突,且无法化解。这些角色也就自然地成为社会在特定时代中的牺牲品和祭祀品,从而产生震撼人心的悲剧力量。正如奈特所说,莎士比亚悲剧的主角往往是国王,至少是个伟大的军人。在《哈姆雷特》《奥赛罗》《泰门》《李尔王》《安东尼与克莉奥佩特拉》等悲剧里,都有一种压倒一切的精神力量,也有一种物质

---

① 西格蒙德·弗洛伊德:《弗洛伊德论美文选》,张唤民、陈伟奇译,知识出版社1987年版,第17—18页。

的世俗的威仪,前者向后者猛攻,打得不可开交,最后以一种神秘的宗教仪式的方式,把后者打翻……主角的悲剧本身是一场崇高的祭仪,是神所规定的。……《奥赛罗》的结尾更是一场崇高的祭礼。床就是祭坛,铺着结婚的被褥,旁边是一盏蜡烛,像祭神的蜡烛,室外天空挂着贞洁的月儿和群星。"祭献"这个词也出现了:

你背叛的女人!你用石头砸我的心,
是你让我把我想要做的事,
叫作凶杀,我却把它当作祭献。

在这场戏里,奥赛罗的言行自始至终带有宗教祭祀的色彩。①

酒神崇拜和祭祀仪式所传达的"自然性别/社会性别"背景关系具有现代诠释的广大空间。这并不意味着它给了我们在解释上的一种任意和专断,恰恰相反,它为文学和文本的解释提供了一个历时性的、符号能指上的,甚至具备了人类学民族志意义上的价值。

---

① 威尔逊·奈特:《莎士比亚与宗教仪式》,见杨周翰编选:《莎士比亚评论汇编》(下),中国社会科学出版社1981年版,第411—412页。

参考资料

外文部分

Ackman, R.

1991, *The Myth and Ritual School*, New York: Garland.

Adams, H.

1986, *The Critical Theories Since* 1965, Florida University Press.

Aristotel.

1920, *On the Art of Poetry*, Translated by Ingram Bywater, Oxford University Press.

Ashcroft, B., Griffiths, G. & Tiffin, H. (ed.)

1995, *The Post-Colonial Studies Reader*, London and New York: Routledge.

Ashley, K. M. (ed.)

1990, *Victor Turner and the Construction of Cultural Criticism: Between Literature and Anthropology*, Indiana University Press.

Babcok, B.

1978, "Too Many, Too Few: Ritual Modes of Signification," in *Semiotica*

23: 291-302.

Bal, M.

1990,"Experiencing Murder: Ritualistic Interpretation of Ancient Texts," see Ashley, K. M. (ed.) ,*Victor Turner and the Construction of Cultural Criticism: Between Literature and Anthropology*,Indiana University Press.

Barber, R.

1979, *A Companion to World Mythology*, Harmondsworth: Penguin Books Ltd.

Barth, F.

1969,*Ethnic Groups and Boundaries: The Social Organization of Culture Difference*,Boston: Little, Brown and Company.

Bauman, R.

1986,*Story, Performance, and Event: Contextual Studies of Oral Narrative*,Cambridge: Cambridge University Press.

Bell, C

1992,*Ritual Theory, Ritual Practice*,New York & Oxford: Oxford University Press.

Bernal, M.

1987,*Black Athena*,London: Free Association Books.

Bennett, B.

1990,*Theatre as Problem: Modern Drama and Its Place in Literature*,Cornell University Press.

Bird, F. B.

1995,"Ritual as Communicative Action," see Lightstore, J. N. & Bird, F. B. (ed.) ,*Ritual and Ethnic Identity: A Comparative Study of the Social Meaning of Liturgical Ritual in Synagogues*,Wilfrid Laurier University Press.

Bloch,M.

1986,*From Blessing to Violence: History and Ideology in the Circumcision Ritual of the Merina of Madagascar*,University of Cambridge Press.

Bloch, M. & Parry, J. (ed.)

1994, *Death and the Regeneration*, Cambridge University Press.

Boardman, L., Griffin, J. & Murray, O. (ed.)

1988, *Greece and the Hellenistic World*, Oxford University Press.

Boas, F.

1938, *General Anthropology*, Boston, New York: D. C. Heath.

Bodkin, M.

1973, "Archetypal Patterns in Tragic Poetry," see Burrows, D., Lapides, F. R. & Shawcross, J. T. (ed.), *Myths & Motifs in Literature*, New York: The Free Press.

Bowra, M.

1959, *Ancient Greek Literature*, Oxford University Press.

Brady, I. (ed.)

1991, *Anthropological Poetics*, Maryland: Rowman & Littlefield Publisher, Inc.

Bray, W. & Trump, D.

1982, *Dictionary of Archaeology*, Published in Penguin Books.

Brook, P.

1968, "The Empty Space," see Wiles, D. (ed.), *Tragedy in Athens: Performance Space and Theatrical Meaning*, Cambridge University Press.

Bulfinch, T.

1965, *The Age of Fable*, New York: Airmont Publishing Company.

Bulliet, C. J.

1928, *Venus Castina: famous female impersonators celestial and human*, New York: Covici Friede Publishers.

Burkert, W.

1985, *Greek Religion: Archaic and Classical*, Translated by Raffan, J., Basil Blackwell Ltd. and Harvard University Press.

Burrows, D., Lapides, F. R. & Shawcross, J. T. (ed.)

1973, *Myths & Motifs in Literature*, New York: The Free Press.

Campbell, J.

1991, *The Power of Myth*, New York: A Division of Random House, Inc.

1993, *The Hero with a Thousand Faces*, London: Fontana Press.

Cassirer, E.

1944, *An Essay on Man*, New York: Bantam Books.

1946, *Language and Myth*, Translated by Langer, S. K., New York and London: Harper & Brothers.

1955, *The Philosophy of Symbolic Forms Volume Two: Mythical Thought*, Translated by Manheim, R., Yale University Press.

Cirlot, J. E.

1962, *A Dictionary of Symbols*, New York: Philosophical Library.

Clifford, J. & Marcus, G. E.

1986, *Writing Culture: The Poetics and Politics of Ethnography*, University of California Press.

Colpe, C.

1987, *The sacred and the profane in Encyclopedia of Religion*, Vol. II, Micea Eliade(ed.), New York: Mac Millan Publishing Co.

Cope, J. I.

1973, *The Theater and the Dream: From Metaphor to Form in Renaissance Drama*, Johns Hopkins University Press.

Cornford, F. M.

1998, "A Ritual Basis for Hesiod's Theogony," see Segal R. A. (ed.), *The Myth and Ritual Theory*, Malden: Blackwell Publishers.

Cotterell, A.

2000, *The Pimlico Dictionary of Classical Mythologies*, Pimlico: Random House (Pty) Limited.

Crossman, R. H. S.

1939, *Plato Today*, New York: Oxford University Press.

Daniel, E. V. & Peck, J. M. (ed.)

1996, *Culture/Contexture: Explorations in Anthropology and Literary Studies*, Berkeley, Los Angles, London: University of California Press.

Douglas, M.

1967, "The Meaning of Myth," see Leach, E. (ed.), *The Structural Study of Myth and Totemism*, Tavistock Publications.

1970, *Natural Symbols*, Harmondsworth: Penguin Books.

1970. *Purity and Danger*, Harmondsworth: Penguin Books.

1989, "Animals in Lele Religious Thought," see Middleton, J. (ed.), *Myth and Cosmos: Readings in Mythology and Symbolism*, University of Texas Press.

Dover, K.

1982, *The Greeks*, Oxford University Press.

Edwards, F.

1976, *Ritual and Drama*, London: Lutterworth Press Guildford.

Eliade, M.

1991, *Images and Symbols*, Translated by Mairet, P., Princeton University Press.

Else, G. F.

1967, *Origins and Early Form of Greek Tragedy*, Martin Classical Lectures, Vol. 20, Cambridge: Harvard University Press.

Emiko Ohnuki-Tierney (ed.)

1990, *Culture Through Time: Anthropological Approaches*, Stanford University Press.

Evans-Pritchard, E. E.

1937, *Witchcraft, Oracles and Magic among the Azande*, Oxford University Press (Clarendon Press).

1962, *Essays in Social Anthropology*, London: Faber & Faber.

1981, *A History of Anthropological Thought*, New York: Basic Book, Inc.,

Publishers.

Farnell, L. R.

1909, *The Cults of the Greek States* (5 vols.), Oxford University Press.

Feder, L.

1971, *Ancient Myth in Modern Poetry*, Princeton University Press.

1980, "Mythical Symbol of the Dissolution and Reconstitution of the Self in Twentieth-Century Literature," see Wendell, M. A. & Theodore, M. K. (ed.), *Classical Mythology in Twentieth-Century Thought and Literature*, Taxes Tech Press.

Fergusson, F.

1998, "The Idea of a Theatre,", see Segal, R. A. (ed.), *The Myth and Ritual Theory*, Blackwell Publishers.

Firth, R.

1973, *Symbol: Public and Private*, London: Allen & Unwin.

Fontenrose, J.

1966, *The Ritual Theory of Myth*, University of California Press.

Foucault, M.

1991, *The Order of Things: An Archaeology of the Human Science*, New York: A Division of Random House, Inc.

Frazer, J. G.

1898, *The Dying God*, London: Macmillan Publishing Company.

1930, *Myths of the Origin of Fire*, London: Macmillan and Co., Limited.

1931, *Garnered Sheaves*, London: Macmillan and Co., Limited.

1947, *The Golden Bough*, London: Macmillan Publishing Company.

1978, *The Illustrated Golden Bough*, London: Macmillan and Co., Limited.

Freedman, M.

1979, *Main Trends in Social and Cultural Anthropology*, New York & London: Holmes & Meier Publishers, Inc.

Frye, N.

1957, *Anatomy of Criticism: Four Essays*, Princeton University Press.

1982, *The Great Code: The Bible and Literature*, London: Routledge.

1998, "The Archetypes of Literature," see Segal, R. A. (ed.), *The Myth and Ritual Theory*, Blackwell Publishers.

Geertz, C.

1973, *The Interpretation of Culture*, New York: Basic Books.

Girard, R.

1977, *Violence and the Sacred*, Translated by Gregory, P., John Hopkins University Press.

1980, "Shakespeare's Theory of Mythology," in *Proceedings of the Comparative Literature Symposium* 11.

Gluckman, M.

1963, *Ritual of Rebellion in South-East Africa*, London: Cohen & West.

Goldhill, S.

1986, *Reading Greek Tragedy*, Cambridge University Press.

Gorsky, S. R.

1974, "A Ritual Drama: Yeats's Plays for Dancers," in *Modern Drama* 17.

Grant, M.

1962, *Myths of the Greeks and Romans*, New York: New American Library.

Graves, R.

1955, *The Greek Myths*, London: Penguin Books.

Grimal, P.

1990, *Classical Mythology*, London: Penguin Books Ltd.

Habermas, J.

2001, *The Liberating Power of Symbols*, Translated by Peter Dews, New York: Polity Press.

Hardin, R. F.

1998. "Ritual in Recent Criticism: The Elusive Sense of Community," see Segal, R. A. (ed.), *The Myth and Ritual Theory*, Malden: Blackwell Publishers.

Harrison, J. E.

1963, *THEMIS: A Study of Social Origins of Greek Religion*, London: Merlin Press.

1991, *Prolegomena to the Study of Greek Religion*, Princeton University Press.

Hart, G.

1986, *A Dictionary of Egyptian Gods and Goddesses*, New York: Routledge & Kegan Paul Inc.

Hartman, G. H.

1970, *Beyond Formalism*, Yale University Press.

1975, *The Fate of Reading and other Essays*, University of Chicago Press.

Hartnoll, P. & Founel, P. (ed.)

1992, *The Concise Oxford Companion to the Theatre*, Oxford University Press.

Hawkins, A. H.

1993, *Reconstructing Illness: Studies in Pathography*, Purdue University Press.

Hooke, S. H.

1933, *The Myth and Ritual Pattern of The Ancient East*, London: Oxford University Press.

1935, *The Labyrinth*, (ed.), New York: Macmillan Publishing Company.

Howard, M. C.

1986, *Contemporary Cultural Anthropology*, London & New York: Little, Brown Publishing Company.

Hugher, C. C.

1978,"Medical Care: Ethno-medicine," see Logan, M. H. & Hunt, E. E. (ed.),*Health and Human Condition: Perspectives on Medical Anthropology*, Duxbury Press.

Hughes-Freeland, F. & Crain, M. M. (ed.)

1998, *Recasting Ritual: Performance, Media, Identity*, London & New York: Routledge.

Huntington, R. & Metcalf, P.

1979, *Celebrations of Death: The Anthropology of Mortuary Ritual*, Cambridge University Press.

Hyman, S. E.

1966,"The Ritual View of Myth and Mythic,"see Vickery, J. B. (ed.), *Myth and Literature: Contemporary Theory and Practice*, University of Nebraska Press.

Izard, M. & Smith, P.

1979, *Between Belief and Transgression: Structuralist Essays in Religion History and Myth*, The University of Chicago Press.

Johnson, M.

1981, *Philosophical Perspectives on Metaphor*, University of Minnesota Press.

Jung, C.

1978, *Psychology and Religion*, Yale University Press.

Keuls, E. C.

1985, *The Reign of the Phallus: Sexual Politics in Ancient Athens*, New York: Harper & Row.

King, H.

1984,"Sowing the Field: Greek and Roman Sexology," see Porter, R. & Teich, M. (ed.), *Sexual Knowledge, Sexual Science: A History of Attitudes to*

Sexuality, Cambridge University Press.

Kitto, H. D. F.

1950, *Greek Tragedy*, New York: Doubleday.

Kleinman, A.

1988, *The Illness Narrative*, New York: Basic Book.

Kluckhohn, C.

1961, *Anthropology and the Classics*, Rhode Island: Brown University Press.

1998, "Myths and Rituals: A General Theory," see Segal, R. A. (ed.), *The Myth and Ritual Theory*, Blackwell Publishers.

Kuhn, T.

1970, *The Structure of Scientific Revolutions*, University of Chicago Press.

Kung, H.

1979, *Freud and the Problem of God*, Yale University Press.

Kuper, A.

1973, *Anthropologists and Anthropology*, Harmondsworth: Penguin Books.

1988, *The Invention of Primitive Society*, London and New York: Routledge.

Laurent, E. & Nagour, P.

1934, *Magic Sexualis*, New York: Anthropological Press.

Leach, E. R.

1954, *Political System of Highland Burma*, London: Athlone.

1961, "Two Essays Concerning the Symbolic Representation of time," see *Re-Thinking Anthropology*, London School of Economics Monorgragh No. 22, London: Athlone press.

1967, *The Structural Study of Myth and Totemism*, (ed.), Tavistock Publications.

1968, "Ritual in the International Encyclopedia of the Social Science,"

Vol. 13, see Sills, D. L. (ed.), New York: Macmillan.

1976, *Culture and Communication*, Cambridge University Press.

1982, *Social Anthropology*, London: Fontana Press.

Leeming, D. A.

1977, *Mythology*, New York: Newsweek Books.

1990, *The World of Myth*, Oxford University Press.

Lehmann, A. C. & Myers, J. E. (eds.)

1985, *Magic, Witchcraft and Religion: An Anthropological Study of the Supernatural*, New York: Mayfield Publishing Company.

Levi-Strauss, C.

1966, *The Savage Mind*, Translated by George Weidenfeld & Nicolson Ltd., University of Chicago Press.

1973, *Structural Anthropology*, Harmondsworth: Penguin Books.

1979, *Myth and Meaning: Cracking the Code of Culture*, New York: Schocken Books.

1989, "Four Winnebago Myths: A Structural Sketch," see Middleton, J. (ed.), *Myth and Cosmos: Reading in Mythology and Symbolism*, Texas Press Sourcebooks in Anthropology.

Lightstore, J. N. & Bird, F. B.

1995, *Ritual and Ethnic Identity: A Comparative Study of the Social Meaning of Liturgical Ritual in Synagogues*, Wilfrid Laurier University Press.

Lindgren, J. R. & Knaak, J. (ed.)

1997, *Ritual and Semiotics*, New York: Peter Lang Publishing, Inc.

Lloyd, G. E. R.

1990, *Demystifying Mentalities*, Cambridge University Press.

Logan, M. H. & Hunt, E. E. (ed.)

1978, *Health and Human Condition: Perspectives on Medical Anthropology*, Duxbury Press.

Lovejoy, A. O. & Boas, G.

1935, *Primitism and Related Ideas in Antiquity*, John Hopkins University Press.

Macauley, D. (ed.)

1996, *Minding Nature: The Philosophers of Ecology*, New York, London: The Guilford Press.

Malinowski, B.

1922, *Argonauts of the Western Pacific*, London: Routledge.

1948, *Magic, Science and Religion*, New York: Doubleday & Company, Inc.

1962, *Sex, Culture and Myth*, New York: Harcourt, Brace & World, Inc.

1989, *Myth and Cosmos: Reading in Mythology and Symbolism*, Texas Press Sourcebooks in Anthropology.

Manganaro, M.

1990, *Modernist Anthropology: From field to Text*, Princeton University Press.

Mann, T.

1973, "Nietzsche's Philosophy in the Light of Contemporary Events," see Solomon, R. C. (ed.), *Nietzsche: A Collection of Critical Essays*, New York: Anchor Books.

Marcus, G. E. & Fisher, M. J.

1986, *Anthropology as Cultural Critique*, University of Chicago Press.

McKenna, T.

1999, *Food of The Gods: The Search of Original Tree Of Knowledge*, London: Rider Randon House Ltd.

Meddelmog, D. A.

1993, *Readers and Mythic Signs in Twentieth Century Fiction*, Southern Illinois University Press.

Meletinsky, E. M.

1998, *The Poetics of Myth*, Translated by Lanoue, G. & Sadetsky, A., New York & London: Garland Publishing, Inc.

Michaelsen, S.

1999, *The Limits of Multiculturalism*, University of Minnesota Press.

Moddelmog, D. A.

1993, *Readers and Mythic Signs in Twentieth Century Fiction*, Southern Illinois University Press.

Morris, B.

1995, *Anthropological Studies of Religion*, Cambridge University Press.

Munz, P.

1973, *When the Golden Bough Breaks: Structuralism or Typology?* London and Boston: Routledge & Kegan Paul.

Murray, A. T.

1924, *Homer: The Iliad*, in Loeb Classical Library, Vols. 170-171, Cambridge University Press.

Murray, G.

1998, "Excursus on the Ritual Forms Preserved in Greek Tragedy," see Segal, R. A. (ed.), *The Myth and Ritual Theory*, Malden: Blackwell Publishers.

Nietzche, F.

1967, *The Birth of Tragedy and the Case of Wagner*, Translated by Walter Kaufmann, New York: Vintage Books.

Nilsson, M. P.

1972, *The Mycenaean Origin of Greek Mythology*, Berkeley, Los Angeles, London: University of California Press.

Nisbet, R.

1980, *History of the Idea of Progress*, New York: Basic Books.

Olmsted, G. S.

1994, *The Gods of the Celts and the Indo-Europeans*, Innsbruck University Press.

Ong, W. J.

1977, *Interface of the World*, Cornell University Press.

Ovid

1982, *The Erotic Poems*, Harmondsworth: Penguin Books.

Porter, R. & Teich, M. (ed.)

1994, *Sexual Knowledge, Sexual Science: A History of Attitudes to Sexuality*, Cambridge University Press.

Pouilloux, J.

1954, "La Forteresse de Rhamnonte," see Wiles, D., 1997, *Tragedy in Athens: Performance Space and Theatrical Meaning*, Cambridge University Press.

Poyatos, F. (ed.)

1987, *Literary Anthropology: A New Interdisciplinary Approach to People, Signs and Literature*, John Benjamins Publishing Company.

Purkis, J.

1999, *Greek Civilization*, Linconwood: Teach Yourself Books.

Radcliffe-Brown, A. R.

1933, *Andaman Islanders*, Cambridge University Press.

Rappaport, R. A.

1979, *Ecology, Meaning and Religion*, Richmond, California: North Atlantic Books.

Read, H. E.

1952, *English Prose Style*, Boston: Beacon Press.

Richardson, M.

1991, "Point of View in Anthropological Discourse," see Brady, I. (ed.), *Anthropological Poetics*, Maryland: Rowman & Littlefield Publisher, Inc.

Riva, C. & Stoddart, S.

1996, "Ritual Landscapes in Archaic Etruria," see Wilkins, J. B. (ed.), *Approaches to the Study of Ritual: Italy and the Ancient Mediterranean*, University of London.

Robbins, D.

2000, *Bourdieu & Culture*, SAGE Publications Inc.

Robertson, N.

1992, *Festivals and Legends: the Formation of Greek Cities in the Light of Public Ritual*, University of Toronto Press.

Rose, H. J.

1960, *Gods and Heroes of the Greeks: An Introduction to Greek Mythology*, New York: Meridian Book, Inc.

Ross, C. L.

1977, "D. H. Lawrence's Use of Greek Tragedy: Euripides and Ritual," see *D. H. Lawrence Review* 10:1-19.

Rouse, W. H. D.

1940, *Nonnos: Dionysiaca*, in Loeb Classical Library, Harvard University Press.

Rudie, I.

1998, "Making Person in a Global Ritual? Embodied Experience and Free-floating Symbols in Olympic Sport," see Hughes-Freeland, F. & Crain, M. M. (ed.), *Recasting Ritual*.

Ruthven, K. K.

1979, *Myth*, Cambridge University Press.

Sachs, C.

1957, *World History of the Dance*, Translated by Bessie Schonberg, London: George Allen & Unwin Ltd.

Sahlins, M.

1981, *Historical Metaphors and Mythical Realities*, The University of Michigan Press.

1985, *Islands of History*, University of Chicago Press.

Schechner, R.

1995, *The Future of Ritual: Writing on Culture and Performance*, London & New York: Routledge.

Segal, R. A. (ed.)

1996, *Ritual and Myth*, series: Vol. 5, New York & London: Garland Publishing, Inc.

1998, *The Myth and Ritual Theory: An Anthology*, Malden: Blackwell Publishers.

Seltman, C.

1952, *The Twelve Olympians*, London: Richard Clay and Company Ltd.

Smith, J. Z.

1987, "The Domestication of Sacrifice," see Hamerton-Kelly, R. G. (ed.), *Violent Origins*, Stanford University Press.

Snowden, F. M.

1970, *Blacks in Antiquity: Ethiopians in Greco-Roman Experience*, Harvard University Press.

Spencer, F. (compiled)

1988, *Ecco Homo: An Annotated Bibliographic History of Physical Anthropology*, New York: Greenwood Press.

Staal, F.

1975, *The Meaninglessness of Ritual*, In Human 26, No. 1.

Stanley, C.

1997, "Signs of the Flesh: Law, Violence and Inscription upon the Body," see Lindgren, J. R. & Knaak, J. (ed.), *Ritual and Semiotics*, New

York: Peter Lang Publishing, Inc.

Troy, W.

1967, "Stendhal in Quest for henri Beyle," see Meletinsky, E. M, *The Poetics of Myth*, Tranlated by Lanoue, G. & Sadetsky, A., New York and London: Garland Publishing, Inc.

1967, *On Rereading Balzac*, New Brunswick: Rutgers University Press.

Trypanis, C. A.

1981, *Greek Poetry: From Homer to Seferis*, London & Boston: Faber and Faber.

Turner, V. W.

1967. *The Forest of Symbol: Aspects of Ndembu Ritual*, Cornell University Press.

1968, *The Drums of Affliction*, Oxford University Press.

1974, *Dramas, Fields and Metaphors*, Cornell University Press.

1974, *The Ritual Process*, Harmondsworth: Penguin Books.

1976, "African Ritual and Literary Mode: Is a Comparative Symbology Possible?" see Fletcher, A. (ed.), *In the Literature of Fact*, Columbia University Press.

1982, *Celebration: Studies in Festivity and Ritual*, (ed.), Washington, D. C.: Smithsonian Institution Press.

1982, *From Ritual to Theatre*, New York: PAJ Publications.

A. Van Gennep,

1965, *The Rites of Passage*, London: Routledge & Kegan Paul.

Vargo, E. P.

1973, "The Necessity of Myth in Updike's The Centaur," in *PMLA* 88: 452-460.

Vickery, J. B.

1966, *Myth and Literature: Contemporary Theory and Practice*, (ed.),

University of Nebraska Press.

1973, *The Literary Impact of the Golden Bough*, Princeton University Press.

1980, "Scapegoat in Literature: Some Kinds and Uses," see Marjorie, W. (ed.), *The Binding of Proteus: Perspectives on Myth and the Literary Process*, Bucknell University Press.

Watt, I.

1962, *The Rise of the Novel*, Berkley-Los Angeles: University of California Press.

Wendell, M. A. & Theodore, M. K. (ed.)

1979. *Classical Mythology in Twentieth-Century Thought and Literature*, Taxes Tech Press.

Weston, J. L.

1920, *From Ritual to Romance*, Cambridge University Press.

Whitehead, D.

1986, *The Demes of Attica* 510-250 *BC*, Princeton University Press.

Wiles, D.

1997, *Tragedy in Athens: Performance Space and Theatrical Meaning*, Cambridge University Press.

Wilkins, J. B. (ed.)

1996, *Approaches to the Study of Ritual: Italy and Ancient Mediterranean*, Accordia Research Centre, University of London.

Willett, D. etc.

1997, *Greece*, Lonely Planet Publication.

Wise, J.

2000, *Dionysus Writes: the Invention of Theatre in Ancient Greece*, Cornell University Press.

Wittreich, J. A., Jr

1979, *Visionary Poetics: Milton's Tradition and His Legacy*, San Marino.

Calif. : Huntington Library.

Wycherley, R. E.

1962, "How the Greeks Built their Cities," see Wiles, D., 1997, *Tragedy in Athens: Performance Space and Theatrical Meaning*, Cambridge University Press.

中文部分

A. C. 哈登:《人类学史》,廖泗友译,山东人民出版社 1988 年版。

阿·弗克里:《埃及古代史》,高望之等译,商务印书馆 1973 年版。

阿利盖里·但丁:《论世界帝国》,朱虹译,商务印书馆 1985 年版。

埃里克·J. 夏普:《比较宗教学史》,吕大吉、何光沪、徐大建译,上海人民出版社 1988 年版。

艾柯:《诠释与过度诠释》,王宇根译,生活·读书·新知三联书店 1997 年版。

艾勒克·博埃默:《殖民与后殖民文学》,盛宁、韩敏中译,辽宁教育出版社、牛津大学出版社 1998 年版。

爱德华·A. 萨义德:《东方学》,王宇根译,生活·读书·新知三联书店 1999 年版。

爱弥尔·涂尔干:《实用主义与社会学》,渠东译,上海人民出版社 2000 年版。

爱弥尔·涂尔干、马塞尔·莫斯:《原始分类》,汲喆译,上海人民出版社 2000 年版。

安东尼·吉登斯:《民族-国家与暴力》,胡宗泽、赵力涛译,生活·读书·新知三联书店 1998 年版。

安纳·杰弗森、戴维·罗比等:《西方现代文学理论概述与比较》,包华富、陈昭全、樊锦鑫编译,湖南文艺出版社 1986 年版。

奥维德:《变形记》,杨周翰译,人民文学出版社 1984 年版。

B. C. 塞尔格叶夫:《古希腊史》,缪灵珠译,高等教育出版社 1955

年版。

班纳迪克·安德森:《想象的共同体:民族主义的起源与散布》,吴睿人译,时报文化出版企业股份有限公司2000年版。

保罗·康纳顿:《社会如何记忆》,纳日碧力戈译,上海人民出版社2000年版。

柏拉图:《文艺对话集》,朱光潜译,人民文学出版社1980年版。

C.G.荣格:《探索心灵奥秘的现代人》,黄奇铭译,社会科学文献出版社1987年版。

曹顺庆:《中外比较文论史(上古时期)》,山东教育出版社1998年版。

厄尔·迈纳:《比较诗学——文学理论的跨文化研究札记》,王宇根、宋伟杰等译,中央编译出版社1998年版。

恩格斯:《家庭、私有制和国家的起源》,见《马克思恩格斯选集》第四卷,人民出版社1972年版。

恩斯特·卡西尔:《符号·神话·文化》,李小兵译,东方出版社1988年版。

恩斯特·卡西尔:《人论》,甘阳译,上海译文出版社1985年版。

恩斯特·卡西尔:《语言与神话》,于晓等译,生活·读书·新知三联书店1988年版。

《费尔巴哈哲学著作选集》(下卷),荣震华、王太庆、刘磊译,生活·读书·新知三联书店1962年版。

费孝通:《乡土中国 生育制度》,北京大学出版社1998年版。

佛克马、蚁布思:《文学研究与文化参与》,俞国强译,北京大学出版社1996年版。

弗兰兹·博厄斯:《原始人的心智》,项龙、王星译,国际文化出版公司1989年版。

弗雷泽:《金枝精要——巫术与宗教之研究》,刘魁立编,上海文艺出版社2001年版。

弗洛伊德:《弗洛伊德论美文选》,张唤民、陈伟奇译,知识出版社1987

年版。

《古希腊》(苏联大百科全书选译),生活·读书·新知三联书店1957年版。

戈宝权编写:《〈马克思恩格斯选集〉中的希腊罗马神话典故》,生活·读书·新知三联书店1978年版。

格鲁塞:《从希腊到中国》,常书鸿译,浙江人民美术出版社1985年版。

格罗塞:《艺术的起源》,蔡慕晖译,商务印书馆1984年版。

顾彬讲演:《关于"异"的研究》,曹卫东编译,北京大学出版社1997年版。

郭于华主编:《仪式与社会变迁》,社会科学文献出版社2000年版。

哈扎德·亚当斯等编:《一九六五年以来的批评理论》,佛罗里达大学出版社1986年版。

汉斯·比德曼:《世界文化象征辞典》,刘玉红、谢世坚、蔡马兰译,漓江出版社2000年版。

黑格尔:《美学》(第二卷),朱光潜译,商务印书馆1979年版。

胡志毅:《神话与仪式:戏剧的原型阐释》,学林出版社2001年版。

华莱士·马丁:《当代叙事学》,伍晓明译,北京大学出版社1990年版。

华盛顿·欧文:《欧文见闻录》,樊培绪、李长兰译,湖南人民出版社1986年版。

怀特:《象征》,见庄锡昌、顾晓鸣、顾云深等编:《多维视野中的文化理论》,浙江人民出版社1987年版。

黄应贵主编:《时间、历史与记忆》,台北,"中央研究院"民族学研究所1999年版。

吉田祯吾:《宗教人类学》,王子今、周苏平译,陕西人民教育出版社1991年版。

凯瑟琳·勒维:《古希腊喜剧艺术》,傅正明译,北京大学出版社1988

年版。

克雷维列夫:《宗教史》(上册),王先睿等译,中国社会科学出版社1984年版。

克斯汀·海斯翠普:《他者的历史:社会人类学与历史制作》,贾士蘅译,麦田出版社1998年版。

勒内·基拉尔:《浪漫的谎言与小说的真实》,罗芃译,生活·读书·新知三联书店1998年版。

雷·韦勒克、奥·沃伦:《文学理论》,刘象愚、邢培明、陈圣生等译,生活·读书·新知三联书店1984年版。

雷纳·韦勒克:《二十世纪文学批评主潮》,张锦译,载《中外文学》1987年第3期。

李丰懋:《台湾庆成醮与民间庙会文化——一个非常观狂文化的休闲论》,见《寺庙与民间文化研讨会论文集》(上册),台北,文建会,1995年。

李咏吟:《原初智慧形态:希腊神学的两大话语系统及其历史转换》,上海人民出版社1999年版。

列维-布留尔:《原始思维》,丁由译,商务印书馆1985年版。

列维-斯特劳斯:《忧郁的热带》,王志明译,生活·读书·新知三联书店2000年版。

鲁多夫·洛克尔:《六人》,巴金译,生活·读书·新知三联书店1985年版。

鲁思·本尼迪克特:《文化模式》,张燕、傅铿译,浙江人民出版社1987年版。

鲁迅:《魏晋风度及文章与药及酒之关系》,见《鲁迅论中国古典文学》,福建人民出版社1979年版。

罗伯特·列文:《时间地图:不同时代与民族对时间的不同解释》,范东生、许俊农等译,安徽文艺出版社2000年版。

罗伯特·路威:《文明与野蛮》,吕叔湘译,生活·读书·新知三联书店1984年版。

罗念生:《论古希腊戏剧》,中国戏剧出版社1985年版。

罗素:《西方哲学史》(上卷),何兆武、李约瑟译,商务印书馆1976年版。

M. H. 鲍特文尼克、M. A. 科甘、M. Б. 帕宾诺维奇等编著:《神话辞典》,黄鸿森、温乃铮译,商务印书馆1985年版。

马丁·艾思林:《戏剧剖析》,罗婉华译,中国戏剧出版社1981年版。

马克·爱德蒙森:《文学对抗哲学——从柏拉图到德里达》,王柏华、马晓冬译,中央编译出版社2000年版。

马凌诺斯基:《西太平洋的航海者》,梁永佳、李绍明译,华夏出版社2002年版。

马塞尔·莫斯:《礼物》,汲喆译,上海人民出版社2002年版。

马文·哈里斯:《好吃:食物与文化之谜》,叶舒宪、户晓辉译,山东画报出版社2001年版。

玛丽·比尔德、约翰·汉德森:《当代学术入门:古典学》,董乐山译,辽宁教育出版社、牛津大学出版社1998年版。

弥尔顿:《失乐园》,朱维之译,上海译文出版社1984年版。

米盖尔·杜夫海纳主编:《美学文艺学方法论》,朱立元、程未介编译,中国文联出版公司1992年版。

米兰·昆德拉:《被背叛的遗嘱》,孟湄译,牛津大学出版社、上海人民出版社1995年版。

米歇尔·福柯:《疯癫与文明:理性时代的疯癫史》,刘北成、杨远婴译,生活·读书·新知三联书店1999年版。

米歇尔·福柯:《规训与惩罚:监狱的诞生》,刘北成、杨远婴译,生活·读书·新知三联书店1999年版。

米歇尔·福柯:《知识考古学》,谢强、马月译,生活·读书·新知三联书店1998年版。

尼采:《悲剧的诞生——尼采美学文选》,周国平译,生活·读书·新知三联书店1986年版。

诺斯洛普·弗莱:《批评的剖析》,陈慧、袁宪军、吴伟仁译,百花文艺出版社1998年版。

彭兆荣:《永远的"乡仪之神"》,载《读书》2001年第9期。

彭兆荣:《再寻"金枝"——文学人类学精神考古》,载《文艺研究》1997年第5期。

皮埃尔·布迪厄、华康德:《实践与反思——反思社会学导引》,李猛、李康译,中央编译出版社1998年版。

钱锺书:《管锥编》1—4,中华书局1979年版。

乔伊斯·阿普尔比、林恩·亨特、玛格丽特·雅各布:《历史的真相》,刘北成、薛绚译,中央编译出版社1999年版。

乔治·E. 马尔库斯、米开尔·M. J. 费彻尔:《作为文化批评的人类学:一个人文学科的实验时代》,王铭铭、蓝达居译,生活·读书·新知三联书店1998年版。

R. 基辛:《人类学与当代世界》,张恭启、于嘉云合译,(台北)巨流图书公司1991年版。

让-皮埃尔·韦尔南:《古希腊的神话与宗教》,杜小真译,生活·读书·新知三联书店2001年版。

让-皮埃尔·韦尔南:《希腊思想的起源》,秦海鹰译,生活·读书·新知三联书店1996年版。

若斯·吉莱莫·梅吉奥:《列维-斯特劳斯的美学观》,怀宇译,中国社会科学出版社1990年版。

时代-生活图书公司编著:《民主的曙光·古雅典(公元前525—公元前322)》,老安译,山东画报出版社、中国建筑工业出版社2001年版。

时代-生活图书公司编著:《尼罗河两岸·古埃及(公元前3050—公元前30)》,聂仁海、郭晖译,山东画报出版社、中国建筑工业出版社2001年版。

史宗主编:《20世纪西方宗教人类学文选》,金泽、宋立道、徐大建等译,上海三联书店1995年版。

斯蒂文·托托西讲演:《文学研究的合法化》,马瑞琦译,北京大学出版社1997年版。

泰勒:《英国文学史》(原版于1864年),见拉曼·塞尔登编:《文学批评理论——从柏拉图到现在》,刘象愚、陈永国等译,北京大学出版社2000年版。

泰特罗讲演:《本文人类学》,王宇根等译,北京大学出版社1996年版。

汤林森:《文化帝国主义》,冯建三译,上海人民出版社1999年版。

汤因比:《历史研究》(上),曹未风等译,上海人民出版社1959年版。

托马斯·哈定、大卫·卡普兰、马歇尔·D.萨赫林斯等:《文化与进化》,韩建军、商戈令译,浙江人民出版社1987年版。

王铭铭:《想象的异邦——社会与文化人类学教论》,上海人民出版社1998年版。

威尔逊·奈特:《莎士比亚与宗教仪式》(1936),见杨周翰编选:《莎士比亚评论汇编》(下),中国社会科学出版社1981年版。

威廉·科克汉姆:《医学社会学》,杨辉、张拓红等译,华夏出版社2000年版。

韦伯:《文明的历史脚步——韦伯文集》,黄宪起、张晓琳译,上海三联书店1988年版。

维柯:《新科学》,朱光潜译,人民文学出版社1987年版。

乌纳穆诺:《生命的悲剧意识》,北方文艺出版社1987年版。

伍蠡甫主编:《现代西方文论选》,上海译文出版社1983年版。

希罗多德:《历史》(上册),王以铸译,商务印书馆1959年版。

希西阿德:《田功农时》,见《世界通史资料选辑》上古部分,商务印书馆1974年版。

谢苗诺夫:《婚姻和家庭的起源》,蔡俊生译,中国社会科学出版社1983年版。

休特利、达比、克劳利等:《希腊简史》,中国科学院世界历史研究所翻译小组译,商务印书馆1974年版。

徐新建:《醉与醒——中国酒文化研究》,贵州人民出版社1992年版。

亚理斯多德:《诗学》,罗念生译,人民文学出版社1982年版。

叶舒宪:《阉割与狂狷》,上海文艺出版社1999年版。

叶舒宪选编:《神话－原型批评》,陕西师范大学出版社1987年版。

袁宪军:《〈哈姆雷特〉与阿里奇亚丛林中的仪式》,载《外国文学评论》1998年第3期。

郑元者:《艺术之根——艺术起源学引论》,湖南教育出版社1998年版。

周宁:《比较戏剧学——中西戏剧话语模式研究》,上海社会科学院出版社1993年版。

朱狄:《信仰时代的文明——中西文化的趋同与差异》,中国青年出版社1999年版。

朱狄:《艺术的起源》,中国社会科学出版社1982年版。

朱狄:《原始文化研究:对审美发生问题的思考》,生活·读书·新知三联书店1988年版。

朱光潜:《悲剧心理学——各种悲剧快感理论的批判研究》,人民文学出版社1983年版。

兹拉特科夫斯卡雅:《欧洲文化的起源》,陈筠、沈澂译,生活·读书·新知三联书店1984年版。